中韓佛教交流史卷

魏常海 著

以僧人行跡為中心的中韓佛教文化傳播史論

THE SCROLL OF
SINO-KOREAN BUDDHIST EXCHANGE

從朝貢到求法，重現中韓佛教交流的互動關係與宗派演進
以歷代史料為基礎！考證佛教東傳與思想轉化的文化實證

目錄

《中華佛教史》總序……………………………………………005

第一章　中韓佛教文化交流概說……………………………007

第二章　東晉時期佛教傳入海東三國………………………053

第三章　南北朝至隋代三國僧人赴華求法…………………065

第四章　唐代新羅與佛教的交流……………………………089

第五章　新羅僧圓測在唐弘揚唯識學………………………119

第六章　新羅僧元曉與佛教的交流…………………………145

第七章　新羅義湘赴唐研習華嚴宗…………………………177

第八章　唐五代禪宗傳入與新羅禪門發展…………………195

第九章　高麗義天入宋求法與教宗振興……………………259

第十章　高麗知訥對中國禪宗的繼承與開展………………297

目錄

第十一章　元代臨濟禪的傳入與高麗求法僧…………………319

第十二章　臨濟宗在朝鮮王朝的發展與傳承…………………339

《中華佛教史》總序

◎季羨林

　　此叢書名曰《中華佛教史》，為什麼我們不按老規矩，稱此書為《中國佛教史》呢？用意其實簡單明瞭，就是想糾正一個偏頗。我們慣於說中國什麼史，實際往往就是漢族什麼史。現在改用「中華」這個詞，意思是不只漢族一家之言，而是全中國許多個有佛教信仰的民族大家之言。

　　談到中華佛教史，我們必須首先提到湯用彤先生的《漢魏兩晉南北朝佛教史》，此書取材豐富，分析細緻，確是扛鼎之作，已成為不朽的名著。但是，人類社會總是在不停地前進，學術也是日新月異，與時俱進。到了今天，古代西域（今新疆一帶）考古發掘隨時有新的考古材料出土，比如，吐火羅語就是在新疆發現的，過去任何書上都沒有這種語言的記載。所以我們感覺到，現在有必要再寫一部書。

　　在中國古代佛教的著述中，有幾種實際上帶有佛教史的性質，比如《佛祖歷代通載》等。佛教以及其他學科而冠以史之名稱（如文學史之類），是晚近才出現的，其中恐怕有一些外來的影響。

　　近代以來，頗有幾種佛教史的著作，這些書為時代所限，各有短長，我在這裡不一一加以評論。

　　我們現在有膽量寫這一套中華佛教史，就是為了趕上學術前進的步伐。

目錄

　　總而言之，歸納起來我們這套書有幾個特點：第一，就是我們不只說漢族的事情，也介紹中國其他有關的少數民族的情況；第二，我們對古代西域佛教史的發展有比較詳細的論述；第三，現在寫這部書不僅有學術意義，而且還有現實意義。佛教發源於印度，傳入中國後，經過兩千多年的演變，最終已成為中華文化的一部分。在現實生活中，佛教仍然是一個有生命的團體。大眾不管信佛教與不信佛教的，都必須了解佛教的真相，這會大大地促進社會的發展。

　　在另一方面，也有利於世界各國對中華精神生活的了解。我們現在所需要的正是互相了解。

　　我是不信任何宗教的，但是，對世界上所有的堂堂正正的宗教，我都有真摯的敬意。因為這些宗教，不管它的教義是什麼，也不管它是如何發展起來的，這些宗教總是教人們做好事，不做惡事，它們在道德上都有一些好的作用。因此，現代世界上，宗教的存在有它的必要性。專就佛教與中國而論，佛教的原生地印度和尼泊爾，現在佛教已經幾乎絕跡，但在中國，佛教得到了很大的發展。原因是中華民族幾千年來，大度包容。從當前世界來看，希望全世界各個國家各個民族之間互相了解、互相促進，共同達到人類社會更高的層次。

　　所以，我們研究佛教寫佛教史，不但有其學術意義，還有更深刻的現實意義。

第一章
中韓佛教文化交流概說

第一章　中韓佛教文化交流概說

第一節　古朝鮮、箕子朝鮮及漢武帝設郡

中國和韓國（朝鮮）地理上唇齒相依，歷史上關係密切，兩國之間的文化交流自古以來就十分頻繁和深入。這種交流是雙向、互動的，中國文化固然對韓國（朝鮮）的文化產生過久遠而深刻的影響，但與此同時，中華民族受韓國（朝鮮）文化的影響也頗多。並且，中國文化傳入韓國（朝鮮）之後，就不再是簡單的延續，它必然會和半島的社會情況及文化傳統相互結合，多少改變原來的面貌，變成韓（朝鮮）民族文化的一個組成部分，如同印度佛教傳入中國而變成中國佛教一樣。

中韓兩國佛教的交流，是在中韓兩國文化交流的歷史背景下展開的，因此，本章先對兩國文化交流的各個方面，特別是對以儒釋道為主的傳統思想文化的交流，進行概略性的論述。

迄今為止的考古發現表明，朝鮮半島（韓半島）在距今四十萬年乃至六十萬年前，就已經有人類生存，他們和其他許多古老民族的先民一樣，也經歷了舊石器時代、新石器時代等漫長的發展和進步過程。

韓（朝鮮）民族有著不同於中華民族的形成發展歷史，傳統習俗等方面也與中華民族有所不同，有自己的文化特質。關於朝鮮民族（韓民族）的起源，在十三世紀高麗時代的一然禪師所著《三國遺事·古朝鮮》中，就記述有檀君開國的神話。《三國遺事》引《魏書》說：「乃往二千載，有檀君王儉，立都阿斯達，開國號朝鮮。」

據說這位古朝鮮的開國者檀君，是天帝桓因的庶子桓雄的兒子。桓雄「數意天下，貪求人世。」桓因便讓他帶著三個天符印，率領三千天兵天將，降到太伯山頂的神檀樹下，「凡主人間三百六十餘事，在世理化。」當時有一熊一虎，同穴而居，再三祈請天神桓雄把牠們變成人。於是桓雄給了牠們一把靈艾和二十個大蒜，對牠們說：「爾輩食之，不見日光百日，

便得人形。」牠們遵囑吃完了靈艾和蒜,開始過起不見天日的生活。但老虎忍耐不了潮溼陰暗的環境,不幾天就跑出洞見了陽光,所以未能如願變人。熊則謹守著桓雄規定的條件,堅持不見陽光,到第二十一天,提前變成了熊女。這熊女與桓雄結合,生下一子,就是檀君王儉,也就是古朝鮮的開國之君。

這個神話傳說表現出了韓民族祖先的敬天思想和圖騰崇拜。熊女之說可能出自北方民族的圖騰。北方民族的圖騰動物有熊、狼、虎、鷲、鴉等等,其中以熊的崇拜最為普遍。

據說,當中國的堯即帝位的第五十年,檀君王儉在朝鮮稱王,定都平壤,後又移都於白嶽山阿斯達,御國一千五百年。後來周武王「封箕子於朝鮮,檀君乃移於藏唐京。後還隱於阿斯達為山神,壽一千九百八歲。」[01]

檀君神話,無其他史料可考,而箕子封於朝鮮的傳說,則見於中國的史書。《史記》說,箕子是殷商末朝紂王的叔父。紂王無道,殺戮忠臣,箕子諫而不聽,「乃佯狂為奴,紂又囚之。」不久,周武王起來「革命」,伐紂成功,「釋箕子之囚」[02]又請箕子作〈洪範〉九疇,以明彝論攸敘,「於是武王乃封箕子於朝鮮」。[03]這是有關古朝鮮的最重要的傳說之一。

《漢書·地理志》也記載說:「殷道衰,箕子去之朝鮮,教其民以禮義、田蠶織作。」並制定了八條法律:「相殺以當時償殺;相傷以穀償;相盜者男沒入為其家奴,女子為婢,欲自贖者,人五十萬。雖免為民,俗猶羞之,嫁取無所讎。是以民終不相盜,無門戶之閉,婦人貞信不淫闢。」

如果箕子封於朝鮮的傳說是真實的,那麼這應該是西元前十世紀的事情。由此可以推想,在箕子封於朝鮮之前,中國已與古朝鮮建立了連繫,

---

[01] 《三國遺事·古朝鮮》。
[02] 《史記·殷本紀》。
[03] 《史記·宋世家》。

第一章　中韓佛教文化交流概說

否則不可能把他分封到那裡。考古學證明，在西元前十世紀，朝鮮半島的確已與中國有密切連結，例如那個時期已具有共同的所謂「巨石文化。」朝鮮半島發現的那個時期的墓葬石棚（支石墓），分為北方式和南方式兩類。北方式分布於半島中部和北部，與中國遼東半島發現的石棚屬於同一種形式。南方式分布在半島南部，與中國遼東半島南端的大連和山東半島發現的石棚基本一致。[04]

西元前四世紀到六世紀，中國處於戰國時代，許多中國人流亡到朝鮮半島，帶去了大陸的鐵器文化。由於鐵器文化的傳入，古朝鮮出現了鐵製的劍、鋒等武器和鐵製的鍬、犁、鐮等農具，戰鬥能力和經濟能力大為提高。與此同時，還有大量的青銅器物，有些是由中國直接傳入的，有些則經過古朝鮮人改造而帶有了自己民族的特色。這些鐵器、銅器文化又進而傳到日本，促成了日本的彌生文化。

秦末戰亂，中國的燕、齊、趙等地有多達數萬的流民避往朝鮮。漢初，燕王盧綰懼怕漢的壓力，叛漢投奔了匈奴，燕王的部下衛滿（或稱魏滿）則「聚黨千餘人」，亡命朝鮮，當時的朝鮮王準（箕準，據說是箕子後代）讓他充任北方的防衛。但隨著移民的增多，他聚成了一大勢力，於西元前194年驅走準王，自立為王。他依靠中國先進的鐵器文化，統治了古朝鮮。衛滿建立的國家，史稱衛滿朝鮮。

到衛滿之孫右渠王時，因其阻礙漢朝與古朝鮮的南部部族交流，同漢朝發生了衝突。西元前109年，漢武帝派六萬陸軍和七千水軍進攻衛滿朝鮮的首都王儉城，第二年滅衛滿朝鮮，於是，在古朝鮮的原屬地設定了樂浪、真番、臨屯、玄菟四郡，郡下置縣，建立起漢朝的統治體制。到西元前82年，真番、臨屯二郡即行廢止，玄菟郡迫於高句麗部族的壓力，也

---

[04] 參見周一良《中朝人民的友誼關係與文化交流》，開明書店，一九五一年；池明觀《韓國文化史》，高麗書林（日），一九七九年。

於西元前75年把郡治遠遷北方，古朝鮮的境內就只剩下樂浪郡（郡治在今平壤樂浪區）了。樂浪郡設定了四百餘年，到西元313年，終於被高句麗的勢力占領。

古朝鮮時期，朝鮮半島南部還有許多部族，後來逐漸形成了三個部族聯盟，這就是馬韓、弁韓、辰韓，即所謂「三韓」。馬韓在漢江流域以南的西半部，辰韓在洛東江之東，弁韓在洛東江之西。三韓大體是北方移民與當地部族結成的部落聯盟，其中馬韓的勢力最大，常常可以決定辰韓、弁韓的首領。《三國遺事》引《魏志》說，衛滿占據古朝鮮時，「朝鮮王準率宮人左右越海而南至韓地，開國號馬韓。」辰韓中有一部分原來是中國秦朝人，因為避秦苦役，所以流亡到三韓地域，他們帶去了中國文化，與當地人融合成一體。幾百年後，其語言中仍保留著中國語言的習慣，所以辰韓「或名之為秦韓」[05]。弁韓可能有樂浪設郡時的移民，其地有辰韓人雜居，所以也叫弁辰。弁韓伽倻地區發現的金海貝塚中，有漢元鳳元年（前79年）鑄造的貨泉（錢幣）一枚，還有紡錘車、琉璃玉、少量石器和大量的鐵刀，說明當時鐵器已經被廣泛使用。另外，在那裡還發現了一把炭化米，這就是韓國最早的金海米。伽倻文化或金海文化，帶有當地文化與中國文化相結合的特點，例如金海土器，就是原來的土器與中國式灰陶技術相結合而成的紅色或青灰色土器。

第二節　半島三國與漢唐文化

西元前57年至西元後935年間，朝鮮半島（韓半島）有高句麗、百濟、新羅三國並立，是朝鮮半島（韓半島）的三國時期。高句麗本是中國東北

---

[05] 《後漢書‧東夷傳》。

地區的一個部族，漢武帝設郡時，屬玄菟郡所轄。漢孝元帝建昭二年（西元前 37 年），其首領朱蒙開國稱王，定都卒本（或謂紇升骨城，今遼寧桓仁）。朱蒙死後被尊稱為東明聖王。東明聖王之子類利（琉璃明王）繼王位後，又遷都尉那巖城（今吉林集安）。高句麗的勢力逐漸擴大，到北魏時，已統治了今中朝界河兩岸的廣大區域。到長壽王（西元 413～491 年）時，高句麗首都移到了古朝鮮舊都平壤（西元 427 年）。

百濟始祖是溫祚王，他是高句麗東明聖王的次子，他於前漢成帝鴻嘉三年（西元前 18 年）率領一批臣民到達漢江流域，在漢城附近的慰禮城（廣州）定都稱王，國號初為十濟，後改為百濟。到古爾王（西元 234～286 年）時，他統治了原馬韓占據的整個地域。

新羅是由辰韓發展起來的，傳說其始祖姓朴，名赫居世，前漢孝宣帝五鳳元年（西元前 57 年）即位稱王，國號徐那伐，以金城（今慶州）為都城。到智證王四年（西元 503 年），才正式定國號為新羅。此後開始逐漸強盛，在六世紀中葉統一弁韓，占據了整個洛東江流域。西元 662 年又依靠唐朝力量滅掉百濟，668 年又滅高句麗，實現了三國的統一。大同江以北的高句麗舊領域內，曾建有渤海國，受唐朝控制。

新羅後期發生戰亂，九世紀末和十世紀初，先後有甄萱建立後百濟國，弓裔建立後高句麗國（後改國號摩震，又改為封泰），形成了短暫的後三國時代。直到 918 年，王建取代弓裔建高麗國，西元 935 和 936 年新羅、後百濟降服，朝鮮半島才建立起統一的高麗王朝。

有關三國的史料，今天保存下來的不多。據說三國都曾編纂過自己的史書，高句麗在建國之初即編寫《留記》，後來編成百卷，大概是大事記那樣的東西。高句麗末期又有《新集》五卷，是在《留記》基礎上寫成的高句麗史書。百濟在近肖古王時代（西元 346～375 年）編纂了《書記》，後來又有《百濟記》、《百濟本紀》、《百濟新撰》等。新羅也在西元 545 年奉

第二節　半島三國與漢唐文化

王命編纂了《新羅史》。

但是，所有這些三國時代編寫的史籍全都沒有保留下來，大概是毀於戰火了。今天尚存的有關三國的最早的歷史書，是高麗時代金富軾撰寫的《三國史記》（西元1145年）和一然禪師的《三國遺事》（西元1275～1281年間）此外就是中國史書中的有關記述。不過，近幾十年來的考古成就，對研究三國文化很有幫助。

三國之中，高句麗地理位置距中國最近，所以漢文化最先傳入。漢武帝時，即設定了「漢四郡」，可以想見，中國的文物制度與儒學思想，那時已開始發揮了主導的作用。據《三國史記》記載，高句麗在「國初」就已經使用漢字，第二代王琉璃王（西元前19－19年）還創造了四言漢詩：「翩翩黃鳥，雌雄相依，念我之獨，誰其與歸？」這與《詩經》中的「關關雎鳩，在河之洲，窈窕淑女，君子好逑」，詩體十分相似。到高句麗小獸林王二年（西元372年），即「立太學、教育子弟」[06]。太學是當時儒教教育的最高學府，所授內容為五經三史之類。儒學影響在高句麗相當廣泛，據《舊唐書·東夷列傳》所載，高句麗「俗愛書籍，至於衡門廝養之家，各於街衢造大屋，謂之扃堂。子弟未婚之前，晝夜於此讀書習射，其書有五經及《史記》、《漢書》、范曄《後漢書》、《三國志》、孫盛《晉春秋》、《玉篇》、《字統》、《字林》，又有《文選》，尤愛重之。」與此類似的記述又見於《唐書·東夷列傳》，其中說：高句麗「人喜學，至窮里廝家，亦相矜勉，衢側悉構嚴屋，號扃堂，子弟未婚者，曹處誦經習射。」由此可見，高句麗的學制，有為貴族子弟所設的太學，又有一般平民讀書的扃堂，二者皆以儒家學說為主要教材。

據《舊唐書》記載，高句麗後期，地方村落中「造大屋」、「設扃堂」，大概是民間辦的學堂，教平民子弟讀中國儒家典籍。可見，當時漢文化在

---

[06]　《三國史記·高句麗本紀》。

高句麗已經相當普及和深入。

到七世紀中葉，高句麗更加積極地吸收唐朝先進的文化，還派遣留學生赴唐，學習中國的「國學」，由唐朝直接培養精通中國文化的人才。

372年，中國前秦王符堅遣使送名僧順道攜帶佛像、經文到高句麗，從此，高句麗開始建佛寺，傳播佛教。佛教傳到高句麗之後，得到國家和貴族的支持，並結合本土祭天敬神的古俗，迅速在全國得以普及。高句麗僧人又到百濟、新羅以及日本傳法，對佛教在東亞的傳播發揮了重要作用。

高句麗末期，中國道家思想和道教傳入朝鮮半島。《三國遺事・寶藏奉老》說：「《高麗本紀》云：麗季，武德、貞觀間，國人多奉五斗米教。唐高祖聞之，遣道士，送天尊像，來講《道德經》，王與國人聽之。即第二十七代榮留王即位七年、武德七年甲申也。明年遣使往唐，求學佛老，唐帝（高祖）許之。」這是說，高句麗末期，唐武德、貞觀年間（西元618～649年），中國的五斗米教已經傳到了高句麗，並且在民間造成了相當大的影響。唐高祖得知這種情況後，便派道士送去天尊像，宣講《道德經》，更促進了道教在高句麗的發展。第二年，榮留王又派使者赴唐求學佛老，得到唐高祖的支持和鼓勵。

五斗米教是漢末張道陵所創，其教是宣傳以禱請之法給人治病。把病人姓氏及本人悔罪之意寫在紙上，一式三份，一份送上天即放在山上，一份埋於地，一份沉之水，叫做「三官手書」。據說這樣就可以把人的病治好。要學此道，需出五斗米，所以稱為五斗米教或五斗米道。此道最初在蜀中流行，張道陵之後，張衡、張魯繼續傳其道術，造成廣泛影響，以後歷代皆有信奉者。高句麗人爭相信奉五斗米道，大概是與其傳統的神仙信仰有關係。

此後不久，高句麗寶藏王時，權臣蓋蘇文又正式提議高句麗興道教。《三國史記・高句麗本紀》載，寶藏王二年（西元643年），蓋蘇文向寶藏

王進言說：「三教譬如鼎足，闕一不可。今儒釋並興，而道教未盛，非所謂備天下之道術也。」因此他請求遣使赴唐，「求道教以訓國人。」寶藏王十分贊成他的主張，就派遣使者，奉表赴唐陳請。於是，唐太宗「遣道士叔達等八人，兼賜老子《道德經》。」寶藏王非常高興，以貴賓之禮厚待叔達等道士，並把他們安置在佛寺中，改佛寺為道觀，使道士坐儒士之上，開始宣講道教，從此道教信仰超過儒、佛。

《三國遺事》也記述了這件事情，其《寶藏奉老》一節中說：「及寶藏王即位，亦欲並興三教。時寵相蓋蘇文，說王以儒釋並熾，而黃冠未盛，特使於唐求道教。」《三國遺事》中還說，當道教傳到高句麗時，曾有盤龍寺普德和尚多次提出反對意見，認為傳道教是「左道匹正，國祚危矣。」但寶藏王沒有聽取他的意見，他便隱居到深山裡去了。從此，道教在高句麗傳播開來，道士除講解道教經典外，還舉行各種齋醮，行鎮國之術，鎮護國家名山大川。

中國藝術對高句麗的影響，可以從出土的古墳壁畫中看見。壁畫大致分為三個時期，第一個時期是四世紀末到五世紀的作品，分布在東北地方南部、樂浪故地和今平壤周圍。內容多是社會風俗畫、生活風俗畫，圖案畫和神靈畫，與中國的古墓壁畫類似。例如，其壁畫中表現青龍、白虎、朱雀、玄武四神形象的四神圖，在從六世紀後期到七世紀末的高句麗古墳中，常常佔據主壁的地位，而在中國的漢代墓葬裡就已經發現了同樣的四神圖。

百濟的開國之王溫祚王本來是高句麗始祖東明王的王子。既然高句麗「國初」即使用漢字，第二代琉璃王（溫祚王之兄）又作漢詩，那麼就可以設想，當溫祚王帶大批高句麗臣民南遷而建百濟國時，漢字和漢文化也必定同時傳到了百濟。儒學傳入百濟，始於百濟建國之初，到三世紀後半期，儒學教育得以完備，並設五經博士之職。百濟的儒學盛況，並不遜於

高句麗。據《舊唐書・東夷列傳》所載，百濟「其書藉有五經、子、史，又表、疏並依中華之法。」此外，百濟儒學對日本的影響頗大。據《古事記》和《日本書紀》所載，三世紀後期，百濟阿直岐使日，並傳漢學。其後不久，博士王仁赴日，向應神天皇獻《論語》和《千字文》，儒家經典始傳日本。六世紀初，又有百濟五經博士段楊爾等到日本傳授儒學，由此日本以五經為中心的儒家學問漸盛。古代日本的儒學等中國學問，許多是從百濟人學到的。百濟的貴族層，漢學相當普及，對經、史、文章、陰陽五行、醫藥、占卜等無所不通。

佛教傳入百濟比高句麗稍晚。西元 384 年，胡僧摩羅難陀自東晉到百濟，第二年，百濟「創佛寺於漢山，度僧十人」，佛教從此開始流布，並逐漸興盛起來，進而又傳到了日本。六世紀三十年代和四十年代，百濟屢次遣使訪問中國的梁王朝，求得《涅槃》等經義，同時聘請了《毛詩》博士和一些工匠、畫師，從而更推動了儒學、佛教、工藝美術等各種中國文化在百濟的傳播。

道教傳入百濟的具體年代不太清楚，《後周書》甚至說「百濟無道士，而僧尼寺塔甚多。」這種說法未免過於絕對了。百濟固然是一直佛教勢盛，但也不能說沒有道家思想的影響和道教活動的蹤跡。

《三國史記・百濟本紀》載，近肖古王（西元 356～371 年）時，高句麗進犯百濟，近肖古王遣太子近仇首王率軍抗擊，大敗高句麗軍，「追奔逐北，至於水谷城之西北。將軍莫古解諫曰：『嘗聞道家之言，知足不辱，知止不殆。今所得多矣，何必求多』。太子善之，止焉。」

莫古解所說的話，顯然是出於老子《道德經》之第四十三章「知足不辱，知止不殆，可以長久。」另外，據《三國史記・乙支文德傳》載，隋煬帝（西元 605～618 年）時，曾派大將軍於仲文率兵徵高句麗，高句麗大相乙支文德有詩遺隋將於仲文曰：「神策究天文，妙算窮地理，戰勝功既

第二節　半島三國與漢唐文化

高，知足願雲止。」乙支文德之詩的結句，與莫古解的話如出一轍，這說明《道德經》中「知足知止」之訓，已盛行於高句麗和百濟兩國，薰陶著國人的思想。

這裡值得注意的是，莫古解是百濟近肖古王時人，近肖古王當政是在四世紀的後半期。而乙支文德則是與隋煬帝同時代的高句麗人，當在七世紀前期。上引《三國遺事·寶藏奉老》和《三國史記·高句麗本紀》，也都是說七世紀前期《道德經》才傳到高句麗，照此推論，百濟之流傳《道德經》，反比高句麗早了兩個半世紀。但是實際上，高句麗在透過官方管道從中國傳入科儀道教和得到《道德經》之前，道家思想大概早已透過民間管道傳到高句麗了。

百濟不僅有道家思想流傳，而且也有道教流傳的跡象。《三國史記·百濟本紀》記載，百濟武王三十五年（西元634年）時，曾「穿池於宮南，引水二十餘里，四岸植以楊柳，水中築島嶼，擬方丈仙山。」這裡的「方丈仙山」，是晉王嘉所撰《拾遺記》中的海上三仙山之一，於此可見，在七世紀時，道教神仙思想也在百濟傳播開來，這與高句麗末期之道教流行，差不多是同時的。

另外，日本人黑板勝美博士曾著〈中國古代的道家思想及道教〉一文，以為日本的道教是透過百濟傳入的。他推測，日本應神天皇時赴日獻《論語》等書的百濟人阿直岐、王仁，「必非為純粹之儒學者，而寧為道家者流。」日本的《延喜式》中所規定的神祀儀式，即是由阿直岐、王仁從百濟傳入的[07]。

新羅在三國中開國最遲，其對中國交通須經由高句麗和百濟，因而文化發展也晚於高句麗和百濟。《梁書》說，新羅建國之初，「其國小不能自

---

[07] 見李能和《朝鮮道教史》（《韓國道教史》），第55頁，韓國民族文化社一九八〇年刊行。該書是本章主要的參考書。

第一章　中韓佛教文化交流概說

通聘使……無文字，刻木為信，語言待百濟而後通焉。」但是，新羅的前身是辰韓，辰韓中有一部分人是秦朝時流亡去的中國人，很難想像他們不會帶去中國文字和文化。

自西元六世紀以後，新羅與唐朝往來密切。六世紀以前，新羅國號、王號皆用當地語言稱呼，而且變動不定。如國號稱徐那伐、斯盧、斯羅等，王號稱居西干、尼師今、麻立乾等。六世紀初，經群臣計議，才按照中國儒教的方式確定國號為新羅，「新者德業日新，羅者網羅四方之義。」同時尊其首領為「新羅國王」，並採用中國的帝王年號紀年。可見當時儒學已呈廣泛普及之勢。六世紀中葉，修成漢文新羅國史。到七世紀四十年代，開始派留學生到唐朝「入國學」，學習唐朝的典章制度和思想文化，更促成新羅儒學的深入發展。新羅的儒家學者中，有強首、薛聰等較有影響，其事蹟見於《三國史記》中「強首傳」和「薛聰傳」。

在七世紀中後期，強首、薛聰等人總結了朝鮮半島人民長期使用漢字的經驗，創造出了「吏讀」文字。「吏讀」是用漢字的音表示當地語言中的助詞、助動詞等，夾在漢文中間，以幫助讀解漢文書籍。這是新羅人民的一大創造，也是對漢字的一個貢獻。

據《三國史記》載，新羅神文王二年（西元 682 年）建立國學，為儒教教育機關。國學曾一度改稱大學監，不久後又複名國學。西元 747 年，「置國學諸業博士、助教。」國學以培養官吏為目的，受教者為貴族及其子弟，教授內容以儒家經典為主。《論語》和《孝經》是必修課目，其他如《禮記》、《周易》、《左傳》、《毛詩》、《尚書》、《文選》等為選修課目。還設有從中國傳去的算學和醫學、天文學等科技相關的課程。到元聖王四年（西元 788 年），官吏登用開始實行科舉制度，「諸生讀書以三品出身，讀《春秋左氏傳》，若《禮記》、若《文選》，而能通其義，兼明《論語》、《孝經》者為上；讀《曲禮》、《論語》、《孝經》者為中；讀《曲禮》、《孝經》者

第二節　半島三國與漢唐文化

為下。若能兼通五經、三史、諸子百家書者，超擢用之」[08]。如此量才登用，從而培養出一大批熟悉中國文化又在各領域做出成就的人才。

新羅最有名的儒者是崔致遠（西元858－？年）。他是新羅王京沙梁郡（今慶州境內）人，字孤雲，一字海雲，自幼精敏好學，12歲舶海赴唐求學，18歲科舉登弟。曾任宣州溧水縣（今江蘇溧縣）縣尉，遷承務郎侍御史內供奉賜紫金魚袋。黃巢為首的農民起義時，他曾做討黃兵馬都統高駢的從侍官，高駢委以書記之任，表狀書啟多出其手，並撰寫了討黃檄文，從此他的文名傳遍了中國。28歲歸國，歷任侍讀兼翰林學士、兵部侍郎、瑞書監事、太山郡（今春仁）太守、富城郡（今瑞山）太守等職。其間曾奉召使唐。崔致遠返新羅，本欲為故國一展雄才，但時逢新羅季世，自傷不遇，於是打消仕進之念，棄官「逍遙自放山林之下、江海之濱，營臺榭，植松竹，枕藉書史，嘯詠風月。」[09] 不知所終。高麗顯宗時從祀聖廟，追諡文昌侯。

崔致遠在中韓文化交流史上占有重要的地位，他的《桂苑筆耕集》不僅是一部優秀的詩文集，而且保存了大量的史事，對研究晚唐社會頗具文獻價值。收錄於《新唐書藝文志》，《四庫全書》亦有收錄。姜信沆印製編輯的《崔文昌侯全集》，較全面地收集了現存的崔致遠著述。

他是韓國歷史上第一位留下了個人文集的學者，韓國人譽之為「東國儒宗」[10]、「吾東方理學之宗」[11]、「東國文學之祖」[12]，稱讚他「道德文章，我東方第一人」[13]；「生乎東國而其文章事業至於驅駕中原、暎曜後世者，

---

[08]　《三國史記》。
[09]　《韓國文集叢刊：孤雲先生文集》（以下簡稱《文集》）137頁。
[10]　成均館大學校大東文化研究院編《崔文昌侯全集》（以下簡稱《全集》）438頁。
[11]　《全集》419頁。
[12]　《文集》133頁。
[13]　《全集》421頁。

千古一人而已。」[14]他在詩文辭賦等方面有相當高的造詣，並且對儒釋道思想都很精通。他回國後撰寫的佛教方面的〈碑銘〉等，也是有關韓國佛教的最早、最可靠的歷史文獻。

　　崔致遠崇尚儒學，自云「但遵儒道」[15]，主張「政以仁為本，禮以孝為先。仁以推濟眾之誠，孝以舉尊親之典。」[16]但唐代是儒、釋、道三教融合的時代，崔致遠長期仕唐，也主儒、釋、道並行不悖，他說：「學者或謂身毒（印度，指佛教）與闕里（孔子居所，指儒教）之說教也，分流異體，圓鑿方枘，互相矛盾，守滯一隅。嘗試論之，說詩者不以文害辭，不以辭害志，禮所謂言豈一端而已，夫各有所當，故盧峰慧遠著論，謂如來之與周孔，發致雖殊，所歸一揆，體極不能兼者，物不能兼受故也。沈約有云：孔發其端，釋究其致。真可謂識其大者，始可與言至道矣。」[17]致遠返歸新羅後，又曾盛讚新羅流行的花郎道（風流道、風月道）之三教合一的思想，他說：「國有玄妙之道，曰風流。設教之源，備詳仙史。實乃包含三教，接化群生。且如入則孝於家，出則忠於國，魯司寇之旨也；處無為之事，行不言之教，周柱史之宗也；諸惡莫作，諸善奉行，竺乾太子之化也。」[18]

　　佛教傳入新羅，大約是在西元五世紀前半期。當時有高句麗僧人到新羅傳揚佛法，漸漸出現了信奉者。但起初新羅最高統治階層排佛者甚多，他們認為「僧徒童頭異服，議論奇詭，而非常道」[19]，因而強烈反對引進佛教。但近臣異次頓極力主張接受佛教，並於西元528年殉教而死，在新羅朝廷中引起震撼。以此為契機，佛教才得到國家的正式承認，並逐漸採

---

[14] 《全集》435頁。
[15] 《桂苑筆耕》卷一七。
[16] 《文集・大嵩福寺碑銘》。
[17] 《文集》卷二。
[18] 《孤雲先生續集・鸞郎碑序》。
[19] 《三國史匯・新羅本紀》。

第二節　半島三國與漢唐文化

取積極支持和保護的政策，大寺院不斷建立，派到唐朝的留學僧也日益增多。佛教廣泛流傳開來，甚至有幾位國王也曾削髮為僧。中國的佛教宗派差不多都傳到了新羅，因而有義湘、元曉等高僧輩出。

統一新羅時代正當唐代文化的極盛期，中國六朝以來的文物大量輸入，佛教藝術也因而達到頂點，其中最具代表性的是慶州吐含山的石窟庵和佛國寺，據說是景德王時代（西元742～765年）的宰相金大城發願營造的。石窟庵基本上是模仿中國的石窟，只不過中國是用自然岩石營造，而石窟庵是用的人工花崗岩。石窟分為平面矩形前室和平面圓形後室，中間有通道相連。後室天井為穹窿，後室圓形平面直徑是二十四唐尺（1唐尺約等於29.6公分），周圍壁高相當於以平面圓形半徑十二唐尺為一邊的正方形的對角線之長，恰與窟內中央手結印契、結跏趺座的本尊佛的高度相同。窟的入口也是十二唐尺。本尊佛像以及後室、前室、過道石壁上的十一面觀音菩薩、十弟子、四天王、兩仁王、八部眾等雕像，皆栩栩如生，頗具唐風。

佛國寺的遺址也可以看出中國唐代佛寺的藝術風格。其堂塔有迴廊環繞，迴廊以四十三唐尺為基準；東西之長是四十三唐尺的四倍，南北之長是其五倍。寺的正門紫霞門前，有精美的白雲橋和青雲橋，紫霞門西側有奇拔的泛影樓基柱。毗盧遮那佛像及多寶塔、釋迦塔、八方金剛座等，熔造型美與佛教信仰於一爐。

道家思想及道教何時傳入新羅，沒有明確的史料記載。但最晚到七世紀時，老莊思想已在新羅上層傳播開來。《三國史記·金仁問傳》記述：「金仁問，字仁壽，太宗大王第二子也。幼而就學，多讀儒家之書，兼涉莊老浮屠之說。……永徽二年，仁問年二十三歲，受王命入大唐宿衛。」唐高宗永徽二年，即是西元651年，那時金仁問23歲。而金仁問「幼而就學」時，不僅讀儒典，同時也讀了道家和佛教的書。由此看來，在七世紀前

期,《老子》、《莊子》等道家的書已列為新羅教育貴族子弟的教材。

《三國史記・新羅本紀》載:「孝成王二年(西元738年)春二月,唐玄宗聞聖德王薨,……遣左贊善大夫邢璹以鴻臚少卿往弔祭。……夏四月,唐使臣邢璹以老子《道德經》等文書獻於王。」

此外,新羅聖德王十八年(西元719年),金志誠在慶州造甘山寺及阿彌、彌勒石像,他在《慶州甘山寺彌勒菩薩造像記》[20]中自述說:「弟子志誠,生於聖世,歷任榮班,無智略以匡時,僅免罹於刑憲。性諧山水,慕莊老之逍遙;志重真宗,希無著之玄寂。年六十有七,致王事於清朝,遂歸田於閒野。披閱五千言之《道德》,棄名位而入玄;窮研十七地之法門,壞色空而俱滅。」《造像記》比邢璹獻《道德經》要早19年,而當時老莊之學已經盛行,並且與佛教相融合。

新羅不獨有道家思想傳播,同時也有道教存在。《東國通鑑》載:「惠恭王十六年(西元780年)夏四月,金良相弒王自立。初,王幼沖嗣位,母后臨朝。及壯,淫於聲色,常作婦女之嬉,好佩錦囊與道流為譴。」可見當時已有道士活動。

關於新羅道教,多有個人修煉成仙的傳記。凡放浪山水、吟弄風月者,常被人們傳為神仙,所以名區勝地,多有仙蹤。新羅的花郎道,又叫風流道,其花郎稱為國仙。這樣,傳說中的成仙之人,則成為新羅仙派。對於新羅仙派,李朝時期的文人多有集記。這些傳說中的仙人,多是史無其人。但也有些是確有其人,因其平生或放浪山水、吟風弄月,或通曉道教方術,後人便傳稱之為仙。特別值得提起的是,新羅有一大批文人學士曾赴唐留學,他們中不少人在唐朝學習過道教,對道教在新羅的廣泛傳播具有決定性的作用,他們也常被人視為仙家。其著名者有金可紀、崔承佑、僧慈惠、李清、僧明法、權清、崔致遠等。

---

[20] 見大正八年朝鮮總督府編印的《朝鮮金石總覽》上,34—35頁。

第二節　半島三國與漢唐文化

李朝道士韓無畏所撰《海東傳道錄》，記述了金可紀等人在中國學道的情況，其中說：唐文宗開成（西元836～840年）中，新羅人崔承佑、金可紀、僧慈惠三人遊學赴唐，可紀先中進士，承佑又中進士，相與遊終南山。當時有天師申元之住廣法寺，慈惠正寓居寺中，與申元之深相結知，崔、金二人因慈惠而也與申元之親近。透過申元之，三人得見仙人鍾離將軍，鍾離「授三人道法，有《青華祕文》、《靈寶異法》、《入頭嶽訣》、《金誥》、《內觀玉文寶篆》、《天遁煉魔法》等書及口訣，又有伯陽《參同契》、《黃庭經》、《龍虎經》、《清淨心印經》。燃燈相付，一線以傳。崔孤雲（致遠）赴唐得還，反學以傳，並為東方丹學之鼻祖。其最者，《參同契》十六條口訣也。」

金可紀在唐官至華州參軍、長安尉。唐沈汾所撰《續仙傳》說，可紀「性沉靜好道，不尚華侈，或服氣煉形，自以為樂。」後隱逸終南山子午谷，常焚香靜坐，又誦讀《道德經》及諸仙經不輟。曾一度歸國，又復來入終南山，務行陰德，濟助貧寒。唐大中十一年（西元857年）十月，忽上表言：「奉玉帝詔召，明年二月當上升。」第二年二月，果然有仙人仙杖，迎其昇天而去。

崔承佑和慈惠後來回到了新羅。據《海東傳道錄》等道書說，崔承佑返國後累官至大尉，以口訣授崔孤雲及道士李清。李清入頭流山修煉得道，九十三歲升去，傳道於弟子明法。明法學於慈惠、李清二人，盡得其要，一百一十二歲解去，傳於上洛君權清。慈惠也在一百四十五歲時入寂於太白山。權清佯狂為僧，修煉得道，隱於頭流山，常與孤雲相訪，隱現無方。

這些道教傳人中，最突出的還是崔致遠。他東遷故國後，正值亂世，自傷不遇，於是逍遙自放於山水林間，又挈家隱伽倻山。一日早起，遺冠履於林間，人莫知其所終，世稱仙去。

崔致遠的名著《桂苑筆耕》除收錄他的詩文外，還收有齋詞十五首，其內容包括科儀道教的各種醮祭儀式和祝文、頌文等。這些齋詞文句優美，頗有深義，表明他對道教不僅抱有強烈的仰慕之情，而且還有很深的研究，開了後朝高麗科儀道教之先風。

此外，從《三國史記》、《三國遺事》的有關記載和出土文物中還可以看出，三國在天文、曆法及工藝美術等許多方面，都有很大的發展進步，並且從中體現出中國文化對其的巨大影響。

這裡值得注意的是，當新羅統一了高句麗、百濟後，東亞的唐朝、新羅、日本，無論是各自國內還是三國之間，都處在較為安定和平的環境中，出現了一個長達二百餘年的繁榮昌盛的文化交流時期，可以說，由此便奠下了所謂「東亞文化圈」的基礎。中國唐王朝時期是從西元618年至907年，統一新羅時期是從西元668年至935年，而日本則自西元645年大化革新確立了古代天皇制，直到十世紀中葉，也正是奈良、平安文化的興盛時期。在這個歷史時期，中國、新羅、日本三國的文化開始有了密切的連結，隔離三國的海洋看起來恰如同一文化圈中的內海一樣。這個文化圈的文化內容，核心是五經、《論語》等儒家文化和佛教文化。在這個文化圈中，中國文化處在領先的地位，中國文化首先在朝鮮半島傳播、發展，然後又經朝鮮半島東渡至日本。

第三節　高麗王朝與宋元文化

高麗王朝的開創者是松岳（開城）地方的豪族王建。他在西元918年取代後高句麗王弓裔，建立起高麗王朝，定都開京（開城）。西元935年，新羅敬順王舉國歸服王建，西元936年又滅掉後百濟。這樣，高麗王朝統

第三節　高麗王朝與宋元文化

一了朝鮮半島，直到西元 1392 年被朝鮮王朝所代替。

高麗文化是統一新羅文化的繼承和發展。新羅致力於輸入盛唐文化，為此後全面吸收中國文化打下了基礎。高麗王朝繼承其大業，進一步大力輸入中國文化，使朝鮮半島的文化與中國文化的聯結更加緊密。高麗高宗（西元 1215～1260 年）以前，在新羅時代輸入的唐代文化的基礎上，又加上了宋代文化。高宗以後，主要引進宋代的新文化。而在元宗（西元 1260～1275 年）時，高麗服屬元朝，元帝室與高麗王室建立了親戚關係，於是高麗子弟中多留學元都者，他們成了在朝鮮半島傳播程朱理學的先驅。

高麗建國之初，就採取了敬佛崇儒並重的政策。從光宗九年（西元 958 年）起，正式實施科舉制度，每三年進行一次科舉，分制述、明經、明法、明算、明書、醫業、咒禁、地理諸科。要想成為高級官僚，必須通過制述、明經兩科中的一科。最受重視的是制述科（進士科），其考試科目是經義、詩、賦、策等，必須通過三場考試（三場制）才算合格。合格者依其成績分為甲、乙、丙、同進士四種。到肅宗時（西元 1096～1105 年）取消了甲科，規定乙科三人，丙科七人，同進士二十三人，共取三十三人，據說這是為了與佛家的三十三天相應。

到第六代王成宗（西元 982～997 年）時，更強力推行崇儒政策。他為了革除佛教的弊害，取消了燃燈與八關兩項佛事，並與此同時創設了國子監，地方也開設了儒教學校。此外，他又派學者入宋，積極引入中國的儒教文物。

貴族子弟為了通過科舉而當官，就必須首先接受學校教育。官學在京城有國子監、東西學，在地方有鄉校。國子監包括國子學、太學、四門學之儒學部和律學、書學、算學之技術學部，是綜合性的教育機構。學部不是依學科的內容劃分，而是依入學者的身分劃分。國子監的教學內容

有所謂「七齋」，即麗澤齋（《周易》）、待聘齋（《尚書》）、經德齋（《詩經》）、求仁齋（《周禮》）、服膺齋（《禮記》）、養正齋（《春秋》）和講藝齋（武學），後來講藝齋廢去，只剩下六齋。西元1119年，國家設立了養賢庫，這可以說是對學生們的獎學和福利機構。養賢庫到朝鮮王朝時改為成均館，有著同樣的作用。

官學之外，高麗的私學也極發達，其教育成效甚至超過國子監等官學。私學的開創者是當時的名儒崔沖（西元984～1068年），崔沖22歲科舉及弟，後來官至宰相之位，文宗稱他是「累代儒宗，三韓耆老。」他退官後於西元1055年，七十四歲時創辦學校，「收召後進，教誨不倦，學徒坌集，填溢街巷。」[21] 崔沖分設樂聖、大中、誠明、敬業、造道、率性、進德、大和、待聘等「九齋」，教育學生，所以他辦的學校稱為「九齋學堂」。他的學生人稱「侍中崔公徒」，「凡應舉子弟，必先隸徒中學焉」。崔沖卒後諡文憲，後來「凡赴舉者，亦皆隸名九齋籍中，謂之文憲公徒。」因而時人尊稱崔沖為「海東孔子」[22]。

崔沖辦學不久，又有十一位儒臣受崔沖啟發，退官後相繼開辦學校，所以當時有「十二徒」之說，侍中崔公徒（文憲公徒）之外，還有匡憲公徒、南山徒、西園徒、文忠公徒、貞慎公徒、貞敬公徒、忠平公徒、貞憲公徒、徐侍郎徒、龜山徒等十一家門徒弟子。由此，以儒學為主要教育內容的私學名聲大振。辦私學的風氣一直持續到高麗朝末年，三百餘年間培養出許多如金仁存、尹彥頤、鄭知常、金富軾那樣的文人學者。

忠烈王（西元1275～1308年）和忠宣王（西元1309～1314年）時，積極採取振興儒學的政策。就在此時，程朱理學自元朝傳到了高麗。忠烈王針對當時「儒士唯習科舉之文，未有博通經史者」的情況，要求國子監

---

[21]《高麗史・崔沖傳》。
[22] 同上。

要讓「通一經一史以上者教授國子。」他藉助崇奉朱子學的儒者安珦的力量，完善國學，建立孔廟，又擴大了養賢庫。

忠宣王長期居住在元朝首都，並在元朝首都設立「萬卷堂」，組織元朝和高麗的一些學者收集中國的經史資料，進行認真研究。高麗學者白頤正、李齊賢、朴忠佐等人，就是在那裡開始研究程朱理學，並把程朱理學傳播到高麗的。高麗末期，又出現了李穡、鄭夢周、鄭道傳、權近等理學者，形成高麗末期新一批的官僚，他們不僅在學術方面有重大影響，而且在政治方面也發揮了重要作用。

程朱理學之傳入高麗，始於忠烈王時的安珦，著名的理學家有白頤正、李穡、鄭夢周、鄭道傳、權近等人。

安珦（西元1243～1306年）是最先把朱子學引入高麗的人。歷任監察御史、尚州判官、集賢殿大學士、宰相等職。他推崇儒家學說，認為「夫子之道，垂憲萬世」。他反對佛教，認為「佛教棄親人離家庭，蔑視人倫，逆道義，乃夷狄之徒」[23]。西元1289年，安珦隨同高麗忠烈王赴元，廣求儒家書籍。其中不少是屬於朱子學的，歸國後開始講授朱子學，這是韓國傳朱子學之始。白頤正是與安珦同時代人，也是朱子學在韓國的早期傳播者。他於西元1298年隨高麗忠宣王入元，在元十餘年，專心學程朱理學，歸國後授徒講學。

李穡（西元1321～1396年）字穎權，號牧隱，高麗末期著名的理學家。他西元1349年入元為國子監生員，科舉及弟，曾任翰林知制誥等職。西元1351年因奔父喪而歸國，歸國後曾為成均館大司成（校長），歷仕高麗恭愍、辛禑、辛昌、恭讓四王，官至侍中，封韓山君。李穡大力宣傳程朱理學，為理學在高麗末期的廣泛傳播有著重要的作用。據《高麗史・李穡傳》載，他任成均館大司成時，「增置生員，擇經術之士金九容、

---

[23]《高麗史・列傳・安珦》。

鄭夢周、朴尚衷、林宜中、李崇仁，皆以他官兼教官。先是，館生不過數十，穡更定學式，每月坐明倫堂，分經授業，講畢相與論難忘倦，於是學者坌集，相與觀感，程朱性理之學始興。」

鄭夢周（西元 1337～1392 年）字達可，號圃隱，他與李穡處於同一時代，曾任成均館博士（教授）、大司成，官至宰相。《高麗史·鄭夢周傳》載：他任禮曹正郎兼成均館博士時，「經書至東方者，唯《朱子集註》耳。夢周講說發越，超出人意，聞者頗疑。及得胡炳文《四書通》，無不吻合，諸儒尤加嘆服。李穡亟稱之曰：『夢周論理，橫說豎說，無非當理。推為東方理學之祖』。」高麗時期，一向以佛教學說為維持其封建統治的思想根據，鄭夢周則試圖以朱子學的理論代替佛教學說，以求挽救高麗末期的衰敗局面，因此，他提倡儒家的倫理道德，反對佛教的出世主義。

鄭道傳（西元 1337～1398 年）字宗之，號三峰，李穡著名弟子之一，是高麗末期朝鮮王朝初期的大哲學家、政治家、軍事家。他自幼好學，25歲考中進士，高麗王朝時歷任忠州司錄、典校主薄，成均館博士、典校副令等職，力主改革。朝鮮王朝建立後，他作為開國功臣，擔任政治、軍事、教育等各種要職，後因捲入王子之間王位之爭而被殺。鄭道傳是高麗末期改革派的傑出理論家。他的理論鋒芒直指高麗王朝占統治地位的意識形態──佛教，除了指出佛教所帶來的社會弊端之外，特別著重對佛教從理論上進行批判。他的排佛理論，與當時實際的政治和經濟問題緊密連結，具有深刻的哲學內容和相當完整的理論體系。

權近（西元 1352～1409 年）字可遠，號陽村，出身權門勢家，與鄭道傳同為李穡的著名弟子，後又曾學於鄭道傳。高麗時期任成均館大司成，李氏朝鮮時官至藝文館提學。他也是高麗末期、朝鮮王朝初期朱子學的重要代表人物，在高麗時期的政治態度接近其師李穡，持溫和改革的立場，李氏朝鮮時期則積極主張改革。對於佛教的態度，在高麗時期持調和

觀點，李朝時期則積極反佛，同時排老。總之，他前期受李穡影響較大，後期則受鄭道傳影響較大。他的哲學思想，主要是繼承和發揮朱子學的觀點。認為「理為心氣之本」。以理為天地人物之本源，認為精神性的「理」先於物質性的東西而存在，也先於每個具體人的「心」而存在，並且對萬物和人心有著決定作用。他依據這種「理主心氣」的理論，對佛老加以排斥和否定，認為「老不知氣本乎理而以氣為道，釋不知理具於心而以心為宗。此二家自以為無上高妙，而不知形而上者為何物。」[24] 權近與鄭道傳有所不同，鄭道傳著重反佛，在反佛中闡發朱子學理論，權近則更著重於從正面發揮朱子學理論，同時也闢佛老。權近的哲學思想對韓國後世哲學發展有較大影響，韓國儒學史上互數百年的「四七論辨」（四端與七情的關係之辨），就可溯源於權近。他在《入學圖說》中提出，四端由理、性所發，純善無惡，七情由氣、心而成，有善有惡。這在韓國思想史上是最早的關於四端與七情關係的論述。

　　中國的五代和北宋時期，曾有不少文人學士移居高麗，他們得到高麗朝廷的重視和優遇，對在高麗傳播中國文化作出了貢獻。例如後周人雙翼，西元956年隨冊封使到高麗，高麗國王光宗請求把他留了下來，並委以重任。高麗設科舉制，就是採納雙翼的建議而實行的。

　　高麗時代，佛教受到王權的特別保護，佛教界實行了像科舉制度那樣的僧科制度，僧官的登用分教宗和禪宗兩科進行考試，合格者可以獲得「大選」的法階，然後依次晉升為大德、大師、重大師、三重大師，與官階類似。禪宗可成為禪師、大禪師，教宗可成為首座和僧統。僧侶的最高名譽是王師、國師，相當於高麗王的顧問。

　　高麗僧人中，義天很是著名，他曾入宋求法，回國後在高麗開創天台宗，弘揚華嚴學，推進唯識學的傳習，力主教禪一致，同時致力於編藏

---

[24] 《心氣理篇·注》。

事業，著有《新編諸宗教藏總錄》、《圓宗文類》等，影響頗大。在義天編藏之前，高麗已刊行過《大藏經》，共六千餘卷。《大藏經》和義天「續藏經」的版木收藏在大邱的符仁寺，但可惜於十三世紀初毀於戰火。從西元1236年起，高麗重刻《大藏經》，花了十五年的歲月，到西元1251年才告完成，這就是至今仍流傳的《高麗藏》。其刻版達八萬六千六百多塊，現保存在慶尚北道陝川的海印寺裡。這些佛經的刊行，不僅促進了佛教文化的發展，而且推功了高麗木板印刷術的進步，並進而導致了金屬活字排版的誕生。

高麗初期，華嚴、天台兩教盛行，高麗後期禪宗壓倒教宗。禪僧知訥（普照國師）在綜合吸收中國禪宗思想的前提下，發展了中國禪宗思想，開創了曹溪宗。他所著〈真心直說〉等文，以「真心」為本體，系統闡發禪學思想，糾正中國南宗禪中流行的「不立文字，教外別傳」等觀點和宗風，主張教、禪調和，提倡頓、漸並行，定、慧雙修，在當時佛教界很有影響。知訥的弟子慧諶繼承知訥的思想，直接闡發禪學理論，又與門人整合《禪門拈頌》30卷，「以配傳燈」。他還主張佛儒融合，認為「認其名則佛儒向異，知其實則儒佛無殊。」反映出高麗王朝儒佛並重的政策。

知訥、慧諶之後，有太古普愚、懶翁慧勤、無學自超等學僧相繼入元求法，把中國臨濟禪傳到高麗，成為高麗後期禪宗的主流，並且一直影響到朝鮮王朝時代。

高麗自建國之初，就在崇奉佛教的同時，也尊崇道教。高麗太祖統一三韓之後，每年十一月十五日舉行八關齋。八關齋雖名為佛教儀式，實是道教醮祭，即所謂「燃燈所以事佛，八關所以事天靈及五嶽名山大川」[25]。高麗毅宗二十二年（西元1170年），又在西京觀風殿下教頒令：崇重佛事，歸敬沙門，保護三寶，遵尚仙風，繼行八關。

---

[25] 見《太祖訓要》中。

第三節　高麗王朝與宋元文化

　　李圭景《道教辨證說》記述，高麗仁宗時（西元 1123～1147 年），曾築西京林原宮城，置八聖繪像於宮中，八聖之名：一曰護國白頭嶽太白仙人實德文殊師利菩薩；二曰龍圍嶽六通尊者實德釋迦佛；三曰月城天仙實德大辨天神；四曰駒麗平壤仙人實德燃燈佛；五曰駒麗木覓仙人實德毗婆屍佛；六曰松岳震主居士實德金剛索菩薩；七曰甑城嶽神人實德勒又天王；八曰頭嶽天女實德不動優婆夷。八聖都是半佛半仙的形象。鄭知常撰文贊八聖像說：「不疾而速，不行而至，是名得一之靈。即無而有，即實而虛，蓋謂本來之佛。……妥八仙於其間，奉白頭而為始，想耿光之如在，欲妙用之現前。恍矣至真，雖不可像，靜唯實德，即是如來。」

　　從以上事實可以看出，高麗時期帶有佛道並崇、佛道融合的傾向。道教和佛教一樣得到王朝的支持和保護，歷代君王都把道教視為護國安民、禳災求福的重要方策之一，因而道教的各種儀式逐漸完備，並與人們的社會生活產生緊密的連結。

　　高麗第十七世睿宗王（西元 1106～1123 年）最崇道教，他即位第二年，就在玉燭亭供置元始天尊像，並令舉行月醮。即位第三年，又率近侍三品以上在會慶殿醮昊天五方帝。即位第十四年，在宮廷藏書處清燕閣「命韓安仁講《老子》」[26]。即位第十五年，親到他建立的道觀福源宮齋醮，如此等等。睿宗在位十八年，舉行過許多道教儀式，僅祈雨醮就達三十七次之多，可見其奉道之真誠熱烈。

　　睿宗王時，高麗人李仲若曾航海入宋學道。李得懋《青莊館全書》「東國道教」條引林椿撰《西河集》說：「李仲若入山嗜禪學，後航海入大宋，從黃大忠親傳道要，及還本國，上疏置玄觀，以為國家齋醮之所，今之福源宮是也。」而《宋史・高麗傳》則說：「高麗王城有佛寺七十區而無道觀，大觀（西元 1107～1110 年）中，朝廷遣道士往高麗，乃立福源觀，置羽

---

[26]　見《高麗史》。

流十餘輩。」

　　宋朝徐兢曾在徽宗時（即高麗睿宗時）訪問高麗，回國後撰《高麗圖經》，記述當時高麗道教的情況，其中說：「大觀庚寅（西元 1110 年），天子眷彼遐方願聞妙道，因遣信使，以羽流二人從行，選擇通達佛法者以訓導之。王俁（睿宗）篤於信仰。政和（西元 1111～1117 年）中始立福源觀，以奉高真道士十餘人。然晝處齋宮，夜歸私室。後因言官論列，稍加法禁。或聞俁享國日，常有意授道家之籙，期以易胡教（指佛教），其志未遂，若有所待然。」

　　睿宗之外，高麗其他君王也大都崇通道教，多行齋醮，毅宗王一生舉行醮祭數十次，竟至於一度國庫空虛。還有時有中國道士去高麗。高麗恭潛王時，明太祖曾遣道士徐師昊到高麗，「設壇城南，敬行祀事於高麗首山大華嶽神及諸山之神、首水大南海神及諸水之神」[27]。

　　高麗時代，歷代君王大力提倡道教，國家經常舉行各式各樣的醮禮，有闕庭醮祭、老人星祭、本命星宿醮、太一醮、星變祈禳醮祭、三界神醮、百神醮、別貢齋醮、助兵六丁醮、開福神醮等等，名目繁多，因而促成科儀道教的成熟、發達。於是許多著名文人學士常制醮祭青詞，以與醮祭儀式相應。所謂青詞，就是用於醮祭的祝願文、醮禮文及道場文之類，因其書於青紙之上，所以稱青詞。高麗科儀道教極盛，醮祭的場所有福源觀、大清觀、神格殿、淨事色及九曜堂等數處。凡有醮祭活動，當然就有羽流周旋從事，在眾多的道士之中，也必然會有一些較為著名的人。只是文獻對此記述甚少，無從詳加考究。不過還是有些線索，證明高麗也有仙派。趙汝藉《青鶴集》等書還記述了高麗中期李茗、郭輿、崔讜、韓唯漢等人隱居山林、修煉成仙的故事，說他們屬於新羅仙人大世、仇染那一派。這些當然都是世間傳聞，不足為信，但也反映了高麗時期不獨盛行科

[27]《文獻備考》。

第三節　高麗王朝與宋元文化

儀道教，同時也受到中國道教修煉的影響。

中國宋代，朝廷常向高麗贈送書籍，內容除文史之外，還有醫書、佛經佛典等諸多種類。高麗也常透過民間交易途徑重金收購有價值的中國書籍，收集的書籍又重新加以刊行、珍藏。因而高麗所藏中國書籍極其豐富、齊全，宋哲宗稱高麗「書籍多好本」，並開列了一個大書單，希望高麗宣宗能向中國提供。書目內容廣涉經、史、子、集等中國各方面的書籍，多達一百二十餘種，四千九百八十餘卷。

與此同時，高麗王朝也很重視修史事業，現存最早的兩部史書《三國史記》和《三國遺事》，就是出自高麗時代，兩書都是用漢文書寫的。《三國史記》是仁宗時（西元 1123 ～ 1146 年）金富軾奉王命而編纂的，意在發露「君臣之善惡，臣子之忠邪，邦業之安危，人民之理亂」[28]。其體例完全仿中國正史，記述了三國時期一千年的歷史，分為本紀、年表、志、列傳，共五十卷，體現出儒教的歷史觀。

《三國史記》編成後過了一個世紀，忠烈王時代的一然禪師撰成《三國遺事》，記載紀傳體的《三國史記》所未能包含的內容，其中有豐富的民間習俗內容和神話傳說，還收有新羅的詩歌、鄉歌十四首，貫穿著佛教的歷史觀。

除兩部書外，據說還有鄭可臣的《千秋金鏡錄》、閔漬的《本朝編年綱目》、李齊賢的《世代編年》、金寬毅的《編年通錄》等漢文史書，但今已失傳。李承休的《帝王韻記》二卷至今尚存，這是用漢詩的形式詠贊中國和韓國（朝鮮）歷代帝王的治績的一部書。關於佛教人物，覺訓編有《海東高僧傳》，但現今只有其中的一部分保留了下來。

高麗前期的文學，其素材多是神話、傳說，如李仁老的《破閒集》、李奎報的《白雲小說》和《李相國集》、崔滋的《補閒集》，以及稍後李齊賢

---

[28]　《三國史記》序文，《進三國史表》。

的《櫟翁稗說》，都屬於這一類。高麗後期，詩歌文學住漸興盛，略分為兩種類型，一種是漢文學系統的詩歌群，如《翰林別曲》、《關東別曲》、《竹溪別曲》等，一般稱之為「京畿體歌」。另一種是高麗歌謠性質的詩歌群，一般稱之為「高麗俗謠」或「古俗歌」。高麗歌謠沒有鄉歌那樣的佛教色彩，多包含著民眾的樂天情趣和豐富聯想，並重視音樂性的要素，宜於在舞臺上詠誦。因為高麗還沒有自己的固有文字，所以書面流傳還是要藉助漢文或吏讀文字，民間則常用自己的語言口碑相傳。高麗末期，由於儒學特別是程朱理學的影響，歌謠中的樂天傾向逐漸減弱，其倫理教化意義則逐漸增強，從而朝著朝鮮王朝時調的形式發展。

高麗藝術和新羅時期的藝術一樣，仍在佛教的影響之下，並與中國的佛教藝術相通。例如高麗時代的石塔，明顯是受宋塔的影響。高麗末期的敬天寺石塔，是元朝工匠參與建造的，共有十層，基壇和塔身都有佛菩薩群雕，生動形象。但許多宮殿寺院都毀於戰火，留存至今的並不多。

書法方面，高麗前期盛行歐（歐陽洵）體，後期盛行趙（趙孟頫）體，僧坦然、崔踽、柳伸、金巨雄、洪懽、李嵓等，都是高麗朝書道名家。繪畫方面，受中國山水畫影響較深，明顯帶有北宋畫風，李寧的禮成江圖，恭湣王的野獵圖，都是當時名作。而高麗末期的儒者李齊賢更為傑出，人稱其詩、書、畫為三絕。

高麗的音樂，盛行從中國宋朝傳入的大晟樂（雅樂）。西元1116年，高麗睿宗遣使到宋都學雅樂，宋徽宗贈送給他們大晟樂和各種伴奏樂器，以及舞衣、樂服、衣冠、儀物，從此以後，大晟樂便成了高麗的正樂。大晟樂有太廟樂章等十幾首歌曲，伴以文舞、武舞，廣泛用於宮廷的郊禮、宗廟祭禮、文廟祭祀及宮廷宴樂等場合。高麗末期又引進明朝的雅樂，也用於宮廷的祭祀。大晟樂之外，還有統一新羅時期傳下來的中國音樂，叫做唐樂。高麗時代，唐樂歌曲有〈獻仙桃〉、〈壽延長〉、〈五羊仙〉、〈拋球

樂〉、〈蓮花臺〉等四十多篇，用唐笛、洞簫等唐代中國樂器伴奏，同時有舞蹈與之搭配。唐樂在高麗初期盛行，中期以後逐漸被雅樂取代，呈現出衰落的趨勢。

雅樂、唐樂之外，高麗還有自己的民族傳統音樂，這稱為鄉樂，又叫俗樂。鄉樂之中，也包含了在唐樂傳入之前已流入的中國音樂成分，但內容主要是高麗歌謠。另外，高麗民間還有一種山臺劇，是假面劇，在燃燈會、八關會等例行的佛事中演出。劇中人物的木製假面，表情十分豐富，吸取了中國假面乃至日本假面的特長，同時又帶有濃厚的民族色彩。

高麗的工藝技術，也與中國有密切的關係。例如高麗的瓷器，起初受唐代瓷器的影響，多呈黑灰色。後來受宋朝瓷器製作技術的影響，尤其是浙江越州窯生產瓷器的還原焰法傳到高麗，從而製作出了有名的高麗青瓷。高麗青瓷的樣式花紋分兩種，一種是純青瓷，屬高麗青瓷的前期，顏色呈祕色或翡色。這個時期的代表作有仁宗長陵（西元1146年）中出土的蓋盒、瓜形瓶、方形臺，還有獅子形香爐、魚龍形酒煎子、鴨形硯滴等。再一種是鑲嵌青瓷，屬高麗青瓷的後期，其特點是運用了青嵌法，瓷器未乾時陰刻紋樣，在陰刻部分填上白土，預燔之後再塗青瓷釉，然後再行本燔。紋樣採用雲鶴、楊柳、寶相花、菊花、唐草、石榴等。這個時期的代表作有時宗智陵（西元1197年）出土的石榴文碗、菊花文碟，文氏墓（西元1159年）出土的菊花文碟、寶相花文碗，還有漢城梨花女子大學所藏的竹文瓶，德壽宮美術館所藏的牡丹文梅瓶等。高麗後期，青瓷技法受元朝影響，產生混亂，高麗青瓷由此便衰退下去。

高麗的印刷事業極為發達，大量刊印佛經、佛典和各類漢文書籍，推動了印刷技術的發展。中國在北宋慶曆年間（西元1041～1048年），畢昇發明了活字排版，但其活字是用膠泥制的。畢昇的活字排版法傳到高麗後，在其基礎上，高麗又發明了金屬活字。金屬活字的印刷始於西元

1234～1241年間刊印的《詳定古今禮文》五十卷（崔允儀撰），使用的是銅製活字，這比德國第一次使用金屬活字要早二百年，比中國使用銅活字也早得多。

明朝初期，中國與高麗友好往來，大力支持高麗「造船捕倭」，從而火藥製造技術也傳到了高麗。明太祖曾應高麗請求，為其捕倭船隻配備「合用器械、火藥、硫磺、焰硝等物」，並且派人幫助高麗用硝和硫磺配製火藥。但這時火藥的配製方法還沒有傳給高麗。後來，高麗門下府事崔茂宣從赴高麗的江南客商那裡打聽到製造火藥的方法，經研製而成功。從此，高麗設火㷁都監，負責製造火藥和大砲。火藥的使用，大大推動了高麗武器的進步，對平定倭寇發揮了極大作用。

高麗恭愍王時，棉花種植技術從元朝傳到了高麗，促成了高麗服飾和織造業的變革。北宋時，福建、廣東一帶已經種植棉花，南宋時更推廣到長江流域，到元代，北方也已經廣泛種植。西元1360年代，恭愍王朝臣文益漸「奉使如元」，回高麗時「得木棉種，歸屬其舅鄭天益種之。初不曉培養之術，幾槁只一莖在。比三年，遂大蕃衍。取子車、繅絲車，皆天益創之」[29]。從此，高麗不僅廣種棉花，而且開始迅速發展棉紡織業，改變了此前貴族穿絹、平民穿麻的社會情況，同時棉織品還成了對外貿易的主要出口產品之一。

第四節　朝鮮王朝與明清文化

西元1392年，李成桂推翻高麗王朝，建立起朝鮮王朝，最初仍以開京為首都，兩年後遷都漢陽，今漢城）。朝鮮王朝統治了五百餘年，直到

---

[29]《高麗史・文益漸傳》。

第四節　朝鮮王朝與明清文化

西元1910年日本侵占朝鮮半島。

朝鮮王朝時期，強化了抑佛崇儒的政策，儒教政治得到大力推進。世宗二年（西元1419年），仿照唐制創設了集賢殿，這是王室所建立的儒學研究機構。集賢殿定額開始是十人，後來增加到二十人至三十人，他們的主要工作是教育世子，從事關於制度和歷史的研究，進行史書、經典、儀禮、地理、醫學等方面書籍的編纂、著述。集賢殿學士是學者的最高榮譽，號為玉堂學士，他們又是王的顧問或教師，還常常在朝廷裡擔任要職。他們有時可以得到長期休假，在山寺中專心讀書。當時名儒輩出，社會形成了尊重文人的風氣，世宗也因此有「海東堯舜」之稱。

朝鮮王朝建立以後，努力強化文人官僚體制，朝廷官僚雖然分為文班（東班）和武班（西班），但文官處於絕對優勢，所以國家是文治國家。科舉分文科、武科和有關技術方面的雜科，每三年進行一次，其中文科錄取名額大大超過武科和雜科，文科中的殿試合格者還可以得到高官職位。考試內容以中國的四書五經、中國史書及漢文學為主，實行徹底的儒教教養主義。

全國各地設有書堂（家塾或鄉塾）。孩子七、八歲入書堂，十五、六歲畢業。其教育內容，是在教師指導下學習儒教和漢文學的入門書。讀完書堂之後，再讀首都漢城的四學（東西南中）或地方的鄉校。四學或鄉校畢業後，便可參加科舉考試。朝鮮王朝的最高學府是成均館，這是王朝的大學。成均館和鄉校都有文廟和明倫堂，文廟是祭祀孔子等儒家聖人的場所，明倫堂則是講授儒學的課堂。

明朝皇帝常贈送中國書籍給朝鮮國王，如西元1426年贈四書、五經、《性理大全》各一部，《通鑑綱目》一部，世宗王召集百官為此舉行賀宴。西元1451年，又向朝鮮國王端宗贈《宋史》，滿足了世宗、文宗、端宗三代國王的夙願。朝鮮還透過民間管道求購中國書籍，並對有價值的書

第一章　中韓佛教文化交流概說

籍進行刊印，如世宗（西元1418～1450年）就曾命集賢殿校訂《資治通鑑綱目》、《楚辭》，編集《韓柳文注釋》。然後加以以刊行。

朝鮮王朝時期，儒學倫理逐漸融化到國民意識之中，長期支配著人們的思想和行為。而這時的儒學，朱子學占居優勢，學習四書、五經，都要以朱子的注釋為準。最初是朱子的《易學啟蒙》、《近思錄》、《增損呂鄉約》和《資治通鑑綱目》等廣泛流行，中宗（西元1506～1544年）時刊行了《朱子大全》，從此以後朱子學成為官學，背離朱子學的人便被視為「斯文亂賊。」

前期朱子學者中，有金宗直、趙光祖、李彥迪等人較為著名。到十六世紀時，朝鮮朱子學達到了登峰造極的程度，出現了李滉（退溪）和李珥（栗谷）兩位最卓越的理學家。李滉集朝鮮朱子學之大成，有「海東朱子」之稱。李珥也對朱子學理論有諸多發揮和發展。這兩個人的成就可以說超過了中國同時期的朱子學者。

李滉（西元1501～1570年）字景浩，號退溪、又號退陶、陶叟、清涼山人等。曾任成均館司成、弘文館修撰等職。中年以後，憂於不斷發生的士禍，辭官返鄉，興辦書院，從事教育和著述。七十歲時任判中樞府使，實際上只是虛位。其著作有《朱子書節要》、《聖學十圖》、《宋季元明理學通錄》、《心經釋疑》、《三經四書釋疑》等。今有《退溪集》六十八卷行於世。李退溪繼承並發展了中國程朱理學的思想學說，被稱為「朝鮮之朱子」，對日本朱子學的形成與發展產生很大的影響。李退溪的哲學思想，繼承了朱熹的理本論，以理為最高範疇，認為理是「生物之本，萬事之根柢」且「此理極尊無對，命物而不命於物」[30]。李退溪從理本論出發，以「破邪顯正」為號召，對其他哲學流派加以批判。關於理氣動靜問題，李退溪進一步發展了朱熹的思想，明確論證了理有動靜。他以天道論人道，

---

[30]《答李達李天機》。

第四節　朝鮮王朝與明清文化

將理氣關係推導於性情關係上，就引出了朝鮮哲學史上著名的「四七論辯」。「四七」指《孟子》中的仁、義、禮、智「四端」與《禮記·禮運》中的喜、怒、哀、懼、愛、惡、欲「七情」。「四七論辯」就是辯論四端與七情的關係。他在與奇大升的論辯中，提出「四端理之發，七情氣之發」，後又把理氣與四端七情的關係概括為「四則理發而氣隨之，七則氣發而理乘之」[31]，以此避免「分別太甚」之嫌，更清楚地說明理氣互發互隨，因此四端與七情同中有異，異中有同。

李、奇論辯之後，當時著名哲學家李珥又提出四端七情都是「氣發而理乘之」，反對李退溪的「四則理發而氣隨」之說，從此四端、七情論辯綿延三百年之久，分為主理論與主氣論兩派，其中包含著理本論與氣本論兩種宇宙觀的爭論。

李珥（西元1536～1584年）字叔獻，號栗谷、愚齋，出身官僚世家，曾任副提學、大提學戶曹佐朗司憲府持平、清州牧使、承政院通副承旨、右承旨、兵曹參判、大司諫、大司憲、戶曹判書、吏曹判書等要職。在學術和教育方面，他主要從事書院教育，創立了獨立的學派。著作有《答成浩原》、《東湖問答》、《聖學輯要》、《經筵日記》等多種，均收錄於《栗谷全書》中。李珥的哲學思想，基本上是傾向於理氣二元論。他一方面指責李滉完全尊信朱子的態度，說「退溪多依樣之味」[32]，順便提出了自己對朱子的看法。另一方面又指責了徐敬德的氣一元論陷入「指氣為性之誤」[33]和羅欽順的氣本論觀點。他基於理氣二元論，認為「理者氣之主宰，氣者理之所乘也。非理則氣無所根柢，非氣則理無所依著。既非二物又非一物，非一物故一而二，非二物故二而一也」[34]。李珥的觀點介於氣

---

[31]《答奇明彥·論四端七情第二書》。
[32]《栗穀全書·答成浩原》。
[33] 同上。
[34]《栗穀全書·答成浩原》。

一元論和理一元論之間，最終還是倒向理本論。他提出「理通氣局」的主張，認為理無形無為、無先後、無本末，「而其本然之妙無乎不在」。氣涉形跡，有本末、先後、清濁、偏正，參差不齊。所以理能貫通一切事物，氣則局限於不同的事物。[35] 由此他進一步認為，理為形而上者，氣為形而下者，天地萬物化生，「其然者氣也，其所以然者理也」[36]。李珥的認識論有許多合理的內容。他首先說明，人的思考器官依賴物質性的肉體，而思考知覺本身則是「精氣」的功能。他還認為，人的感情意識必由於思考知覺器官感於外物方能發生，如果離開外物，就無所謂感情意識。他進一步論述分析了人的認識過程，提出「人之所見有三層」，即認識有三個階段。第一層是「讀聖賢之書，曉其名目」；第二層是「曉其名目而又能潛思精察，豁然有悟其名目之理，了然在心目之間」；第三層是「既悟名目之理，了然在心目之間，而又能真踐力行，實其所知。及其至也，則親履其境，身親其事，不徒目見而已也。如此方可謂之真知也」。[37] 這個「曉名目」、「知理」、「真踐力行」而獲得「真知」的過程，約略接近了從感性到理性、再由理性到實踐而獲得真知的過程。這是朝鮮認識論發展史上的一大進步，他的思想為後來的實學派所繼承。李珥對於李滉與奇大升「四七論辯」，傾向於奇大升的觀點，並對其有所發展。他反對李滉七情分開，主張四端包含在七情之中，反對李滉的「理氣互發」說，主張「理氣兼發」說。在他看來，理無形無為，氣有形有為，所以無為的理不能發，有為的氣才能發。他與李滉的論辯，雖基本上仍屬朱子學內部的爭論，但其中卻又包含著主理與主氣兩種對立傾向。

在朝鮮王朝後期，李珥主氣派的代表人物是宋時烈，站在李珥主氣派方面的還有韓元震。主理派的代表人物有奇正鎮和李震相。

---

[35]《栗穀全書・答成浩原》。
[36]《栗穀全書・易數策》。
[37]《栗穀全書・答成浩原》。

第四節　朝鮮王朝與明清文化

在朝鮮王朝後期，封建社會衰落，商品經濟發展，朱子學也走向衰微，注重實際的實學派開始興盛，形成了反朱子學傳統的實學思想潮流，出現了一大批實學思想家。實學的產生，除了當時朝鮮國內的各種社會條件之外，另一個重要的條件就是與中國的頻繁往來，以及透過中國而受到歐洲自然科學和技術的影響。十七世紀初，朝鮮使臣到北京，帶回了歐洲地圖，從而了解了西方世界。以後，西方傳教士利瑪竇（Matteo Ricci）等人在中國出版的天主教書籍及大量自然科學書籍，都陸續傳到了朝鮮。朝鮮的實學思想家們，有不少人到過中國，他們一般都具有儒學素養，又通曉自然科學和社會科學的諸多領域，他們效仿中國先進思想家黃宗羲、顧炎武、顏元等人的「實事求是」的方法，吸收清朝考據學積極的方面，揚棄其消極面，注重社會經驗，主張政治、經濟、軍事、文化等各個方面的改革，為朝鮮的富強發展努力創造新的理論。實學家大都明確主張氣一元論，認為理只是氣之理或具體事物之理，反對離開具體事物空談義理。他們認為天地萬物都是發展變化的，社會也是不斷進步的。朝鮮實學思潮開始於十七世紀初，在十八世紀獲得長足發展。早期的實學思想家有李晬光、金堉、柳馨遠等人。到十八世紀，實學思想更進一步豐富、發展，形成了獨立的體系。其代表人物有李瀷、洪大容、朴趾源、朴齊家，十九世紀初的丁若鏞集其大成。實學思潮對朝鮮半島的哲學發展和社會進步具有重要的推動作用。

十七、十八世紀，朝鮮儒學中興起了反對朱子學派的「異端」學派——漢學（考據學）和陽明學派。漢學家反對朱子學派對經傳的注釋方法，他們廣泛參考漢代古注，直接研究先秦儒家經典。其代表人物有尹鑴、朴世堂。

在漢學興起的同時，朝鮮的陽明學也出現了活躍的趨勢。王陽明《傳習錄》初刊的第三年，即西元1521年（中宗十六年），就傳到了朝鮮，從

第一章　中韓佛教文化交流概說

此陽明學被朝鮮一些學者所接受。宣祖（西元1568～1611年）時，由於宣祖本人對陽學學懷有興趣，所以當時出現了李瑤等陽明學者。但宣祖之後，陽明學受到正統朱子學的嚴重壓制，難以得到發展。十七世紀中葉以後，才趨向活躍，其突出代表人物是鄭齊斗。

鄭齊斗（西元1649～1736年）字士仰，號霞谷，出身漢城兩班家庭，歷任工曹左郎、戶曹參議、漢城府尹、元子輔養官等職。他對陽明學「心深欣會而好之」[38]，不顧正統朱子學派的迫害，積極研究和傳播陽明學。他的著作，除《萬物一體說》、《良知圖說》等是陽明學方面的著作之外，其他幾乎都是關於天文、曆算等自然科學方面的。他主張學問要有利於社會實際，反對空談空論，這與當時的實學思潮相通。他贊成王陽明「心即理」、「心外無理」的觀點，反對朱子學者「析心與理為二」，並且認為理與氣、心與性也都是不可分離的。他說：「凡言理氣兩決者，諸子之支貳也，理氣不可分言。言性於氣外者，理氣之支貳也，心即理也，性即理也，不可以心性岐貳矣」[39]。他和其他陽明學者一樣，強調心或「良知」的作用，認為人心是「感應之主，萬理之體」[40]。在知行問題上，鄭齊斗也繼承了王陽明的知行合一說，認為「致知」與「力行」不可分開，「若曰致知，則知之而行焉，已無不盡矣」[41]。由此他反對虛論空理，主張真正的學問應該「力行」，應該有益於社會。

朝鮮王朝後期，正統的朱子學經實學及漢學、陽明學的衝擊，其權威性大受動搖。到十八、十九世紀，形成了氣一元論的哲學思潮，其最傑出的代表是任聖周、崔漢綺。

對於佛教，朝鮮王朝歷代君王則多取排斥態度。朝鮮王朝建國之初，

---

[38] 《霞谷集・存言下》。
[39] 《霞谷集・存言中》。
[40] 同上。
[41] 同上。

第四節　朝鮮王朝與明清文化

太祖仍承繼高麗時代的遺習，在尊儒的同時也尊信佛教，修行佛事。但自高麗後期，由於佛教的大發展，寺院遍布全國各地，寺院不僅有龐大的莊園，占有大量的土地，而且有眾多奴婢，還經營商業和高利貸等業，腐敗之風日趨嚴重，直接影響到國家經濟、財政等許多面向。所以朝鮮王朝自太宗王時，即採取排佛政策，同時大力支持前朝末期勃興的儒教。太宗除了從經濟角度限制寺院的發展之外，又把當時的佛教十一宗（曹溪宗，總持宗、天台疏字宗、天台法事宗、華嚴宗、道門宗、慈恩宗、中道宗、神印宗，南山宗、始興宗）合併為七宗（曹溪宗、天台宗、華嚴宗、慈恩宗，中神宗、總南宗、始興宗）。太宗之子世宗進而把七宗統合為禪、教二宗，曹溪、天台、總南歸為禪宗，華嚴、慈恩、中神、始興歸為教宗。世宗還進一步限定寺院數量（禪、教二宗各十八寺）以及寺院的土地和僧侶人數。後來歷代君王多採取削弱佛教勢力的政策，甚至規定不准僧侶出入城內。他們被放逐到山中，受到各種壓迫，還要築山城以守衛都城，並為官家服各種雜役。

　　李氏朝鮮的君王中，只有世祖（西元 1455～1469 年）不取排佛政策，他被稱為大護佛王，在他治世期間，是佛教在朝鮮王朝最盛的時代。他設定了刊經都監，組織力量用創制不久的國語文字《訓民正音》翻譯了《楞嚴經》、《法華經》、《金剛經》、《心經》、《圓覺經》、《永嘉集》等佛教經典。世祖還命人創作了佛教樂曲〈靈山會上曲〉，這是朝鮮王朝雅樂的重要遺產。他又重建漢城的一廢寺，定名為圓覺寺，並在那裡建起了十層石塔。此外，他還重建或修復了許多寺院，並常去那些寺院巡禮，供養。世祖又規定，僧侶如有犯罪嫌疑，要事先得到國王准許後方可訊問，嚴禁官吏侵入寺院，僧侶可以自由出入城內。由於他採取了諸多保護佛教的措施，使佛教得以有一定程度的發展。但是在世祖之後，成宗（西元 1469～1494 年）又著力重建儒教的王道政治，廢止子刊經都監，禁止出家為僧，獎勵

第一章　中韓佛教文化交流概說

僧侶還俗。這種政策一直繼續到王朝末期。

儘管如此，朝鮮王朝仍有一些名僧大德出現，他們為佛法永續而盡心竭力，同時為保衛國家做出了貢獻。其中最著名的是休靜。休靜被稱為僧界泰斗。在西元 1592 年，日本豐臣秀吉侵寇朝鮮，宣祖西避龍灣時，休靜仗劍出山，向宣祖請求組織緇徒抗敵，宣祖遂命他為八道禪教十六宗都總攝。他率領愛國義僧數千人，隨同赴朝抗日的明軍英勇作戰，克復平壤，迎接宣祖還都。明朝提督李如松給休靜送帖嘉獎，並題詩讚揚其功德。宣祖賜號「國一都大禪師禪教都總攝扶宗樹教普濟登階尊者。」他主張儒釋道三教一致，修禪與念佛結合，禪宗、教宗不二，王法、佛法不二，弘傳佛法與忠烈報國統一，在朝鮮王朝後期有很大影響。休靜弟子甚多，其中著名者有松雲惟政、鞭羊彥機等人。另外，與休靜及其弟子同時代的浮休善修、碧巖覺性等禪師，也頗有影響。

朝鮮王朝一貫奉行獨尊儒學的政策，十分排斥佛教，而對道教卻較為溫和，長期沿襲了高麗時代崇奉道教的遺制，只是縮小其規模而已。

朝鮮太祖李成桂潛邸時就曾在咸興府南的都連浦築壇祭太白金星，及其登朝鮮王位，又在每年端午遣中貴人以御衣鞍馬致祭。太祖元年（西元 1392 年）十一月，把高麗朝時祭天醮星的道觀福源宮、神格殿（昭格殿）、九曜堂、燒錢色、大清觀、清溪拜星所等處合併為一，定名昭格殿。昭格殿從此成為朝鮮王朝唯一的道觀，道教醮儀都集中在那裡舉行。

太祖三年八月，群臣奉王命商議遷都之事，但諸臣多以為不便遷都，太祖便「決疑於昭格殿」，結果把國都從松都遷到了漢陽。太祖五年，朝廷又徵發左右道丁夫二百名營造昭格殿。太祖之後，二世定宗王曾祈禱齋宿於昭格殿。

太宗十七年（西元 1417 年），禮曹參判許稠建議改建昭格殿。太宗說：「予未深知佛法，故不信不毀而任其自為。今日醮禮天帝星辰之事，

第四節　朝鮮王朝與明清文化

亦未知其實理，然歷代帝王與今中國與前朝王氏皆有此禮，故曾命禮曹與提調金瞻等明考舊籍，定其祀宗，去其煩偽。」這說明。佛教與道教相比，太宗還是比較支持道教的，他主張遵從中華傳統和高麗王朝的遺制，繼續奉行道教醮祭，並由篤通道教的金瞻負責確定昭格殿的禮典。金瞻是昭格殿最初的提調，他對朝鮮道教多有貢獻。

世祖十二年（西元 1466 年），重新確定官制，同時把昭格殿改為昭格署。昭格殿純屬神殿名稱，而昭格署則兼有官署色彩，表明道教管理納入了國家官僚體制。

燕山君時崇儒廢佛，同時也把道教視為「左道」。但他認為，佛、道仍有區別，「佛法妖言惑眾，其害尤甚，宜加痛革。道教則非此類。」所以他雖然下令罷昭格署，但只是藏置位版，依然行醮祭，名罷而實未罷。

中宗廢燕山君而即位之後，趙光祖等一批儒臣強烈要求罷昭格署，中宗認為是沿襲祖制，不輕聽許，但迫於群臣不斷施加壓力，曾於 1518 年一度革罷昭格署。不久發生「已卯士禍」，趙光祖等新進官僚受到打擊，中宗之母又因病要行祈禱，便於西元 1522 年又恢復了昭格署；直到西元 1592 年發生壬辰倭亂，昭格署毀於戰火，此後未再復建。

昭格署長期以來作為國家一個行政機構，掌管著道教的醮祭活動，它在朝鮮王朝的道教發展中具有十分重要的作用。昭格署有三清殿，掌管三清星辰醮祭。署裡的最高官吏是提調，提調下屬有令一人，別提、參奉各二人，雜職尚道、志道各一人，此外還有學道者十餘人。

朝鮮王朝時期，以昭格殿為中心的醮祭活動仍然得到不少文人學士的支持，他們雖多屬儒者，但常作詞吟詩詠讚道教。太祖時著名的學者權近即有詠三清詩曰：「地湧靈泉靜，山藏道境幽，經營開寶殿，咫尺隔塵區。霄漢仙居迥，雲霞鶴馭留，度人多妙訣，降福永千秋。」意在讚賞太祖初創昭格殿之功，同時表達了對道境仙居的仰慕。

十五世紀的名儒金時習有《梅月堂詩集》，其中吟詠仙道的詩詞甚多。他曾到三清宮訪友，適遇立冬之醮，於是作詩曰：「雲散長空星斗寒，瓊章讀罷禮天壇，玉皇降處圍香霧，金母來時駕綵鸞。寶磬有聲人寂寂，瑤臺無影月團團，三清醮畢門重鎖，照殿青燈徹夜闌。」

金時習又有贈道士詩云：「玉清壇上退朝還，環珮珊珊態度閒，靈寶度人飡六氣，黃庭換寫養三關。奇香滿灶晨成藥，異氣浮空夜入班，乞我半升鐺折腳，年來我亦煮溪山。」

朝鮮道教的醮祭活動，雖然是以昭格殿為中心，但也不是絕對限於昭格殿。太祖即位之初，下令革除昭格殿以外的其他醮祭之所，但卻因襲高麗遺制，在京城之內，文廟之右設大清觀，醮祭天皇、太一等神。到世宗時，因昭格殿內有太一殿以祀太一，才把京城大清觀廢除了，而地方五道仍各設太一殿來祭太一神。

此外，江華府的摩利山頂，世傳是檀君祭天之處，高麗時代即設有星壇，李氏朝鮮依舊在此祭星，又祭玉皇上帝，設雲馬之樂。宣祖時曾命李栗谷制摩尼醮青詞，栗谷以「左道」而未從。到十七世紀仁祖時，又在摩尼山中麓建立祠版奉安閣，每年春秋降香祝祀。朝鮮君王又常設壇祭老人星（壽星），其祭儀仿效周制，而壇制則取法宋朝五禮新儀。

新羅末期，崔承佑、金可紀、慈惠以及崔孤雲從唐朝帶回丹學，他們並成為韓國丹學的鼻祖。特別是崔孤雲所著《參同契十六條口訣》，是有關內丹修煉的名作，其影響廣泛而深遠。丹學在高麗時期不甚發達，但到朝鮮王朝時期卻有顯著發展，形成了道教丹學一派，其特徵在於注重內丹的修煉。

朝鮮王朝時期，有一件特別值得一題的事情，那就是創制了韓語文字的《訓民正音》。新羅時期已經發明了吏讀文字，但那主要是用來幫助國人理解漢文的。到朝鮮王朝時，世宗王設正音廳，建立王室研究機構──

第四節　朝鮮王朝與明清文化

集賢殿的學者研究韓國文字，在西元1443年12月，制定出二十八個拼音字母，後來定名為《訓民正音》，又稱諺文，於西元1446年9月正式公布。《訓民正音》的御製「解例序文」說：「國之語言異乎中國，與文字不相流通，故愚民有所欲言而終不能申其情者多矣。予為此憫然新制二十八字，欲使人人易習，便於日用矣。」從此以後，他們才真正有了本國的文字，用以表記本國人的語言。

《訓民正音》是朝鮮王朝許多優秀學者辛勤研究的成果，是本民族人民實踐經驗和智慧的結晶，同時它又是在長期使用漢字的基礎上產生的，廣泛吸取了漢文和中國文化，特別是中國音韻學的合理內容。所以《朝鮮王朝實錄・世宗莊憲大王實錄》記述說：「癸亥年（西元1143年）十二月，上親制諺文二十八字，其字仿古篆，分為初、中、終聲，合之然後乃成字。」說明《訓民正音》在字形和發音方式上與中國文字和中國音韻學有密切的關聯，在這方面，已經有許多語言文字學者進行過詳細的比較研究。而且事實上，在《訓民正音》的制定過程中，有關學者們就認真研究過中國的音韻學，著重鑽研過明初的《洪武正韻》。世宗還曾派集賢殿學士成三問、申叔舟等人，先後十三次訪問謫居遼東的明朝翰林學士、語言學專家黃瓚，直接聽取他的意見。

《訓民正音》創制後，朝鮮王朝曾用它翻譯過許多儒家經典、佛經佛典、詩集、韻書等漢文書籍，並用它編寫過《東國正韻》等書籍。起初，《訓民正音》並未得到文人學士們的重視，只在平民婦孺間流行，後來其使用範圍逐漸擴大，在公卿中也開始使用。但《訓民正音》的真正推廣普及，是到近代才實現的。在朝鮮王朝時期，漢文仍是他們的主要文字。

朝鮮王朝特別重視修史事業。自太祖李成桂起，歷代國王都設立春秋館，記錄編纂本朝政事，後來編成了《朝鮮王朝實錄》（《李朝實錄》），從太祖到哲宗（西元1392～1863年），共編有一千八百九十三卷。日本占據

朝鮮後，又補編了朝鮮王朝末期高宗和純宗二王的實錄。這部實錄是研究朝鮮王朝史的基本文獻。除此之外，這個時期還編纂了《國朝寶鑑》、《東國寶鑑》、《高麗史》等重要史書。

在史書編纂中，其內容都貫穿著儒家文化精神，特別強調儒家的倫理道德教化。為了用儒家儀禮統御國民，在西元1474年，又參照中國歷代禮書和高麗時代的禮書，編寫刊行了《國朝五禮儀》。所謂五禮，就是吉禮（祭祀）、嘉禮（冠婚）、賓禮（賓，客）、軍禮（軍事儀禮）、凶禮（喪禮）。在兩班之間，視、聽、言、動都嚴格遵守著朱子家禮。為了推動儒家倫理深入到廣大庶民之中，王朝還組織編纂了《三綱行實》，用通俗的圖解形式說明，人們應當如何在實際生活中處理好君臣、父子、夫婦之間的關係，大力宣傳忠臣、孝子和烈女的典範，把這些典範推廣到全社會。

在文學方面，朝鮮王朝自始至終是以漢文學為主流，漢詩的數量和水準均占有優勢。王朝末期，學者張志淵編輯了《大東詩選》十二卷，收錄了歷代有代表性的漢文詩，其中李氏朝鮮時期的作品共有十一卷，其他時代的作品僅有一卷，由此可見朝鮮王朝漢文詩的興盛程度；成宗（西元1470～1494年）、中宗（西元1506～1544年）時的學者徐居正、申用溉編集的《東文選》，收集了從新羅時期到朝鮮中宗時代的漢詩文，是一部很有影響的詩文集，幾百年來在中國也曾廣為流傳。此外，金時習在西元1438年發表的《金鰲新話》，是模仿中國明朝文人瞿佑的《剪燈新話》而創作的，這是韓國的第一部傳奇小說集，收有五篇小說，故事情節曲折離奇，人物刻劃生動鮮明，表現出作者具有廣博的知識和極高的漢文學修養。李氏朝鮮時期，由於創造出了本國的文字，有些文人也使用國語創作文學作品，時調、歌辭文學和國文小說便逐漸發達起來，這在韓國文學發展史上具有重大意義。

朝鮮王朝由於獨尊儒學，文人學士們其他方面的才藝往往不被重視，

第四節　朝鮮王朝與明清文化

甚至受到兩班的禁止。例如當時的繪畫，作者多屬地位低下的畫工，他們常是奉命為正室或兩班官作肖像畫、山水畫或陶器上的圖案，作品的藝術價值通常不太高。即或有地位較高的人作畫，也只是作為業餘愛好或消遣，並不願意署上自己的名字。然而，文人的水墨畫中，仍有許多優秀作品被保存下來。

朝鮮王朝的繪畫大體是承繼中國宋代的畫風。王朝前期著名畫家安堅的〈夢遊桃源圖〉，畫法細密，與北宋院體畫相似。而他的〈赤壁圖〉、〈山水畫帖〉等，則反映了南宋馬（遠）、夏（珪）派的畫風。十六世紀中葉賤民階層出身的畫師李上佐，畫有〈松下步月圖〉、〈雨中猛虎圖〉、〈羅漢圖〉等，顯示了南宋院體畫的畫風，空曠而有氣勢。作者不詳的〈羊圖〉，則是展現出宋、元細畫手法的名品。士大夫出身的姜希顏，以詩、書、畫三絕著稱於世，他的〈閒日觀水圖〉等山水人物畫，多是仿效南宋院體畫。十六世紀以後，畫家人數增多，他們一般仍保持著北畫系的畫風，但其中、也有些畫家以明朝畫家的作品為楷模，創作出一些有新意的作品。士大夫畫家中，有些人喜畫翎毛、草蟲，也有些人喜畫梅、蘭等四君子。

當時的儒者們大都重視中國的書法藝術，學習中國書道而自成一家的人頗多。世宗的第三子安平大君，專習趙孟頫筆法，他的筆跡保留在寫經、銅活字以及驪州英陵碑等金石文中。安平大君之外，有金絿和韓濩習王羲之筆法，楊士彥工於草書。這四個被稱為王朝前期的書道四大家。王朝後期，書法與其他文化藝術一樣，陷入了長期的沉寂狀態。

在音樂方面，朝鮮王朝完全沿襲了高麗時代的唐樂、雅樂和鄉樂，宗廟用雅樂，朝會用唐樂，宴樂時則唐樂和鄉樂合用。世宗王時，曾命樂理學家朴堧整理雅樂譜，改造雅樂樂器。朴堧以中國古來的五聲十二律為基礎，參考《周書》、《通典》、《陳氏樂書》，使雅樂盡量接近周代的音樂，並推動了雅樂的發展。成宗二十四年（西元 1493 年），又召集專家對以前

的音樂進行整理，修撰成《樂學規範》。共九卷三冊，結合圖解的方式，詳細說明雅樂、唐樂、鄉樂三部樂的樂調、樂舞、樂服和樂器，這是研究東方音樂文化的寶貴文獻。

在科學技術方面。朝鮮王朝特別是王朝前期，也有較大的發展和進步。從中國引入的數學得到廣泛普及。編纂了《曆書七政書》內外篇，內篇參考中國元代的授時曆，外篇以回教曆為基礎。各種天文曆象方面的儀器如大簡儀（天文觀測器）、小簡儀、渾天儀（天球儀）、日晷（日時計）、自擊漏（水鐘），以及世界上最早的銅製測雨器等相繼出現。

農耕技術也多取法中國。朝廷曾傳旨各道監司，用中國的《四時纂要》、《農桑輯要》等農書指導農業生產。在此基礎上，又刊行了《農事直說》等書籍，同時大力推進農田基本建設。農書之外，醫書也受到特別重視。西元1445年，朝鮮吸收中國的醫學成果，結合國內的臨床治療經驗，編成了《醫方類聚》二百六十四冊，釋出到全國的醫療機構。此後，御醫許浚又奉王命編寫醫書，綜合中國和朝鮮的醫學成果，經過十年的不懈努力，終於編成了漢方醫學鉅著《東醫寶鑑》。後來，《東醫寶鑑》的確成了後世醫學之鑑，十八世紀時中國和日本也刊行了此書，促進了漢方醫學的發展。

值得一提的是，在十八世紀後半葉，朝鮮王朝有許多著名文人學士紛紛到北京訪問，為學習中國文化、展開中國和朝鮮的文化交流做出了重大貢獻。十八世紀的朝鮮實學家中有所謂北學派（即主張學習中國的派別，因北京在漢城之北，故有此稱），就是在這種背景下形成的。北學派的代表人物洪大容、朴趾源、朴齊家都到過北京，收集購買了許多中國書籍和各種科技文化資料，並透過「筆談」，與中國的碩學之士結為好友，為他們的北學理論奠下了基礎。還有實學家金正喜（西元1786～1856年），青年時曾隨父到北京，努力學習中國的科學技術和文化，與中國清代著名

的漢學家翁方綱、阮元等建立起密切的連繫,從而促使他開創了朝鮮的金石考古學。朝鮮王朝的檢書官柳得恭(西元 1749 －?年),曾多次出使北京,在琉璃廠的書店街採購圖書,並與清朝著名語言文字學家陳嬗、「揚州八怪」之一羅聘和《四庫全書》館總纂官紀曉嵐等著名學者密切往來,積極吸收中國的學術文化。

第一章　中韓佛教文化交流概說

第二章
東晉時期佛教傳入海東三國

第一節　前秦佛教東傳高句麗

中國佛教之初傳海東，時值中國東晉十六國與朝鮮半島的三國時期。朝鮮半島三國為高句麗（西元前 37 — 668 年）、百濟（西元前 18 — 663 年）及新羅（西元前 57 — 935 年），其時期相當於中國西漢末至五代後唐。高句麗與中國東北接壤，所以漢文化最先傳入，也最先接受了中國佛教。百濟次之，新羅又次之。

《三國史記》記載：

「小獸林王二年，夏六月，秦王符堅遣使及浮屠順道，送佛像、經文。王遣使回謝，以貢方物。」

「四年，僧阿道來。」

「五年，春二月，始創肖門寺，以置阿道。此海東佛法之始。」[42]

高麗僧人覺訓於西元 1215 年所撰的《海東高僧傳》，以及高麗僧人一然（西元 1206 ～ 1289 年）所撰的《三國遺事》，均有與《三國史記》大致相同的記述，雖個別地方說法有不同，但共認高句麗小獸林王二年即西元 372 年，前秦王符堅派遣使者和僧人順道到高句麗，並送佛像、經文，此為「海東佛法之始」。值得注意的是，就在這同一年，高句麗設立太學，以儒家學問教授貴族子弟。而此時前秦王遣使者及僧人傳佛教，小獸林王同樣抱持正面的接受態度，可見高句麗有佛教之初，即實行儒佛並行而不相悖的政策。

對於中國佛教始傳高句麗的情況，中國的歷史文獻則有另外的說法。南北朝時期，梁僧慧皎撰寫的《高僧傳》，關涉高句麗佛教肇始的記載有兩處。

---

[42]　《三國史記》第十八卷。

第一節　前秦佛教東傳高句麗

其一，是卷四〈竺潛傳〉中所載：

「支遁遣使求買仰山之側沃州小嶺，欲為幽棲之處。潛（竺潛）答云：『欲來輒給，豈聞巢、由買山而隱。』遁後與高麗道人書云：『上座竺法深，中州劉公弟子。體德貞峙，道俗綸綜。往在京邑，維持法網，內外具瞻，弘道之將也。』」

支遁是東晉名僧，生於晉湣帝建興二年（西元 314 年），卒於太和元年（西元 366 年）。據《高僧傳》卷四〈支遁傳〉，他晚年「投跡剡山，於沃州小嶺立寺行道」。由此可見，他寫信給高麗道人（即高句麗僧人）盛讚竺潛之德行，也是他晚年的事情，但這比小獸林王二年（西元 372 年）至少要早六年以上，說明在前秦王遣使者和僧順道赴高句麗之前，高句麗民間已有信仰佛教者，並與東晉佛教有密切的連繫。

其二是卷十〈曇始傳〉所載：

「釋曇始，關中人。自出家以後，多有異跡。晉孝武太元之末，齎經律數十部，往遼東宣化，顯授三乘，立以歸戒，蓋高句麗聞道之始也。義熙中，復還關中，開導三輔。」

唐代僧人神清所撰《北山錄》也記載：

「晉曇始，孝武末（東晉也，帝臨位，深奉佛法，符堅兵至，謝玄破也）適遼東，高麗開導始也。後還三輔（三輔，咸陽縣，昔秦皇於此置殿觀），三輔人宗仰之。」[43]

東晉孝武太元末年，即西元 396 年，這比高句麗小獸林王二年（西元 372 年）晚了 24 年，說是「高句麗聞道之始」，自然不夠準確。但曇始攜「經律數十部」往高句麗，並且在高句麗「顯授三乘，立以歸戒」，直到東晉安帝義熙（西元 405～419 年）初才返回關中，在高句麗傳法達十年之

---

[43]《北山錄》卷三。

久,而且其所傳的內容,比有關阿道、順道的記述都具體,因此也可以說是在高句麗民間成規模的弘法之始。

自阿道、順道到高句麗傳佛法之後,佛教在高句麗漸趣興盛。西元392年,高句麗第十八代王故國壤王敕建國社宗廟,並令全國崇信佛法以求福,把崇佛與敬神結合起來,使佛教得以順利傳播。第十九代廣開土王二年(西元393年),在平壤創立了九寺。第二十一代文咨王七年(西元497年),又建金剛寺。此後佛教教化漸行,名僧輩出。到第二十四代陽原王(西元545～558年)時,有法師惠亮開堂講經,產生了很大的影響。後來他到了新羅,真興王讓他任僧統,在新羅始置百座講會和八關之法。

同時,高句麗僧人還到百濟、新羅乃至日本廣傳佛法,更擴大了佛教的影響。西元595年,高句麗僧人惠慈到日本,與百濟僧人惠聰共同擔任聖德太子的老師,惠慈不僅向聖德太子教授三論學,而且還教授《法華經》、《維摩經》、《勝鬘經》等經典,進行相當廣泛的佛教教育。傳說是聖德太子所撰的「三經義疏」,即《法華經義疏》、《維摩經義疏》、《勝鬘經義疏》,很可能與惠慈教授的佛教內容有關係。

如前章所述,高句麗並非獨尊佛教,而是儒、釋、道並尊,三教鼎立,到高句麗後期,佛教式微,道教興盛。

第二節　難陀自東晉赴百濟傳法

《三國史記・百濟本紀》記載:

「枕流王即位年,秋七月,遣使入晉朝貢。九月,胡僧摩羅難陀自晉至,王迎至宮中禮敬焉。佛法始於此。」

「二年,春二月,創佛寺於漢山,度僧十人。」

第二節　難陀自東晉赴百濟傳法

　　枕流王即位年即西元384年，那年七月，百濟王派遣使者到東晉朝貢，九月，摩羅難陀即從東晉到了百濟，百濟王親自出宮迎接，對摩羅難陀禮遇優厚。由此可以推想，百濟王的使者到東晉朝貢時，可能接觸到或談到佛教，甚至可能提出請東晉僧人到百濟傳法的要求，所以百濟朝貢使到東晉兩個月後，難陀即到了百濟，也許難陀是隨返國的朝貢使到百濟的。難陀在百濟受到王宮的隆重接待，可見他帶有點東晉使者的身分，如同前秦王遣使者及僧人順道赴高句麗一樣。難陀雖為「胡僧」，但其所傳佛教當為東晉佛教。

　　《三國遺事》卷三「難陀闢濟」條中記載：

　　「《三國史記》百濟本紀云：第十五（《僧傳》云十四，誤）枕流王即位甲申（東晉孝武帝大元九年），胡僧摩羅難陀至自晉，迎置宮中禮敬。明年乙酉，創佛寺於新都漢山州，度僧十人，此百濟佛法之始。」

　　此記述和《三國史記》完全一致，枕流王即位甲申，東晉孝武帝太元九年，即西元384年。文中同時糾正了《海東高僧傳》以枕流王為第十四代王的錯誤說法。

　　《海東高僧傳》的記述顯得更為詳細：

　　「釋摩羅難陀，胡僧也。神異感通，莫測階位，約志遊方，不滯一隅。按《古記》，本從竺乾入於中國，附材傳身，徵煙召侶，乘危駕險，任歷艱辛，有緣則隨，無遠不履。當百濟第十四枕流王即位九年九月，從晉乃來。王出郊迎之，邀至宮中，敬奉供養，稟受其說。上好下化，大弘佛事，共贊奉行，如置郵而傳命。二年春，建寺於漢山，度僧十人，尊法師故也。由是，百濟次高麗而興佛教焉。」[44]

　　此處「第十四枕流王」，上引《三國遺事》已經指出，當為「第十五枕

---

[44] 《海東高僧傳》卷一。

流王」。另外,這裡明言胡僧摩羅難陀是「本從竺乾入於中國」,這是《三國史記》和《三國遺事》沒有記載的。其他比《三國史記》和《三國遺事》多出的部分,皆屬描繪性的語言,並未說出更多的事實。

百濟佛教的傳入比高句麗晚了十幾年,但與高句麗一樣,都是在中國文化特別是儒家文化已經深入影響其社會的背景下傳入的,百濟也同樣實行儒佛兼融的政策。

百濟佛教有比較明顯的戒律主義傾向,戒學較為發達,注重虔誠求福,宣傳從現實中得解脫,比較傾向於個人的內在的立場。

另外,百濟佛教是中國佛教東渡日本的重要橋梁。當時朝鮮半島的三國,因佛教而與中國、日本開始有了緊密的連結,有了不少的交流活動;在這種交流活動中,百濟佛教對日本影響極大,西元552年(梁承聖元年,百濟聖王三十年,日本欽明天皇十三年),百濟王遣使到日本,向日本朝廷贈送金銅佛像、經論及幡蓋等物,表贊佛法的功德,這是日本有佛教之始。此後,百濟常有名僧和佛工、寺工到日本,大大推動了日本佛教文化的發展。西元588年,日本尼僧善信等數人赴百濟,學戒律三年,而後把律宗傳到了日本。西元602年,百濟觀勒到日本遊化,同時帶去曆法、天文、地理及遁甲、方術等書籍。觀勒是三論學匠,又博通外學,後來常住元興寺,被任命為僧正,這是日本最早的僧正。西元609年,僧人道藏為研究《成實論》到日本,撰成《成實論疏》十六卷,成為日本成實宗的實際始祖。西元665年,百濟尼僧法明渡日,誦讀《維摩經》行醫治病,她因此而成名,現在日本佛教界以吳音誦經,據說就是法明尼之遺風。

第三節　阿道奠基新羅佛教

新羅在三國中開國最遲，其對中國交通往來須經由高句麗和百濟，因而文化發展也晚於高句麗和百濟，佛教的傳入也是如此。關於新羅佛教的起始，有各種異說，此可見於《三國遺事》中的記述。現引《三國遺事》中的「阿道基羅」條，以見其梗概。

「阿道基羅（一作我道，又阿頭）

新羅本紀第四云：第十九訥祇王時，沙門墨胡子，自高麗至一善郡，郡人毛禮（或作毛祿）於家中作堀室安置。時梁遣使賜衣著香物（高得相詠史詩云：梁遣使僧曰元表，宣送溟檀及經像）。君臣不知其香名與其所用，遣人齎香遍問國中。墨胡子見之曰：『此之謂香也，焚之則香氣芳馥，所以達誠於神聖。神聖未有過於三寶，若燒此發願，則必靈應（訥祇王在晉宋之世，而云梁遣使，恐誤）。』時王女病革，使召墨胡子焚香表誓，王女之病尋愈。王喜，厚加賚貺，俄而不知所歸。又至二十一毗處王時，有我道和尚，與侍者三人，亦來毛禮家，儀表似墨胡子，住數年，無疾而終，其侍者三人留住，講讀經律，往往有信奉者（有注云與〈本碑〉及諸傳記殊異，又《高僧傳》云西竺人，或云從吳來。）按我道〈本碑〉云：我道高麗人也，母高道寧，正始間，曹魏人我（姓我也）堀摩奉使句麗，私之而還，因而有娠。師生五歲，其母令出家，年十六歸魏，省覲堀摩，投玄彰和尚講下就業。年十九又歸寧於母，母謂曰：『此國於今不知佛法，爾後三千餘月，雞林有聖王出，大興佛教，其京都內，有七處伽藍之墟，一曰金橋東天鏡林（今興輪寺，金橋謂西川之橋，俗訛呼云松橋也，寺自我道始基，而中廢，至法興王丁未草創，乙卯大開，真興王畢成。），二曰三川歧（今永興寺，與興輪寺同代。），三曰龍宮南（今黃龍寺，真興王癸酉始開。），四曰龍宮北（今芬皇寺，善德甲午始開。），五曰沙川

尾（今靈妙寺，善德王乙未始開。），六日神遊林（今天王寺，文武王己卯開。），七日婿請田（今曇嚴寺），皆前佛時伽藍之墟，法水長流之地，爾歸彼而播揚大教，當東響於釋祀矣。」道稟教至雞林寓止王城西里，今嚴莊寺，於時未鄒王即位二年癸未也。詣闕請行教法，世以前所未見為嫌，至有將殺之者，乃逃隱於續林（今一善縣）毛祿家（祿與禮形近之訛。古記云：法師初來毛祿家，時天地震驚，時人不知僧名，而云阿頭三麼。三麼者，乃鄉言之稱僧也，猶言沙彌也）。三年時，成國公主疾，巫醫不效，敕使四方求醫，師率然赴闕，其疾遂理。王大悅，問其所須，對曰：『貧道百無所求，但願創佛寺於天鏡林，大興佛教，奉福邦家爾。』王許之，命興工。俗方質儉，編茅葺屋，住而講演，時或天花落地，號興輪寺。毛祿之妹名史氏，投師為尼，亦於三川歧創寺而居，名永興寺。未幾，未鄒王即世，國人將害之，師還毛祿家，自作塚，閉戶自絕，遂不復現，因此大教亦廢。至二十三法興大王，以蕭梁天監十三年甲午登位，乃興釋氏，距未鄒王癸未之歲二百五十年，道寧所言三千餘月驗矣。據此，《本紀》與〈本碑〉二說相戾，不同如此。嘗試論之，梁唐二僧傳，及三國本史皆載，麗濟二國佛教之始，在晉末大元之間，則二道法師，以小獸林甲戌到高麗明矣，此傳不誤。若以毗處王時方始到羅，則是阿道留高麗百餘歲乃來也，雖大聖行止出沒不常，未必皆爾。抑以新羅奉佛，非晚甚如此。又若在未鄒之世，則卻超先於到麗甲戌百餘年矣，於時雞林未有文物禮教，國猶未定，何暇阿道來請奉佛之事，又不合高麗未到而越至於羅也。設使暫興還廢，何其間寂寥無聞，而尚不識香名哉？一何大後，一何大先，揆夫東漸之勢，必始於麗濟而終乎羅，則訥祇既與獸林世相接也，阿道之辭麗抵羅，宜在訥祇之世。又王女救病，皆傳為阿道之事，則所謂墨鬍子非真名也，乃指目之辭，如梁人指達摩為碧眼胡，晉謂釋道安為染道人類也。乃阿道危行避諱，而不言名姓故也。蓋國人隨其所聞，以墨胡、阿道二名分作二人為傳爾。況云阿道儀表似墨胡，則以此可驗其一人

第三節 阿道奠基新羅佛教

也。道寧之序七處,直以創開先後預言之,兩傳失之,故今以沙川尾躋於五次,三千餘月,未必盡信書,自訥祇之世,抵乎丁未,無慮一百餘年,若曰一千餘月,則殆幾矣。姓我單名,疑贋難詳。」

《三國遺事》把《三國史記・新羅本紀》、《海東高僧傳》、高得相《詠史詩》、〈我道本碑〉、《古記》等文獻中的諸種說法加以綜述,並進行了分析判斷。照一然的看法,諸說可大別為二,一以《三國史記・新羅本紀》為代表,一以〈我道本碑〉為代表。《本紀》說,在新羅第十九代訥祇王(西元417～457年在位)時,有沙門墨胡子從高句麗到新羅,住在一善郡毛禮家,開始傳佛教,得到訥祇王的賞賜,「俄而不知所歸」。到第二十一代王毗處王(西元479～499年在位)時,又有我道和尚與侍者三人,亦來毛禮家。我道儀表似墨胡子,住數年無疾而終,三名侍者繼續留住,講經說法,往往有信奉者。而〈本碑〉則說,在新羅第十三代王未(味)鄒王即位二年(西元263年),我道(阿道)從高句麗赴新羅,住在續林(一善縣)毛祿(即毛禮)家,開始在新羅傳佛教,得到未鄒王的信賴與支持。我道之身世,殊為奇特,其父是曹魏人我堀摩,於曹魏正始間(西元240～248年)奉使高句麗,與高句麗女高道寧私通而還,後高道寧生我道。我道五歲出家,十六歲歸魏省父堀摩,並投玄彰和尚講下就業。十九歲又回到高句麗,不久即遵母囑赴新羅。未鄒王去世後,國人要殺害我道,我道遂隱居不出,佛教也因此中絕。直到二十三代王法興王(西元514～540年在位)即位後,才大興佛法。

簡言之,《三國史記・新羅本紀》等持訥祇王時(晉宋之世)始傳說,〈我道本碑〉等則持未鄒王時(曹魏之世)始傳說。一然在《三國遺事》中對二說進行了中肯的分析論證,認為《本紀》之訥祇王時始傳說既合史實,亦合邏輯,應當是可信的。一然又認為,墨胡子、我道、阿道、阿頭

第二章　東晉時期佛教傳入海東三國

等，皆非人名或法名，只是取其相貌或僧人身分而言之，四名實指一人，即在小獸林王時繼順道之後從東晉赴高句麗傳法的阿道。若如此說，則阿道是東晉人，於高句麗小獸林王四年（西元 374 年，東晉孝武帝寧康二年）到高句麗傳法，幾十年後，又於新羅訥祇王時（西元 417～457 年間，東晉安帝義熙十三年至南朝宋孝武帝大明元年）從高句麗赴新羅傳法。這樣，新羅始傳之佛教，實與東晉、高句麗一脈相承。

但是，佛教初傳新羅時，新羅國尚以民族神為唯一的最高神，民族神具有不可動搖的權威性，所以佛教一時未被國家承認。進入六世紀以後，佛教漸在新羅普遍傳播，在貴族內部引發了崇佛與排佛之爭，以致引發了異次頓殉教事件。據史書記載，法興王十四年（西元 527 年），王意欲提倡佛教，但受到群臣諫阻，近臣異次頓堅決支持弘揚佛教，並奏請斬自己的頭「以定眾議」[45]。異次頓殉教後，法興王才正式宣布佛教為新羅公認之教。兩年後，法興王進而發令全國禁止殺生，遵行佛教儀式，由此佛教才真正得到朝廷的支持。

三國之中，新羅是最自覺地用佛教統一意識形態的國家。真興王五年（西元 544），前王法興王時即已破土動工的興輪寺建成，真興王又制定國法，允許國民出家為僧尼，並進而依靠國家的力量，建起了皇龍寺、祇園寺、實際寺等大寺院，從而湧現出了一批傑出的僧尼。新羅王室便有意識地培養並控制佛教教團，透過佛教把民族的族內精神提高為國家的統一精神。真興王征討巡狩時也常常帶著僧侶，他又在大書省和少書省置吏司宰管佛事，任命歸化新羅的高句麗僧人惠亮為僧統，僧統之下設大都唯那和都唯那娘（尼僧職務），負責教團的組織與發展。僧統惠亮負責國家性的佛教儀式，首開百座講會及八關會。百座講會是依據《仁王經》的內容，為防內亂外患、祈禱國家安泰而設定的法令。八關會是為俗人信佛教舉行

---

[45]　事見《三國史記》卷四、《東國通鑑》卷五、《三國遺事》卷三及《海東高僧傳》卷一。

的一晝夜修八戒的法會。真興王晚年削髮出家，號法雲，他因而成為政教的雙重主宰者，力圖在新羅國土上把所謂正法王國現實化。

　　新羅僧侶們許多曾到中國求法，回國後不僅傳中國佛教新流派，而且從中國帶回可使新羅強大的各種科學文化知識，在新羅統一三國中具有重要作用。第三章南北朝、隋時期海東三國僧人入華請益

第二章　東晉時期佛教傳入海東三國

第三章
南北朝至隋代三國僧人赴華求法

第三章　南北朝至隋代三國僧人赴華求法

佛教在漢代傳入中國時，只不過被視為神仙方術之類，人們認為佛教禪法等與中國黃老方技相通，對佛教的基本教理，幾乎一無所知。及至魏晉（西晉），玄學清談之風漸盛，而佛教之般若學理論與玄學思想多有契合，佛教便因依玄學而得以流行，同時佛教的經典翻譯工作也受到重視。不過，此時是譯經的初始期，所譯經典數量不多，品質也有待提升。

東晉列國時期，般若學大盛，特別是鳩摩羅什譯出《摩訶般若波羅蜜經》、《大智度論》等大乘經論之後，般若學擺脫了對玄學的依賴，理解和詮釋趨於準確和完善。這個時期，南方東晉與北方列國的統治者大都對佛教取支持與利用的態度，這個時期的譯經事業，在品質與數量、規模與系統方面，都遠超魏晉時期，而且出現了道安、支遁、慧遠、僧肇等名僧，佛教呈現大發展的勢頭，在民間的傳播也越來越廣泛。正是在這個時期，中國佛教傳到了朝鮮半島。

南北朝時期，除個別帝王如北魏太武帝、北周武帝排佛外，歷代帝王都提倡佛教，因而佛教大為興盛。此一時期，佛學討論的重心由般若學轉向涅槃學。各類佛典的翻譯大致上十分齊全，在此基礎上，形成了佛典講誦與研討的不同派別，如成實師、涅槃師、毘曇師、俱舍師、攝論師、地論師、三論師、四論師、律師、楞伽師等，表明中國的佛教思想理論發展到了一個新的階段。

在東晉南北朝時期，海東三國僧人赴中求法的活動開始逐漸興盛。

第一節　義淵北齊問道

北齊武平七年（西元 576 年），高句麗平原王之大丞相王高德崇信佛法，欲在高句麗弘揚佛教，於是派名僧義淵入北齊向法上問道求法。法上

第一節　義淵北齊問道

俗姓劉，朝歌（河南淇縣）人。九歲讀《涅槃經》，萌生出世之念，十二歲投禪師道藥而出家。神氣高爽，通曉詞論，人稱「聖沙彌」。曾創講《法華》，聽者無不嘆服。後依慧光律師受具足戒。《續高僧傳》（卷八）記其事蹟謂：

> 法上「既慧業有聞，眾皆陳請，乃講《十地》、《地持》、《楞伽》、《涅槃》等部，輪次相續，並著文疏。……年屆四十，遊化懷衛，為魏大將軍高澄奏入在鄴。微言一鼓，眾侶雲屯。但上戒山峻峙，慧海澄深，德可軌人，威能肅物，故魏齊二代，歷為統師，昭玄一曹純掌僧錄，令史員置五十許人，所部僧尼二百餘萬，而上綱領將四十年，道俗歡愉，朝廷胥悅。……景行既宣，逸響遐被，致有高句麗國大丞相王高德，乃深懷正法，崇重大乘，欲播此釋風被於海曲，然莫測法教始末緣由，西徂東壤年世帝代，故具錄事條，遣僧向鄴，啟所未聞事。敘略云：釋迦文佛入涅槃來，至今幾年，又於天竺幾年方到漢地，初到何帝，年號是何？又齊陳佛法，誰先傳告？從爾至今，歷幾年帝？遠請具注。並問《十地》、《智論》等人法所傳。上答略云：佛以姬周昭王二十四年甲寅歲生，十九出家，三十成道，當穆王二十四年癸未之歲。穆王聞西方有化人出，便即西入而竟不還，以此為驗。四十九年在世，滅度已來至今齊代武平七年丙申，凡經一千四百六十五年。後漢明帝永平十年，經法初來。魏晉相傳，至今流布。」

此文中說高句麗大丞相王高德「遣僧向鄴」，這位僧人即是義淵。義淵按大丞相王高德的指示，向法上請教佛教之始末緣由，法上一一作答。法上是北齊的佛學權威，文宣帝對他極為器重，「帝之待遇，事之如佛，凡所吐言，無不承用。」[46] 所以他的解答自然會對義淵及高句麗佛教發生重要影響。

---

[46] 《續高僧傳》卷八。

第三章　南北朝至隋代三國僧人赴華求法

對此,《歷代三寶紀》也有詳細的記述,其中說:法上「戒山崇峻,慧海幽深,德可軌人,威能肅物。故魏齊世歷為統都,所部僧尼二百餘萬,而綱紀將四十年。當文宣時盛弘釋典,上總擔荷,並得緝諧,內外闡揚,黑白咸允。非斯柱石,孰此棟梁。景行既彰,逸響遐被,致句麗國大丞相王高德,乃深懷正信,崇重大乘,欲以釋風被之海曲,然莫測法教始末緣由,自西徂東年世帝代,故從彼國件錄事條,遣僧義淵,乘帆向鄴,啟發未聞。事條略云:釋迦文佛入涅槃來,至今幾年。又在天竺經歷幾年,方到漢地。初到何帝,年號是何。又齊陳國,佛法誰先,從爾至今,歷幾年帝。請乞具注。其《十地》、《智度》、《地持》、《金剛般若》等諸論,本誰述作,著論緣起,靈瑞所由,有傳記不。謹錄諮審,請垂釋疑。上答:佛以姬周昭王二十四年甲寅歲生,十九出家,三十成道。當穆王二十四年癸未之歲,穆王聞西方有化人出,便即西入,至竟不還,以此為驗。四十九年在世,滅度已來,至今齊世武平七年丙申,凡一千四百六十五年。後漢明帝永平十年,經法初來,魏晉相傳至今。孫權赤烏年,康僧會適吳,方弘教法。《地持》是阿僧伕比丘從彌勒菩薩受得,其本至晉安帝隆安年,曇摩讖於姑臧為河西王沮渠蒙遜譯。《摩訶衍論》是龍樹菩薩造,晉隆安年鳩摩什波至長安為姚興譯。《十地論》、《金剛般若論》並是僧伕弟婆藪盤豆造,至後魏宣武帝時,三藏法師菩提留支始翻。上答指訂,由緣甚廣,今略舉要,以示異同。」[47] 這裡明言,高句麗大丞相是「遣僧義淵,乘帆向鄴,啟發未聞」。另外,義淵所問「條事」及法上的解答,較《續高僧傳》更為詳細。

《海東高僧傳》有與《續高僧傳》類似的記載,顯然是參考了《續高僧傳》的內容。但《海東高僧傳》有關義淵的記述是《續高僧傳》所沒有的。《海東高僧傳》載:

---

[47]《歷代三寶紀》卷十二。

第一節　義淵北齊問道

「釋義淵，句高麗人也，世系緣致咸莫聞也。自隸剃染，善守律儀，慧解淵深，見聞泓博，兼得儒玄，為一時道俗所歸。性愛傳法，意在宣通。以無上法寶光顯實難，未辨所因。聞前齊定國寺沙門法上，戒山慧海，肅物範人，歷跨齊世為都統，所部僧尼不減二百萬，而上綱紀將四十年。當文宣時盛弘釋典，內外闡揚，黑白咸允，景行既彰，逸響遐被。是時高句麗大丞相王高德，乃深懷正信，崇重大乘，欲以釋風被之海曲，然莫測其始末緣由，自西徂東年世帝代，故件錄事條，遣淵乘帆向鄴，啟發未聞。」[48]

由此可見，義淵其人，不僅佛學造詣甚高，而且對儒學和道家（玄學）思想也有深入的了解，所以道俗歸向，名聲顯赫。他入齊後所問問題及法上的解答，《海東高僧傳》所記與《續高僧傳》大同小異，在此無須贅述。而《海東高僧傳》又記有義淵向法上問道之後的情況，則是《續高僧傳》中沒有的。《海東高僧傳》云：

「上答指證，由緣甚廣，今略舉要。淵服膺善誘，博通幽奧，辯高炙輠，理究連環，曩日舊疑，煥然冰釋，今茲妙義，朗若霞開。西承慧日，東注法源。望懸金不刊，傳群玉而無朽。所謂苦海津濟，法門梁棟者，其唯吾師乎。既返國，揄揚大慧，導誘群迷，義貫古今，英聲藉甚。」[49]

這裡說明，義淵這次入北齊問道求法，收穫甚大，過去的疑問，「煥然冰釋」，法上所說佛法妙義，使他「朗若霞開」。他「西承慧日，東注法源」，在高句麗大弘佛法，成為「苦海津濟，法門梁棟」，推動了高句麗佛教的發展。

---

[48]　《海東高僧傳》卷一。
[49]　同上。

第二節　高句麗僧朗齊梁學道弘法

僧朗是高句麗遼東人，南朝齊時從北土至江南，曾師事法度。法度少年出家，遊學北土，備綜眾經，而專以苦節成務。劉宋末年，南下游於京師，在攝山（南京棲霞山）建棲霞精舍，講經說法，「偏講《無量壽經》，積有遍數。」南齊永元二年（西元 500 年）示寂，世壽六十四。《高僧傳》卷八「法度傳」載：

「度有弟子僧朗，繼蹤先師，復綱山寺。朗本遼東人，為性廣學，思力該普，凡厥經論，皆能講說，《華嚴》、三論最所命家。今上深見器重，敕諸義士受業於山。」

這是說，僧朗繼法度之後，住持攝山棲霞寺，他學識淵博，能夠講說各種經論，而最擅長於華嚴學、三論學。梁時深得梁武帝器重，武帝派遣多名義士從其受業。

中國三論宗的創始人吉藏（西元 549～623 年）在其著作中多次提及僧朗在三論學方面的造詣與貢獻。吉藏在《大乘玄論》（卷一）中說：

「攝山高麗朗大師，本是遼東城人，從北土遠習羅什師義，來入南土，住鐘山草堂寺。值隱士周顒，周顒因就師學。次梁武帝，敬信三寶，聞大師來，遣僧正智寂十師往山受學。梁武帝天子得師意，捨本《成論》，依大乘作章疏。開善亦聞此義，得語不得意。今意有第三諦，彼無第三諦；彼以理為諦，今以教為諦；彼以二諦為天然之理。今明唯一實諦，方便說二，如唯一乘方便說三。故言異。」

其《維摩經義疏》（卷一）中也記述有：

「梁武帝初學成實、毗曇，聞攝山棲霞寺高麗朗法師從北山來，善解三論，妙達大乘，遣智寂等十人，就山學之，而傳授梁武，因此遂改小從

第二節　高句麗僧朗齊梁學道弘法

大。」

此外，吉藏在《二諦義》、《中觀論疏》等著作中也多次提到僧朗（攝山、攝山大師），可見他對僧朗的推崇。

天台九祖荊溪湛然（西元711～782年）也特別提到僧朗在三論學傳承中的重要地位，他指出：

「自宋朝已來三論相承，其師非一，並稟羅什。但年代淹久，文疏零落，至齊朝已來玄綱殆絕，江南盛弘成實，河北偏尚毗曇。於時高麗朗公，至齊建武來至江南，難成實師結舌無對，因茲朗公自弘三論。至梁武帝敕十人止觀詮等令學三論，九人但為兒戲，唯止觀詮學習成就。詮有學士四人入室，時人語曰：興皇伏虎朗，棲霞得意布，長干領語辯，禪眾文章勇。故知南宗初弘成實，後尚三論。」[50]

由以上這些文獻可知，僧朗先是在北土研習鳩摩羅什所開創的三論學，齊建武年間（西元494～498年）到江南，曾師事攝山棲霞寺法度。然法度所說法，重在《無量壽經》未見講說三論學的記載，而僧朗卻主要是弘傳在北土習得的三論學，故吉藏、湛然等記僧朗事蹟，皆未提到他師事法度的事情。三論學盛行於東晉，劉宋尚有傳承，但到南齊時，南方盛弘成實學，北方偏尚毗曇學，三論學已經衰微不振，血脈幾至斷絕。正當此時，僧朗振微起衰，弘傳三論，名士周顒從其學，高僧開善（即開善寺智藏）聞其道，梁武帝特派數人前往受業，武帝也因之改小從大，捨成實論，歸三論學。

關於梁武帝派人前往就學之事，各種文獻記述稍有差異，《高僧傳》說「敕諸義士受業於山」，吉藏則謂「遣僧正智寂十師往山受學」，湛然卻說「敕十人止觀詮等令學三論」。似乎三家的說法各不相同，但也可能是從不同角度而言。慧皎所說「諸義士」，較為籠統，大概既有僧人，又有

---
[50] 《法華玄義釋籤》（卷十九）。

信士；吉藏專言所遣僧人，又以僧職高者為代表，所以說「遣僧正智寂十師」；湛然也專言所遣僧人，但以成就大者為代表，所以說「令十人止觀詮等」。這樣看來，梁武帝所遣，可能僧俗都有，十名僧人中，可能有智寂，也有僧詮（止觀詮）。

僧詮等十人隨從僧朗研習三論，其他九人無所成就，只有僧詮得其法，繼嗣僧朗，住止觀寺，大興其道。僧詮弟子數百人，而法朗、慧布、智辯、慧勇世稱其門下四哲。法朗從僧詮學三論教學及《華嚴》、《大品》等經，駐錫興皇寺，大力闡揚這些經論的旨趣奧義，隨眾常達千餘人。嘉祥大師吉藏即出其門，三論宗於是大成。由此可見，鳩摩羅什來中國後傳譯的三論學，雖在東晉盛極一時，但到南齊時則面臨斷絕的危險，若無僧朗出現，三論學或許不會發展成後來的一大宗派。僧朗可以說是三論學的中興者，又是吉藏所創三論宗的先驅者。他作為一位高句麗的僧人，不僅是來中國求法問道，而且對中國佛教的發展做出了卓越的貢獻。

第三節　高句麗僧波若等陳隋學法傳道

義淵、僧朗之後，高句麗之入華求法傳道者還有波若、智晃、印公、實法師等。關於波若《續高僧傳》卷十七「智越傳」載：

「台山又有沙門波若者，俗姓高句麗人[51]，陳世歸國[52]，在金陵聽講，深解義味。開皇並陳，遊方學業。十六入天台北向智者求授禪法，其人利根上智，即有所證。謂曰：汝於此有緣，宜須閑居靜處，成備妙行。今天台山最高峰，名為華頂，去寺將六七十里，是吾昔頭陀之所。彼山只是大乘根性，汝可往彼學道進行，必有深益，不須愁慮衣食。其即遵旨，

---

[51] 此記載中，「俗姓高句麗人也」之「俗姓」後當脫漏其姓。
[52] 「陳世歸國」，其意當是陳世來中國。

第三節　高句麗僧波若等陳隋學法傳道

以開皇十八年往彼山所，曉夜行道，不敢睡臥，影不出山，十有六載。大業九年二月，忽然自下。初到佛壟上寺，淨人見三白衣擔衣缽從，須臾不見。至於國清下寺，仍密向善友同意云：波若自知壽命將盡非久，今故出與大眾別耳。不盈數日，無疾端坐，正念而卒於國清，春秋五十有二。送龕山所，出寺大門，回輿示別，眼即便開，至山仍閉。是時也，莫問官私道俗，咸皆歎仰，俱發道心。外睹靈瑞若此，餘則山中神異人所不見，固難詳矣。」

文中記載，波若卒於隋大業九年，即西元613年，世壽52歲，則其生年應是西元562年。這樣看來，波若應是在南朝陳代入中國，先在金陵聽受諸德講經說法，深得佛法妙義。隋初遊學四方，開皇十六年（西元596年）入天台山請智者大師授禪法。開皇十八年遵智者之囑，往智者昔日修頭陀行之所，即天台山最高峰——華頂，日夜勤苦修道，十六年足不出山，直至臨終前才下到國清寺與眾辭別。

《人天寶鑑》也記述說：

「沙門波若，高麗人，開皇間詣佛隴求智者禪法，未幾即有所證。智者謂曰：汝於此有緣，宜須閒居靜處，成辦妙行。今天台華頂去寺六七里，是吾昔日頭陀之所，汝可往彼學道進行，必有深益，勿慮衣食。波若遵訓，往彼曉夜行道，不曾睡臥，影不出山十有六年。一日忽下山告諸友曰：波若知命將盡，特出山與大眾別爾。即回華頂而卒。」[53]

此與《續高僧傳》所記相同。《三國遺事》「惠現求靜」條也簡略記其事說：「高麗釋波若，入中國天台山，受智者教。觀以神異，間山中而滅。唐《僧傳》亦有章，頗多靈範。」

關於智晃，《續高僧傳》卷十八說，隋僧曇遷（西元542～607年）通曉大乘經論，以把《攝大乘論》傳到北地而著名。「有高麗沙門智晃，善薩

---

[53]　《人天寶鑒》卷一，「沙門波若」條。

第三章　南北朝至隋代三國僧人赴華求法

婆多部，名扇當塗，為法城塹。」曇遷與他「一見而結友」。此也是兩國佛教交流的佳話。

印公的事蹟見於《續高僧傳》之「靈睿傳」中：

「釋靈睿，姓陳，本唯潁川，流寓蜀部。……八歲二親將至道士所令誦步虛詞，便面孔血出，遂不得誦。還家入田，遇見智勝法師，便曰：家門奉道，自欲奉佛隨師出家。即將往益州勝業寺為沙彌。一夏之中，大品暗通。開皇之始，高麗印公入蜀講三論，又為印之弟子，常業大乘。後隨入京流聽諸法。大業之末，又返蜀部住法聚寺。」

此中對印公的記述很簡單，只說他入蜀講三論，未談及其他情況，可見他是三論師無疑。但是，他的弟子靈睿在他門下「常業大乘」，並且「後隨入京流聽諸法」，說明印法師除主講三論外，對諸大乘教說亦必有研究。

關於實法師，《續高僧傳》「慧持傳」載：

「釋慧持，姓周，汝南人也。開皇初年，父任預章太守，因而生焉。少機警美姿制，……初達丹陽開善寺，投滿法師而為息慈。……年登冠具，……乃聽東安莊法師，又聽高麗實法師三論，鉤深幽極，門學所高。」

這裡透露的資訊，只有實法師講三論這一點，對實法師的其他情況無從了知。

《續高僧傳》卷十五「法敏傳」有一段記載值得注意。該傳說法敏是丹陽人，八歲出家，事英禪師為弟子，後入茅山聽明法師講三論。「年二十三，又聽高麗實公講大乘經論，躬為南坐，結軫三周。及實亡，高麗印師上蜀講論。法席離散，陳氏亡國，敏乃反俗三年潛隱。」此中之「實公」可能就是「慧持傳」所說「實法師」，而「印師」可能就是「靈睿傳」中

第三節　高句麗僧波若等陳隋學法傳道

的「印公」。

另外，日本三論宗的初祖慧灌，高句麗人，據日本《元亨釋書》卷一載，慧灌「入隋受嘉祥吉藏三論之旨」，後返回高句麗。日本推古天皇三十三年（西元 625 年），他奉高句麗王之命到日本傳法，敕住奈良元興寺，任職僧正，大弘三論宗旨。繼慧灌之後不久，高句麗僧道登於西元 625 年赴唐從吉藏學三論，然後隨遣唐使往日本，住在元興寺弘三論宗[54]。慧灌、道登皆入中國從中國三論宗創始人吉藏受學，之後又都赴日本弘法，是古代促進中、韓、日三國佛教交流的優秀使者。

在南北朝、隋時期，中國佛教與海東高句麗佛教的交流，未留下明確記載的一定還很多。僅就上述記述而言，除義淵入北齊向法上問佛教「始末緣由」、波若入天台從智者學教觀禪法、智晃善傳說一切有部外，僧朗、印法師（印公）、實法師（實公）、慧灌、道登等都是研習和弘傳三論學的。

三論指龍樹的《中論》、《十二門論》與提婆的《百論》，此三部論書都是鳩摩羅什所譯。《中論》又稱《中觀論》，其旨在申明中道之理，令修行者離二邊偏執，破空、破假，亦破執中之見，主張所謂「不生亦不滅，不常亦不斷，不一亦不異，不來亦不出」之「八不中道」，即無所得之中道，是一種獨特的般若思想。《十二門論》立「觀因緣門」至「觀生門」共十二門以發揮大乘空義，可視為《中論》之綱要。《百論》繼承《中論》的學說，以破斥數論、勝論等外道之見解為宗旨。中國的三論學由鳩摩羅什始傳，其弟子僧肇、道生、僧睿等加以發揮弘揚，曾一度呈現盛勢，但後來漸趨消沉，直到高句麗僧朗出現，才有三論學的復興。僧朗傳僧詮，僧詮傳法朗法朗，傳吉藏，吉藏集三論學之大成而創中國三論宗。因其宗旨是闡揚般若性空、緣起性空、真俗二諦、八不中道等義理，所以又名般若宗、空宗、中觀宗或法性宗、破相宗等。此宗所依經典，自羅什、僧肇、僧朗相

---

[54]　慧灌、道登事蹟，見日本《本朝高僧傳》卷七十二、《扶桑略記》卷四。

承以來，就以《大品般若經》、《法華經》、《華嚴經》為主。至法朗又加《涅槃經》。《大智度論》、《中論》、《百論》、《十二門論》則是此宗的根本論典，吉藏對於三論學所依經論的註疏及其《大乘玄論》、《法華玄論》、《淨名玄論》、《二諦章》、《三論玄義》等專著，是中國三論宗的要典。

三論宗立二藏三輪以判一代佛教。二藏是依《大品般若》、《大智度論》等所說的聲聞藏、菩薩藏，也就是小乘藏和大乘藏。三輪即根本法輪，(《華嚴經》)、枝末法輪(《華嚴經》之後、《法華經》之前佛所說一切大小乘經)、攝末歸本法輪(《法華經》)。

高句麗僧慧灌入隋從學吉藏回高句麗後又赴日本傳法，成為日本三論宗之鼻祖。很顯然，羅什－僧朗－吉藏－慧灌，是當時中國三論學、三論宗發展並傳播到韓國、日本的關鍵人物，而其中展現出中韓佛教交流的至關重要的作用。

第四節　百濟僧玄光入陳學法（附發正、謙益）

從摩羅難陀自東晉把佛教傳到百濟之後，佛教被迎入百濟王室，到阿莘王（枕流王之子）元年（東晉太元十七年，西元 392 年）二月，詔敕全國「崇信佛法求福」[55]，佛教開始興盛。但自此以後，一百餘年間，見不到有關百濟佛教的記事。這期間，百濟與高句麗戰亂頻仍，百濟都城被迫由漢城南遷熊津。到梁天監年間（西元 502～520 年），有百濟僧發正入華求法，三十年後返回本國。陸杲（西元 459～532）的《繫觀世音應驗記》記其事云：

「有沙門發正者，百濟人也。梁天監中，負笈西渡，尋師學道，頗解

---

[55]《三國遺事》卷三。

第四節　百濟僧玄光入陳學法（附發正、謙益）

義趣，亦明精進。在梁三十年，不能頓忘桑梓，還歸本土。」

唐代僧祥所撰《法華傳記》卷六也有同樣的記載。照此記述，發正當是解行兼具的僧人，但不知其所學所修為何。到百濟聖王四年（西元526年），有沙門謙益「航海以轉至中印度常伽那大律寺，學梵五載」，歸國時與印度僧倍達多三藏同行，帶回梵本《五分律》等，他們召集名僧二十八人，合力翻譯成漢文律部七十二卷，這是百濟有律宗之始[56]。接著，曇旭、惠仁兩位法師又著《律疏》三十六卷，聖王為之親作《毗曇新律序》，更促進了律學的發達。

此後不久，聖王十九年（西元541年），百濟遣使臣到梁朝貢，同時表請毛詩博士、《涅槃》等經義，以及工匠、畫師等，得到允許[57]。當時，梁朝對於《涅槃經》的研究可以說已集大成，道生等十師奉梁武帝敕命所撰《大般涅槃經集解》，標示著涅槃學的盛勢。這一類的佛學著作大概由朝貢使帶到了百濟，推動了百濟佛教的發展。百濟法王元年（西元599年），更明令全國禁止殺生，民養家禽要全部放生，並銷毀一切狩獵漁撈用具，這是百濟佛教戒律主義發展的極點。

到陳朝時，有僧人玄光入華學天台，《宋高僧傳》「陳新羅國玄光傳」對此有詳細記載，其中說：

「釋玄光者，海東熊州人也。少而穎悟，頓厭俗塵，決求名師專修梵行。迨夫成長，願越滄溟求中土禪法，於是觀光陳國，利往衡山，見思大和尚開物成化，神解相參。思師察其所由，密授法華安樂行門。光利若神錐，無堅不犯，新猶劫貝，有染皆鮮。稟而奉行，勤而罔忒。俄證法華三昧，請求印可。思為證之：『汝之所證，真實不虛，善護念之，令法增長。汝還本土，施設善權，好負螟蛉，皆成蜾蠃。』光禮而垂泣，自爾返錫江

---

[56] 參見李能和《朝鮮佛教通史》上編。
[57] 《三國史記》卷二十六，《南史》卷七〈梁本紀〉。

南，屬本國舟艦附載離岸。……光歸熊州翁山，卓錫結茅，乃成梵剎。同聲相應，得法者蟄戶爰開，樂小回心，慕羶者蟻連倏至。其如升堂受莂者一人，入火光三昧一人，入水光三昧二人，互得其二種法門，從發者彰三昧名耳。其諸門生，譬如眾鳥附須彌山，皆同一色也。光末之滅，罔知攸往。南嶽祖構影堂，內圖二十八人，光居一焉。天台國清寺祖堂亦然。」

《佛祖統紀》卷九「新羅玄光禪師傳」也記述說：

「禪師玄光，海東新羅人。越滄溟求法中夏，首造南嶽，授法華安樂行門。稟受勤行，俄證法華三昧。南嶽謂之曰：汝還鄉國，當以善權而行化度，若負蜾蠃以成螺蠃者也。師即禮辭南嶽，返錫江南，值本國海舶，遂獲附載。──師既歸國，於熊州翁山結茅為居，集眾說法，久之遂成寶坊。受道之眾咸蒙開悟，升堂受莂者一人，入火光三昧者一人，入水光三昧者二人。南岳影堂如圖二十八，師居一焉。」

其他如《神僧傳》、《新修科分六學僧傳》等對玄光事蹟也有所記載。由上記可知，玄光是海東熊州人，熊州當時屬百濟，並非屬新羅，說他是新羅人，可能有誤。

玄光在南朝陳時求法中夏，到湖南衡山（南岳）拜天台宗二祖慧思為師，慧思密授法華安樂行門。玄光稟此法門，勤苦精進，很快證悟法華三昧，得到慧思印可。後遵師囑，回到百濟熊州翁山，說法授徒，受道之眾皆得開悟。弟子中一人受記，一人入火光三昧，二人入水光三昧。火光三昧和水光三昧是比四禪八定更深層次的禪定。[58]

天台宗的實際開創者是天台智顗（西元538～597年），因之所立之宗即名天台宗。此宗最尊崇的經典是《法華經》，所以又稱法華宗。智顗曾師事慧思（西元515～577年），慧思師事北齊慧文。慧文依龍樹《大智度論》得「一心三智」之旨，提出一心三觀的觀行法門。慧思受慧文之觀心

---

[58]　此三種三昧，參見《增壹阿含經》卷十九「四意斷品」。

第四節　百濟僧玄光入陳學法（附發正、謙益）

法門，證得「法華三昧」，著有《法華經安樂行義》等。智顗於陳天嘉元年（西元560年）入河南光州大蘇山謁慧思，受法華三昧、四安樂行，豁然開悟。著有《法華玄義》、《法華文句》、《摩訶止觀》，世稱「天台三大部」。又有《觀音玄義》等「天台五小部」，集法華研究之大成，把《法華經》精神與龍樹《大智度論》思想結合，建構成具有中國特色的體系。

玄光入陳之後，往衡山拜謁慧思，當是慧思於陳光大二年（西元568年）始入衡山之後的事情，較智顗於陳天嘉元年入大蘇山謁慧思至少晚了八年以上，但所受「法華安樂行門」，所證「法華三昧」，則與智者相同。

所謂「法華安樂行門」，即《法華經・安樂行品》所說修行「法華三昧」的法門。其中說：「如來滅後，於末法中欲說是經，應住安樂行。」慧思撰《法華經安樂行義》，對《法華經》中所說的「安樂行」進行了疏釋和闡發。慧思說：「一切法中，心不動故曰安；於一切法中，無受陰故曰樂；自利利他故曰行。復次，四種安樂行。第一名為正慧離著安樂行；第二名為無輕贊毀安樂行，亦名轉諸聲聞令得佛智安樂行；第三名為無惱平等安樂行，亦名敬善知識安樂行；第四名為慈悲接引安樂行，亦名夢中具足成就神通智慧佛道涅槃安樂行。」此安樂行常在一切深妙禪定，行住坐臥飲食語言，一切威儀心常得定。「一切諸法中，心相寂滅，畢竟不生，」所以又名為「無相行」[59]。

玄光隨慧思修法華安樂行門，已經登堂入室，回到百濟後大力弘傳，成就顯著。值得注意的是，其弟子中有入火光三昧和水光三昧者，而此二種三昧，在《法華經》和慧思的《法華經安樂行義》中並無明確的記述。而《增一阿含經》卷十九有：

「是時，目連躬自露地敷座而坐，而入初禪；從初禪起，入第二禪；從第二禪起，入第三禪；從第三禪起，入第四禪；從第四禪起，入空處；

---

[59]　《法華經安樂行義》卷一。

從空處起,入識處;從識處起,入不用處;從不用處起,入有想無想處;從有想無想處起,入火光三昧;從火光三昧起,入水光三昧;從水光三昧起,入滅盡定。從滅盡定起,入水光三昧;從水光三昧起,入火光三昧;從火光三昧起,入有想無想定;從有想無想定起,入不用處;從不用處起,入識處、空處、四禪、三禪、二禪、初禪。從初禪起,飛在空中,坐臥經行,身上出火,身下出水,或身下出火,身上出水,作十八變,神足變化。」這樣看來,火光三昧、水光三昧是比三界禪定更深妙的禪定,在三界禪定基礎上修入此二種禪定,會得到各種神通變化。那麼,我們再來看《法華經安樂行義》中的一段相關論述:

「諸餘禪定三界次第,從欲界地,未到地,初禪地,二禪地,三禪地,四禪地,空處地,識處,無所有地,非有想非無想處地。如是次第有十一種地差別不同,有法無法二道為別,是阿毗曇雜心聖行。安樂行中深妙禪定即不如此,何以故?不依止欲界,不住色、無色。行如是禪定,是菩薩遍行,畢竟無心想,故名無相行。」[60]

這裡說安樂行中深妙禪定不依不住欲界、色界、無色界三界,與三界之四禪八定不同,不是有相行,而是菩薩遍行、無相行。此種論說正與《增一阿含經》中所說的火光三昧、水光三昧相應。換句話說,火光三昧、水光三昧等才是「安樂行中深妙禪定」。對此二種三昧,慧思沒有明言,智顗等師也沒有論述過,其弟子中亦無得此二種三昧的記載。而玄光弟子中有得此二種三昧者,必是玄光傳授弟子時傳授了此二種三昧,可見玄光不僅繼承了慧思的思想,而且有進一步的發揮,這應該說是對法華教學的一大貢獻。所以南岳衡山祖堂構影堂中所繪二十八人中,玄光居其一,天台國清寺祖堂也有其畫像,他是當之無愧的。

---

[60] 同上。

第五節　新羅圓光西學入陳（附覺德、明觀、智明、曇育、緣光、安含、安弘）

　　梁、陳、隋時代，中國與新羅的往來漸多，時有使者相互訪問，新羅也常有學僧入華求法。梁太清三年（新羅真興王十年，西元549年），梁武帝派遣使者與新羅入學僧覺德一起到新羅，送去佛舍利。覺德是新羅僧入華求法的第一人，梁所贈佛舍利也是新羅有佛舍利之始。《海東高僧傳》卷二「覺德傳」謂：「釋覺德，新羅人，聰明廣博，凡聖莫測也。新羅既奉行佛教，人爭歸信，師以達智，知世之可化，謂曰：遷喬必出谷，學道務求師。……即附舶入梁，為求法之先鋒，但不知第何年耳。此新羅入學之始。遂歷事明師，備承口訓，如除翳膜，如去盯瞠，有始有終，無荒無怠，德高行峻，道望彌隆。以採寶者非但自用，當還故國普振群貧，乃於真興王十年，與梁使齎佛舍利，還至舊都。王遽命有司，即遣百官備禮儀出迎於興輪寺前路。此亦舍利之始也。」

　　陳文帝天嘉六年（真興王二十六年，西元565年），陳派遣使者劉思與入學僧明觀到新羅，送去佛教經論二千七百餘卷，改變了「新羅法化初張，經像多闕」的狀況，佛教典籍趨於齊備[61]。

　　陳至德三年（真平王七年，西元585年），新羅僧智明入華。《海東高僧傳》卷二「智明傳」謂：「釋智明，新羅人，神解超悟。……師以命世之才，當真平王之七年秋七月，問津利往，入陳求法。雲遊海陸，梗轉西東，苟有道而有名，悉愛諮而愛詣，如木從繩，如金成器。飄然一去，忽爾十霜，學既得髓，心切傳燈，以真平王二十四年九月，隨入朝使還國。王欽風景仰，推重戒律，褒為大德。……後加大大德。」

---

[61] 參見《海東高僧傳》卷二〈覺德傳〉。同書卷一記所送經論為七百餘卷，而《三國史記》、《朝鮮禪教考》等則記為一千七百餘卷。

第三章　南北朝至隋代三國僧人赴華求法

　　隋文帝開皇十六年（真平王十八年，西元596年），新羅僧曇育入華學法，隋大業元年（西元695年）隨入朝使惠文還國[62]。

　　新羅僧侶們許多曾到中國求法，回國後不僅傳中國佛教新流派，而且從中國帶回可使新羅強大的各種科學文化知識。他們為新羅統一教化王室貴族，振奮民族精神，發揮了重要作用。其中著名者有圓光。

　　圓光事蹟見於《續高僧傳》、《海東高僧傳》、《三國遺事》所引《殊異傳》和《三國史列傳》等。《續高僧傳》卷十三「唐新羅國皇隆寺釋圓光傳」載：

　　「釋圓光。俗姓朴。本住三韓，卞韓、馬韓、辰韓。光即辰韓新羅人也。家世海東，祖習綿遠。而神器恢廓，愛染篇章。挍獵玄儒，討讎子史。文華騰翥於韓服，博贍猶愧於中原，遂割略親朋，發憤溟渤。年二十五，乘舶造於金陵。有陳之世，號稱文國。故得諮考先疑，詢猷了義。初聽莊嚴旻公弟子講。素沾世典，謂理窮神，及聞釋宗，反同腐芥，虛尋名教，實懼生涯。乃上啟陳主，請歸道法，有勅許焉。既爰初落採，即稟具戒。遊歷講肆，具盡嘉謀。領牒微言，不謝光景。故得《成實》、《涅槃》，蘊括心府。三藏數論，偏所披尋。末又投吳之虎丘山，念定相沿，無忘覺觀。息心之眾，雲結林泉。並以綜涉四含，功流八定，明善易擬，筒直難虧，深副夙心，遂有終焉之慮。於即頓絕人事，盤遊聖蹤，攝想青霄緬謝終古。時有信士宅居山下，請光出講，固辭不許，苦事邀延，遂從其志。創通《成論》，末講《般若》。皆思解俊徹，嘉問飛移，兼糅以綺採，織綜詞義。聽者欣欣，會其心府。從此因循舊章，開化成任，每法輪一動，輒傾注江湖，雖是異域通傳，而沐道頓除嫌郤。故名望橫流，播於嶺表，披榛負橐而至者相接如鱗。會隋後御宇，威加南國。歷窮其數，軍入楊都。遂被亂兵，將加刑戮。有大主將望見寺塔火燒，走赴救之，了無火狀，但見光在塔前被縛將殺，既怪其異，即解而放之。斯臨危達感如

---

[62]　見《海東高僧傳》卷二、《朝鮮禪教考》卷一。

第五節　新羅圓光西學入陳（附覺德、明觀、智明、曇育、緣光、安含、安弘）

此也。光學通吳越，便欲觀化周秦。開皇九年來遊帝宇，值佛法初會，《攝論》肇興，奉佩文言，振績徽緒。又馳慧解，宣譽京皋。績業既成，道東須繼。本國遠聞，上啟頻請。有勑厚加勞問，放歸桑梓。」

照此記述，圓光俗姓朴，世代住在新羅，他自幼喜歡讀書，對儒道諸學說、子史等書籍多有涉獵與研究，因此「文華騰翥於韓服」。但他覺得「博贍猶愧於中原」，於是決意出國西學，二十五歲時乘船到達金陵。到達金陵的時間，這裡沒有明說。但據後文，他九十九歲逝世時是唐貞觀四年，即西元 630 年，照此推究，他二十五歲時當為西元 556 年，即梁敬帝太平元年，第二年梁滅陳興。

陳朝號稱文教之國，所以他得以把以前學習中的各種疑問歸納出來，訪師問友，以求獲得正確的答案，最初是聽莊嚴寺旻法師宣講佛法。在此之前，他一直是學習「世典」，即佛教經典之外的典籍，如儒家道家的典籍等，認為這些典籍所說的道理能窮神知化，是真實的道理。可是，聽聞佛典以後，覺得這些世典所說的名教等內容，如同草芥，難與佛法相比，唯恐貽誤終生，於是上啟陳主，請求允許他皈依佛教，得到敕許後，便削髮為僧，受具足戒。此後遊歷講肆，深得《成實論》、《涅槃經》等經論的宗旨，又遍閱佛教三藏及諸論疏，佛學知識愈加廣博。後來入虎丘山修習禪定，「念定相沿，無忘覺觀」，並有意在此修煉終生。然而當時有住居在山下的信士懇請他出山說法，苦事邀延，乃從信士所願，開講《成實論》、《般若經》，講的清晰透澈，生動感人，聽眾欣悅，心領神會由此聲名遠播。圓光「學通吳越，便欲觀化周秦」，於是在開皇九年（西元 589 年）遊歷帝都長安，適值《攝論》肇興，他從師學習了《攝論》，並且進行講說，得到廣泛的讚響。本國遠聞，乃多次上啟隋朝皇帝，請求允許圓光回國，得到隋文帝的同意後，圓光即歸桑梓。但圓光回國的時間，《續高僧傳》沒有明確記載。

第三章　南北朝至隋代三國僧人赴華求法

由此看來，圓光在華期間，對當時流行的中國佛教的主要學派都有研究，並且宣講《成實》、《般若》、《攝論》等經論，業績十分顯著。

《海東高僧傳》和《三國遺事》所引《殊異傳》謂，圓光（一說俗姓薛）入華之前即已出家，真平王十二年（西元590年），圓光37歲時入陳求法，真平王二十二年回國。但西元590年隋已滅陳，何談入陳求法，所以此兩傳所說圓光入華時間不可取，但兩傳所記圓光於真平王二十二年（隋開皇二十年，西元600年）還國的時間，倒是可以參考，以補《續高僧傳》之闕。另外，兩傳所說圓光享年八十四或八十餘，亦可備一說。[63]

對於圓光歸國後的情況，《續高僧傳》說：

「光往還累紀，老幼相欣。新羅王金氏，面申虔敬，仰若聖人。光性在虛閑，情多泛愛，言常含笑，慍結不形。而箋表啟書，往還國命，並出自胸襟。一隅傾奉，皆委以治方，詢之道化。事異錦衣，請同觀國。乘機敷訓，垂範於今。年齒既高，乘輿入內，衣服藥食，並王手自營，不許佐助，用希專福，其感敬為此類也。將終之前，王親執慰，囑累遺法，兼濟民斯為說，徵祥被於海曲。以彼建福五十八年，少覺不念，經於七日，遺誡清切，端坐終於所住皇隆寺中，春秋九十有九。即唐貞觀四年也。當終之時，寺東北虛中音樂滿空，異香充院，道俗悲慶，知其靈感，遂葬於郊外。國給羽儀葬具，同於王禮。後有俗人兒胎死者，彼土諺云：當於有福人墓埋之，種胤不絕，乃私瘞於墳側。當日震此胎屍擲於塋外，由此不懷，敬者率崇仰焉。有弟子圓安，神志機頴，性希歷覽，慕仰幽求，遂北趣九都，東觀不耐，又西燕魏，後展帝京，備通方俗。尋諸經論，跨轢大綱，洞清纖旨，晚歸心學。高軌光塵，初住京寺，以道素有聞，特進蕭瑀，奏請住於藍田所造津梁寺。四事供給，無替六時矣。安嘗敘光云：本國王染患，醫治不損，請光入宮，別省安置。夜別二時，為說深法，受戒懺悔，王大信奉。一時初夜，王見光首，金色晃然，有像日輪，隨身而

---

[63] 見《三國遺事》卷四，「圓光西學」條；《海東高僧傳》卷二，「釋圓光」條。

第五節　新羅圓光西學入陳（附覺德、明觀、智明、曇育、緣光、安含、安弘）

至。王後宮女，同共觀之。由是重發勝心，克留疾所，不久遂差。光於卞韓馬韓之間，盛通正法，每歲再講，匠成後學。嚫施之資，並充營寺，餘唯衣盋而已。」

圓光回國後，深得新羅百姓的歡心，更得到新羅王室的敬重，請他撰寫外事公文，又常向他諮詢國政，在當時新羅的內政外交方面，發揮了重要的作用。及至年高，可以乘輿出入宮廷，甚至其衣服藥食，也是國王親手料理。寂後以國王之禮殯葬。他的弟子圓安，也是入華求法僧。圓安說其師「於卞韓馬韓之間，盛通正法，每歲再講，匠成後學。」所得資財，全都用來建設寺院，自己僅留衣缽而已。但不知圓光在三韓之地每年宣講兩次的佛法，具體是何種法。《三國遺事》所引《殊異傳》說：「法師始自中國來，本朝君臣敬重為師，常講大乘經典。此時高麗百濟常侵邊鄙，王甚患之，欲請兵於隋（宜作唐），請法師作乞兵表。皇帝見，以三十萬兵親征高麗，自此知法師旁通儒術也。」這可以視為對《續高僧傳》的一種補充。

圓光回國後的其他事蹟，又見於《三國遺事》所引《三國史列傳》云：

「賢士貴山者，沙梁部人也。與同里箒項為友，二人相謂曰：我等期與士君子游，而不先正心持身，則恐不免於招辱，盍問道於賢者之側乎。時聞圓光法師入隋回。寓止嘉瑟岬（或作加西，又嘉棲，皆方言也。岬俗云古屍，故或云古屍寺，言岬寺也。今雲門寺東九千步許有加西峴，或云嘉瑟峴，峴之北洞有寺基是也），二人詣門進告曰：俗士顗蒙，無所知識，願賜一言以為終身之誡。光曰：佛教有菩薩戒，其別有十，若等為人臣子，恐不能堪。今有世俗五戒：一曰事君以忠；二曰事親以孝；三曰交友有信；四曰臨戰無退；五曰殺生有擇。若行之無忽。貴山等曰：他則既受命矣，所謂殺生有擇，特未曉也。光曰：六齋日春夏月不殺，是擇時也；不殺使畜，謂馬牛雞犬，不殺細物，謂肉不足一臠，是擇物也。此亦唯其

所用，不求多殺。此是世俗之善戒也。貴山等曰：自今以後，奉以周旋，不敢失墜。後二人從軍事，皆有奇功於國家。又建福三十年癸酉（即真平王即位三十五年也）秋，隋使王世儀至。於皇龍寺設百座道場，請諸高德說經，光最居上首。議曰：原宗興法已來，津梁始置，而未遑堂粤，故宜以歸戒滅懺之法開曉愚迷。故光於所住嘉棲岬，置占察寶以為恆規。時有檀越尼納田於占察寶，今東平郡之田一百結是也。」[64]

這裡記述了圓光的兩件很重要的事蹟。其一是向賢士貴山、帚項傳授「世俗五戒」。從「世俗五戒」的內容可見，圓光的戒律思想是取佛儒融合的立場，而且是立足於新羅的現實，對於培養新羅統一三國的忠勇人才有重要意義。貴山、帚項後來從軍，為國家立下奇功，就是一個明證。其二是創設占察寶。在真平王三十五年（西元613年），隋使王世儀出使新羅，在皇龍寺設百座道場，請諸高僧大德講經說法，圓光位居最上首。當時眾僧共議，認為應以歸戒滅懺之法開曉愚迷眾生。由此，圓光便於所住嘉棲岬寺設定了占察寶，作為弘揚佛法、化度眾生的一種恆規。所謂占察寶，是專為占吉凶善惡、行懺滅罪而定期舉行的法會。占察寶所依據的經典是《占察經》，此經為隋代菩提燈所譯，共二卷，上卷詳細講說占察善惡吉凶之法，下卷闡述大乘實義之觀法。隋代依《占察經》而行滅罪法者甚多，圓光歸國前應得到了此經並熟知中國的占察法會，所以回國後就設立了占察寶。

比圓光稍晚，另有一新羅僧緣光入華學法。據沙門慧詳撰《弘贊法華傳》卷三「緣光」條載：

「釋緣光，新羅人也，其先，三韓之後也。按梁員職圖云：其新羅國，魏曰斯盧，宋曰新羅，本東夷辰韓之國矣。光世家名族，宿敦清信。早遇良緣，幼歸緇服。精修念慧，識量過人，經目必記，遊心必悟。但以生居

---

[64]《三國遺事》卷四，「圓光西學」條所引。

第五節　新羅圓光西學入陳（附覺德、明觀、智明、曇育、緣光、安含、安弘）

邊壤，正教未融，以隋仁壽年間，來至吳，會正達智者，敷弘妙典，先伏膺朝夕，行解雙密，數年之中，欻然大悟。智者即令就講《妙法華經》，俊郎之徒，莫不神伏。後於天台別院，增修妙觀。忽見數人，云天帝請講，光默而許之，於是奄然氣絕，經於旬日，顏色如常，還歸本識。既而器業成就，將歸舊國，與數十人同乘大舶，至海中，船忽不行，見一人乘馬凌波來，至船首云：海神請師暫到宮中講說。光曰：貧道此身，誓當利物，船及餘伴，未委如何？彼云：人並同行，船亦勿慮。於是，舉眾同下，行數步，但見通衢平直，香花遍道，海神將百侍從，迎入宮中，珠璧焜煌，映奪心目。因為講《法花經》一遍，大施珍寶，還送上船。光達至本鄉，每弘茲典，法門大啟，實有功焉。加以自少誦持，日餘一遍，迄於報盡，此業無虧。年垂八十，終於所住。闍維既畢，體舌獨存，一國見聞，咸嘆稀有。光有妹二人，早懷清信，收之供養，數聞體舌自誦《法花》。妹有不識《法花》字處，問之皆道。有新羅僧連義，年方八十，弊衣一食，精苦超倫，與余同止，因說此事。錄之云爾。」

《法華傳記》亦記云：

「釋緣光，是智者門人，誦《法華經》為業，感天帝下迎龍宮請講，滅後舌色如紅蓮華而已。」[65]

由上可知，緣光是新羅人，出身名門世家，早與佛教結緣，幼年出家為僧，精修念慧，識量過人。於隋仁壽年間（西元 601～604 年）入華，到吳地求法，適遇智者大師到那裡弘法，便投身智者門下，數年朝夕相隨，解行兼備，聽受智者說法，得大覺悟。智者便令其講《法華經》，聽眾皆信服。後住天台別院，增修妙觀。緣光回國後，弘揚《法華經》，大啟天台法門，對中國天台教學在新羅的傳播與發展，做出了重要的貢獻。緣光本人每天誦持《法華》，一直堅持到八十歲壽終正寢，感化國人和家

---

[65] 《法華經傳記》卷三，「隋新羅圓光」條。

人。《傳》中所說上天講經、龍宮說法等，多為神異，雖不可盡信，亦從一個方面彰顯出他傳《法華經》的影響之大。

但是，照《弘贊法華傳》的記述，緣光於隋仁壽年間入華後隨智者大師學法。然而，智者大師卒於隋開皇十七年（西元 597 年），緣光若在隋仁壽年間入華，斷無面會智者之理，因此《弘贊法華傳》記述緣光入華的時間可能有誤。

另外，據《海東高僧傳》卷二「釋安含」傳記載，僧人安含於真平王二十三年（隋開皇二十年，西元 600 年），作為學問僧與聘國使同舟涉海入隋，「勅配於大興聖寺居住。旬月之間洞解玄旨。」然後花了五年學習天台十乘觀法、智者《法華玄義》等天台宗的教籍。又「越二十七年，爰與于闐沙門毘摩真諦，沙門農加陀等俱來至此。西域胡僧直到雞林，蓋自茲也。」該《傳》接著引崔致遠《義湘傳》說，真平王建福四十二年（唐武德八年，西元 625 年），「是年東方聖人安弘法師與西國二三藏，漢僧二人至自唐。注云：北天竺烏萇國毘摩羅真諦年四十四，農伽陀年四十六，摩豆羅國佛陀僧伽年四十六。經由五十二國始（入）漢土，遂東來住皇龍寺，譯出《旃檀香火星光妙女經》，鄉僧曇和筆授。未幾漢僧上表，乞還中國，王許而送之。則安弘者殆和尚是也。」該《傳》又說：「又按《新羅本紀》：真興王三十七年，安弘入陳求法，與胡僧毘摩羅等二人回，上《楞伽》、《勝鬘經》及佛舍利。」此《海東高僧傳》所記安含與安弘，事蹟有類似處，但入華年代有異，或許是指同一個人，而有的傳記不準確。

第四章

唐代新羅與佛教的交流

第四章　唐代新羅與佛教的交流

　　唐朝與新羅之間的佛教交流，可以說是中韓佛教交流史上的鼎盛期。在這個時期，入華請益的韓國僧人人數之多，是任何歷史時期都遠不能相比的。對於韓國學僧入華求法基本情況的研究和人數的統計，自上個世紀初以來，已有多位中、韓、日的學者發表了自己的研究成果，整體傾向來說，越到後來，研究得越完備，統計得越精細。初以為總人數只有幾十，近十數年來的研究則謂超過一百，超過二百。在這裡，僅介紹陳景富所著《中韓佛教關係一千年》中的相關內容。陳教授把韓僧入華求法的活動分為三個階段，即興起階段、興盛階段、低潮階段。興起階段（西元317～589年），為時273年，入華學僧16人；興盛階段（西元590～907年），為時300餘年，入華求法請益的僧俗共185人，其中隋代僅4人，其他均是唐代入華；低潮階段，自十世紀初至十一世紀末，約180年中，入學僧驟降至39人。其後，北宋後半葉至南宋末年，入學僧不見於文獻史料。從元初到明初，又有入華求法僧36人。對於這三個階段的求法僧，作者都一一列其名。據此可知，唐代的新羅入華求法僧俗人數占了三個階段全部人數的三分之二。該書還特別談到，在入華求法請益的韓國僧人中，有一部分或獨自或跟隨中國僧人又前往西域求法巡禮，作者稱之為「二次求法」。韓國的「二次求法」僧共有15人，除2人是在隋以前，其他13位都是在初唐和中唐時期。書中還具體論述了謙益、慧超等二次求法僧的事蹟。[66] 我們在本章和以下的幾章中，僅舉唐朝和新羅佛教交流中比較重要的人物，對其中的著名者，設專門章節加以論述。

---

[66]　詳見陳景富著《中韓佛教關係一千年》，第二、三章。

第一節　新羅慈藏赴唐學法（附圓勝）

　　新羅善德女王時期（西元 632～647 年），又有慈藏律師出，赴唐學法，歸國後弘傳戒律，使佛教更進一步與新羅的國民精神合為一體。

　　據《續高僧傳》卷二十四「唐新羅國大僧統釋慈藏傳」記載：

　　「釋慈藏，姓金氏，新羅國人，其先三韓之後也。」他出身名門世家，而且是王族，他的父親官居高位，相當於唐朝的一品大官，素來信奉佛教。因無子嗣，乃求佛菩薩加護，造千部觀音像，希望後繼有人，並許下心願，若孩子長大成人，「願發道心，度諸生類」。後來果然得子，而且恰巧於四月八日佛誕之日出生，道俗皆慶，以為是稀有的祥瑞，他就是慈藏。慈藏自幼聰明過人，「年過小學」，即到了 8 歲時，對世典史籍皆有所瀏覽，但這些都沒有引起他的興趣。及至父母雙雙離世，深感人生無常，「終歸空寂」，於是產生厭世離塵之意，捨離妻子，捐出宅第田園，施捨給窮苦人家，隻身投入山林之中，「獨靜行禪。不避虎兕，常思難施。時或弊睡心行將徵，遂居小室，周障棘刺，露身直坐，動便刺肉，懸髮在梁，用祛昏漠。修白骨觀，轉向明利。」所謂「白骨觀」，是佛教實踐修行的觀法之一，又稱為「枯骨想」、「枯骨觀」，是九想觀中的「骨想」。其意在觀想人死後白骨狼藉的不淨之狀，以啟發覺悟，證知人生無常而破除對自我的執著念頭，不生貪欲之心。

　　慈藏如此日夜苦修，「冥行顯被，物望所歸」，結果引起了王宮的關注，善德女王要他出來做官，而且是「位當宰相」的官，但是他「頻徵不就」，以至善德女王大怒，要砍他的頭，他說：「吾寧持戒一日而死，不願一生破戒而生。」（《三國遺事》為：「吾寧一日持戒而死，不願百年破戒而生。」）[67] 國王愧服而准其出家，任修道業。「即又深隱，外絕來往，糧粒

---

[67]《三國遺事》卷四，「慈藏定律」條。本節所引《三國遺事》語，皆出此條。

第四章　唐代新羅與佛教的交流

固窮,以死為命。便感異鳥各銜諸果就手送與,鳥於藏手就而共食,時至必爾,初無乖候。斯行感玄徵,罕有聯者。而常懷戚戚,慈哀含識,作何方便,令免生死。遂於眠寐見二丈夫曰:卿在幽隱,欲為何利?藏曰:唯為利益眾生。乃授藏五戒訖曰:可將此五戒,利益眾生。又告藏曰:吾從忉利天來,故授汝戒。因騰空滅。於是出山,一月之間國中士女,咸受五戒。」這裡說得有點神異,不過由此可知,慈藏傳授五戒,得到眾多人的皈信。

但是,慈藏深深感到:「生在邊壤,佛法未弘。自非目驗,無由承奉。」於是上表給國王,請求「西觀大化」,入華學法,得到國王的認可。「以貞觀十二年(《三國遺事》為貞觀十年),將領門人僧實等十有餘人,東辭至京。蒙勅慰撫,勝光別院厚禮殊供。人物繁擁,財事既積,便來外盜。賊者將取,心顫自驚,返來露過,便授其戒。有患生盲,詣藏陳懺,後還得眼。由斯祥應,從受戒者日有千計。性樂棲靜,啟勅入山,於終南雲際寺東懸崿之上,架室居焉。旦夕人神歸戒又集,時染少疹,見受戒神為摩所苦,尋即除愈。往還三夏,常在此山。」後來,慈藏「將事東蕃,辭下雲際。」「既而入京,蒙勅慰問,賜絹二百匹,用充衣服。貞觀十七年,本國請還,啟勅蒙許,引藏入宮,賜衲一領,雜彩五百段,東宮賜二百段。仍於弘福寺為國設大齋,大德法集,並度八人。又勅太常九部供養。藏以本朝經像凋落未全,遂得藏經一部並諸妙像幡花蓋具堪為福利者,齎還本國。」

慈藏回到新羅時,「傾國來迎,一代佛法於斯興顯。」「王以藏景仰大國,弘持正教,非夫綱理,無以肅清,乃勅藏為大國統,住王芬寺(《三國遺事》作「芬皇寺」),寺即王之所造。又別築精院,別度十人,恆充給侍。」慈藏被任命的「大國統」,是沒有先例的最高僧職。中國北齊時,國置十統,法上法師為大統,其餘為通統。梁陳之間,有國統、州統、國

第一節　新羅慈藏赴唐學法（附圓勝）

都、州都、僧都、僧正、都維那等職，由昭玄曹統管。唐初又有十大德之職，統攝僧眾、僧團事務。新羅真興王時，設大書省一人，小書省二人，後來又以高麗惠亮法師為國統，置大都維那一人，及州統九人，郡統十八人。慈藏的大國統之職，實在是非同一般，可以說是新羅佛教的最高負責人。

不久，國王又請他入宮，「一夏講《攝大乘論》（《三國遺事》謂「講大乘論」）。晚又於皇龍寺講《菩薩戒本》，七日七夜，天降甘露，雲霧奄藹，覆所講堂，四部興嗟，聲望彌遠。及散席日，從受戒者其量雲從，因之革厲十室而九。藏屬斯嘉運，勇銳由來，所有衣資並充檀舍，唯事頭陀、蘭若綜業。正以青丘佛法東漸百齡，至於住持修奉蓋闕，乃與諸宰伯詳評紀正。時王臣上下，僉議攸歸，一切佛法須有規猷，並委僧統藏令僧尼五部各增舊習，更置綱管，監察維持。半月說戒，依律懺除，春冬總試，令知持犯。又置巡使，遍歷諸寺，誡勵說法。嚴飾佛像，營理眾業，鎮以為常。據斯以言，護法菩薩即斯人矣。又別造寺塔十有餘所，每一興建，合國俱崇。……大眾悲慶，積施如山，便為受戒，行善遂廣。又以習俗服章中華有革，藏唯歸崇正朔，義豈二心，以事商量，舉國咸遂，通改邊服，一准唐儀。所以每年朝集，位在上蕃，任官遊踐，並同華夏。據事以量，通古難例。撰諸經戒疏十餘卷，出觀行法一卷，盛流彼國。」

《三國遺事》也有與《續高僧傳》類似的記述。照此記述，慈藏的生平事蹟可大致分為三個時期，即赴唐前、留唐時和回國後。第一個時期，慈藏赴唐之前，無染世趣，意歸空寂，獨於深山中行禪修觀，頗具影響。後經善德王批准，出家修行，夢感「丈夫」（指人中之最勝者，精通佛法者，神人）傳授五戒，由此開始弘傳戒律，從其受戒者甚多。

第二個時期，他於貞觀十二年（西元 638 年。或謂貞觀十年，西元 636 年）赴唐，在京師長安得到唐太宗的優遇，敕住勝光寺別院，禮厚供

殊，人物繁擁。於此傳授戒律，受戒者日以千計。後入終南山，在雲際寺東懸崖之上架室而居，一邊修行，一邊傳戒，常住三年。貞觀十七年，因新羅善德王上表乞還，唐太宗詔許，慈藏返回新羅。回國時宮廷賜禮甚豐，還舉行了隆重的歡送儀式。尤其值得注意的是，應慈藏的請求，唐朝送給他大藏經一部，及諸尊妙像、幡幢華蓋等具，攜回本國，彌補了新羅「經像凋落未全」的狀況，對新羅佛教的發展有十分重要的意義。

還有一點應該提到。據《續高僧傳》卷十五「法常傳」中說，名僧法常「貞觀九年，又奉勅召，入為皇后戒師，因即勅補兼知空觀寺上座，撫接客舊妙識物心，弘導法化長鎮不絕，前後預聽者數千，東蕃西鄙難可勝述，及學成返國皆為法匠，傳通正教於今轉盛。新羅王子金慈藏，輕忽貴位棄俗出家。遠聞虔仰，思覿言令，遂架山航海，遠造京師，乃於船中夢矚顏色，及覿形狀宛若夢中，悲涕交流欣其會遇，因從受菩薩戒，盡禮事焉。」這位師事法常的「金慈藏」是不是我們這裡所述的慈藏，值得思考。《續高僧傳》沒有說慈藏是王子，只說其父「以本王族，比唐一品」。可是，《新修科分六學僧傳》（卷四）卻說慈藏是「新羅國王諸公子也，金氏」。又說「王以其次當紹位，屢徵不為起」。而且，慈藏與法常同時在京師，法常說法，聽者數千，其中多有「東蕃西鄙」的僧人回國後成為法匠者。再者，法常主要弘傳《華嚴》、《攝論》等經論，並著有《攝大乘論義疏》八卷，對照慈藏回國後所講的經論，慈藏曾師事法常的可能性也許是有的。

另外，據《三國遺事》卷四「慈藏定律」記載，慈藏赴唐後先到了清涼山，即五臺山，然後才去京師的。其中說：

「藏自嘆邊生，西希大化，以仁平三年丙申歲（即貞觀十年也）受勅，與門人僧實等十餘輩西赴唐，謁清涼山。山有曼殊大聖塑相，彼國相傳云，帝釋天將工來雕也。藏於像前禱祈冥感，夢像摩頂授梵偈，覺而未解。及旦有異僧來釋云（已出皇龍塔篇）。又曰：雖學萬教，未有過此文。

第一節　新羅慈藏赴唐學法（附圓勝）

以袈裟舍利等付之而滅（藏公初匿之，故唐僧傳不載）。藏知已蒙聖莂，乃下北臺，抵大和池入京師。」

這是說，慈藏拜謁清涼山，向著山上的文殊菩薩塑像虔誠祈禱，因而夢感文殊像摩頂授梵偈，覺醒後不明白偈的意思，及至天明，有位神異的僧人來向他作了解釋，並付給慈藏袈裟、舍利，然後隱身而去。慈藏知道已蒙授記，即下山入京。這段故事《續高僧傳》等中國文獻無載，《三國遺事》說這是因為「藏公初匿之」，慈藏為何要「初匿之」，不得而知。另外，文殊大聖所授梵偈的具體內容，這裡只說「已出皇龍塔篇」，但「皇龍寺九層塔」篇並無偈頌，而所幸在「臺山五萬真身」篇中有此記載，其中說：

「初（慈藏）法師欲見中國五臺山文殊真身，以善德王代貞觀十年丙申（唐僧傳云十二年，今從三國本史）赴唐。初至中國太和池邊石文殊處，虔祈七日，忽夢大聖授四句偈，覺而記憶。然皆梵語，惘然不解。明旦忽有一僧，將緋羅金點袈裟一領，佛缽一具，佛頭骨一片到於師邊，問何以無聊，師答以夢所受四句偈，梵音不解為辭。僧譯之云：呵囉婆佐囊，是曰了知一切法；達‧哆佉野，云自性無所有；曩伽呬伽囊，云如是解法性；達‧盧舍那，云即見盧舍那。仍以所將袈裟等付而囑云：此是本師釋迦尊之道具也，汝善護持。」這首偈漢譯為「了知一切法，自性無所有，如是解法性，即見盧舍那。」其意是說，世界上的一切事物及其現象，即「一切法」，本質上都沒有自性，都是緣起性空的，如果能證悟如此道理，便能見到佛之真身（佛之法身或報身）。諸法緣起性空，這是大乘佛教的基本理論。慈藏在中國所學，當以大乘為主。

第三個時期，慈藏回國之後，受到新羅舉國上下的極熱烈歡迎，他被任命為大國統這一重職，由此開始致力於新羅佛教的振興與發展，並且參與國事，在新羅精神文化的發展上發揮了關鍵作用。

第四章　唐代新羅與佛教的交流

他的重要事蹟包括以下幾個層面：

其一是，講經說法，聲名遠播。他先是應國王之請在宮中講《攝大乘論》（或大乘論）一夏，這便足以震動朝野。後又在皇龍寺講《菩薩戒本》七日七夜，更使出家、在家四部弟子興嘆驚服，散席之日，信眾紛紛從其受戒。《三國遺事》說，慈藏還講過《華嚴經》，感得五十二位神女現身證聽。

其二是，建立健全的僧伽制度，整頓僧尼綱紀。他針對當時新羅佛教「住持修奉蓋闕」等嚴重問題，採取了幾條強而有力的措施。一，令習五部律的僧尼各增舊學，並設專員監察維持；二，半月說戒，依律懺悔改過；三，每年冬季和春季對僧尼進行綜合考試，使他們牢記所當持守，不可違犯；四，設定巡使，到全國各地的寺院檢查督促說法等活動；五，嚴飾佛像，推動佛教各項事業的營理，確立恆常的規章制度。這幾項措施十分果斷，十分得力，為新羅佛教的興盛打下了基礎，所以慈藏被譽為「護法菩薩」。《三國遺事》更讚揚說，慈藏回到新羅，「一代護法於斯盛矣，如夫子自衛返魯，樂正雅頌，各得其宜」。

其三是，造寺造塔，設立戒壇，行善授戒。這裡說他「又別造寺塔十有餘所，每一興建，合國俱崇。……大眾悲慶，積施如山，便為受戒，行善遂廣。」《三國遺事》說得更具體：「當此之際，國中之人，受戒奉佛，十室八九，祝髮請度，歲月增至。乃創通度寺，築戒壇以度四來（戒壇事已出上），又改營生緣里第元寧寺，設落成會，講《雜花》萬偈，感五十二女，現身證聽。使門人植樹如其數，以旌厥異，因號知識樹。」戒壇的建立，是佛教發展的一項重要保證。其中說慈藏講《雜花》萬偈，《雜花》即《華嚴》，慈藏講《華嚴經》，中國史料無載，可供參考。

其四是，由於慈藏的主張，新羅官服採用唐朝衣冠制度，並使用唐高宗的永徽年號，反映出新羅為統一三國而加強與唐關係的意向。《三國遺

事》也有記載說：慈藏「嘗以邦國服章不同諸夏，舉議於朝，籤允曰臧，乃以真德王三年己酉，始服中朝衣冠，明年庚戌又奉正朔，始行永徽號。自後每有朝覲，列在上蕃，藏之功也。」真德王三年，即西元 649 年，新羅開始服唐朝衣冠，第二年，開始實行永徽年號。由此大大加強了新羅與唐朝的友好關係，所以諸國赴唐朝覲時，新羅位列上首，這是慈藏的一大功績。

其五是，撰述經疏，流通全國。《續高僧傳》說慈藏撰諸經戒疏十餘卷，《出觀行法》一卷，「盛流彼國」。高麗義天撰《新編諸宗教藏總錄》中記其撰有《四分律羯磨私記》一卷、《十誦律木叉記》一卷。日僧永超額《東域傳燈目錄》記其有《阿彌陀經疏》一卷。《佛典疏抄目錄》記其有《阿彌陀經義記》一卷。這些著述對新羅佛教、特別是對新羅戒律學的發展有重要的意義，只可惜今已失傳，無從考究其具體內容。

其六是，建造皇龍寺九層塔。此事中國的文獻沒有記載。《三國遺事》卷三「皇龍寺九層塔」篇中說：

「新羅第二十七善德王即位五年，貞觀十年丙申，慈藏法師西學，乃於五臺感文殊授法（詳見本傳）。文殊又云：汝國王是天竺剎利種，王預受佛記，故別有因緣，不同東夷共工之族。然以山川崎嶇故，人性麤悷，多信邪見，而時或天神降禍。然有多聞比丘在於國中，是以君臣安泰，萬庶和平矣。言已不現。藏知是大聖變化，泣血而退。經由中國太和池邊，忽有神人出問：胡為至此？藏答曰：求菩提故。神人禮拜又問：汝國有何留難？藏曰：中國北連靺鞨，南接倭人，麗、濟二國，迭犯封陲，鄰寇縱橫，是為民梗。神人云：今汝國以女為王，有德而無威，故鄰國謀之，宜速歸本國。藏問：歸鄉將何為利益乎？神曰：皇龍寺護法龍，是吾長子，受梵王之命，來護是寺。歸本國成九層塔於寺中，鄰國降伏，九韓來貢，王祚永安矣。建塔之後，設八關會，赦罪人，則外賊不能為害。更為我於京畿南岸置一精廬，共資予福，予亦報之德矣。言已遂奉王而獻之，忽隱

不現（寺中記云：於終南山圓香禪師處，受建塔因由）。貞觀十七年癸卯十六日，將唐帝所賜經像袈裟幣帛而還國，以建塔之事聞於上，善德王議於群臣，群臣曰：請工匠於百濟，然後方可。乃以寶帛請於百濟。匠名阿非知，受命而來，經營木石，伊於龍春（一云龍樹）幹蠱，率小匠二百人。初立剎柱之日，匠夢本國百濟滅亡之狀，匠乃心疑停手，忽大地震動，晦冥之中有一老僧一壯士，自金殿門出，乃立其柱，僧與壯士皆隱不現。匠於是改悔，畢成。其塔剎柱記云：鐵盤已上高四十二尺，已下一百八十三尺。慈藏以五臺所授舍利百粒分安於柱中，並通度寺戒壇，及大和寺塔，以副池龍之請（大和寺在河曲縣南，今蔚州，亦藏師所創也）。樹塔之後，天地開泰，三韓為一，豈非塔之靈蔭乎。後高麗王將謀伐羅，乃曰：新羅有三寶，不可犯也。何謂也？皇龍丈六，並九層塔，與真平王天賜玉帶。遂寢其謀。周有九鼎，楚人不敢北窺，此之類也。」

對於此塔的具體情況，《三國遺事》接著記載：「又海東名賢安弘撰《東都成立記》云：新羅第二十七代，女王為主，雖有道無威，九韓侵勞苦，龍宮南皇龍寺建九層塔，則鄰國之災可鎮。第一層日本，第二層中華，第三層吳越，第四層托羅，第五層鷹遊，第六層靺鞨，第七層丹國，第八層女狄，第九層獩貊。又按國史及寺中古記，真興王癸酉創寺後，善德王代，貞觀十九年乙巳，塔初成。三十二孝昭王即位七年，聖曆元年戊戌六月，霹靂（寺中古記云聖德王代誤也，聖德王代無戊戌）。第二十三聖德王代庚申歲，重成。四十八景文王代戊子六月，第二霹靂，同代第三重修。至本朝光宗即位五年癸丑十月，第三霹靂。現宗十三年辛酉，第四重成。又靖宗二年乙亥，第四霹靂。又文宗甲辰年，第五重成。又憲宗末年乙亥，第五霹靂。肅宗丙子，第六重成。又高宗十六年戊戌冬月，西山兵火，塔寺丈六殿宇皆災。」照此記述，可以看出，當時的新羅，一方面與唐朝保持著友好親密的關係，同時也懷有高度的警惕。

慈藏暮年謝辭京輦，於江陵郡（今冥州）創水多寺而居。其生卒年及世壽不詳。

另外，《續高僧傳‧慈藏傳》又載，「有沙門圓勝者。本族辰韓清慎僧也，以貞觀初年，來儀京輦，遍陶法肆。聞持鏡曉，志存定攝，護法為心，與藏齊襟，秉維城塹。及同返國，大敞行途講開律部。唯其光（先）肇自昔東蕃有來西學，經術雖聞，無行戒檢。緣構既重，今則三學備焉。是知通法護法代有斯人，中濁邊清於斯驗矣。」《三國遺事》「慈藏定律」條也說「有釋圓勝者，先藏西學，而同還桑梓，助弘律部云」。圓勝在貞觀初年（西元627年）赴唐學律，比慈藏赴唐時間早十年，後與慈藏同時返國，並與慈藏同時宏傳律學，彌補了以前「經術雖聞，無行戒檢」的不足，從此新羅「三學備焉」。據義天《新編諸宗教藏總錄》（卷二）載，圓勝撰有《梵網經自分持犯記》一卷、《四分律羯磨記》一卷、《四分律木叉記》一卷。

第二節　淨土教之傳入新羅

中國的淨土信仰主要有彌陀淨土信仰與彌勒淨土信仰。關於彌勒信仰之經典的翻譯，始自西晉大安二年（西元303年），竺法護譯出《彌勒下生經》、《彌勒菩薩所問本願經》，此後至唐開元年間，陸續譯出相關經典近十部，使彌勒信仰的經典翻譯臻於完善。與此同時，彌勒信仰也逐漸傳播開來。西晉道安著有《淨土論》六卷，宣揚往生兜率彌勒淨土的思想，其後代有信奉者，唐代玄奘與窺基，也以彌勒淨土為行持及依歸。但此後修行與闡揚彌勒淨土的人越來越少，逐漸衰落，被越來越興盛的彌陀信仰所代替，彌陀淨土遂成為諸佛淨土信仰的代表。中國淨土經典之傳譯，以東漢靈帝時（西元179年）支婁迦讖、竺佛朔共譯的《般舟三昧經》為嚆矢。

第四章 唐代新羅與佛教的交流

之後,三國時代支謙譯出《大阿彌陀經》等,西晉竺法護譯出《無量清淨平等覺經》等,姚秦鳩摩羅什譯出《阿彌陀經》、《十住毗婆沙論》等,又有北涼曇無讖譯《悲華經》,劉宋寶雲譯《新無量壽經》與畺良耶舍譯《觀無量壽經》相繼問世。北魏永平元年(西元508年),菩提流支來華,授曇鸞《觀無量壽經》,並譯出世親所造《無量壽經優婆提舍願生偈》(即《往生淨土論》。)後世以《觀無量壽經》、《無量壽經》、《阿彌陀經》及世親的《往生淨土論》為淨土教所依之主要經論,合稱淨土「三經一論」。至此淨土經典傳譯已臻完備。弘揚彌陀淨土以東晉慧遠為最力,他於東晉太元十五年(西元390年)在廬山東林寺建蓮社(亦稱白蓮社),參加的僧人、居士達123人。他們於阿彌陀佛像前,建齋立誓,依《般舟三昧經》專修念佛三昧,共期往生西方見佛,並令劉遺民著文勒石,以明所誓。此為中國結社念佛之始。北魏菩提流支譯出世親的《無量壽經優婆提舍願生偈》後,曇鸞為之作《往生論注》,兼依龍樹之《十住毗婆沙論》明辨難、易二道,及他力、自力的區別,主張依靠他力本願是五濁惡世中的方便易行之道,以持名念佛為往生西方淨土的主要修學方式。至唐代道綽、善導等師,繼承並進一步發揚了曇鸞的教旨。道綽曾講《觀無量壽經》,以小豆計數近200遍,每日口誦阿彌陀佛,並著《安樂集》一書,依曇鸞難行、易行二道之說,更立聖道、淨土二門之別,以淨土門為唯一見佛之路。善導曾學於道綽,後到長安,在光明、慈恩等寺弘揚淨土教,撰有《觀無量壽佛經疏》等,明示淨土教義、教相,並承接曇鸞、道綽的思想,而立正行、雜行,建立了淨土教義獨立的學說體系,形成了中國大乘佛教重要的宗派之一淨土宗。其後,有懷感著《釋淨土群疑論》,少康大弘此宗。自曇鸞至少康,被稱為「震旦五祖」。當時長安等地各師亦各有阿彌陀經、觀經等疏,淨土經典之研究遂達高峰。五代至宋,淨土宗一直很盛行,彌陀信仰深入民間,又常常依附於天台、禪、律諸宗而流行,自唐開元初,即有人

第二節　淨土教之傳入新羅

主張戒淨並行、禪淨雙修、教禪一致。唐代的禪門也不斷有人提出此種主張。自宋代之後，禪淨雙修的主張更加盛行。

唐代淨土信仰的流行，對新羅發生了相當大的影響。新羅的名僧大德，都撰有關於淨土經典的註疏，如慈藏有《阿彌陀經疏》與《阿彌陀經義記》；圓測有《阿彌陀經疏》與《無量壽經疏》；元曉有《無量壽經宗要》、《阿彌陀經義疏》、《遊心安樂道》、《般舟三昧經疏》、《彌勒上生經宗要》等；義湘有《阿彌陀經義記》；大賢有淨土三部經的「古蹟記」，還有《彌勒上生經》與《彌勒下生經》的「古蹟記」。如此等等，這些佛教界名流的這類著述，自然會推動淨土信仰在新羅民間的傳播。《三國遺事》卷三「彌勒仙花」條載：新羅真興王（西元 540～575 年）「一心奉佛，廣興佛寺，度人為僧尼。又天性風味，多尚神仙。」於是聚徒選士，成立花郎團（花郎道、風月道、風流道），教之以孝悌忠信。始以美豔女子為原花，居首領位。後因原花間發生嫉妒殘殺事件，乃廢原花，更選良家男子有德行者，奉為花郎國仙。「自此使人悛惡更善，上敬下順，五常六藝，三師六正，廣行於代。」「及真智王代（西元 576～578 年），有興輪寺僧真慈（一作貞慈也），每就堂主彌勒像前發原誓言：願我大聖化作花郎，出現於世，我常親近睟容，奉以周旋。」真慈「誠懇至禱之情，日益彌篤」，後來果見彌勒仙花示現。這是把彌勒信仰與花郎團的理念結合起來了。

關於彌陀信仰，《遺事》卷五「廣德、嚴莊」條記載，在新羅文武王（西元 661～681 年）時代，有沙門名廣德、嚴莊，二人友善，曾相約修淨土行。於是，廣德隱居芬皇西里，蒲鞋為業，挾妻子而居。雖與其妻同居十餘載，然未嘗一夕同床共枕，「但每夜端身正坐，一聲念阿彌陀佛號。或作十六觀，觀既熟，明月入戶，時升其光，加趺於上。」竭誠如此，終得往生西方淨土。嚴莊則「庵棲南嶽，大種刀耕。」初不專心，後經廣德之妻勸導，自感愧疚，「便詣元曉法師處，懇求津要。曉作錚觀法誘之，

藏（莊）於是潔己悔責，一意修觀，亦得西升。」此二人專意修淨土之行，終於如願得報。

《三國遺事》卷四「真表傳簡」載：「釋真表，完山州（今全州牧）萬頃縣人（或作豆乃山縣，或作那山縣，今萬頃，古名亙乃山縣也。負寧傳釋□之，鄉里，云金山縣人，以寺名乃縣名混之也）。父曰真乃末，母吉寶娘，姓井氏。年至十二歲，投金山寺崇濟法師講下，落彩請業。其師嘗謂曰：『吾曾赴唐受業於善道三藏。然後入五臺。感文殊菩薩現受五戒。』」後來真表依師教遍歷名山，止錫仙溪山不思議庵，捐身苦修二七日終，「見地藏菩薩，現受淨戒，即開元二十八年（西元 740 年）庚辰三月十五日辰時也，時齡二十餘三矣。然志存慈氏，故不敢中止，乃移靈山寺（一名邊山，又楞伽山），又懃勇如初，果感彌力（勒）現授《占察經》兩卷並證果簡子一百八十九介。……表既受聖剎，來住金山，每歲開壇，阪張法施，壇席精嚴。末季未之有也。……景德王聞之，迎入宮闥，受菩薩戒，嚫租七萬七千石，椒庭列嶽皆受戒，品施絹五百端，黃金五十兩，皆容受之，分施諸山，廣興佛事。」「得法之袖領，曰永深、寶宗、信芳、體珍、珍海、真善、釋忠等，皆為山門祖。」

由上述內容可知，真表主要活動在新羅聖德王（西元 702～736 年）、孝成王（西元 737～741 年）、景德王（西元 742～764 年）時代，真表之師金山寺崇濟法師說他自己「曾赴唐受業於善道（即善導）三藏」，如果確實如此，那麼真表所學，亦應是善導傳承下來的淨土宗。然而，真表不僅修彌陀淨土之業，還透過修行，感得地藏菩薩化現授淨戒，又感得彌勒示現，授《占察經》二卷。之後便大張法筵，傳授《占察經》，得法弟子中的永深等七位高足，堪稱領袖人物，又各開山門，為一方弘法之祖。這樣看來，從聖德王到景德王時期，彌陀信仰與彌勒信仰、地藏菩薩信仰是結合在一起的，而且形成了自己的法脈傳承，頗具規模。《占察經》又稱《地藏

第二節　淨土教之傳入新羅

菩薩經》，說占察善惡業報之法，又論大乘實義，勸修淨土往生法，正是集三種信仰為一體的經典。

《遺事》卷三「南白月二聖」條引《白月山兩聖成道記》云：白月山在新羅仇史郡之北（古之屈自郡，今義安郡），峰巒奇秀，延袤數百里。山之東南三千步許有仙川村。村裡有二人，一名努肹夫得（一作等），一名怛怛朴朴。二人皆風骨不凡，有域外遐想，而相與友善。年皆弱冠，往依村之東北嶺外法積房，剃髮為僧。未幾，聽說西南雉山村法宗谷僧道村有古寺可以棲真，乃一同前往，分別居於大佛田小佛田二洞。夫得寓居懷真庵，一云壤寺（今懷真洞有古寺基是也），朴朴居瑠璃光寺（今梨山上有寺基，是也）。「皆挈妻子而居，經營產業，交相來往，棲神贍養，方外之志，未嘗暫廢。」不久，二人相互謂曰：「今我等既落彩為僧，當脫略纏結，成無上道，豈宜汨沒風塵。與俗輩無異也。」於是，「唾謝人間世，入白月山無等谷（今南藪洞也）。朴朴師占北嶺師子嵓，作板屋八尺房而居，故云板房。夫得師占東嶺磊石下有水處，亦成方丈而居焉。故云磊房。各庵而居，夫得勤求彌勒，朴朴禮念彌陀。」如此不到三年，唐景龍三年（西元 709 年）四月八日，即新羅聖德王八年，有觀音菩薩顯變化身，開示成道法門，夫得乃「坐蓮臺，作彌勒尊像放光明。」朴朴「亦如前成無量壽」。二尊相對儼然。山下村民聞之，競來瞻仰。嘆曰：稀有稀有。二聖為說法要。全身躡雲而逝。天寶十四年（西元 755 年），新羅景德王（西元 742～764 年）聞知此事，便「遣使創大伽藍，號白月山南寺。廣德二年（西元 764 年）七月十五日，寺成，更塑彌勒尊像，安於金堂，額曰：現身成道彌勒之殿。又塑彌陀像，安於講堂，……額曰：現身成道無量壽殿。」這則傳說表明，新羅從聖德王到景德王時代，彌陀信仰與彌勒信仰、觀音信仰結合在一起，而且呈現出興盛的態勢。

在景德王時代，「歃良州東北二十許里有布山川，石窟奇秀，宛如人

103

斷。有五比丘,未詳名氏,來寓而念彌陀求西方幾十年,忽有聖眾自西來迎。於是五比丘各坐蓮臺,乘空而逝,至通度寺門外留連,而天樂間奏,寺僧出觀,五比丘為說無常苦空之理。蛻棄遺骸,放大光明,向西而去。其捐舍處,寺僧起亭榭,名置樓,至今存焉。」[68]

另外,「南山東麓有避里村,村有寺,因名避里寺。寺有異僧,不言名氏,常念彌陀,聲聞於城中,三百六十坊十七萬戶,無不聞聲。聲無高下,琅琅一樣。以此異之,莫不致敬,皆以念佛師為名。死後泥塑真儀,安於敏藏寺中,其本住避里寺,改名念佛寺。寺旁亦有寺名讓避,因村得名。」[69]

還是在景德王時代,「康州(今晉州,一作剛州,則今順安)善士數十人志求西方,於州境創彌陀寺,約萬日為契。」當時有阿干貴珍家一婢名鬱面,隨其主歸寺,亦竭誠念佛,堅持不懈,如是九年之後,「坐蓮臺放大光明,緩緩而逝。」此前,「阿干家距惠宿法師所創彌陀寺不遠,阿干每至其寺念佛,婢隨往,在庭念佛。」[70]這就是說,景德王時代,彌陀信眾已有結社創寺的活動,並且還舉辦萬日念佛會,表明彌陀信仰之隆盛。這裡還有一點值得注意,就是其中提到惠俗曾在康州創彌陀寺。惠宿是真平王時代(西元579～631年)的僧人,位列「東京興輪寺金堂十聖」之一[71]。可見在真平王時代即有名僧傳揚彌陀信仰,而且建立了彌陀寺。

---

[68] 見《三國遺事》卷五,「布川山五比丘」條。
[69] 見《三國遺事》卷五,「念佛師」條。
[70] 見《三國遺事》卷五,「鬱面婢念佛西升」條。
[71] 見《三國遺事》卷三、卷四。

第三節　密教之傳入新羅

　　密教的咒術密法發源於古印度婆羅門教的根本聖典《吠陀》之中，《吠陀》中對神的讚歌、祭詞、祈禱咒術等，稱為真言。據說頌持真言就可以得到神靈的護佑，達到禳災招福的目的。後來，這些真言咒語逐漸普及到民間，成為一種普遍的信仰。佛教在形成、發展過程中吸收了這些真言咒語，用來守護佛教信徒。起初，真言咒語並沒有和佛教的思想體系融合在一起，只是作為佛教的附屬物，雜糅在佛教典籍之中，這叫做雜部密教，簡稱雜密。與雜密相關的一些經典，如《大灌頂經》、《孔雀王經》等，東晉初即傳到中國，並且譯成了漢文經典。

　　自七世紀中葉至七世紀末，印度佛教中出現了《大日經》、《金剛頂經》等密教經典，使密教與佛教的思想體系有了密切的結合，以真言陀羅尼詮顯諸法實相，由此形成了大乘正純祕密佛教，簡稱純密。純密以大日如來為教主，以「即身成佛」為中心思想，以金胎兩部大法為基本教義。所謂金胎兩部大法，即基於《大日經》的胎藏界大法和基於《金剛頂經》的金剛界大法。胎藏界大法說大日如來以菩提心為因，以大悲為根，以方便為究竟之理性；金剛界大法說大日如來之智德如金剛石，堅固不壞，力摧一切煩惱。金胎兩部相輔相成，是「二而不二，不二故二」的關係。

　　純密傳到中國西藏之後，形成了藏密（喇嘛教）。純密傳到中國中土，始於印度僧善無畏（西元637～735年），他在開元四年（西元716年）到帝都長安。善無畏之後，又有印度的金剛智（西元671～741年）、西域的不空（西元705～774年）相繼到長安。他們翻譯密教經典，傳揚密教思想，奠定了中國密教的基礎。不空弟子極多，其中有金閣寺含光、新羅慧超、青龍寺惠果、崇福寺慧朗、保壽寺元皎和覺超，世稱六哲。六哲之中，主導唐朝密教，並更加廣泛的向朝野宏傳的是惠果。惠果傳法與日本

的空海，空海在日本完成了真言密教的體系，創立了日本的真言宗。而雜密傳到中國之後，即有新羅僧赴唐學習。純密傳入中國之後，又有新羅僧赴唐研傳。

新羅僧赴唐學雜密者，有明朗、惠通、明曉。根據《三國遺事》卷五「明朗神印」條所述，明朗字國育，新羅沙幹才良之子，其母是慈藏律師之妹。善德王元年（西元632年）赴唐。貞觀九年（西元635年）乙未回到新羅。《遺事》又引《金光寺本紀》云：「師挺生新羅，赴唐學道。將還，因海龍之請，入龍宮傳祕法，施黃金千兩。潛行地下，湧出本宅井底，乃捨為寺，以龍王所施黃金飾塔像，光曜殊特，因名金光焉。」這裡說明，明朗捨宅為寺，建立了新羅第一座密教寺院「金光寺」。唐高宗時，曾發兵征討新羅，新羅文武王乃請明朗「開祕法禳之」，大敗唐軍，明朗「因茲為神印宗祖。」《三國遺事》卷二「文虎王法敏」條也記有此事，其中說，唐兵攻打新羅時，明朗「乃以彩帛營寺，草構五方神像，以瑜珈明僧十二員，明朗為上首，作文豆婁祕密之法。」這裡的「文豆祕密之法」，即神印法，是密教的一種禳災行法，《大灌頂經》有具體記述。

明朗之後，惠通赴唐習密，《三國遺事》卷五「惠通降龍」條記載說，惠通，氏族未詳，白衣之時，家在南山西麓銀川洞之口（今南澗寺東里）。棄俗出家後渡海赴唐，「謁無畏三藏請業。藏曰：嵎夷之人，豈堪法器。遂不開授。通不堪輕，謝去。服勤三載，猶不許，通乃憤悱立於庭，頭戴火盆。須臾頂裂聲如雷。藏聞來視之，撤火盆，以指按裂處，誦神呪，瘡合如平日，有瘕如王字文，因號王和尚，深器之，傳印訣。時唐室有公主疾病，高宗請救於三藏，（三藏）舉通自代。通受教別處，以白豆一斗呪銀器中，變白甲神兵，逐祟不克。又以黑豆一斗呪金器中，變黑甲神兵，令二色合逐之，忽有蛟龍走出，疾遂瘳。」此龍怨恨惠通驅逐自己，便到惠通的故鄉新羅去作祟。惠通遂於麟德二年（西元665年）回國

第三節　密教之傳入新羅

降龍，幾經周折，終於降服這條毒龍，「諭龍授不殺戒，神害乃息。」另外，《遺事》該條中又載：「初神文王發疽背，請候於通，通至呪之立活。乃曰：『陛下曩昔為宰官身。誤決臧人信忠為隸，信忠有怨，生生作報，今茲惡疽亦信忠所祟。宜為忠創伽藍。奉冥佑以解之。』王深然之，創寺號信忠奉聖寺。」

這裡說惠通赴唐後師事善無畏，殊為錯謬。惠通赴唐習密後於麟德二年（西元 665 年）返國，而善無畏是在惠通返回新羅五十餘年後的開元四年（西元 716 年）才到唐朝來，何得有師徒之誼。但其中所記惠通施行的降龍法等咒術祕法，確實是唐朝當時已流行的雜密中的行法。

其實，在明朗、惠通赴唐之前，新羅已有雜密流傳。「惠通降龍」條說：「密本之後，有高僧明朗，入龍宮得神印（梵云文豆婁，此云神印），祖創神遊林（今天王寺），屢攘鄰國之寇。今和尚（惠通）傳無畏之髓，遍歷塵寰，救人化物。兼以宿命之明創寺雪怨，密教之風於是乎大振，天磨之總持嵒、母岳之呪錫院等，皆其流裔也。」這是說，在明朗之前，密本已在新羅傳密教。《遺事》卷五「密本摧邪」條記述說：「善德王德曼遘疾彌留，有興輪寺僧法惕，應詔侍疾，久而無效。時有密本法師，以德行聞於國，左右請代之。王詔迎入內，本在宸仗外讀《藥師經》，卷軸才周，所持六環飛入寢內。刺一老狐與法惕，倒擲庭下，王疾乃瘳。」丞相金良圖為阿孩時，曾忽然發病，肢體不遂，口不能言。密本施以咒術祕法，「其疾乃治，語通身解，具說件事。良圖因此篤信釋氏，一生無怠，塑成興輪寺吳堂主、彌陀尊像，左右菩薩，並滿金畫其堂。」本條中還講述了一位「老居士」與密教師因惠鬥法的情形。這些說明，在明朗未赴唐時，中國的雜密典籍已經流傳到了新羅，並且出現了專門修習祕法，且具有社會影響的人物。

在惠通之後，又有新羅僧明曉赴唐學密教。《開元釋教錄》卷九記載：

第四章　唐代新羅與佛教的交流

「婆羅門李無諂，北印度嵐波國人，識量聰敏，內外該通，唐梵二言，洞曉無滯。三藏阿儞真那、菩提流志等，翻譯眾經，並無諂度語。於天後代聖歷三年（西元 700 年）庚子三月，有新羅國僧明曉，遠觀唐化，將欲旋途，於總持門先所留意，遂殷勤固請譯此真言，使彼邊維同聞祕教。遂於佛授記寺翻經院為譯《不空羂索陀羅尼經》一部，沙門波侖筆受。至久視元年（西元 700 年）八月。將所譯經更於罽賓重勘梵本，方寫流布。」這就是說，明曉赴唐求法，特別留意密教，在他的懇請下，由李無諂翻譯、波侖筆受，譯出《不空羂索陀羅尼經》，並經過與梵本重勘後抄寫下來，明曉帶回新羅傳布。

純密傳到唐土以後，赴唐學純密的新羅僧，師事善無畏的有玄超、義林、不可思議，師事金剛智、不空的有慧超，師事惠果的有惠日、悟真。

玄超從善無畏受胎藏界大法，後傳與惠果。《兩部大法相承師資付法記》說：「時善無畏三藏復將此《大毘盧遮那大教王》傳付大興善寺沙門一行及保壽寺新羅國沙門玄超。沙門一行既傳教已，造《大毘盧遮那義釋》七卷（或分為十四卷），略釋二卷，一卷《大毘盧遮那形象圖樣壇儀》、一卷《標幟壇儀法》，《契印法》一卷。造《金剛頂經義決》三卷（上卷有本，餘兩卷闕本）。大興善寺一行和尚，博瞻天文，學通內外，唐梵經史無不洞明，每與玄宗皇帝行座相隨，論理國及預翻經，不暇傳法。次沙門玄超阿闍梨復將《大毘盧遮那大教王》及蘇悉地教傳付青龍寺東塔院惠果阿闍梨，阿闍梨又傳付成都府僧唯尚（又云唯明），汴州辨弘，新羅國僧惠日、悟真，日本國空海。」善無畏將胎藏部傳付一行與玄超，一行平時忙於著述與應酬朝廷，「不暇傳法」，傳法的重擔就落在玄超身上了，遂將此大法傳於惠果。另，《大唐青龍寺三朝供奉大德行狀》記：惠果「於無畏三藏和上弟子玄超和上邊，求授大悲胎藏毘盧遮那大瑜伽大教，及蘇悉地大瑜伽法，及諸尊瑜伽等法，一一親垂旨授。又於大興善寺三藏和上邊，求

第三節　密教之傳入新羅

授金剛頂大瑜伽大教王經法，諸尊瑜伽密印，親承指示。」惠果從玄超處受胎藏部祕法，又從不空處受金剛部祕法，由此密教金胎兩部大法集於惠果一人之身。

對於義林的國籍，有兩種不同的說法，日僧圓珍所撰《胎金血脈圖》謂，義林是新羅國人，赴唐從善無畏學法後又回到新羅傳揚密教。也有史料說，義林本是唐人，隨善無畏學祕法後赴新羅傳教。兩種說法雖有異，但都肯定義林學於善無畏，後到新羅弘法。另據日本傳教大師最澄於唐貞元二十一年（西元805年）所撰《內證佛法相承血脈譜》記，義林阿闍梨「師事善無畏三藏，三藏以大悲胎藏曼荼羅妙法付囑沙門義林。阿闍梨一百三歲，今在新羅國轉大法輪。」又說，善無畏傳法與義林，義林傳給其大唐弟子順曉，順曉又傳給日本國弟子最澄。

不可思議是新羅靈妙寺的僧人，撰有《大毗盧遮那經供養次第法疏》上下兩卷，是在聽受善無畏的有關講解和研究了一行的《大日經疏》後完成的。其上卷中有：「所謂小子者，厥號善無畏三藏和上。即是小僧不可思議多幸，面諮和上所聞法要，隨分抄記。」該《疏》末記：「此文造人新羅國靈妙之寺釋僧不可思議。隨分穿鑿，願此文見獨知於本不生理中證。」明確說明造疏者是新羅靈妙寺的僧人不可思議。

惠日和悟真，如前所述，都是惠果的弟子。《大唐青龍寺三朝供奉大德行狀》說：「建中二年，新羅國僧惠日，將本國信物，奉上和上，求授胎藏、金剛界、蘇悉地等，並諸尊瑜伽三十本。已來授訖，精通後時，卻歸本國，廣弘大教。精誠絕粒持念，悉地現前。遂白日沖天竺國王宮中瞻禮，求乞其法。空中口言：西大唐國，有祕密法，法有青龍寺。同年，新羅國僧悟真，授胎藏毘盧遮那及諸尊持念教法等，至貞元五年，往於中天竺國，大毘盧遮那經梵夾餘經，吐藩國身歿。」這是說，唐德宗建中二年（西元781年），新羅僧惠日和悟真赴唐，師從惠果學密教，得授胎金兩部

第四章　唐代新羅與佛教的交流

大法。惠日後來回國傳教，悟真則於貞元五年（西元789年）赴印度求取《大日經》等梵本，不幸卒於吐蕃。惠日之後，還有均亮、弘印等新羅僧赴唐學密教。

慧超的事蹟，在《大辨正廣智三藏和上表制集》卷三、慧琳《一切經音義》卷一百及《大日本佛教全書》卷一百一十三「遊方傳叢書」等文獻中有零星的記載。根據相關的史料以及他本人的著述可知，慧超少年時即赴唐求法，後從海路入天竺，遍遊五天竺後，於唐開元十五年（西元728年）經陸路歸安西，第二年返回長安。著有《往五天竺國傳》三卷，然該書久已散佚，至近代始於敦煌石窟發現其殘本。慧超開元二十一年（西元733年）正式入金剛智之室，從學八年，開元二十八年，金剛智於長安薦福寺譯《大乘瑜伽金剛性海曼殊室利千臂千缽大教王經》時，慧超任「筆受」之職。大曆八年（西元773年），慧超又於大興善寺隨不空再次受法，成為不空的高足弟子。《三藏和上表制集》中載有不空《遺書》一首，書中謂：「吾普告四眾弟子等：大教總特，浩汗深廣，瑜伽祕密，誰測其源？吾自髫亂出家，依師學業，討尋梵夾二十餘年，晝夜精勤，伏膺諾稟，方授瑜伽四千頌法。奈何積釁深重，先師壽終，棲託無依，憑何進業。是以遠遊天竺，涉海乘危，遍學瑜伽，親禮聖蹟，得十萬頌法藏印可，相傳來歸帝鄉，福地行化。然一朝供奉為三代帝師，人主盡授瑜伽密傳法契。爰自今聖弘教最深，十八會瑜伽盡皆建立，三十七聖眾一一修行，每入道場，依時念誦，九重萬乘，恆觀五智之心，闕庭百寮，盡持三密之印。吾當代灌頂三十餘年，入壇授法弟子頗多。五部思索，成立八個，淪亡相次，唯有六人。其誰得之？則有金閣含光，新羅慧超，青龍慧果，崇福慧朗，保壽元皎、覺超。後學有疑，汝等開示。法燈不絕，以報吾恩。」由此可見慧超在不空門下的地位。

大曆九年（西元774年）二月上「賀玉女潭祈雨表」，六月被選為持誦

僧七人之一。建中元年（西元780年），攜其所譯經典至五臺山乾元菩提寺，並作《一切如來大教王經瑜伽祕密金剛三摩地三密聖教法門》，述其祕義。後在唐終老。

第四節　赤山新羅法華院

唐朝與新羅之間，在政治、文化、經貿等領域交流頗為密切，許多新羅人赴唐之後須有一個落腳的處所，或短暫停留，或長期居住，於是，在山東登州這樣的交通要地，就出現了一些新羅人聚居的村落，稱為新羅坊。同時，赴唐求法的新羅僧人亦絡繹不絕，他們往往就在新羅坊附近的寺院裡集體安住，這樣的寺院稱為新羅寺或新羅院。文登縣的赤山新羅院，就是其中規模較大的一個，又因日僧圓仁在其名著《赴唐求法巡禮行記》中，對該寺院的佛教儀式等方面有具體而生動的記述，更彰顯出該寺院在唐羅佛教文化交流中的特殊地位。赤山法華院為唐代新羅人張保皋（張寶高）所建。唐憲宗二年（西元807年），張保皋應徵赴唐，為武寧（今徐州）軍中小將，後回新羅，出任鎮守清海（新羅海路要衝）的大使。此時，他在山東文登的赤山浦（今石島灣）建立了這個寺院。寺僧以讀誦《法華經》為主，故取名為「赤山法華院」。

據《赴唐求法巡禮行記》所述，圓仁及其弟子僧唯正、唯曉，行者丁雄萬，「本心志慕釋教，修行佛道。」遠來中華，「遊禮諸處，尋師訪道。」於「日本國承和五年四月十三日，隨朝貢使乘船離本國界。大唐開成三年（西元838年）七月二日，到揚州海陵縣白湖鎮。八月廿八日，到揚州，寄住開元寺。開成四年二月廿一日，從揚州上船發，六月七日到文登縣青鄉，寄住赤山新羅院，過一冬。」在開成五年二月十九日，離開赤山院。

他對這段期間的所見所聞，加以仔細記述。其中說：文登縣的赤山「純是岩石，高秀處，即文登縣清寧鄉赤山村。山裡有寺，名赤山法花院，本張寶高初所建也。長有莊田，以充粥飯。其莊田一年得五百石米。冬夏講說，冬誦《法花經》，夏講八卷《金光明經》，長年講之。南北有巖岑，水通院庭，從西而東流。東方望海遠開，南西北方連峯作壁，但坤隅斜下耳。當今新羅通事、押衙張詠及林大使、王訓等專勾當。」[72]。

關於法花寺的佛事活動，圓仁在《行記》中寫道：十一月十六日，「山院起首講《法花經》，限來年正月十五日為其期。十方眾僧及有緣施主皆來會見，就中聖琳和尚是講經法主，更有論義二人：僧頓證、僧常寂。男女道俗同集院裡，白日聽講，夜頭禮懺聽經及次第，僧等其數卅來人也。其講經禮懺，皆據新羅風俗。但黃昏、寅朝二時禮懺，且依唐風，自餘並依新羅語音。其集會道俗老少尊卑，惣是新羅人，但三僧及行者一人，日本國人耳。」照此記述，該寺有僧等三十來人，除四名日本人外，都是新羅人。其講經禮懺，多依新羅風習，間與唐風結合。

關於赤山院講經的儀式，圓仁記述說：「辰時，打講經鐘，打驚眾，鐘訖，良久之會，大眾上堂，方定眾鐘。講師上堂，登高座間，大眾同音稱嘆佛名，音曲一依新羅，不似唐音。講師登座訖，稱佛名便停。時有下座一僧作梵，一據唐風，即『云何於此經』等一行偈矣。至『願佛開微密』句，大眾同音唱云『戒香、定香、解脫香』等。頌梵唄訖，講師唱經題目，便開題分別三門。釋題目訖，維那師出來，於高座前讀申會興之由，及施主別名，所施物色申訖，便以其狀轉與講師。講師把麈尾，一一申舉施主名，獨自誓願，誓願訖，論義者論端舉問。舉問之間，講師舉麈尾，聞問者語。舉問了，便傾麈尾，即還舉之，謝問便答。帖問帖答，與本國同，但難儀式稍別。側手三下後，申解白前，卒爾指申難，聲如大嗔人，

---

[72] 本節引文均見《赴唐求法巡禮行記》卷二。

第四節　赤山新羅法華院

盡音呼諍。講師蒙難，但答不返難。論義了，入文讀經。講訖，大眾同音長音讚嘆，讚嘆語中有迴向詞。講師下座，一僧唱『處世界如虛空』偈，音勢頗似本國。講師升禮盤，一僧唱三禮了，講師大眾同音，出堂歸房。更有覆講師一人，在高座南下座，便談講師昨所講文，至『如含義』句。講師牒文釋義了，覆講亦讀。讀盡昨所講文了，講師即讀次文，每日如斯。」

圓仁又說到一日講儀式：「辰時打鐘，長打擬了，講師、都講二人入堂。大眾先入列坐，講師、讀師入堂之會，大眾同音稱嘆佛名長引。其講師登北座，都講登南座了，贊佛便止。時有下座一僧作梵，『云何於此經』等一行偈也。作梵了，南座唱經題目，所謂唱經長引，音多有屈曲。唱經之會，大眾三遍散花；每散花時，各有所頌。唱經了，更短音唱題目。講師開經目，三門分別，述經大意。釋經題目竟，有維那師披讀申事興所由。其狀中具載無常道理、亡者功能、亡逝日數。」

關於新羅誦經儀式，圓仁說：「大唐喚作『念經』：打鐘定眾了，下座一僧起打搥，唱『一切恭敬敬禮常住三寶』。次一僧作梵，『如來妙色身』等兩行偈，音韻共唐一般。作梵之會，一人擎香盆，歷行眾座之前，急行行便休，大眾同音誦摩訶般若題數十遍也。有一師陳申誦經來由了，大眾同音誦經，或時行經本，或時不行經本。念經了，導師獨唱『歸依佛、歸依法、歸依僧』，次稱佛菩薩號。導師唱云：『南無十二大願』，大眾云：『藥師琉璃光佛。』導師云：『南無藥師也』，大眾同音云：『琉璃光佛』。導師云：『南無大慈悲也』，大眾同音云：『觀世音菩薩』。餘皆如是。禮佛了，導師獨結願迴向，迴向稍長。迴向之後，導師云：『發心』，大眾同音亦云『發心』。次道師唱發願已竟，頂禮三寶。次施主擎施物坐，導師與（咒？）願，便散去。」

赤山新羅院還有一點引人注目，那就是每逢傳統的節日，便會將佛事與節日的慶祝活動相結合，充滿歡喜祥和的氣氛。例如，八月十五日，

第四章　唐代新羅與佛教的交流

「寺家設餺飩餅食等，作八月十五日之節。斯節諸國未有，唯新羅國獨有此節。老僧等語云：『新羅國昔與渤海相戰之時，以是日得勝矣，仍作節樂而喜舞，永代相續不息。設百種飲食，歌舞管絃以晝續夜，三個日便休。今此山院追慕鄉國，今日作節。』」

到了過年的時候，慶祝活動則更顯得隆重而莊嚴。除夕夜，「此新羅院佛堂經藏點燈供養，別處不點燈。每房竈裡，燒竹葉及草，從埃出煙。黃昏、初夜、後夜、寅朝禮佛。後夜，諸沙彌、小師等巡到諸房拜年，賀年之詞依唐風也。」

「正月一日戊寅，早朝禮佛了，不相拜謁，直歸自房。吃粥之後，堂前禮佛行道。禮佛了，便於堂前，眾僧同禮拜，更互參差，不依次第。」

「正月十五日，得當年曆日抄本，寫著如左：……右件曆日具注勘過。此日山院法花會畢。集會男女，昨日二百五十人，今日二百來人，結願已後，與集會眾授菩薩戒。齋後，皆散去。赤山法花院常住僧眾及沙彌等名：僧曇表、僧諒賢、僧聖林、僧智真、僧軏範禪門、僧頓證寺主、明信去年典座、惠覺禪門、修惠、法清去年院主、金政上座、真空、法行禪門、忠信禪門、善範、沙彌道真去年直歲、師教、詠賢、信惠住日本國六年、融洛、師俊、小善、懷亮、智應，尼三人，老婆二人。」由此可見，正月十五前後的佛事活動頗具規模，男女信眾二百多人與寺僧等在法花院集會，講經說法之外，還舉行結願、授戒等儀式。

第五節　地藏與九華山

九華山位於安徽青陽縣西南，與山西五臺、四川峨嵋、浙江普陀合稱中國佛教四大名山。原名九子山，唐代李白至此，見九峰聳立如蓮華，便

第五節　地藏與九華山

名為九華山。

最早記錄九華山景觀與新羅僧地藏事蹟的歷史文獻是唐費冠卿於元和八年（西元813年）所撰的《九華山化成寺記》。費氏自謂：「予聞居山下，幼所聞見，謹而錄之。」乃成此《記》。此文載，「九華山，古號九子山。崛起大江之東，揖潛廬於西岸，儼削成於天外。旁臨千餘里，高峰峻嶺臣焉，連岡走隴子焉。自元氣凝結，幾萬斯年。六朝建都，此為關輔。人視山而天長，山閱人以波逝。其間聖後賢臣，詠歌迭興，言不及者，茲山屈焉。」唐玄宗開元（西元713～741年）末年，「鄉老胡彥」曾請僧檀號和尚至九華山開演佛法，廣度男女有情，但為時豪所嫉，官府不明就裡，於是焚其居，廢其教。當此之時，「有僧地藏，則新羅國王子金氏近屬，項聳骨奇，軀長七尺，而力倍百夫。嘗曰：『六籍寰中，三清術內，唯第一義，與方寸合。』落髮涉海，捨舟而徒，睹茲山於雲端，自千里而勁進。披榛援薑，跨峰越壑，得谷中之地，面陽而寬平。其土黑壤，其泉滑甘。巖棲澗汲，以示高潔。」端坐無念，修行精進。地藏素願寫四部經，遂下山至南陵，在俞蕩等人的幫助下，終於寫成四部經，實現了心願。「自此歸山，跡絕人里。」到至德初（西元756年），有諸葛節等人自麓登峰，見山深無人，雲日雖鮮明，居唯一僧，閉目石室。其旁有折足鼎一具，鼎中唯有白土和些許的米粒，地藏即烹而食之。他們見和尚苦行若此，投地號泣，發願「出帛布買檀公舊地」，以為和尚居處。「近山之人，聞者四集，伐木築室，煥乎禪居。」繼而又有上首僧勝瑜等，同建臺殿，開鑿溪潤，闢成稻田，造放生池。「當殿設釋迦文像，左右備飾。次立朱臺，掛蒲牢於其中，立樓門以冠其寺。丹素交彩，層層倚空。巖巒隊起於前面，松檜陣橫於後嶺。日月晦明，以增其色；雲霞聚散，而變其狀。松聲猿嘯，相與繼續，都非人間也。」

建中初（西元780年），郡守張嚴仰藏師高風，厚加施捨之外，又奏請

第四章 唐代新羅與佛教的交流

朝廷敕賜新寺額（即「化成寺」）。此後，本州島牧賢者到寺，嚴師之敬；旁邑豪右，一瞻一禮，必獻桑土；富商大族，竭誠皈仰，多施錢帛。新羅國人聞之，僧俗「相與渡海，其徒實眾。」儘管如此，地藏及其徒眾仍然過著清苦的修習生活，「夏則食兼土，冬則衣半火，無少長，畲田採薪自給。其眾請法以資神，不以食而養命，南方號為枯槁眾，莫不宗仰。」

中歲，地藏「領一從者，居於南臺，自緝麻衣，其重兼鈞，堂中榻上，唯此而已。池邊建臺，厝四部經，終日焚香，獨味深旨。」貞元十年（西元 794 年）夏，地藏坐滅於本寺，時年九十九歲。

另外，《宋高僧傳》中又有「唐池州九華山化城寺地藏傳」，是依據《化成寺記》而撰成的，與《化成寺記》的內容大致相同，並無新義，唯將地藏卒年說成是貞元十九年，與《化成寺記》異，當是筆誤。《佛祖統紀》把地藏說成是成都靜眾寺金和尚無相禪師[73]，實屬訛誤。清代儀潤所撰《百丈清規證義記》稱地藏「姓金，號喬覺」，亦無典可據。

《化成寺記》說，地藏將示滅，「寺中扣鐘，無聲墜地」，「堂椽三壞」。入滅之後，「趺坐函中，經三周星，開將入塔，顏亦如活時。舁動骨節，若撼金鎖，經云『菩薩鈎鎖，百骸鳴矣』！」又，建塔之時，「基塔之地，發光如火，其圓光歟？」這些時人的傳說，已預示著九華山地藏菩薩信仰的開始。

地藏菩薩是大乘佛教中與觀音菩薩、文殊菩薩、普賢菩薩並稱的「四大菩薩」之一。地藏菩薩的名號在鳩摩羅什所譯的佛經中已經出現，其後有幾部有關地藏菩薩的佛教經典相繼被翻譯，而最具代表性的當屬玄奘翻譯的《大乘大集地藏十輪經》。該經中，世尊讚嘆地藏菩薩說：「有菩薩摩訶薩，名曰地藏，已於無量無數大劫，五濁惡時無佛世界成熟有情。……是地藏菩薩摩訶薩，有無量無數不可思議殊勝功德之所莊嚴，一切世間聲

---

[73] 見《佛祖統紀》卷四十，「肅宗」條。

聞獨覺所不能測。此大菩薩，是諸微妙功德伏藏，是諸解脫珍寶出處，是諸菩薩明淨眼目，是趣涅槃商人導首。」並且說：「隨所在處若諸有情種種希求憂苦逼切，有能至心稱名、念誦、歸敬、供養地藏菩薩摩訶薩者，一切皆得如法所求離諸憂苦，隨其所應安置生天涅槃之道。」如遇飢渴所逼，缺醫少藥，愛樂別離，怨憎合會，眾病所惱，興諸鬥諍，牢獄之災，身心疲倦，諸根不具隨有損壞，顛狂心亂鬼魅所著，貪、瞋、癡等皆悉熾盛，為火所焚，為水所溺，為風所飄，山岩樹舍顛墜墮落，為諸毒蛇、毒蟲所螫，或被種種毒藥所中，或為魔鬼、猛獸、惡人加害，或為追求種種世、出世間諸利樂事而生煩惱。如此種種不幸，種種憂苦，只要能「至心稱名、念誦、歸敬、供養地藏菩薩」，則皆得如願化解。該經中甚至說：「善男子，假使有人於其彌勒及妙吉祥並觀自在普賢之類而為上首殑伽沙等諸大菩薩摩訶薩所，於百劫中至心歸依、稱名、念誦、禮拜、供養，求諸所願。不如有人於一食頃至心歸依、稱名、念誦、禮拜、供養地藏菩薩，求諸所願速得滿足。」把地藏菩薩的地位抬升到了其他幾位菩薩之上，所以更能吸引信眾。

當地僧俗根據地藏生前的事蹟與死後的祥瑞，把他視為佛經中所說的地藏菩薩的化身，對其佛廟，群材締構，眾力保護，加以供奉。昔日的護法良吏，及施力僧、檀越等，具刻名於石。並且宣稱：「施一金錢，報一重果。下為輪王，上登聖地。」如若後代「不能立績以濟眾，又不能破除餘財，崇勝因緣，啄腥羶，顧兒婦，生為人非，死為鬼責。」這樣，九華山由此就逐漸發展成了地藏菩薩信仰的專門道場。

第四章　唐代新羅與佛教的交流

第五章
新羅僧圓測在唐弘揚唯識學

第五章　新羅僧圓測在唐弘揚唯識學

第一節　圓測生平事蹟

　　圓測（西元 613～696 年）是新羅出生的一位在唐高僧。有關圓測生平事蹟的中國與韓國的文獻有：《宋高僧傳》卷四之「圓測傳」、「窺基傳」，大正藏第 50 冊；《六學僧傳》卷二十三，「周圓測」，新纂卍續藏第 77 冊；《大周西明寺故大德圓測法師佛舍利塔銘並序》，新纂卍續藏第八十八冊；《三國遺事》卷一、二「孝昭王竹旨郎」條，大正藏第 49 冊；《故翻經證義大德圓測和尚諱日文》，韓國成均館大學 1982 年影印版《崔文昌侯全集》。其中《大周西明寺故大德圓測法師佛舍利塔銘並序》與《故翻經證義大德圓測和尚諱日文》最詳細且最具參考價值。

　　宋宋復所撰《大周西明寺故大德圓測法師佛舍利塔銘並序》載：

　　「法師諱文雅，字圓測，親（新）羅國王之孫也。三歲出家，十五請業。初於常、辯二法師聽論。天聰警越，雖數千萬言，一歷其耳，不忘於心。正觀中，大（太）宗文皇帝度為僧，住京元法寺。乃覽《毗曇》、《成實》、《俱舍》、《婆娑》等論，暨古今章疏，無不開曉，名聲藹著。三藏法師奘公，自天竺將還，法師預夢婆羅門授果滿懷，其所證應勝因夙會。及奘公一見，契合莫造，即命付《瑜伽》、《成唯識》等論，兼所翻大小乘經論，皎若生知。後被召為西明寺大德，撰《成唯識論疏》十卷、《解深蜜經疏》十卷、《仁王經疏》三卷、《金剛般若》、《觀所緣論》、《般若心經》、《無量義經》等疏，羽翼祕典，耳目時人，所以贊佐奘公，使佛法東流，大興無窮之教者也。法師性樂山水，往依終南山雲際寺，又去寺三十餘里，闃居一所，靜志八年。西明寺僧徒，邀屈還寺，講《成唯識論》。時有中天竺三藏地婆訶羅至京，奉敕簡召大德五人，令與譯《蜜嚴》等經，法師即居其首。後又召入東都，講譯《新華嚴經》，卷軸未終，遷化於佛授記寺，實萬歲通天元年七月二十二日也。春秋八十有四。以其月二十五日，

燼於龍門香山寺北谷,便立白塔。在京學徒西明寺主慈善法師,大薦福寺大德勝莊法師等,當時已患禮奉無依,遂於香山葬所分骸一節,盛以寶函石槨,別葬於終南山豐德寺東嶺上法師嘗昔往遊之地。墓上起塔,塔基內安舍利四十九粒。今其路幾不通矣,峭壁嶄絕,茂林鬱閉,險僻藏疾,人跡罕到,埋光藏德,徒有歲年,孰知歸仰。由是同州龍興寺仁王院廣越法師,勤成志願,以大宋政和五年四月八日,乃就豐德分供養,並諸佛舍利,又葬於興教寺奘公塔之左,創起新塔,規範基公之塔,一體無異,並基公之塔,即舊而新之。金輪寶鐸,層構雙聳,矗如幻成,其下各環以廣廡,神像崇邃,左右以祔奘公焉。俾至者,景慕起信,不知何時而已也。及於塔之前,創修獻殿,六楹落成。慶贊之日,不暇求能成文者,丐余直序其事,繫之以銘(銘文略)。」

照此記述,圓測為新羅國的王孫,據所記其卒年(萬歲通天元年,即696年,世壽八十四)推算,他生於新羅真平王三十五年(隋大業九年、西元613年)。3歲(西元615年)出家,15歲(貞觀元年,西元627年)赴唐請業。赴唐後,他的事蹟如下。其一,從法常、僧辯聽論。當時,法常(西元567〜645年)住長安普光寺,未久又兼任空觀寺之上座,常講《華嚴》、《成實》、《毗曇》、《攝論》、《十地》等經論,「弘導法化長鎮不絕,前後預聽者數千,東蕃西鄙難可勝述,及學成返國皆為法匠」[74]。新羅王子金慈藏即棄王位出家,來投法常,受菩薩大戒。圓測和慈藏也許曾同時在法常門下受法。僧辯(西元568〜642年)於隋大業(西元605〜617年)初年,受召入大禪定道場,唐武德(西元618〜626年)初年盛弘《攝大乘論》,貞觀年間(西元627〜649年)玄奘法師譯經時,被徵為證義,受敕住於弘福寺,仍講學不輟。玄奘在貞觀三年(西元629年,或曰貞觀元年)入竺前,也曾聽常、辯二師講《攝大乘論》,從這個角度說,圓測與玄奘乃是同門兄弟。圓測天資聰明,記憶力強,雖數千萬言,亦過耳不忘。

---

[74] 見《續高僧傳》卷十五,「釋法常」傳。

第五章　新羅僧圓測在唐弘揚唯識學

其二，貞觀年間，由太宗皇帝敕度為僧，住於京都元（玄）法寺，廣覽《毗曇》、《成實》、《俱舍》、《婆娑》等論及諸章疏，皆得通曉，因而「名聲藹著」。其三，受學於玄奘三藏。玄奘自印度返國（貞觀十七年，即西元643年啟程，貞觀十九年還抵長安）的時候，二人一見，「契合莫造」，藏師傳與圓測《瑜伽》、《成唯識》等論，以及所譯的大小乘經論。圓測對這些經論的義理很快就熟悉了，猶如生知。從這個角度說，圓測又是玄奘的弟子。

其四，任西明寺大德，註疏諸多唯識學經論，羽翼祕典，耳目時人，以贊佐奘公，使佛法東流。其五，往依長安近郊之終南山雲際寺，以於距寺三十餘里之處，靜居八年。值得一提的是，新羅慈藏律師曾在貞觀十二年赴唐之後，「於終南雲際寺東懸崿之上，架室居焉。……往還三夏，常在此山。」圓測之入此山，或許與慈藏有關係。其六，由西明寺眾弟子迎回西明寺，講述《成唯識論》。

其七，中印度地婆訶羅三藏至長安，在太原寺與廣福寺翻譯《蜜嚴》等經時，奉敕召五位大德參與譯事，而圓測法師為其首座。對此，智升《續古今譯經圖記》（大正藏第55冊）具體記述說：「沙門地婆訶羅，唐言日照，中印度人。洞明八藏，博曉四含，戒行清高，學業優贍，尤工呪術，兼洞五明。志在利生，來遊此國。以天皇儀鳳初（西元676年）至天后垂拱末（西元688年），於兩京東西太原寺及西京弘福寺。譯《方廣大莊嚴經》一部、《大乘密嚴經》一部（三卷）《大乘顯識經》一部（二卷）、《證契大乘經》一部（二卷）、《大方廣佛花嚴經續入法界品》（一卷）、《大乘離文字普光明藏經》（一卷）、《大乘遍照光明藏無字法門經》（一卷）、《大方廣師子吼經》（一卷）、《大乘百福相經》（一卷）、《大乘百福莊嚴相經》（一卷）、《大乘四法經》一卷）、《菩薩修行四法經》（一卷）、《七俱胝佛大心準提陀羅尼經》（一卷）、《佛頂最勝陀羅尼經》（一卷）《最勝佛頂陀羅尼淨除

業障經》（一卷）、《造塔功德經》（一卷）、《金剛般若波羅蜜經破取著不壞假名論》一部（二卷）、《大乘廣五蘊論》（一卷），凡一十八部合三十四卷。沙門戰陀、般若提婆譯，沙門慧智證梵語，勅召名德十人助其法化，沙門道成、薄塵、嘉尚、圓測、靈辯、明恂、懷度等證義，沙門思玄、復禮等綴文筆受。天後親敷睿藻，制序標首，光飾像教，傳之不朽也。」《宋高僧傳》卷二「日照傳」說：「釋地婆訶羅，華言日照，中印度人也。洞明八藏，博曉五明，戒行高奇，學業勤悴，而呪術尤工。以天皇時來遊此國儀鳳四年（西元 679 年）五月表請翻度所齎經夾，仍准玄奘例，於一大寺別院安置，並大德三五人同譯。至天後垂拱末（西元 688 年），於兩京東西太原寺（西太原寺後改西崇福寺。東太原寺後改大福先寺）及西京廣福寺，譯《大乘顯識經》、《大乘五蘊論》等凡一十八部。沙門戰陀、般若提婆譯語，沙門慧智證梵語，勅諸名德助其法化，沙門道成、薄塵、嘉尚、圓測、靈辯、明恂、懷度證義。沙門思玄、復禮綴文筆受。天後親敷叡藻，制序冠首焉。」《宋高僧傳》卷四「圓測傳」說：「高宗之末，天後之初，應義解之選，入譯經館，眾皆推挹，及翻《大乘顯識》等經，測充證義，與薄塵、靈辯、嘉尚，攸方其駕，所著《唯識疏鈔》，詳解經論，天下分行焉」。

其八，之後於六九五年，于闐實叉難陀來到洛陽，奉召講譯《新華嚴經》，而於大遍空寺翻譯《華嚴經》時，亦奉敕任證義，幫助譯業。可惜，卷軸未終，示寂於佛授記寺，時值武後萬歲通天元年（西元 696 年）七月二十二日，春秋八十四。其月二十五日火葬於龍門香山寺北谷，祀立白塔。關於圓測參與譯《華嚴經》，崔致遠《唐大薦福寺故寺主翻經大德法藏和尚傳》（大正藏第 50 冊）說：「暨女皇革命變唐為周，遣使往于闐國求索梵本，仍迎三藏實叉難陀（此言喜學）譯在神都。作起乎證聖祥年（即西元 695 年），功成乎聖歷狶歲（即西元 699 年）。計益九千偈，勒成八十卷（通舊翻合四萬五千偈）。命藏筆受，復禮綴文，梵僧戰陀、提婆二人譯語，

123

仍詔唐三藏義淨、海東法將圓測、江陵禪師弘景，及諸大德神英、法寶而下審覆證義。」澄觀撰《華嚴經疏》（大正藏第三十五冊）卷三講到《華嚴經》之四譯的過程，其第三譯「證聖元年（西元 695 年），于闐三藏實叉難陀，此云喜學，於東都佛授記寺再譯舊文，兼補諸闕，計益九千頌，通舊總四萬五千頌，合成唐本八十卷。大德義淨三藏、弘景禪師、圓測法師、神英法師、法寶法師、賢首法師等同譯。復禮法師綴文。」

另外，智昇《續古今譯經圖記》（大正藏 55 冊）說：「沙門菩提流志，本名達摩流支，唐言法希，天后改為菩提流志，唐云覺愛，南印度人，婆羅門種，姓迦葉氏。……天皇遠聞雅譽，遣使往邀，未及使還，白雲遽駕。暨天后御極，方赴帝京。以長壽二年（西元 693 年）癸巳創達都邑，即以其年於佛授記寺譯《寶雨經》一部（十卷）。中印度王使沙門梵摩同宣梵本。又於大周東寺及佛授記寺譯《文殊師利所說不思議佛境界經》一部（二卷）、《實相般若波羅蜜經》（一卷）、《大乘金剛髻珠菩薩修行分》（一卷）、《大乘伽耶山頂經》（一卷）、《六字神呪經》（一卷）、《護命法門神呪經》（一卷）、《有德女所問大乘經》（一卷）、《般若波羅蜜多那經》（一卷）、《妙慧童女所問經》（一卷）、《不空羂索呪心經》（一卷）、《妙德婆羅門女問佛轉何法輪經》（一卷）、《智猛長者問經》（一卷）、《佛入毘耶離除一切鬼病經》（一卷）、《那耶經》（一卷）、《大陀羅尼經》（一卷）、《文殊師利呪法藏經》（一卷）、《一字呪王經》（一卷）、《無迦略曳菩薩造廣大摩尼祕密善住經》（一卷）、《釋般若六字三句論》（一卷）。已上二十部合三十卷，沙門行感等同譯，沙門戰陀、婆羅門李無諂譯語，沙門慧智證譯語，沙門處一等筆受，沙門思玄等綴文，沙門圓測、神英等證義，司賓寺丞孫闢監譯。」

又，法藏《大乘法界無差別論疏》（大正藏 44 冊）卷三記：「有于闐國三藏法師提雲般若，此雲天慧，其人慧悟超倫，備窮三藏，在於本國，獨

第一節　圓測生平事蹟

步一人。後為觀化上京，遂齎梵本百有餘部，於垂拱年內屆至神都。有勅慰喻，入內供養，安置魏國東寺，令共大德十人翻譯經論。仍令先譯《華嚴》。余以不敏，猥蒙徵召，既預翻譯，得觀寶聚。遂翻得《華嚴不思議境界分》、《華嚴修慈分》、《大乘智炬陀羅尼經》、《諸佛集會陀羅尼經》，已上各一卷成。《造像功德經》二卷、《法界無差別論》一卷。沙門慧智等譯語，沙門法華筆授，沙門復禮綴文，沙門圓測、慧端、弘景等證義。」

關於圓測的事蹟，崔致遠的《故翻經證義大德圓測和尚諱日文》說：

「觀夫曉日出乎崵尼（尼疑夷之誤），光融萬像，春風生乎震位，氣浹八埏，遂能破天下之冥，成地上之寶。然後，鳥飛迅影，回輪昧谷之深。虎嘯雄威，轍扇商郊之遠。是知義因仁發，西自東明，嘗譬人材，何殊物性。然而善逝之遺化也，竺乾現相，震朝傳音，故且天域僧，來為唐祖者多矣，海鄉人，去作漢師者鮮焉！而得旭日開心，浚風調力，烏山先照，寒土皆融。稟奇鋒於外鄉，懸朗鑒於中國者，唯我文雅大師其人也。

追唯大德，馮鄉士族，燕國王孫，夙種善芽，行攀勝果，為鰈海之龍子，是雞林之鳳雛。縒是繈褓出家，早辭塵勞，梯航觀國，遠艤天庭，學寧限於七洲，語將通於六國，果能天言鼓舌而重譚華音，海會印心而優探梵義。若楚材歸晉，如趙璞入秦，遂得行高十地之中，名達九天之上。文皇識寶，遽度以為僧。武後尊賢，實重之如佛。每遇西天開士，則征東海異人，俾就討論，因資演暢，是以譯經則必居其首，撰疏則獨斷於心，棲幽則靈感薦臻，升座則法音隨應。大矣哉！臺無輟照，衢有餘曛，既東流之妙義無窮，抑西學之迷群有託。垂拱中（則天），吾君慕法，累表請還，聖帝垂情，優詔顯拒。故其來也，是避秦之賢胤，其去也，為輔漢之慈靈。自是中國釋門，高山仰止，修業若四河歸海，發言如萬籟吟風。諸德會議曰：故文雅大師，功逾倏忽，而神遷異壤，骨瘞空山，但思鵬運扶搖，莫見鶴歸華表。彼弟子分骸起塔，我同人杜口忘機，雖觀無二之宗，

125

第五章　新羅僧圓測在唐弘揚唯識學

慮缺在三之義，況芝蘭設喻，久而彌芳，木李編詩，永以為好。既奉嚴師之訓，盍修尊祖之儀，乃構忌辰，仰追慈佑。伏願高遊佛土，遠護仁方，騰竺嶺之大音，出龍宮之上本，使法生、法滅，共燭因緣。無我、無人，永隆功德。歸墟縱涓，願海常流。謹疏。」

崔文中有幾點值得注意：其一，說圓測是「馮鄉士族，燕國王孫」，又「為鰈海之龍子，是雞林之鳳雛」。此說與宋復所撰《塔銘並序》不同，而崔文早於宋文。照崔致遠的說法，圓測似是祖籍中國，為名門世家之後，其祖上後來移居新羅，仍居顯位。其二，說他「學寧限於七洲，語將通於六國」，學識廣博，華語梵音等皆通曉無礙。這種記述是有根據的。在他的《解深密經疏》、《般若心經贊》中可以看出，圓測不但精通梵文，而且對西域一帶的語言，造詣頗深。正因為如此，他才能勝任譯經道場的證義，才能與印度高僧自由討論。其三，文中說：「垂拱中（則天），吾君慕法，累表請還，聖帝垂情，優詔顯拒。」這是說，在武後垂拱年間（西元685～688年），新羅神文王幾次促請圓測歸國，但都遭武後優詔顯拒，所以圓測終生未還故國。

關於圓測有沒有歸國的問題，《三國遺事》卷二，孝昭王竹旨郎條中載：新羅孝昭王因嫌惡牟梁里人益宣為官貪婪、卑劣，乃「勅牟梁里人從官者，並合黜遣，更不接公署，不著黑衣。若為僧者，不合入鐘鼓寺中。……時圍測法師是海東高德，以牟梁里人故不授僧職。」李能和在其所撰《朝鮮佛教通史》（下篇）中便據此加以推測說：「或者測師學得奘公唯識之微旨後，暫返鄉里，因其不遇，再赴唐土，以終焉者歟。」忽滑谷快天也在《朝鮮禪教史》中說：「曾一度歸國，再返唐土歟？」這僅僅是一種推測而已，且《三國遺事》中說的「圍測」是否就是「圓測」，也不能無疑問。其四，文中說：「武後尊賢，實重之如佛。每遇西天開士，則征東海異人，俾就討論，因資演暢，是以譯經則必居其首，撰疏則獨斷於心，棲幽則靈

第一節　圓測生平事蹟

感薦臻，升座則法音隨應。」這說明，在武後時代，無論是在國際的佛學交流活動中，還是在譯經、撰疏、升座說法等方面，圓測都被推尊到了至高無上的地位。

對於圓測其人，《宋高僧傳》卷四「圓測傳」的記述與《大周西明寺故大德圓測法師佛舍利塔銘並序》、《故翻經證義大德圓測和尚諱日文》有顯著不同，其中謂：

「釋圓測者，未詳氏族也。自幼明敏，慧解縱橫。三藏奘師，為慈恩基師講新翻《唯識論》，測賂守門者隱聽，歸則緝綴義章。將欲罷講，測於西明寺，鳴鐘召眾，稱講《唯識》。基慊其有奪人之心，遂讓測講訓。奘講《瑜伽》，還同前盜聽受之，而亦不後基也。」

《宋高僧傳》說不知圓測的身世。並且說，當玄奘為窺基講新譯《成唯識論》時，圓測賄賂守門人盜聽，之後加以整理編輯，而在玄奘剛要講完時，即於西明寺集眾開講《成唯識論》。當玄奘講《瑜伽論》時，亦復盜聽之後，先於窺基開講《瑜伽論》。

《宋高僧傳》卷四『窺基傳』也記載說：

「奘所譯《唯識論》，（基）初與昉、尚、光四人同受潤色、執筆、撿文、纂義。數朝之後，基求退焉，奘問之，對曰：夕夢金容，晨趨白馬，雖得法門之糟粕，然失玄源之醇粹。某不願立功於參糅，若意成一本，受責則有所歸。奘遂許之，以理遣三賢，獨委於基，此乃量材授任也。時隨受撰錄所聞，講周疏畢，無何，西明寺測法師亦俊朗之器，於《唯識論》講場得計於閽者，賂之以金，潛隱厥形，聽尋聯綴，亦疏通論旨，猶數座方畢，測於西明寺鳴椎集僧，稱講此論。基聞之慚居其後，不勝悵怏。奘勉之曰：測公雖造疏，未達因明。遂為講陳那之論。基大善三支，縱橫立破，述義命章，前無與比。又云，請奘師唯為己講《瑜伽論》，還被測公同前盜聽先講。奘曰：五性宗法唯汝流通，他人則否。」

127

第五章　新羅僧圓測在唐弘揚唯識學

《新修科分六學僧傳》亦大略承襲《宋高僧傳》的說法。其記云：

「周圓測，幼明教，講新翻《唯識論》，既得時譽，後講新《瑜伽論》，尤得其指。蓋二論譯畢，奘公為其弟子基師弘闡，使專其美，而測輒竊竊，以先發之，而破其情計。然能以法為樂如此。天後初，詔入譯經館，充證義員，出《大乘顯識》等經。」

對於圓測「盜聽」之說，學者多以為不真實。湯用彤先生在其《隋唐佛教史稿》[75]中明言：「賂金潛聽事，稚氣可笑。」並對《宋高僧傳》之「圓測傳」、「窺基傳」的相關說法，逐一舉證加以批破，甚有說服力。照湯先生的判斷，「此種傳說必因窺基、圓測二師立說不同，其徒乃互相攻擊，基師之徒乃引《樞要》之言，而有此附會。」《樞要》即窺基的《成唯識論掌中樞要》（大正藏 43 冊），其中詳記《成唯識論》的編成過程。《成唯識論》是對世親《唯識三十頌》的注釋，總括護法等十家之言糅合而成。窺基述其編譯過程說：「初功之際，十釋別翻，昉、尚、光、基四人同受，潤飾、執筆、撿文、纂義，既為令範，務各有司。數朝之後，基求退跡。大師固問，基殷請日：自夕夢金容晨趨白馬，英髦間出，靈智肩隨，聞五分以心祈，攬八蘊而遐望，雖得法門之糟粕，然失玄源之淳粹。今東出策賷，並目擊玄宗，幸復獨秀萬方，穎超千古，不立功於參糅，可謂失時者也。況群聖製作，各馳譽於五天，雖文具傳於貝葉，而義不備於一本，情見各異，稟者無依。況時漸人澆，命促惠舛，討支離而頗究，攬初旨而難宣。請錯綜群言，以為一本，揩定真謬，權衡盛則。久而遂許，故得此論行焉。大師理遣三賢，獨授庸拙。」窺基的門徒正是由此而加以敷衍，編造出了圓測賄賂守門人竊聽玄奘講義的故事。

---

[75]　參看湯用彤《隋唐佛教史稿》第四章第三節，1982 年中華書局出版。

第二節　圓測現存著述及其唯識學特點

專弘唯識學的宗派稱為唯識宗，又稱法相宗、瑜伽宗、慈恩宗（因玄奘及其高足窺基法師常往大慈恩寺而得名）。在印度，有彌勒菩薩、無著、世親、無性及護法、德慧、安慧等幾大論師前後相繼，弘揚唯識學。唐玄奘遊學印度 17 年，師事護法之門人戒賢，具稟本宗奧祕。回國後翻傳本宗經論，弘宣法相唯識之玄旨，並揉譯印度諸論師的相關著述，撰成《成唯識論》，在中國開創了唯識宗。

本宗以《華嚴經》、《解深密經》、《如來出現功德經》、《大乘阿毗達磨經》、《入楞伽經》、《厚嚴經》等六經及《瑜伽師地論》、《顯揚聖教論》、《大乘莊嚴經論》、《集量論》、《攝大乘論》、《十地經論》、《分別瑜伽論》、《觀所緣緣論》、《唯識二十論》、《辨中邊論》、《大乘阿毗達磨雜集論》等十一論為所依，尤以《解深密經》及《成唯識論》為指歸。其理論乃依五位百法，判別有為、無為之諸法，從而主張一切諸法唯識所現。主要內容有八識（第八阿賴耶識、第七末那識及眼、耳、鼻、舌、身、意六識）、三性三無性（依他起性、遍計所執性、圓成實性，以及此三性之無性）等。該宗思想體系龐大，論說具體而微，帶有鮮明的印度佛教的特色，於因明學、心理學等諸多領域頗有貢獻。唯識宗的修行次第，依《成唯識論》，分為資糧位、加行位、通達位、修習位究竟位等五個階位。透過修學，到達轉八識成四智（即轉前五識為成所作智，轉第六意識為妙觀察智，轉第七末那識為平等性智，轉第八阿賴耶識為大圓鏡智）的理想境界。

圓測主要研傳唯識學，其思想與窺基一系有所不同。他著述頗多，趙明基博士所著《新羅佛教之理念與歷史》中謂共有 23 部 108 卷；金煐泰、禹貞相合著的《韓國佛教史》歸納為 23 部 93 卷；東國大學編的《韓國佛教撰述文獻總錄》則列為 19 部 83 卷。綜合各種相關文獻，其著作計有《成

第五章　新羅僧圓測在唐弘揚唯識學

唯識論疏》、《成唯識論別章》、《二十唯識論疏》、《瑜伽論疏》、《觀所緣緣論疏》、《俱舍論釋頌鈔》、《解深密經疏》、《仁王經疏》、《金剛般若經疏》、《般若波羅密多心經贊》、《妙法蓮花經疏》、《無量義經疏》、《觀無量壽經疏》、《阿彌陀經疏》、《彌勒上生經略贊》、《廣百論疏》、《百法論疏》、《大因明論疏》、《因明正理門論疏》、《六十二見章》等。從這些著作來看，他不但精通唯識，對般若、淨土、因明等經論亦頗有研究。他唯識學方面的章疏，多用玄奘譯本，說明這些著作是在玄奘歸國後撰寫的。但只可惜這些著作大部分已經散佚，現存者僅有《解深密經疏》、《仁王經疏》、《般若波羅密多心經贊》三部，此三部撰述皆收入《韓國佛教全書》第一冊中，另有《成唯識論疏》輯佚本。現略述如下。

1.《解深密經疏》

《解深密經》共五卷，略稱《深密經》，唐朝玄奘於貞觀二十一年（西元647年）譯出，收於《大正藏》第十六冊。圓測謂此經梵文廣本有十萬頌，今譯是其略本，一千五百頌。在唐譯以前，同本異譯有劉宋求那跋陀羅的《相續解脫地波羅蜜了義經》一卷（即玄奘譯本之第七品）與《相續解脫如來所作隨順處了義經》一卷（即玄奘譯本之第八品），元魏菩提流支所譯的《深密解脫經》五卷、開為十一品，南朝陳真諦譯的《解節經》一卷（即玄奘譯本之前二品）。此外還有西藏譯本，及譯自藏譯的法譯本。此經屬中期大乘經典，是法相唯識宗所依的主要典籍之一。依玄奘譯本，其內容分為八品。(1) 序品，敘述佛陀於圓滿受用土現殊勝功德相，無量大菩薩眾、大聲聞眾集會的情景。(2) 勝義諦相品，說勝義諦真如離言說分別，超過一切尋思，遠離諸法一異相，而遍在一切法中平等一味。(3) 心意識相品，敘述諸識體相。說明諸識之生滅流轉及相互關係。(4) 一切法相品，敘說一切諸法之遍計所執性、依他起性、圓成實性等三種性相。(5) 無自性相品，闡明一切諸法皆無自性，即依三種自性立相無性、生無性、

勝義無性之三無性。論說佛陀之三時教法。(6) 分別瑜伽品，解說修瑜伽行中之止觀行，闡明諸法唯識所現的道理。(7) 地波羅蜜多品，敘說菩薩十地及六波羅蜜多行。(8) 如來成所作事品，敘說如來法身相及其化身作業。此經是印度瑜伽行派根本經典之一，除序品外，其餘七品均為《瑜伽師地論》卷七十五至七十八所引收，此外《攝大乘論》、《成唯識論》亦有引用，對後世影響甚大。本經之註疏較著名者有《解節經疏》(真諦)、《解深密經疏》十卷(圓測)、《解深密經疏》十一卷(令因)《、解深密經疏》三卷(元曉)，然其中僅有圓測疏現存。另外，道倫的《瑜伽師地論記》卷二十上到卷二十一上，是對《瑜伽師地論》卷七十五到卷七十八引用的唐譯《解深密經》正宗七品全文的註解，金陵刻經處有單行本，會入經文，改題《解深密經注》，五卷。

　　圓測的《解深密經疏》是對玄奘所譯《解深密經》的注釋書，是唐代對《解深密經》的諸家注釋之中唯一現存的文獻。共十卷，收於卍續藏第三十四、三十五冊。本疏原為中文，曾由吐蕃僧人法成於晚唐時譯為藏文，收錄於丹珠藏中。後來中文字在流傳中出現殘缺，其中第九卷失品題之釋，第十卷成無字之章。二十世紀四十年代末日本大谷大學稻葉正就教授從藏譯本中譯出缺文，復原中文字全貌，七十年代初南京金陵刻經處據新羅道倫的《瑜伽師地論記》補成第十卷，八十年代釋觀空法師亦據藏文字還原全部遺缺部分。

　　該疏卷首概述《解深密經》的要義，其後分為四門。第一教興題目，先述《解深密經》是佛說三法輪之「第三了義大乘」，「是即如來教興之意」，次對經題加以解釋。第二辨經宗體，敘述本經的教體(能詮)及宗旨(所詮)，論說五門出體。第三顯所依為，說明本經所依及所為。其所依，二藏之中，菩薩藏攝；三藏教內，達摩藏收；十二部經中，論議經攝；三時教中，了義教收；四教之內，法相觀行；五教門中，依觀行門。其所為，

第五章　新羅僧圓測在唐弘揚唯識學

即此教所被機,「於五種性,但為菩薩及不定性說」;「又解此經通為四性,唯除無性」;「或可此經通為五性」。第四依文正釋,即依照經文一一加以解釋,他據境、行、果把經文之正說分七品分為三段,即:「初有四品明所觀境(勝義諦相品、心意識相品、一切法相品、無自性相品),次有二品辨能觀行(分別瑜伽品、地波羅蜜多品),後有一品顯所得果(如來成所住事品)。所以如是說三分者,夫觀行者要籍勝境,依境起行,由行得果,是故世尊阿毗達磨大乘經中說十種殊勝,初二是境(所知依、所知相),次六是行(入所知、入因果、戒學、定學、修差別、慧學),後二是果(彼果斷,彼果智),由是無著《攝大乘論》約三無等說十殊勝。慈氏菩薩說十七地,亦辨三種,初九是境……,次六是行……,後二是果……。此經說三無等以為三分,就所觀境復分為二,初有二品明真俗境(勝義諦相品明其真諦,心意識相品明世俗諦),後二品明有無性境(謂初品明三性境,後品明三無性境),就二諦中本末次第先真後俗。」(卷二)

書中廣引經論 80 多種,其中引述玄奘所譯諸論甚多,引述真諦譯的論疏也不少,特別是真諦的《解節經記》,幾乎隨處引到,可見他的立場與窺基的唯識學說有所不同,帶有新舊唯識學融會的傾向。圓測最初從學的法常和僧辯,都屬於真諦攝論一系,因此在他的著作中,盡力保留了真諦的學說。在《解深密經疏》中,他又經常把真諦、玄奘與其他各家的觀點並列引述,表現出相容并包的立場。

關於此經四種異譯的譯名問題,圓測進行了具體的辨析,著重點在和會真諦譯與玄奘譯。他先就玄奘之譯名解釋說:「題云解深密經者,一部總名。……解謂解釋,深即甚深,密即祕密。此經宗明境行及果三種無等,解釋如是甚深之義,名解深密。經者梵音名素憚纜,此云經也。」(疏卷一)之後則對四種譯名一一解說:「言名異者,四本不同,一相續解脫,二深密解脫,三者解節,四解深密。解深密者,若依梵音涅謨折那那地,

第二節　圓測現存著述及其唯識學特點

言涅謨折那，此翻名解，那地解為深密，釋其名義如前已說。言解節者，如真諦記，解即解釋，節謂堅結，堅是堅固結縛，猶如木節及人骨節，並有堅固拘結纏縛，此經所明甚深密義，難可通達，難可解釋，故非凡夫新行菩薩所能解了，故說此義名為堅結，此經能解故名解節。解節之義凡有五種，一深密義，如法身等，難可通達，名為義結，此經能釋故名解節；二者無明習氣惑凡夫二乘所不能破，故說此惑名為堅結，由緣真實能滅此惑，故說真實名為解節；三者智慧緣此真實亦說此智名為解節，從境得名也。四者此經文句名為解節，從所顯得名；五者一切三乘教中所有微細難可了義，聚在此經分明解釋，故說此經名為解節，若具分別如真諦記。所言相續解脫、深密解脫未見說處，準義釋者，涅謨折那含有二義，一者解釋義如上已說，二者解脫義，故二本經皆云解脫，言那地者含有三義，一者深密義，二者堅結義，如上已釋，三者相續義，是故二經一名相續解脫，二名深密解脫，此上二釋準真諦而可了知，言相續解脫者，謂所知障堅結相續難可解脫，今一部釋甚深義便能解脫煩惱相續故名相續解脫經，即當真諦記中第二煩惱解節義，言深密解脫者，當第三智慧解節也。雖有此釋據實即是譯家謬也。」在這裡，他不惜筆墨，對真諦的譯名詳加解說，由此明辯真諦譯名的合理性及與玄奘譯名之一致。而對「相續解脫」與「深密解脫」兩種譯名，則似持不贊成的態度。

　　圓測具備深厚的佛教功底和極高的佛學理論造詣，這從他的引證中可以看出。在《解深密經疏》中引用的經論一共有83種，又引用了21位學者和部派佛教的13部派。在《仁王經疏》中引用70種以上的經論、14位以上的學者、三個部派。《般若心經贊》中也引用了29種經論和10名學者及兩個部派。從他縱橫自如地活用各種經論、學者、部派見解的事實不難看出他深厚而廣博的佛學基礎。[76]

---

[76]　參見韓國海印寺佛學院智嚴《圓測佛學思想的特點》。

2. 仁王經疏

《仁王經》，全稱《佛說仁王護國般若波羅蜜經》，簡稱《仁王般若經》、《仁王經》，收在《大正藏》第 8 冊。現存兩種譯本：一為姚秦鳩摩羅什譯《佛說仁王般若波羅蜜經》，二卷；一為唐不空譯《仁王護國般若波羅蜜多經》，二卷。仁王指當時十六大國的國王。佛為諸國王說般若波羅蜜多經文，使之受持講說此經，各護其國，則災難不起，國家安穩。古來以此經為護國三部經之一。內容是說護佛果、護菩薩十地行法門及守護國土的因緣。全經分為八品：（1）序品，敘說佛在王舍城耆闍崛山中，與大比丘眾、尼眾、大菩薩眾、修七賢行眾、諸梵天子等眾，以及波斯匿王等十六大國王及其眷屬來集的情景。（2）觀空品，敘佛知十六大國王意欲問護國土因緣，而先為諸菩薩說護佛果及護菩薩十地行因緣，明蘊、處、界、六大、四諦、十二因緣皆空，以及十八空等義。（3）菩薩教化品，說菩薩護十地行因緣，應修行伏、信、順、無生、寂滅五種法忍。（4）二諦品，敘說第一義諦與世諦。（5）護國品，述說守護國土因緣，若國土將擾亂時，諸王若持誦此般若波羅蜜經，則可消災解難。（6）散華品，說十六大國王聞說護國般若之法，散種種花以作供養，佛為諸王現五種不思議神變。（7）受持品，佛重說菩薩依信等忍，修不淨忍等十三觀門。又說講誦此經，七難即滅，菩薩往護其國。（8）囑累品，說佛以此經付囑國王及四部弟子。本經註解，現存的釋羅什譯本者有隋吉藏《仁王經疏》六卷，隋智顗《仁王經要疏》五卷，唐圓測《仁王經疏》六卷，又敦煌本《疏》及《仁王般若實相論》殘卷，宋代善月依智顗《疏》撰《神寶記》四卷。釋唐譯本的有唐代良賁《仁王經疏》七卷，同疏唐遇榮《法衡鈔》六卷，宋淨源《仁王經疏》四卷，明真貴《仁王經科疏》五卷。

圓測的《仁王經疏》是對鳩摩羅什譯《佛說仁王護國般若波羅蜜經》的注釋書，收在大正藏第 33 冊。本書的內容分別為四門，一說經之意，及

釋題目；二辨所詮宗，能詮教體；三顯教所依，所為有情；四翻譯時代，依文正釋。「依文正釋」以下，是對本經八品的解釋。

本書在「辨所詮宗能詮教體」一節中，敘述了真諦、玄奘安立無相法輪的不同：「三法輪中無相為宗，故《解深密經》作如是說：初為發趣聲聞乘者說四諦輪（如四阿含經），次為發趣菩薩乘者說無相輪（諸般若等），後為發一切乘者說了義教。具如彼說。問：此無相輪，三性中遣何等，此三無性中，依何無性？解云：西方諸師，分成兩釋。一者清辨，其遣三性，以立為空，即說空理，以為無相，具如《掌珍》。二者護法，但遣所執，以為無相，如《深密》等。三無性中，清辨護法，皆依三種無自性，亦以為無相，由斯真諦、慈恩三藏各依一宗，真諦三藏，如其次第，具遣三性，立三無性。一遣分別性，立分別無相性。二遣依他，立依他無生性。三遣真實性，立真實無性性。於一真如，遣三性故，立三無性，具如《三無性論》。是故真諦大同清辨，而差別者，清辨菩薩立而無當，真諦師意存三無性，非安立諦。二慈恩三藏，但遣所執，不遣二性，情有理無，理有情無，二義別故。又三無性，如其次第，即說三性，為三無性。故《三十唯識》言：即依此三性，立彼三無性。具如《成唯識》、《深密經》等。是故清辨護法二菩薩，各依自宗，以釋此經。」（《仁王經疏》卷1）意思是說，清辨強調三性空、無的本質：遍計所執不必說，自當遣除；而依他似有，實即非有；圓成妙有，亦是真空。護法則只遣除遍計所執，而重視依他之似有的方面和圓成之妙有的方面。二師雖有不同傾向，但皆以三種無自性而說無相。真諦之說「大同清辨」，玄奘之說與護法一致。圓測對清辨、護法以及真諦、玄奘學說的不同傾向，採取兩存的態度，並且認為，兩者是可以融通的，表現出和會唯識學與中觀學的立場。

圓測常以唯識的三性、三無性疏釋般若類經文，例如他在解釋《仁王經》中的頌文「離達開士忉利王，現形六道千國土，無緣無相第三諦，無

無無生無二照」時說：「言離達開士忉利王者，標名配位。離犯戒垢，達照一味真如，故名離達，即當三十三天王。言現形六道千國土者，辨土寬狹。言無緣等者，第三顯土別行。釋此經文，諸說不同。一本紀云：上句明境淨，下句明智淨。言無緣者，依他假緣空無相，分別假相空。第三諦者，真實性空。解云：除遣三性，存三無性也。言無無者，是無分別性，以體無故。言無生者，依他性空。言無二照者，圓成實性空。然此照言，該通上二。慈恩三藏云：上句境淨，下句智淨。準同前釋。言無緣者，生無自性。性體即依他，無自在天等為緣生故。言無相者，相無自性。性即所執相，以無自體為其性故。言第三諦者，勝義無自性性。真如為體，而無所執，真空相故。釋能淨智，準前應知。」（卷中、教化品）明顯體現出他和會般若中觀學與唯識學的意向。

3. 佛說般若波羅蜜多心經贊

《般若波羅蜜多心經》，略稱《般若心經》、《心經》，全一卷，玄奘譯，知仁筆受，收在大正藏第八冊。本經將內容龐大的《般若經》濃縮，成為表現『般若皆空』精神的精要經典。玄奘所譯為通行版本。全經260字，闡述五蘊、三科、四諦、十二因緣等皆空的佛教義理，「色即是空，空即是色」一語，即是出自本經。本經宣說般若能度一切苦，得究竟涅槃，證得菩提果。由於經文短小精粹，便於持誦，在中國內陸和西藏均甚流行。近代又被譯為多種文字在世界各地流傳。本經之異譯本有《摩訶般若波羅蜜大明咒經》，舊傳是姚秦鳩摩羅什所譯。在玄奘之後續出的異譯本，現存的有六種：1. 法月譯《普遍智藏般若波羅蜜多心經》；2. 唐般若、利言譯《般若波羅蜜多心經》；3. 唐智慧輪譯《般若波羅蜜多心經》；4. 唐法成譯《般若波羅蜜多心經》；5. 敦煌發現譯本《唐梵翻對字音般若波羅蜜多心經》；6. 宋施護譯《聖佛母般若波羅蜜多經》。其中玄奘譯本、舊傳羅什譯本和敦煌本為「小本」，只有正文；其餘為「廣本」，有序、正、流通三分。

還有藏、蒙、滿文字譯本,都與法月譯本相近。現存此經梵本,有在尼泊爾發現的廣本和日本保存的各種傳寫模刻的小本兩類。西元 1864 年,比爾據本經奘譯本譯成英文,西元 1884 年,馬克斯·穆勒(Max Müller)與南條文雄共同校訂本經大小兩類梵本,西元 1894 年,穆勒重將本經譯成英文並編入《東方聖典》(*Sacred Books of the East*)。本經之註疏本極多,相傳有 200 餘種,中國註疏 40 餘種,較重要者有《般若波羅蜜多心經幽贊》二卷(唐窺基)、《般若波羅蜜多心經贊》一卷(新羅圓測)、《般若波羅蜜多心經略疏》一卷(唐法藏)、《般若波羅蜜多心經疏》一卷(唐慧淨)、《般若波羅蜜多心經心經疏》一卷(宋智圓)等。日本有空海《心經祕鍵》二卷,最澄《心經釋》一卷,真興《心經略釋》一卷,宗純《心經注》一卷等。

《般若波羅蜜多心經贊》收在大正藏第 33 冊,是對玄奘譯《般若心經》的注釋書。本書仍以四門總括一經內容。第一門是教起因緣,第二門是能詮教體及所詮宗旨,第三門是經題訓釋,第四門是經文解說。本書與《仁王經疏》一樣,以唯識的三性、三無性解釋經文,會通般若思想與唯識思想。例如在解釋經中「色不異空,空不異色,色即是空,空即是色」四句時,他明確說:「今依三性,以釋四句。於四句中,初之二句,標宗正說,後之二句,遣外疑情。」在詮釋過程中,他並用清辨和護法的思想。

4.《成唯識論疏》輯佚本

《成唯識論》凡十卷。護法等造,唐代玄奘譯,窺基筆受,又稱《唯識論》、《淨唯識論》,收於大正藏第 31 冊,是法相唯識宗所依據的重要論書之一。世親晚年造《唯識三十頌》,未及造釋文而入寂,其後不久,有十大論師繼起,對世親頌文各造釋論十卷,共計百卷,玄奘由印度回國時攜回。在翻譯該論時,玄奘採納弟子窺基的主張,以護法之說為主,糅譯十師之作,整合此書。

第五章 新羅僧圓測在唐弘揚唯識學

該論以阿賴耶識為世界萬事萬物之本源，論述諸法「唯識所變」，「實無外境，唯有內識」。全書分為相、性、位元三部分：初釋本論第一頌至第二十四頌，明唯識相；次釋第二十五頌，明唯識性；後釋第二十六頌至第三十頌，明唯識位。這三部分合起來解釋，顯示唯識義理明淨極成，所以名為《成唯識論》。

該論之註疏，有唐窺基《成唯識論述記》二十卷（窺基另撰《成唯識論掌中樞要》四卷、《唯辨識鈔》十卷（現僅存四卷）、《唯識科簡》二卷，以補《述記》所未詳），圓測《成唯識論疏》十卷，普光《成唯識論鈔》八卷，慧觀《成唯識論疏》四卷，玄範《成唯識論疏》十卷，義寂《成唯識論未詳決》三卷，此六種註疏合稱六家。只可惜此六家注，除《述記》保存完好外，其他五種皆已散佚。後有玄奘門下新羅一系學人道證（圓測弟子）集此六家之說而折衷於圓測，著《成唯識論要集》十四卷，現亦已佚。後來太賢集窺基、圓測兩家疏解及道證《要集》，著《成唯識論學記》（又稱《古蹟記》）八卷、《成唯識論抉擇》一卷、《成唯識論廣釋本母頌》三卷（後二書已佚），調和窺基、圓測兩家之說。還有慧沼《成唯識論了義燈》十三卷，智周《成唯識論演祕》十四卷。另有未詳作者的《注成唯識論》殘本（卷十七）一卷。此後，宋元罕見注家，明清註疏不絕。直至近代，有歐陽漸撰《唯識講義》三卷。

日本註疏重要者有良算等所集《成唯識論同學鈔》四十八卷、善念撰《成唯識論泉鈔》三十卷、藏俊集《成唯識論本文鈔》四十五卷、湛慧輯《成唯識論論疏整合編》四十五卷等。

圓測的《成唯識論疏》是最早對《成唯識論》所作的注釋，不過《成唯識論疏》原本現已不存，唯有摘輯各唯識論著編成的「輯佚本」流傳。高麗義天（西元 1055～1101 年）編《新編諸宗教章總錄》第三卷，載《成唯識論疏》為二十卷（上下各為十卷）或十卷，歸在「海東有本見行錄」中，

第二節　圓測現存著述及其唯識學特點

可見至少到義天時為止，圓測的《成唯識論疏》還是存在的。此外，後來刊輯的日本《東域傳燈目錄（三）》中「住進法相宗章疏」、「法相宗章疏」等中，也記有《成唯識論疏》十卷，由此推知，該書當時已傳至日本。此後即失傳。《成唯識論疏》輯佚本是歐陽漸的支那內學院編集，北京佛學書局1938年刊行的。編者在「後記」中說：

「唯識舊疏六家，測作最早，所存奘師口義，粲然可觀。惜自慈恩說張，其書浸廢，後人偶爾稱引，鱗爪而已。茲編從唐宋著述委錄遺文，循論編次。每段各注出處於末曰某書某卷；其文或轉錄自他書，則加註曰某書引；其文或重見於餘處，則加註曰某書某卷文同；或某書某卷文略，有處述意而無文，則另注曰某書某卷敘本疏云云。至於疏文解釋，或與基師及慧觀相同，以著名同基同觀備勘。如是所輯，雖不足原本什一，然一家精義後來據為門戶之爭者，大體粗具矣。編中註記出處署名，皆用略稱，其式如次：

『燈』：慧昭，《成唯識論了義燈》

『集』：道證，《成唯識論要集》

『記』：太賢，《成唯識論學記》

『文義』：神昉，《成唯識論文義記》

『祕』：智周，《成唯識論演祕》

『祕釋』：如理，《成唯識論演祕釋》

『忠安』：忠安，《成唯識論記》

『倫』：道倫，《瑜伽師地論記》

『明』：善珠，《唯識義燈增明記》

『肝心』：善珠，《成唯識論肝心記》

『明燈鈔』：善珠，《因明論疏明燈鈔》

「『常』：常騰，《唯識了義燈鈔》

『信』：信叡，《唯識了義燈鈔》

『鈔』：善珠，《成唯識論文字鈔》

「同學鈔」：良算，《成唯識論同學鈔》。」

由上述「後記」可見，圓測的《成唯識論疏》輯佚本是《成唯識論》最早的註疏本，所存玄奘法師口義作為寶貴資料而備受矚目。但只可惜自慈恩（窺基）之說出現後，《成唯識論疏》便被忽略。後人雖亦有引用，也僅為麟爪而已。不過，隨著後來眾多唯識學者在其著述中的不斷引用，圓測的融通新舊唯識學等觀點也不斷受到重視。

據「後記」，輯佚本中引用了十五種唯識論章疏，其作者都是當時具有代表性的唯識學大家。「如是所輯，雖不足原本什一，然一家精義後來據為門戶之爭者，大體粗具矣。」由此可見輯佚本的學術價值。[77]

第三節　圓測與新羅的唯識學

蒙文通先生曾在所撰《唯識新羅學》一文中提出：「奘公門下，車有兩輪，相反相成，豈能偏廢？」[78] 此「兩輪」即指圓測與窺基。他還認為，圓測等新羅學僧形成了一個新羅系唯識學的傳承，這是值得注意的。的確，在圓測前後赴唐學唯識的還有神昉、知仁、玄範、義寂、道倫（又作遁倫）、勝莊、神廓、無著、慧超、惠日等。

---

[77] 學術界已經有學者開始投入研究《成唯識論疏》輯佚本，如張志強的《圓測唯識思想研究——以〈成唯識論疏〉與〈成唯識論〉參糅問題為中心》，《哲學門》2003年第四卷、第二冊；韓國高榮燮撰、張惠文譯《文雅圓測〈成唯識論疏〉研究》，2006年9月《玄奘國際學術研究討論文集》。

[78] 《蒙文通文集》卷一〈古學甄微〉。

第三節　圓測與新羅的唯識學

神昉,新羅僧人,據《開元釋教錄》、《貞元新定釋教目錄》、《大唐大慈恩寺三藏法師傳》、《宋高僧傳－靖邁傳》等有關的文獻資料記載,他初住長安法海寺,「諳解大小乘經論」。唐貞觀十九年(西元645年)玄奘始於弘福寺譯經,應選證義,直至玄奘在玉華宮寺最後譯出《大般若經》和《緣起經》時,常列位玄奘譯場,或參與筆受,或擔任綴文,為奘門「四上足」之一,世稱大乘昉。著有《成唯識論要集》十卷、《十輪經疏》三卷、《十輪經抄》二卷等書,均已不傳,現存有《十輪經序》三卷。

智仁,生平經歷不詳,據《開元釋教錄》、《貞元新定釋教目錄》記載,他曾數年間參與玄奘譯場,玄奘譯《因明入正理論》、《般若波羅蜜多心經》、《因明正理門論本》等經論時,智仁皆擔任筆受。據《東域傳燈錄》、《法相宗章疏》、《注進法相宗章疏》、《新編諸宗教藏總錄》等載,智仁撰有《十一面經疏》、《四分律六卷本抄記》、《佛地經論疏》、《顯揚論疏》、《阿毗達磨雜集論疏》五種註疏。

勝莊生平事蹟不詳,據《宋高僧傳》、《開元釋教錄》、《貞元新定釋教目錄》記載,他曾先後參加義淨和菩提流志兩個譯場,多次充任翻經證義。另據宋復《圓測塔銘》載,圓測寂後,「燔於龍門香山寺北谷,便立白塔。在京學徒西明寺主慈善法師,大薦福寺大德勝莊法師等,當時已患禮奉無依,遂於香山葬所分骸一節,盛以寶函石槨,別葬於終南山豐德寺東嶺上法師嘗昔往遊之地。墓上起塔,塔基內安舍利四十九粒。」由此分骸別葬一事,可見勝莊與圓測有特殊的親近關係,故或謂圓測弟子。勝莊撰述見於《東域傳燈目錄》、《赴唐新求聖教目錄》、《注進法相宗章疏》、《新編諸宗教藏總錄》等,今存《梵網經菩薩戒本述記》四卷,另有《雜集論疏》、《成唯識訣》、《正理門論述記》、《唯識論注樞要》、《金光明最勝王經疏》、《佛性論義》、《起信論問答》等,均已不傳。

此外,還有義寂、神廓、玄範、道倫(遁倫)等,也是新羅赴唐的唯

第五章　新羅僧圓測在唐弘揚唯識學

識學僧。以上這些學僧赴唐後未再返回新羅，赴唐學唯識後又回到新羅的有道證。

道證赴唐時間及在唐活動情況皆無考，據《三國史記‧新羅本紀》、《朝鮮禪教考》記載，他在唐武後長壽元年（新羅孝昭王元年，西元692年）從唐朝回到新羅。其著述據《東域傳燈目錄》、《注進法相宗章疏》、《新編諸宗教藏總錄》等所記，有《成唯識論要集》、《辯中邊論疏》、《因明正理門論疏》、《因明入正理論疏》《般若理趣分疏》、《大般若經笈目》、《聖教略述章》等，均佚。道證繼承並堅定維護圓測的思想，他的嫡傳弟子則是太賢（又稱大賢）。關於太賢與圓測、道證的關係，十四世紀的日僧照遠在其所撰《梵網經夏卷古蹟記述跡抄》中提到：「有云：玄奘三藏有三千徒，學通玄關七十餘人，其隨一有西明圓測，測之徒有道證法師，太賢也者，證之高第。」[79] 這是說，玄奘、圓測、道證、太賢是一脈相承的師徒關係。太賢的生卒年不詳。《三國遺事》卷四「賢瑜伽」條載：「瑜珈祖大德大賢，住南山茸長寺，寺有慈氏石丈六，賢常旋繞，像亦隨賢轉面。賢惠辯精敏，抉擇了然。大抵相宗銓量，旨理幽深，難為剖拆，中國名士白居易嘗窮之未能，乃曰：『唯識幽難破，因明擘不開。』是以學者難承稟者尚矣。賢獨刊定邪謬，暫開幽奧，恢恢游刃，東國後進咸遵其訓，中國學士往往得此為眼目。景德王天寶十二年癸巳，夏大旱，詔入內殿，講《金光經》，以祈甘霆。一日齋次，展缽良久，而淨水獻遲，監吏詰之。供者曰：宮井枯涸，汲遠，故遲爾。賢聞之曰：何不早云。及晝講時，捧爐默然，斯須，井水湧出，高七丈許，與剎幢齊，闔宮驚駭，因名其井曰金光井。賢嘗自號青丘沙門。」這裡稱太賢為海東「瑜伽祖」，並且說他惠辯精敏，抉擇了然，尤其對於法相唯識學和因明學的幽微深奧的旨趣，能夠剖析自如，揭示真義，其疏釋被海東後進奉為準繩，對中國學者也深有影

---

[79]　參見陳景富著《中韓佛教關係一千年》第 223－224 頁，宗教文化出版社 1999 年出版；何勁松《韓國佛教史》上卷第 273 頁，1997 年宗教文化出版社出版。

第三節　圓測與新羅的唯識學

響。其著述見於《新編諸宗教藏總錄》、《東域傳燈錄》、《注進法相宗章疏》等，約有五十餘部一百多卷，現僅存有《成唯識論學記》八卷、《起信論內義略探記》1一卷、《菩薩戒本宗要》一卷以及《梵網經古蹟記》二卷。

另外，還有一些新羅學僧雖然沒有赴唐，但仍然在法相唯識學的研究和宏傳方面做出了成績，其中著名者有順璟、憬興等。

《宋高僧傳·唐新羅國順璟傳》載：「釋順璟者，浪郡人也。本土之氏族，東夷之家系，故難詳練。其重譯學聲教，蓋出天然。況乎因明之學，奘師精研付受，華僧尚未多達，璟之克通，非其宿殖之力，自何而至於是歟？傳得奘師真唯識量，乃立決定相違不定量。於乾封年中因使臣入貢附至，於時奘師長往向及二年。其量云：真故極成色，定離眼識；自許初三攝，眼所不攝故；猶如眼根。良以三藏隱密周防，非大智不明。璟為宗云：不離於眼識，自許初三攝，眼所不攝故，猶如眼識也。如此善成他義。時大乘基覽此作，便見璟所不知。雖然，終仰邊僧識見如此，故歎之曰：新羅順璟法師者，聲振唐蕃，學包大小，業崇迦葉。……璟在本國稍多著述，亦有傳來中原者。其所宗，法相大乘了義教也。見《華嚴經》中『始從發心便成佛已』，乃生謗毀不信。」這是說，順璟尊信「法相大乘了義教」，而對於《華嚴經》關於「發心便成佛」之說，則持懷疑態度。即在法相唯識學，觀點也與玄奘有所不同，明確指出玄奘的「真唯識量」，而立「決定相違不定量」。窺基對順璟的觀點雖然不贊成，但仍然佩服他作為「邊僧」的卓越識見，稱讚他「聲振唐蕃，學包大小」，可見他在唯識學方面的成就與影響極大。順璟在的一些著述，當時就流傳到了中國。

順璟著有《成唯識論料簡》等，均佚。

關於憬興，《三國遺事》卷5「憬興遇聖」條記述說：「神文王代，大德憬興，姓水氏，熊川州人也。年十八出家，遊刃三藏，望重一時。開耀元年，文武王將升遐，顧命於神文曰：憬興法師可為國師，不忘朕命。神

文即位,曲為國老,住三郎寺。」憬興生活在新羅文武王(西元661～681年)、神文王(西元681～692年)時代,聲望頗高,神文王即位後,遵文武王之遺命,封為國老。憬興著述甚豐,多為唯識、因明學著述,見於《新編諸宗教藏總錄》、《法相宗章疏》、《注進法相宗章疏》、《東域傳燈錄》等,但今存只有《無量壽經連義述文贊》、《三彌勒經疏》等一小部分。

第六章
新羅僧元曉與佛教的交流

第六章　新羅僧元曉與佛教的交流

第一節　元曉生平事蹟

　　新羅統一三國之後，國力充實，文化也得到較大發展，唐朝文化源源不斷地輸入，融會於其社會之中。統一新羅文化中的最重要的一個方面，就是佛教文化。

　　三國統一之前，新羅佛教帶有強烈的護國性質，服務於政治目的。統一後的新羅佛教，仍然帶有護國色彩，但同時加強了宗教性和哲學思辨性。三國時期的佛教雖然有許多派別，但主要目的是祈祝國家強盛和個人免禍消災，佛教中的哲學思想並未展開。統一新羅時期的佛教，則在理論思維方面得到了較大發展。

　　這個時期的佛教多彩多姿，有所謂五教九山之稱（五教指涅槃、律、華嚴、法相、法性諸宗，九山見後述），出現了非常隆盛的局面，高僧不斷湧現，其中最著名者有元曉、義湘等。

　　元曉（西元617～686年），俗姓薛，幼名誓幢，是韓國佛教史上最著名的佛學家，即使與中國著名的佛學家們相比，也毫不遜色。新羅真平王三十九年（西元617年），即隋大業十三年出生於新羅押梁郡（今韓國慶尚北道慶山郡慈仁縣）佛地村。據宋《高僧傳》黃龍寺元曉傳載，元曉「丱髮之年，惠然入法，隨師稟業。遊處無恆，勇擊義圍，雄橫文陣，仡仡然桓桓然，進無前卻。蓋三學之淹通，彼土謂為萬人之敵，精義入神為若此也」。這是說，元曉在童年時即出家入了佛門。出家後，他歷訪善知識，問學求道，刻苦鑽研，堅持不懈，終至於貫通三學，精義入神。

　　據《三國遺事》記載，元曉曾住於靈鷲山西北的磻高寺，問道於鷲嶽之朗智。其時，朗智住於靈鷲東峰。元曉與朗智過往甚密。朗智曾要求元曉著《初章觀文》和《安身事心論》。元曉撰成此二文，在書後附了一首偈。偈曰：「西谷沙彌稽首禮，東岳上德高巖前。吹以細塵補鷲岳，飛以

微滴投龍淵。」偈中「西谷沙彌」，是元曉自稱，元曉所住的磻高寺在靈鷲東峰之西。所謂「龍淵」，「山之東有大和江，乃為中國大和池龍植福所創，故云龍淵。」[80]

後來，元曉因「慕奘三藏慈恩之門」，決意赴唐求法，與義湘法師結伴同行。途中，「行至本國海門唐州界，計求巨艦，將越滄波。條於中途遭其苦雨，遂依道旁土龕間隱身，所以避飄溼焉。迨乎明旦相視，乃古墳骸骨旁也。天猶霢霂，地且泥塗，尺寸難前，逗留不進，又寄埏甓之中。夜之未央，俄有鬼物為怪。曉公嘆曰：前之寓宿謂土龕而且安，此夜留宵託鬼鄉而多祟。則知心生故種種法生，心滅故龕墳不二。又三界唯心，萬法唯識，心外無法，胡用別求，我不赴唐。卻攜囊返國……」[81]

《三國遺事》卷四「元曉不羈」條也記述了元曉的事蹟，有些內容是據《高僧傳》而述，但有一部份內容是《高僧傳》中所沒有的。

其中說到：元曉「遊方始末，弘通茂跡，具載唐傳與行狀，不可具載。唯鄉傳所記有一二段異事。師嘗一日風顛唱街云：『誰許沒柯斧，我斫支天柱。』人皆未喻。時太宗聞之曰：『此師殆欲得貴婦產賢子之謂爾。國有大賢，利莫大焉。』時瑤石宮（今學院是也）有寡公主，勅宮吏覓曉引入。宮吏奉勅將求之，已自南山來過蚊川橋（沙川，俗云年川。又蚊川，又橋名榆橋也），遇之，佯墮水中溼衣袴。吏引師於宮褫衣晒晾，因留宿焉。公主果有娠，生薛聰。聰生而睿敏，博通經史，新羅十賢中一也。以方音通會華夷方俗物名，訓解六經文學。至今海東業明經者，傳受不絕。曉既失戒生聰，已後易俗服，自號小姓居士。偶得優人舞弄大瓠，其狀瑰奇，因其形制為道具，以《華嚴經》『一切無礙人，一道出生死』，命名曰無礙，仍作歌流於世。嘗持此，千村萬落且歌且舞，化詠而歸。使桑樞甕

---

[80] 《三國遺事》卷五，「朗智乘雲」條。
[81] 《宋高僧傳》皇龍寺元曉傳。

第六章　新羅僧元曉與佛教的交流

牖獲猴之輩，皆識佛陀之號，咸作南無之稱，曉之化大矣哉。其生緣之村名佛地。寺名初開。自稱元曉者，蓋初輝佛日之意爾，元曉亦是方言也，當時人皆以鄉言稱之。始且也，曾住芬皇寺，纂《華嚴疏》至第四十回向品，終乃絕筆。」這裡記述了元曉在赴唐未果，回到家鄉後的兩件事：一是元曉與瑤石宮寡公主結合而生新羅名賢薛聰，此後易俗服，自號小姓居士。這是元曉求道生涯中著名的事件。而元曉與瑤石公主所生的薛聰，是新羅時期著名的儒學家，為儒學在新羅的傳播與普及做出了卓越的貢獻，官至翰林，高麗顯宗時贈弘儒侯，從祀文廟。二是作〈無礙歌〉，以優人之大瓠為道具，千村萬落且歌且舞，宣傳佛教，「使桑樞甕牖獲猴之輩，皆識佛陀之號，咸作南無之稱，曉之化大矣哉。」

元曉晚年住芬皇寺，專心於著述活動。他「纂《華嚴疏》至第四十回向品，終乃絕筆」。據〈高仙死誓幢和尚塔碑〉載，元曉於「垂拱二年三月三十日終於穴寺，春秋七十也。」[82] 唐武則天垂拱二年是新羅神文王六年，即西元686年。

元曉一生著述甚豐，廣及佛教經、論、律及各家各派的學說，後人譽之為「百部論主」。其著大部分流傳到高麗中葉，但到了李朝，多已佚失，所剩無幾。現存著述有二十一部二十二卷。排列如下：

1.《法華經宗要》一卷；2.《大慧度經宗要》一卷；3.《涅槃經宗要》一卷；4.《無量壽經宗要》一卷；5.《彌勒上生經宗要》一卷；6.《瓔珞本業經疏》一卷；7.《華嚴經疏》；8.《金剛三昧經論》一卷；9.《阿彌陀經疏》一卷；10.《菩薩戒本持犯要記》一卷；11.《菩薩戒本私記》上卷；12.《大乘起信論疏》二卷；13.《大乘起信論別記》一卷；14.《中邊分別論疏》一卷；15.《判比量論跋文及斷簡》；16.《遊心安樂道》一卷；17.《大乘六情懺悔法》一卷；18.《發心修行章》；19.《二障義》；

---

[82]〈慶州高仙寺誓幢和上碑銘〉，推定為新羅惠恭王時（西元765〜779年）所立，見朝鮮總督府大正八年（1919年）編印的《朝鮮金石總覽》上，41 — 43頁。

20.《十門和諍論斷片》；21.《晉譯華嚴經疏序》。元曉的現存著述已皆收入《韓國佛教全書》第一卷。

第二節　元曉的「和諍」思想與中國佛教

從元曉現存的著述中，我們不難看出其佛學思想的主要傾向和基本特徵。最為重要的是，我們從元曉現存的任何一部著述中，很容易發現貫串其所有著述的一以貫之的哲學思想──和諍。元曉的和諍思想，既是世界觀，又是方法論，同時也是佛法之開顯，萬法之所歸。

元曉在《法華經宗要》中主張佛乘無乘；在《大慧度經宗要》中說實相無相；《大乘六情懺悔法》中辯一體無二；《涅槃經宗要》中論涅槃之心性體用一如；《彌勒上生經宗要》中強調法性一如；《無量壽經宗要》中解心性體平等；《金剛三昧經論》中主張一切眾生同一本覺；《起信論疏》及《別記》中力主一心無心，真俗平等；《遊心安樂道》中講心性融通；《華嚴經疏》中提倡真俗圓融無礙。他的和諍思想是對中國佛教的繼承和發展，同時成了韓國佛教乃至韓國文化的根基理念。

元曉身為佛學者，面對當時中韓佛教界「或言我是，言他不是，或說我然，說他不然」[83]的宗派紛爭局面，經過對各宗派的深入研究和探討，繼承中國和韓國傳統中重「和」的理念，又正視「諍（爭）」的方面，由此提出自己的主張。他在所著《涅槃宗要》中論述說：「統眾典之部分，歸萬流之一味；開佛意之至公，和百家之異諍；遂使擾擾眾生，僉歸無二之實性，夢夢長睡，並到大覺之極果。」這裡有三個重要觀念，其一是統合眾典「歸萬流之一味」。「一味」是指什麼？是指佛教所說的「真如」，「真如」即是「空」，「喻如虛空，容受一切長短等色、屈申等業。」（《十門和諍

---

[83]　同上。

論》）「空」的境界可以無所不包，包容一切事物、一切宗派、一切理論。這是在承認差異、矛盾和鬥爭前提之下的包容，不是不分是非的調和，更沒有設定一個至高無上的統合一切的主體或主體思想。這種觀點可以稱為虛空包容觀。其二是「開佛意之至公，和百家之異諍」。「佛意之至公」是什麼？元曉說，就是大乘佛教的「平等法性，同體大悲」（《十門和諍論》）大悲也就是大愛，既不是儒家的「愛有差等」，而是平等之愛，也不是墨家建立在「交相利」基礎上的「兼相愛」，而是在佛與眾生「同體」前提下的利他之愛。這可以稱為平等大悲觀。其三是使眾生「歸無二之實性。」「無二之實性」是什麼？就是他在《起信論疏》中所說的「舉命總攝六情，還歸其本一心之源」的「一心」，「一心」即是「眾生心」，他認為，人心從根源上說是相通的，是相同的。這可以稱為一心同源觀。

　　虛空包容觀、平等大悲觀、一心同源觀，這「三觀」可以說是元曉「和諍」的理論基石。「和諍」不是無原則的調和，其中體現著對「爭」的肯定，它承認各種思想理論的並存並行。「和諍」是站在一種極高的境界上超越一般所謂「和」與「爭」的思維方式。

　　元曉在《金剛三昧經論》（入實際品）中對「和諍」的思維方式有一段說明：「若諸意見諍論興時，若同空執而說，則異有執，所同所異，彌興其諍。又復兩同彼二，則自內相諍，若異彼二，則與二相諍。是故，非同非異而說。非同者，如言而取，皆不許故；非異者，得意而言，無不許故。由非異故，不違彼情，由非同故，不違道理。於情於理，相望不違。」這是以佛教中的空、有之爭為例，來論說「和諍」思想，其意思是說，當各種不同的意見發生爭執時，假如你同意執「空」者的觀點而加以辯說，則與執「有」者相異，這樣，你無論是同意「空」觀而異於「有」觀，還是同意「有」觀而異於「空」觀，都會使爭論愈演愈烈。另外，如果你對雙方的觀點都贊同，則雙方的內爭仍然不得解決；如果你對雙方的觀點都不贊

第二節 元曉的「和諍」思想與中國佛教

同,則你又變成了協力廠商,而與前面的雙方相爭,問題仍得不到解決。因此,對於雙方的空、有之爭,應當站在「非同非異」的立場上加以評說。所謂「非同」,是說就雙方執著言辭的方面來看,雙方都是不對的,都有偏頗;所謂「非異」,是說就雙方觀點的實質來說,雙方又都是有道理的。由於主張「非異」,所以不損傷雙方的真實情意;又由於主張「非同」,所以與真理無違。這樣於情於理,都是相應而不違的。由此可見,元曉的「和諍」,是既堅持原則、堅持真理,又對爭執雙方抱有深切的關愛與理解。讀到元曉的這段話,使我們不由得想到莊子。

《莊子・齊物論》曾談到爭論是非的問題,他說:雙方爭論是非,「其或是也,其或非也邪?其俱是也,其俱非也邪?我與若不能相知也,則人固受其黮闇。吾誰使正之?使同乎若者正之,既與若同矣,惡能正之?使同乎我者正之,既同乎我矣,惡能正之?使異乎我與若者正之,既異乎我與若矣,惡能正之?使同乎我與若者正之,既同乎我與若矣,惡能正之?然則我與若與人,俱不能相知也,而待彼也邪?」這段話的意思是說,辯論不能區分是非,辯論雙方不能說明誰是誰非,第三者也不能判斷誰是誰非。這段話與上述元曉的那段話相比較,可以看出,元曉顯然是吸取了莊子的邏輯思辯形式,但結論卻與莊子有所不同。莊子由此得出無是非或「齊是非」的觀點,元曉則由此主張承認是非而又要調和是非。

元曉的「和諍」思想,實際上是基於中國的傳統思想。「和」的觀念在中國傳統思想中是倍受重視的,早在春秋時代就十分強調「和」,《國語・鄭語》記載,史伯講「和實生物,同則不繼。」把「和」與「同」相對照,說明各種不同的東西、不同的元素相互調和、相互補充,萬物才能生生不已,如果只是單一的元素、單一的東西相加,排斥任何差異,那麼自然界就不復存在了。史伯把這個顯而易見的道理引申到政治層面,主張君主也應當「去同取和」。

第六章　新羅僧元曉與佛教的交流

儒家學派的創始人孔子進一步發揚了史伯的思想,《論語·子路》中提出:「君子和而不同,小人同而不和。」把「和而不同」的思想擴展到人與人之間的一般關係方面,變成了一個重要的倫理原則。這些都是把「和」與「同」相對而言。「和」還有一種含義,就是與「爭(諍)」相對,由此而主張「和」,反對無休止的爭論、鬥爭,孔子即主張「和為貴」,孟子接續著孔子的思想,《孟子·公孫丑下》提出「天時不如地利,地利不如人和」的論斷,把「人和」視為一個重要的軍事原則和政治原則。荀子也同樣強調「和」,把「和」的原理貫穿在自然界和人事中,《荀子·天論》中說:「萬物各得其和以生,各得其養以成。」《荀子·王制》又說:「義以分則合,和則一,一則多力,多力則強,強則勝物。」《易·乾卦·彖傳》有「保合太和,乃利貞」之說,《中庸》更以「中」、「和」為天下之「大本」、「達道」。如此等等,不勝列舉,儒家把「和」看得極重,是顯而易見的。

不獨儒家如此,道家也強調「和」。《老子》有「萬物負陰而抱陽,沖氣以為和。」《莊子·天道》說:「夫明白於天地之德者,此之謂大本大宗,與天和者也;所以均調天下,與人和者也。與人和者,謂之人樂;與天和者,謂之天樂。」不獨儒、道如此,佛家也是如此,佛教的一個重要理論基石是人法皆為「因緣和合」,佛典中又有「和合性」、「和合僧」等說法。

韓國的傳統思想,也十分重視「和」的觀念,新羅時期的「和白」制度,就是建立在這種觀念之上的。《隋書·新羅傳》有:新羅王「共有大事,則聚群官,詳議而完之。」《唐書·新羅傳》載:新羅王「事必與眾議,號和白,一人異則罷。」這裡的「和白」,不僅是一種思想原則,而且已經付諸政治實踐,形成了一種政治制度,由「和」的思想原則所建立的這種政治制度,在古代是相當民主的,這是中國古代政治制度中所沒有的。

然而,儒、釋、道等思想派別內部以及各派別之間,充滿著不同見解的爭論,這應該說是不爭的事實。這是因為,自然界、人類社會以及人的

第二節　元曉的「和諍」思想與中國佛教

內心世界,本來就充滿著各種差異、矛盾和鬥爭,這種客觀的差異、矛盾和鬥爭自然要反映到人們的頭腦裡來,因而人們的觀念、思想、理論乃至行為,就不可避免的有「爭」。因此,不可簡單地從價值角度判斷「和」好還是「爭」好。「和」固然是我們的良好願望,而「爭」卻常常不可避免。「和」和「爭」是對立的兩個方面,使兩個方面實現辨證的統一、平衡,才是理想的境地。「和諍」的思維方式就是努力追求這樣的平衡。

元曉佛學思想的形成,基本上是植根於中國佛教,他所處的時代,漢譯佛典差不多都已傳到韓國。他浩瀚的佛學著作,不管是「宗要」、「綱目」,還是「疏」、「別記」等,全都是依據中國傳到韓國的漢譯佛典。

元曉一直關注中國佛教的發展,對中國佛教抱著仰慕之情,因而才會赴唐求法,雖然未能達到赴唐的目的,但並沒有影響他對中國佛教的深入研究。對於中國佛教中的各家學說,他起初最信服的可能是唯識宗的理論,所以宋《高僧傳》說他因「慕奘三藏慈恩之門」,決意赴唐求法。赴唐未果,回到雞林（今韓國慶州）之後,開始對他所能接觸到的漢譯佛教經典不分大小乘、經律論,一一作疏,撰寫宗要。在他的著作中,對中國佛教的研究成果進行了全面的綜合和吸收,納入到他的理論中去。例如他的《起信論疏》,就是這樣。

《大乘起信論》在解釋諸法生滅之相時說到:「以體不滅,心得相續,唯痴滅故,心相隨滅,非心智滅。」元曉在「疏」中對此設問:「問:此識自相,為當一向染緣所起,為當亦有不從緣義？若是一向染緣所起,染法盡時自相應滅；如其自相不從染緣故不滅者,則自然有。又若使自相亦滅同斷見者,是則自相不滅還同常見。」對這樣一個看起來是兩難的問題,元曉引別人的觀點作答:「答:或有說者,黎耶心體是異熟法,但為業惑之所辦生,是故業惑盡時,本識都盡,然於佛果,亦有福慧二行所感大圓鏡智相應淨識。……或有說者,自相心體,舉體為彼無明所起,而是動靜

第六章　新羅僧元曉與佛教的交流

令起,非謂辦無令有,⋯⋯無明盡時動相隨滅,心隨始覺還歸本源。或有說者,二師所說,皆有道理,皆依聖典之所說故。初師所說得《瑜伽》意,後師義者得《起信》意。⋯⋯」這段話中的三個「或有說者」,顯然不是指印度的論師,當指中國依於《瑜伽師地論》的法相唯識學派與依於《起信論》的如來藏緣起學說,以及調合二者的學說理論。

元曉的《起信論疏》,對於研究《起信論》的思想有著極為重要的參考價值,而元曉《起信論疏》的完成,奠基於他對中國佛學的深刻研究。別的不說,只就《起信論》的注釋而言,在元曉《起信論疏》之前,已有隋淨影慧遠的《大乘起信論義疏》。從內容上看,元曉參考過慧遠的「義疏」,應當是可以肯定的(詳見後述)。

中國佛教是儒、釋、道三教融合中的佛教,這種儒、釋、道融合的特色,也為元曉所繼承,明顯體現在他的佛學著作中。元曉佛學的核心思想是「和諍」,「和諍」的理論,不僅是對佛教內部的各宗各派,而且也對儒、釋、道三教,採取會通和超越的態度。

《三國遺事》卷四「元曉不羈條」記載的元曉「破戒」時所唱的「誰許沒柯斧,我斫支天柱」,即源於儒家「五經」之首的《詩經》。《詩經》豳風:伐柯篇載:「伐柯如何,匪斧不克,取妻如何,匪媒不得。」

《詩經》是把「斧」和「媒」連結在一起,比喻見周公之難,以說明媒介的重要作用。元曉正是借用和引申了「詩」中「斧」與「媒」的喻義,表達破戒的思想。

另外,元曉身為一個思想家,對道家這樣一個重要的哲學思想不會視若無睹。元曉不僅通曉《老子》,而且,在其著述中,隨處引述,運用其思想來解決理論和實踐中的問題。元曉《大慧度經宗要》大意文中有這樣一段話:「夫波若為至道也,無道非道,無至不至,蕭焉無所不寂,泰然無所不蕩⋯⋯是知實相無相故無所不相⋯⋯實相般若玄之又玄之。貪染痴

暗皆是慧明而五眼不能見其照,觀照波若損之又損之也。」

波若亦叫般若,是知實相的智慧,在元曉看來,波若是至道,是「蕭焉無所不寂,泰然無所不蕩……玄之又玄之」。而要真正認識它,就必須「損之又損之」。這是把《老子》中的用語、文體、思想以及認識方法整個吸收進來,用以說明佛教的般若智慧。

他的《起信論別記》宗體文有這樣一段話:「佛道之為道也,蕭焉空寂,湛而沖玄,玄之又玄之,豈出萬象之表,寂之又寂之,猶在百家之談。非像表也,五眼不能見其軀,在言裡也,四辯不能談其狀。欲言大矣,入無內而莫遣,欲言微矣,苞無外而有餘。將謂有耶,一如由之而空,將謂無耶,萬物用之而生,不知何以言之,強為道。」

道是道家思想的核心概念。宗體文一開頭即把佛道與《老子》所說的道相連結,完全採用《老子》論「道」的方式來論說佛道,表示佛教之道與道家之道並非兩回事,而從根本上說是一致的。

元曉不僅非常重視《老子》,而且也非常重視《莊子》。他在《金剛三昧經論》(入實際品)中對「和諍」的思維方式的說明,即有取於《莊子》,已如上述。由上可知,元曉對中國儒學和道家思想的吸收和融會,更加豐富和發展了佛教大乘理論。從中形成和發展起來的和諍思想,為新羅佛教,乃至整個新羅文化注入了生機。為新羅文化的復興和政治上統一三國打下了堅實的理論基礎,為韓國文化的健全發展提供了思想支撐。

第三節 《起信論》慧遠疏、元曉疏、法藏疏的比較

《起信論》在中、韓、日佛教中影響巨大,歷代對《起信論》的注釋書多得無法統計,日本學者望月信亨在其《大乘起信論之研究》一書的「大

乘起信論解題」中，列舉出了近代以前的中、韓、日三國注釋《起信論》的書一百七十六種，可供參考。這樣眾多的註疏之中，最著名的是隋淨影寺慧遠《大乘起信論義疏》、新羅元曉《起信論疏》和唐賢首法藏《大乘起信論義記》。這三部註疏時期較早，而且解義頗深，後人稱之為「起信論三疏」。另外，元曉還撰有《起信論別記》，是讀《大乘起信論》的筆記，自云「直依此《論》文，屬當所述經本，略舉綱領，為自而記耳，不敢望宣通世。」另有屬名法藏撰的《大乘起信論義記別記》，但多疑其為偽作。關於慧遠的《起信論義疏》，學界也有是否偽作之爭，但從其內容來看，與慧遠《大乘義章》是大體一致的，可以認為是慧遠所作。「元曉疏」晚於「慧遠疏」，並且「元曉疏」參考了「慧遠疏」，應當是沒有疑問的。這裡略舉幾個例子加以說明。

慧遠「義疏」明確提出，馬鳴菩薩是「依《楞伽經》造出《起信論》一卷」，並且多處引《楞伽經》經文。元曉「疏」同樣廣引《楞伽經》經文，印證了慧遠的觀點。

元曉對《起信論》段落的分析，很可能也參考了慧遠的「義疏」，兩人對《起信論》章節次第的解說，有許多相似之處，例如，慧遠說：「此《論》中有三段明義：第一致敬三寶；第二『論曰有法』以下，出其所造；第三後終二偈，總結迴向。」元曉則說：「文有三分：初三行偈，歸敬述意；『論曰』以下，正立論體；最後一頌，總結迴向。」

在解釋《起信論》偈頌中的「法性真如海」之「法性」時，慧遠說：「言法性者，此之真有自體名法，恆沙佛法滿足義故，非改名性，理體常故。《大智論》云：白石銀性，黃石金性，水是溼性，火是熱性，一切眾生有涅槃性，故言法性。」元曉則說：「言法性者，所謂涅槃，法之本性，故名法性。如《智度論》云：法名涅槃無戲論法，性名本分種，如黃石金性，白石銀性，如是一切法中有涅槃性，故言法性。」兩人引《大智度論》中的同

一段話,來說明「法性」的含義。

慧遠在解釋《起信論》「有法能起摩訶衍信根」中的「法」時說:「所言法者,自體名法。理不賴他,故言自體。」元曉則在解釋《起信論》「所言法者,謂眾生心」時說:「『所言法者,謂眾生心』者,自體名法,今大乘中,一切諸法皆無別體,唯用一心為其自體,故言『法者謂眾生心』也。」顯然元曉是吸收了慧遠對「法」的解釋,又連結了「法」與「眾生心」。

慧遠在解釋《起信論》中「不覺而起,能見,能現,能取境界,起念相續,故說為意」一段話時說:「依理起迷是根本無明也,無明即心,非有心外異有無明也。『不覺而起』者,是業相也;言『能見』者,是轉相也;言『能現』者,猶現相也;『能取境界』者,是智相也;『起念相續』者,是續識也。」元曉在解釋《起信論》中這同一段話時則說:「『不覺而起』者,所依心體,由無明熏,舉體起動,即是業識也;言『能見』者,即彼心體轉成能見,是為轉識;言『能現』者,即彼心體復成能現,即是現識;『能取境界』者,是為智識;『起念相續』者,於所取境起諸粗念,是相續識。」元曉與慧遠的解釋頗為相似,慧遠所說的「業相」、「轉相」、「現相」、「智相」、「續識」,與元曉所說的「業識」、「轉識」、「現識」、「智識」、「相續識」,在《起信論》中是同義的。

從以上例證可以看出,元曉「疏」對慧遠「義疏」是有所採納的。當然,元曉「疏」無論在理論的全面和深刻程度上,還是在語言邏輯上,都明顯勝過慧遠「義疏」,而且在觀點上也有不少與慧遠「義疏」並不相同。例如,元曉在解釋《起信論》中「業識、轉識、現識、智識、相續識」這五識中的的「現識」(現相)時說:「現相者,猶是上三相(指《起信論》此前所說無明業相、能見相、境界相三種相)中境界相。……」如:「四卷經(指四卷本《楞伽經》)云:『大慧,略說有三種識,廣說有八相。何等為三?為真識、現識、及分別事識。譬如明鏡持諸色像,現識處現亦復如是』。

第六章　新羅僧元曉與佛教的交流

又此文中說『現』義云：『經一切時任運而起常在前故』。當知現識定在第八，其業識等與此作本，其相彌細，如何強將置七識中，其可乎！」其意是說，業識（業相）、轉識（轉相）、現識（現相）三者，位在第八識，不在第七識。這裡值得注意的是最後幾句：「當知現識定在第八」，「定在」一詞，顯然是針對不同觀點而強調自己主張的正確性的用語；「其業識等與此作本」，此處不說「業識與轉識」，而說「業識等」，把業識突出出來，也是有針對性的；「如何強將置七識中，其可乎」，這清楚的表明，他認為，有人將業識（業相）、現識、（現相）置於第七末那識位，是不可以的，是不正確的。而他所針對的人，正是慧遠，因為慧遠「義疏」明確地說：「業相現相是第七識」。所以元曉不惜筆墨，大段引述慧遠也認為是《起信論》依據的《楞伽經》的經文，用「聖言量」論證慧遠觀點的錯誤和自己觀點的正確。

不管元曉對慧遠「義疏」的內容採納也好，批評也好，都證明元曉「疏」是受到了慧遠「義疏」的重大影響，是對中國佛教研究成果的繼承和發展。

那麼，「元曉疏」與「法藏疏」是怎樣的關係呢？如果將《元曉疏》和《法藏疏》放在一起比較的話，其中語句、段落的相互雷同或類似之處十分明顯。而元曉之疏早於法藏之疏，是可以肯定的。大覺國師義天所編撰的《圓宗文類》中收錄了法藏寫給新羅華嚴宗開創者義湘的一封書信——《賢首國師寄海東書》（具體內容見下章），這是法藏在新羅僧人勝詮歸國之時委託他帶給義湘的。信中說「一從分別二十餘年」，這說明，此時距義湘歸國已有二十多年了。史載，義湘於西元671年回國，這封信就應該是西元691年後才寫的。信末附有法藏送給義湘的新著的目錄，這些著作是法藏於義湘歸國後完成的，其中就記有：「起信論疏兩卷」。這裡的「起信論疏」，當指法藏的《起信論義記》。法藏寫這封信時，元曉已然過世。

第三節　《起信論》慧遠疏、元曉疏、法藏疏的比較

所以，理應是法藏在撰述《起信論義記》時，參閱了元曉的《起信論疏》。

二疏都大量引用大乘佛教諸經綸，對《起信論》的思想及語句進行體系化的註疏。其中對「一心開二門」的中心思想，本覺思想，清淨如來藏等都作了全面的解釋，對中國、朝鮮兩國佛教史上的華嚴、天台、禪宗等流派都給予了深遠之影響。從具體的內容來看，《法藏疏》大量吸收《元曉疏》之成果，許多段落甚至是原封不動地採用《元曉疏》的語句。下面我們就透過具體的例證來說明此點。

1. 關於「大乘」的解釋。

《元曉疏》中云：「言大乘者，大是當法為名，廣苞為義，乘是寄喻之稱，運載之功。」

《法藏疏》云：「大者當體為目，包含為義。乘者就喻為稱，運載為功。」

二者的解釋在語句上類似，意義也是相同的。僅有的不同只是法藏改元曉所說「當法為名」為「當體為目」，此處「法」與「體」實為「法體」，「名」與「目」實為「名目」，實質上屬於相同概念。

元曉隨後引用《虛空藏經》、《對法論》和《顯揚論》來解釋其「大乘」之義。法藏雖然沒有引用《虛空藏經》，卻對元曉所引《對法論》「七大性」之處，作了原封不動地引用。

《元曉疏》云：「先依『經』說，後依『論』明。依『經』說者，如《虛空藏經》言：大乘者，……。依『論』明者，有七有三，三種大義，下文當說，言七種者，有二種七，一者如《對法論》云，由與七種大性相應，故名大乘。何等為七？一境大性，以菩薩道緣百千等無量諸經廣大教法為境界故。二行大性，正行一切自利利他廣大行故。三智大性，了知廣大補特伽羅法無我故。四精進大性，於三大劫阿僧祇耶方便勤修無量難行行故。

五方便善巧大性，不住生死及涅槃故。六證得大性，得如來諸力無畏不共佛法等無量無數大功德故。七業大性，窮生死際示現一切成菩提等，建立廣大諸佛事故（此中前五是因，後二是果）。」

二者《顯揚論》云：「大乘性者……瑜伽、地持皆同此說……」

而《法藏疏》云：「又大者就義，謂體相用三大莫過。乘者約用。謂即佛性三位成運。……

又依《雜集論》，由與七種大性相應，故名大乘。一境大性，以菩薩道緣百千等無量諸經廣大教法為境界故。二行大性，正行一切自利利他廣大行故。三智大性，了知廣大補特伽羅法無我故。四精進大性，於三大劫阿僧祇耶方便勤修無量難行行故。五方便善巧大性，不住生死及涅槃故。六證得大性，得如來諸力無畏不共佛法等無量無數大功德故。七業大性，窮生死際示現一切成菩提等，建立廣大諸佛事故。解云，前五約因，後二就果。瑜伽、顯揚亦同此說……。」

可以很明顯地看出這兩段文句的相似之處，唯一不同的是，元曉云「如對法論」，而法藏云「依雜集論」。

2. 關於「起信」的解釋。

元曉在解釋「起信」時云：

「信以決定謂爾之辭，所謂信理實有，信修可得，信修得時有無窮德。」

還說：

「如經偈云，信為道元功德母，增長一切諸善根，除滅一切諸疑惑，示現開發無上道。信能超出眾魔界，示現無上解脫道。一切功德不壞種，出生無上菩提樹。」

法藏則在疏中明確點出元曉所依論書：

「依梁攝論亦有三種，一信實有，自性住佛性。二信可得，引出佛性故。三信無窮功德，至得果佛性。」

也說明元曉所依的經文即是《華嚴經》：「又《華嚴》云，信為道元功德母等……」

並且他還引用唯識論云：「唯識論中，信別有三：一信實有，謂於諸法實事理中深信忍故。二信有德，謂於三寶真淨德中深信樂故。三信有能，謂於一切世出世善，深信有多力能得能成，起希望故。」

3. 解釋「四相」的角度。

《起信論》中論述阿賴耶識的二種含義即覺與不覺之意時，談到凡夫，二乘，初發意菩薩，法身菩薩，盡菩薩地之人由不覺向覺轉化的過程中，對生、住、異、滅四相的逐步斷滅。對此四相，二師所釋的角度幾乎是完全一致的。

《元曉疏》云：

「約於四相以別四位，四位之中各有四義。一能覺人，二能覺相，三覺利益，四覺分齊。」

法藏則解釋道：

「約寄四相，以別四位，四位之中，各有四義。一能觀人，二所觀相，三觀利益，四觀分齊。」

其中除了將《元曉疏》中的「覺」字以「觀」字代替以外，幾乎字字相同。

161

第六章　新羅僧元曉與佛教的交流

4. 對「止觀」的解釋。

《起信論》在第四修行信心分中論及修行止觀門時,有關於修止的方法。在此,元曉吸收天台止觀學的觀點作了解釋。

「初中言『住靜處』者,是明緣具,具而言之,必具五緣:一者閒居靜處,謂住山林。若住聚落,必有喧動故。二者持戒清淨,謂離業障,若不淨者,必須懺悔故。三者衣食具足,四者得善知識,五者息諸緣務。今略舉初,故言靜處。言端坐者,是明調身,言正意者,是顯調心。云何調身,委悉而言,前安坐處,每令安穩,久久無妨。次當正腳,若半跏坐,以左腳置右髀上,牽來近身。令左腳指,與右髀齊。若欲全跏,即改上右腳必置左髀上,次左腳置右髀上,次解寬衣帶,不坐時落,次當安手,以左手掌置右手上,累手相對,頓置左腳上,牽來近身,當心而安。次當正身,前當搖動其身,並諸支節,依七八反,如自按摩法,勿令手足差異,正身端直,令肩骨相對,勿曲無聳。次正頭頸,令鼻與臍相對,不偏不邪,不仰不卑,平面正住,今總略說,故言端坐。」

而法藏在《義記》中,幾乎一模一樣地引用了這段解釋:

「前中言『住靜處』者,是修止緣當也,具言之有五緣:一者閒居靜處,謂住山林及諸閒靜等處。若住聚落,必有喧動也。二者持戒清淨,謂離業障,若不淨者,必須懺悔。三者衣食具足,四者得善知識,五者息諸緣務。今略舉初,故言靜處。言端坐者,是調其身,言正意者,調其心。調身者,先安坐靜處,每令安穩,久久無妨。次當正腳,或全跏或半跏,若全跏者,即以右腳置左髀上,牽來近身,令腳指與髀齊。次解緩衣帶使周正,不令坐時脫落。次以左手置右掌上,累手相對,頓置腳上,牽來近身,當心而安。次當正身,先挺動其身,開諸支節,作七八反,如自按摩法,亦勿令手足差異,正身端直,令脊骨相對,勿曲無聳。次正頭頸,令鼻與臍相對不偏不邪,不仰不卑,平面正住,次以舌約上顎,次閉眼不令

第三節 《起信論》慧遠疏、元曉疏、法藏疏的比較

全合。廣如天台大禪師二卷止觀中說也。今總略說，故言端坐也。」

從這個例證中又一次看出。二疏在字句上的相似是多麼明顯。所唯一不同之處在於法藏明點出這種方法的出處，是來自於天台智者大師的。與《元曉疏》對比來看，法藏在「疏」中總是能添上元曉所未提的經論名稱或思想來源。

綜上所述。如果通讀二疏。二疏的類似或相同舉不勝舉，時常可以分辨出大段的內容是互相雷同的，這不僅僅是指語句，更表明法藏對元曉思想在一定程度上的認同與接受。《法藏疏》與《元曉疏》在文句的雷同之外，有多處法藏是在基本同意元曉解釋的基礎上，再對《元曉疏》中的思想進行一種選擇，或是補充說明，還有多處是適當加入自己的觀點，從而進一步發展和完善《元曉疏》中言而未盡之思想，表現出同中的微妙差別。

但是，《法藏疏》與《元曉疏》還是有諸多相異點，其相異點有三個方面最為突出。

其一，《元曉疏》以「和諍」理論為前提，《法藏疏》則明確執持華嚴立場。例如，《起信論》的「因緣分」中說：「所謂如來在世，眾生利根，能說之人，色心業勝，圓音一演，異類等解，則不須論。」元曉對其中的「圓音」，作了極為詳細的分析與說明，他引述了三家的觀點，並以其「和諍」的獨特思維方式，表示此三家觀點並非對立，只是略有差別，只是角度不同。其「疏」云：「此言圓音，即是一音，其義云何？昔來諸師說者不同。有師說云：諸佛唯是第一義身，永絕萬像，無形無聲，直隨機現無量色聲，……。或有說者，就佛言之，實有色聲，其音圓滿，無所不遍，都無宮商之異，何有平上之殊，無異曲故名為一音，無不遍故說為圓音，但由是圓音作增上緣，隨根差別現眾多聲，……。或有說者，如來實有眾多音聲，一切眾生所有言音，莫非如來法輪聲攝，但此佛音無障無礙。一切

即一,一即一切。一切即一,故名一音,一即一切,故名圓音。如《華嚴經》言,一切眾生語言法,一言演說盡無餘,悉欲解了淨密音,菩薩因是初發心故。」「又此佛音不可思議,不但一音言即一切音,亦於諸法無不等遍,今且略舉六雙,顯其等遍之相。……此義如《華嚴經》三種無礙中說。隨一一聲等此六雙,而其音韻恆不雜亂。若音於此六雙有所不遍,則音非圓,若由等遍失其音曲,則圓非音。然今不壞曲而等遍,不動遍而差韻,由是道理,方成圓音。此非心識思量所測,以是法身自在義故。」

法藏在疏中,則直截了當地採用華嚴之教來解釋:

「初如來一音說一切法,無不顯了,故名圓音。《華嚴》云:如來於一語言中演說無邊契經海。二如來同一切音,故云圓音。《華嚴》云:一切眾生語言法,一言演說盡無餘。以一切音即一音故云一音,一音即一切音故云圓音。一一語言遍窮眾生界,而其音韻不雜亂。若音不遍則音非圓。若由等遍失其韻曲,則是圓非音。今不壞曲而等遍,不動遍而善韻,此是如來圓音,非是心識思量境界耳。」

事實上,這裡已經可以看得出來,在引用經典以及解釋的角度上二者的不同。法藏之所以只說《華嚴》之說,是因為他認為只有這種解釋才合理,而不必援引其他宗派的解釋。明確以華嚴思想為殊勝。

其二,《元曉疏》注重和會唯識學,《法藏疏》則有意排除唯識理論。

元曉的疏儘管對大小乘、諸經論及各家各派學說明顯採取融會的態度,但最顯著的傾向是唯識和《起信》的和會。這可以找出許多例證,而且他的和會思想時常是以問答形式表現。下面試舉一二例來說明。

《起信論》在論述到三種相應染和三種不相應染時,開始解釋相應義與不相應義:「言相應者,謂心念法異,依染淨差別,而知相緣相同故。不相應義者,謂即心不覺,常無別異,不同知相緣相故。」

所謂「相應」,是指心與心法雖有不同,他們在染或淨的程度上也有

第三節 《起信論》慧遠疏、元曉疏、法藏疏的比較

區別，但形成的能知之心與所緣之境是一致的。而「不相應」，是指無明動心就是阿賴耶識本心不覺之相，還沒有呈現心與心法的對待和差別，認識的能知方面與其對象之間，尚未形成統一相應的關係。

這與唯識宗所說，心與心法雖同所緣，卻有不同行相，似相違背。對此，元曉以自問自答方式來回答：「問：《瑜伽論》說，諸心心法，同一所緣，不同一行相，一時俱有，一一而轉。今此中說知相亦同，如是相違，云何和會？答：二義俱有，故不相違。何者？如我見是見性之行，其我愛者愛性之行。如是行別，名不同一行，而見、愛等皆作我解，依如是義名知相同，是故二說不相違也。」

他以「我」作為能知之心統攝見、愛等義，和會不同行相卻同知相之說。

接著的問題是唯識宗認為阿賴耶識中，心王與心數相應，而《起信論》卻說為不相應。同樣，元曉再次自問自答：「問：《瑜伽論》說，阿賴耶識，王數相應，緣二種境，即此論中現色不相應染，何故此中說不相應？答：此論之意，約煩惱數差別轉義，說名相應，現識之中，無煩惱數，依是義故，名不相應。彼新論（指玄奘譯的《瑜伽師地論》）意，約遍行數故說相應。由是道理亦不相違也。」

元曉認為，二說無違，只是角度不同。《起信論》是從有無煩惱染相的角度，有煩惱染相而說相應義，那麼現識之中尚無煩惱染相生出，故名不相應。而玄奘的《瑜伽師地論》則是透過總體上來分析心王心法攀緣諸法之義而說相應，是指煩惱現行。所以二說並不矛盾。

另一個典型例子在薰習說中，《起信論》云：「薰習義者，如世間衣服，實無於香，若人以香而薰習故，則有香氣。此亦如是，真如淨法，實無於染，但以無明而薰習故，則有染相。無明染法，實無淨業，但以真如而薰習故，則有淨用。」

165

第六章　新羅僧元曉與佛教的交流

　　所謂薰習之意,猶如世間的衣服,本來沒有什麼香氣,如果人們以香不斷薰之,就會留下香氣。法的薰習也是如此,真如清淨之法,本性是沒有任何雜染的,只是由於無明薰習,則產生各種雜染的相狀。無明雜染之法,本來沒有清淨的善業,只是由於真如不斷內薰,則會產生清淨的作用。

　　唯識宗的一個基本觀念是,要具堅住性,可受薰性,無記性,與能薰共和合性此四性,才可受薰,所以,常法不受薰習,而《起信論》明言真如淨法與無明染法互薰,這種矛盾該如何調和呢?

　　元曉還是自問自答道:「問:《攝大乘》說,要具四義,方得受薰,故言常法不能受薰。何故此中說薰真如?解云:薰習之義有其二種。彼論且約可思議薰,故說常法不受薰也。此論明其不可思議薰,故說無明薰真如,真如薰無明。顯意不同,故不相違。」

　　他以區別可思議薰和不可思議薰兩種薰習,來調和《起信論》與唯識宗在薰習說上的差別,與玄奘所傳法相教學相和會。從中也能看出元曉當年志往唐求學玄奘的影子。同時,「可思議薰」與「不可思議薰」的說法,也是有經典依據的,即《楞伽經》中就有此說。

　　除此之外,元曉在科判中也採取了唯識教學。

　　《起信論》解釋分中釋心真如道:「心真如者,即是一法界大總相法門體。所謂心性不生不滅,一切諸法唯依妄念而有差別,若離心念,則無一切境界之相。」

　　根據元曉所分,第一句為略標,第二句為廣釋中之第一部分「顯真如體」。這一部分再分有三:「一者當真實性以顯真如,二者對分別性而明真如絕相,三者就依他性以顯真如離言。」

　　在科判中融入唯識之三性說,這在其他注釋者中是沒有的,而為元曉之特色,由此也可窺見他一直在努力融會唯識與《起信》。

第三節 《起信論》慧遠疏、元曉疏、法藏疏的比較

元曉意圖論證《起信論》與唯識學的無矛盾性,以此實證和會一心的精神。其結果是,在一定程度上不必要地在《起信論》的注釋中融入唯識教理。法藏所站的立場則是,將元曉融入的唯識教學細心地排除,試圖論證《起信論》是以如來藏緣起為宗旨,而並非法相唯識宗所屬,所以上述元曉會通唯識的內容,法藏都無採納。

其三,對「根機」問題看法不同。《元曉疏》在開篇「標宗體」文中談到馬鳴作《起信論》的目的時說:「馬鳴菩薩,無緣大悲,傷彼無明妄風動心海而易漂,湣此本覺真性,睡長夢而難悟,於是同體智力堪造此論,贊述如來深經奧義,欲使為學者暫開一軸,遍探三藏之旨,為道者永息萬境,遂還一心之源。」

字句之間,充滿的是一種平等立場上的關愛,而未專指為根劣之人而作。

但《法藏疏》中則不然:「爰有大士,厥號馬鳴,慨此頹綱,悼斯淪溺,將欲啟深經之妙旨,再朧昏衢,斥邪見之顛眸,令歸正趣。使還源者可返本非遙。造廣論於當時,遐益群品,即文多義邈,非淺識所窺。」

先言有廣論,行文龐多,不為根劣者所悟解。又云:「又造斯論,可謂義豐文約,解行俱兼,中下之流,因茲悟入者矣。」

其中很明確地提出此論為「中下之流」而作。

進一步在解釋本論時,我們也可以看出二師在根機問題上的差異。

《起信論》云:「眾生根行不等,受解緣別,所謂如來在世,眾生利根。能說之人色心業勝,圓音一演,異類等解,則不須論。」

元曉解釋道:「雖是利根而不忍繁,此人唯依文約義豐之論,深解佛經所說之旨。」明點此論亦為「利根」者而作。

而法藏解云:「此文有二,初辯根劣,二如是此論下對此劣根,明教

之興。」在此句之前，尚與《元曉疏》字句不差的《法藏疏》，筆鋒一轉，稱此論之對象為「劣根」。由此看來，這是法藏有意之改動，表明他在根機問題上堅決的區分態度。

從二師的思想來看，二人都持「眾生皆有佛性」之觀點，那為何在此又有「利根」，「劣根」之異呢？這一點或許要結合兩人對《起信論》的看法來討論。元曉是將《起信論》視為「諸論之祖宗，群諍之評主」的最高地位。而法藏的五教十宗教判說中，《起信論》只是第三位大乘終教，第八真德不空宗之代表作。正是為此，他並不認為《起信論》是為利根之人所作。還有一點可以看出的是，元曉對根機利鈍問題並不重視，只略略談及，也正是他和諍、無差別思想的體現。法藏三番五次反覆強調根機，這與其教判觀是緊密結合的。為了建立華嚴宗，作為創始人的法藏，必須為《華嚴經》，為自己的宗派確立在整個佛教中的最高地位。只有《華嚴經》類經論才是為利根所作，而其他經論只是方便，為鈍根之人而作。這樣也就能夠理解法藏這種佛性皆有，根機不同的思想。

透過以上對《起信論》元曉疏與法藏疏的比較分析，可以清楚地看到，儘管法藏並未完全接受元曉的思想，但法藏受元曉的影響是非常巨大的，這是中國佛教傳到韓國之後，韓國佛教又反過來促進中國佛教發展的一個最典型的事例。

第四節　元曉佛學在韓國、中國及日本的影響

元曉在新羅時期即已著名，例如憬興的《三彌勒經疏》、太賢的《梵網經古蹟記》、遁倫的《瑜伽論記》等，皆稱引「元曉師云」作為自己立論的根據。隨著人們對佛教理解的深入，元曉在佛教中的地位也越來越顯著，

第四節　元曉佛學在韓國、中國及日本的影響

「丘龍大師」、「陳那後身」、「萬人之敵」等稱號隨之而來。元曉滅寂百年後，在高仙寺立的〈誓幢和上塔碑〉（現存殘部）中，就提到了元曉的代表作之一的《十門和諍論》。[84]

到了高麗時期，元曉思想的影響不斷擴大，高麗肅宗六年（西元1101年）八月，國王下詔書，追封元曉為和諍國師。

「詔曰：元曉、義湘，東方之聖人也。無碑記謚號，厥德不暴。朕甚悼之，其贈元曉大聖和靜國師，義湘大聖圓教國師。有司即所住處，立石紀德，以垂無窮」[85]。

碑文中「靜」字乃「諍」之誤記。這樣，在芬皇寺建有和諍國師碑。其時，眾多寺院供奉元曉真影，甚至出現了叫海東宗的宗派，繼承和發揚和諍思想。《三國史記》的作者，高麗時代的金富軾撰有〈和諍國師影贊〉，詩中道：

「恢恢一道，落落其音，機聞自異，大小淺深。如三舟月，如萬般風，至人大監，即異而同，瑜伽名相，方廣圓融，自我觀之，無往不通。百川共海，萬像一天，廣矣大矣，莫得名焉。」[86]

對元曉思想有著深刻的理解和推崇備至者，首推高麗大覺國師義天。義天編《圓宗文類》殘篇第二十二卷「和諍論」一節中說，

「人心南北異，佛法古今同，不壞真明俗，還因色辨空，探幽唯罔象，失旨併童蒙，有著斯為諍，妄情自可通。」

義天在《祭芬皇寺曉聖文》中對元曉和諍思想給予了高度評價：「海東教主，元曉菩薩……唯我海東菩薩，融明性相，隱括古今，和百家異說之端，得一代至公之論……歷覽先哲之間，無出聖師之右。」

---

[84] 同上。
[85] 李能和《朝鮮佛教通史》第238頁；《高麗史》卷11。
[86] 《東文選》卷50。

第六章　新羅僧元曉與佛教的交流

到了李朝,「崇儒排佛」的思潮興盛,佛教走入谷底。就是這樣的時期,也有人推崇和宣揚元曉思想。生活於李朝世宗時期的金時習(西元1435～1493年)到了芬皇寺,讀了和諍國師碑文後,寫下了〈無諍碑〉一詩:

「新羅異僧元旭氏,剃髮行道新羅市,赴唐學法返桑梓,混同緇白行閭里。街童巷婦得容易,指云誰家誰氏子,然而密行大無常。騎牛演法解宗旨,諸經疏抄盈中箱,後人見之爭仰企,追封國師名無諍,勤彼貞泯頗稱美。碣上金屑光磷磷,法畫好辭亦可喜,我曾亦是善門徒,其於幻語商略矣。但我好古負手讀,籲嗟不見西來土。」[87]

元曉的佛學思想不僅在韓國有崇高的地位,而且,對中國的佛教思想界也產生了重要的影響。元曉的主要著述,如《十門和諍論》、《華嚴經疏》、《金剛三昧經論》、《大乘起信論疏》、《起信論別記》等等,都傳到了中國,正在形成中的唐朝佛教諸宗派不同程度地受到了他的著述的影響。元曉的《大乘起信論疏》傳到中國之後,歷來受到很高的評價,被譽為「海東疏」。被稱為「近代中國佛學復興之父」的楊仁山居士,十分推崇《大乘起信論》,同時也極重視元曉疏,他把元曉的《起信論疏》與《起信論別記》整理合編在一起,叫做《大乘起信論疏記會本》,加以刊刻發行,廣為傳播(不過,楊仁山曾說,元曉與義湘可能是同一個人,這則是無根據的猜測)。

受元曉佛學思想影響最大者,要首推華嚴宗的實際創始人賢首法藏。法藏在元曉的《起信論疏》與《起信論別記》的影響下,撰寫了《大乘起信論義記》,並在《義記》中大量引用了「海東疏」的內容。不僅如此,另外,法藏的《華嚴五教章》中的「斷惑義」,是在元曉《二障義》的影響下寫成的,而《華嚴五教章》中的空有論也受了元曉《十門和諍論》的影響,

---

[87]　韓國金相鉉《歷史中讀到的元曉》第288頁,高麗苑,1994。

第四節　元曉佛學在韓國、中國及日本的影響

其教判理論則受到元曉《華嚴經疏》的影響。法藏《華嚴經探玄記》中有：「將釋此經，略開十門：一明教起所由；二約藏部明所攝；三顯立教差別；四簡教所被機；五辨能詮教體；六明所詮宗趣；七具釋經題目；八明部類傳譯；九辨文義分齊；十隨文解釋。……第三明立教差別者，略提十類：一敘古說，二辯是非，三述西域，四會相違，五明現傳，六定權實，七顯開合，八教前後，九就義分教，十以理開宗。初中，古來諸德立教多端，難以具顯，略敘十家，以成龜鏡。

七唐朝海東新羅國元曉法師造此經疏，亦立四教：一三乘別教，謂如四諦教緣起經等；二三乘通教，謂如般若經深密經等；三一乘分教，如瓔珞經及梵網等；四一乘滿教，謂華嚴經普賢教。釋此四別如彼疏中。」在這裡，法藏視元曉為十家「古德」之一，對他的教判頗為重視。

澄觀《大方廣佛華嚴經述疏》中也特別說到：「唐初海東元曉法師，亦立四教。一三乘別教，如四諦緣起經等；二三乘通教，如般若深密經等；三一乘分教，如梵網經等；四一乘滿教，如華嚴經等。然三乘共學，名三乘教。於中未明法空，名別相教。說諸法空，是為通教。不共二乘，名一乘教。於中未顯普法，名隨分教。具明普法，名圓滿教。然此大同天台，但合別圓，加一乘分耳。自言且依乘門，略立四種，非謂此四遍攝一切。故無有失。」澄觀還在《新譯華嚴七處九會頌釋章》中，回答「善財童子求法初位住何位求耶」的問題時說：「案新羅元曉法師《華嚴關脈義》云：初得見文殊者，明善財之信心始位，乃至最後不見者，明善財之智滿位等。依此明知，住十信初位方求法也。」這體現出澄觀視元曉之說為權威依據。

《宋高僧傳》清涼寺澄觀傳說，澄觀於「大曆中，就瓦棺寺傳《起信》、《涅槃》，又於淮南法藏，受海東《起信論疏》義。」這說明淮南法藏（澄觀生卒年代為西元738～839年，賢首法藏於西元712年過世，此處淮南法

171

第六章 新羅僧元曉與佛教的交流

藏,當不是賢首大師法藏)曾研習過元曉的《起信論疏》,並又傳授給華嚴宗清涼國師澄觀。澄觀的弟子圭峰宗密在其《起信論疏注》中,也多引元曉的《起信論疏》。

李通玄《新華嚴經論》也提到:「第七,唐朝海東新羅國元曉法師造此經疏亦立四教者,一三乘別教,謂如四諦教緣起經等;二三乘通教,謂如般若解深密經等;三一乘分教,如瓔珞經及梵網經等;四一乘滿教,謂如華嚴經普賢教。釋此四別如彼疏中。」

此外,慧苑、慧沼、良賁、湛然等,也都受到元曉佛學思想的影響。唐代之後,宋代知禮等人的著作中也有受元曉思想影響的痕跡。永明延壽在《萬善同歸集》中引述了元曉的思想,在《宗鏡錄》中介紹了元曉赴唐途中的悟道經歷。

據載,義天把元曉著述贈予遼皇帝道宗,道宗在其《釋摩訶衍論通玄鈔引文》中就引用了元曉的著述。[88] 還有,元曉的《十門和諍論》、《華嚴宗要》不僅在中國留下了深刻的影響,而且在中國翻成梵文傳到了印度。高仙寺〈誓幢和上塔碑〉載:「《華嚴宗要》者,……讚嘆婆娑,翻成梵語,便附西人,此書言其三藏寶重之由也。」[89] 據十三世紀流傳於日本的《元曉疏抄》記載:「元曉和尚《諍論》製作,陳那徒唐土來,取彼論歸天竺國。」[90]

說到元曉佛學思想在中國的影響,還應當特別提到他的《金剛三昧經論》。《金剛三昧經》經名最早出現在梁代僧佑《出三藏記集》的新集安公涼土譯經錄第三中,錄為《金剛三昧經》一卷。此後的諸經錄中皆有記載,但都表明闕本。到了中唐《開元釋教錄》卷四北涼失譯部中,載為《金剛三昧經》二卷或一卷。在同記錄卷十二的大乘經單譯現存錄中,記

---

[88] 《大覺國師文集》卷8。
[89] 同注82。
[90] 《大日本佛教全書》卷九十二,第103頁。

第四節　元曉佛學在韓國、中國及日本的影響

載為「金剛三昧經二卷或一卷，北涼失譯拾遺編入」。這說明直到中唐沒有人見到過此經。這樣，便引發了《金剛三昧經》之「真偽之辯」。

據宋《高僧傳》卷四「唐新羅國黃龍寺元曉傳」記載：「時國王置百座仁王經大會，遍搜碩德，本州以名望舉進之。諸德惡其為人，僭王不納。居無何，王之夫人腦嬰癰腫，醫工絕驗。王及王子臣屬禱請山川靈祠，無所不至。有巫覡言曰，苟遣人往他國求藥，是疾方瘳。王乃發使泛海赴唐，募其醫術。溟漲之中，忽見一翁由波濤躍出登舟。邀使人入海，睹宮殿嚴麗。見龍王，王名鈐海。謂使者曰：汝國夫人是青帝第三女也。我宮中先有《金剛三昧經》，乃二覺圓通，示菩薩行也。今託仗夫人之病為增上緣，欲附此經出彼國流布爾。於是將三十來紙重沓散經付授使人。復曰：此經渡海中恐罹魔事。王令持刀裂使人腨腸而內於中，用蠟紙纏縢，以藥傅之，其腨如故。龍王言；可令大安聖者銓次綴縫，請元曉法師造疏講釋之，夫人疾愈無疑，假使雪山阿伽陀藥力亦不過是。龍王送出海面，遂登舟歸國。時王聞而歡喜，乃先召大安聖者黏次焉。大安者，不測之人也。形服特異，恆在市廛，擊銅缽唱言大安大安之聲，故號之也。王命安，安云：但將經來，不願入王宮闕。安得經，排來成八品皆合佛意。安曰：速將付元曉講，餘人則否。曉受斯經，正在本生湘州也。謂使人曰：此經以本始二覺為宗。為我備角乘，將案幾在兩角之間，置其筆墨，始終於牛車，造疏成五卷。王請剋日黃龍寺敷演。時有薄徒竊盜新疏。以事白王，延於三日，重錄成三卷，號為略疏。洎乎王臣道俗云擁法堂，曉乃宣吐有儀，解紛可則，稱揚彈指，聲沸於空。曉復昌言曰：昔日採百椽時雖不予會，今朝橫一棟處唯我獨能。時諸名德，俯顏慚色，伏膺懺悔焉。初，曉示跡無恆，化人不定，或擲盤而救眾，或噀水而撲焚，或數處現形，或六方告滅，亦盃渡志公之倫歟。其於解性覽無不明矣。疏有廣略二本，俱行本土，略本流入中華，後有翻經三藏改之為論焉。」

173

第六章　新羅僧元曉與佛教的交流

這裡值得注意的是，根據《宋高僧傳》的記載，元曉的原書名為《金剛三昧經疏》，該書傳入中國之後，中國的「翻經三藏改之為『論』」，可見當時中國佛教界對此書的重視程度。《金剛三昧經論》在中國廣為傳播，歷代有不少學者依此作為《金剛三昧經》的注釋。元曉的《遊心安樂道》等著述，時至今日仍在一些書市和佛教寺院中流通。總之，元曉思想是中韓文化交流的結晶，它對中國佛教發展作出了重要的貢獻。

中韓日三國佛教在歷史上是相通的，韓國佛教常常扮演中國佛教東傳日本的橋梁，韓國是中韓日三國思想交流、文化交流的一條黃金通道。八世紀初，元曉的大部分著述已傳到了日本。據統計，日本奈良時代在日本流傳的元曉著述多達四十七種。審祥（西元？－742年）的《經疏錄》中就收錄有三十二種。日本佛教史上著名的學者善珠（西元723～797年）、願曉（西元728～708年）、常騰（西元740～815年）、壽靈（西元757～791年）、藏俊（西元1104～1140年）、凝然（西元1240～1321年）、良忠（西元1199～1287年）、了慧（西元1203～1290年）等的著述中皆可以發現受元曉思想影響的痕跡。據金相弦博士《元曉諸名號考》的考證[91]，日本佛教著述中，僅對元曉的尊稱名號就有多種，如丘龍大師，海東法師，元曉菩薩，元曉聖師，陳那菩薩後身等。稱元曉為丘龍是把元曉喻為飛龍化身，潛居青丘。時人稱元曉為丘龍，法藏為香象。二人並稱為龍象碩德。對此，八世紀中葉，新羅的見登和日本的智憬都有記載。

據《三國史記》卷四十六「薛聰傳」載，元曉的玄孫薛仲業作為新羅使臣一員，於惠恭王十五年（西元779年）訪問日本時，日本的上宰得知薛仲業為元曉玄孫，感慨萬分，寫下了讚頌元曉的詩文。

「世傳日本真人贈新羅使薛判，詩序云：嘗覽元曉居士所著《金剛三昧論》，深恨不見其人，聞新羅國使薛郎，居士之抱孫，不見其祖而喜遇

---

[91]　金相鉉《元曉諸名號考》，《素軒南都泳博士古稀紀念：歷史學論叢》，民族文化社1993。

第四節　元曉佛學在韓國、中國及日本的影響

其孫，乃作詩贈云。」然其詩已失傳。《續日本書記》中也記載有相同的內容。由此可以看出《金剛三昧經論》在日本的影響。

明慧（西元 1173～1332 年）和凝然是日本鎌倉時期華嚴宗的代表人物，凝然主要致力於教學的研究，明慧則熱衷於宗教實踐。明慧在京都建立了高山寺。他在該寺講授元曉的《菩薩戒本持犯要記》，並依託著名畫家成忍，創作了叫《華嚴緣起》（六卷）的畫卷。該畫卷的主角是元曉、義湘和善妙，現作為日本的國寶收藏。凝然是日本佛教史上的大撰述家。據傳其著作有一百二十五部一千二百餘卷。在其編撰的《華嚴經論藏疏目錄》中收錄有元曉的著述二十七部四十六卷。凝然在其著述中引用了元曉的十多部著述。

到了近代，日本著名佛教思想家村上專精（西元 1815～1929 年）專門從事佛教會通的理論和實踐。他著有《佛教統一論》、《佛教唯心論》等著作。他在《佛教統一論》中試圖會通佛教不同思想，在《佛教唯心論》中進一步提倡超越不同宗派的偏見，復興和建立新的佛教。村上專精熟知元曉的思想，並特別推崇元曉的《大乘起信論疏》。在其著作中多次引用該疏的內容。村上的會通佛教思想，後來為宮本正尊所繼承。宮本正尊不僅是一位佛教思想家，同時也是宗教實踐家。他在日本掀起了佛教統一運動。

總之，元曉的思想為東亞三國文化交流，特別是佛教文化的傳播和發展作出了重要的貢獻。[92]

---

[92] 本節參考金勳著《元曉佛學思想研究》（日文版）第九章〈元曉在東亞佛教史上的地位〉，日本大阪經濟法科大學出版部 2002 年 5 月。

# 第六章　新羅僧元曉與佛教的交流

第七章
新羅義湘赴唐研習華嚴宗

第七章　新羅義湘赴唐研習華嚴宗

第一節　義湘赴唐經過

　　元曉之外，當時新羅的著名僧人還有義湘，義湘（西元625～702年）俗姓朴（一說姓金），新羅雞林府（今慶尚北道慶州）人，生於貴族家庭，出家後住皇福寺，曾與元曉一起赴唐，結果未能如願。後來他又在唐龍朔元年（新羅文武王元年，西元661年）赴唐，往終南山至相寺從智儼學《華嚴》，與華嚴宗三祖賢首法藏同學。義湘在唐高宗咸亨二年（新羅文武王十一年，西元671年）歸國。他回國後奉旨於太伯山（今慶尚北道榮州）建浮石寺，演說華嚴宗教義，創立了海東華嚴宗。其著有《華嚴一乘法界圖》、《華嚴經略疏》等。後來到高麗王朝時，肅宗諡之為「圓教大師」。

　　對於義湘赴唐時間與經過，《宋高僧傳》與《三國遺事》等文獻中記述不一。《宋高僧傳·唐新羅國義湘傳》云：

　　釋義湘，俗姓朴，雞林府人也。生且英奇，長而出離，逍遙入道，性分天然。年臨弱冠，聞唐土教宗鼎盛，與元曉法師同志西遊。行至本國海門唐州界，計求巨艦，將越滄波，倏於中塗遭其苦雨。遂依道旁土龕間隱身，所以避飄溼焉。迨乎明旦相視，乃古墳骸骨旁也。天猶霶霈，地且泥塗，尺寸難前，逗留不進，又寄埏甓之中。夜之未央，俄有鬼物為怪。曉公嘆曰：『前之寓宿，謂土龕而且安；此夜留宵，託鬼鄉而多祟。則知心生故種種法生，心滅故龕墳不二。又、三界唯心，萬法唯識，心外無法，胡用別求？我不赴唐。』卻攜囊返國。湘乃隻影孤征，誓死無退，以總章二年附商船達登州岸，分衛到一信士家。見湘容色挺拔，留連門下既久，有少女麗服靚妝，名曰善妙，巧媚誨之，湘之心石不可轉也。女調不見答，頓發道心，於前矢大願言：『生生世世歸命和尚，習學大乘成就大事，弟子必為檀越供給資緣。』湘乃徑趨長安終南山智儼三藏所，綜習《華嚴經》，時法藏國師為同學也。所謂知微知章，有倫有要，德瓶云

第一節　義湘赴唐經過

滿,藏海嬉遊,乃議回程傳法開誘。復至文登舊檀越家,謝其數稔供施,便慕商船,逡巡解纜。其女善妙,預為湘辦集法服並諸什器可盈篋笥,運臨海岸,湘船已遠。其女呪之曰:『我本實心供養法師,願是衣篋跳入前船。』言訖投篋於駭浪,有頃疾風吹之若鴻毛耳,遙望徑跳入船矣。其女復誓之:『我願是身化為大龍,扶翼舳艫到國傳法。』於是攘袂投身於海。將知願力難屈,至誠感神,果然伸形,夭矯或躍,蜿蜒其舟底,寧達於彼岸。」

照此處的記述,義湘是在 20 歲時與元曉一起結伴西遊,元曉未出國門即中途折回,義湘隻影孤征,於總章二年(西元 669 年)附商船到達登州,住到一信士家。信士家有少女善妙,見義湘容姿挺拔,遂生愛慕之心,且有所表示,「巧媚誨之」,義湘心如盤石,絲毫不為所動,善妙受到感動,由此頓發道心,誓願生生世世歸命義湘和尚。義湘乃從登州直趨長安終南山拜智儼為師,學習研究《華嚴經》,與法藏為同學。學德圓滿,便打算回國傳法,於是又經登州,答謝了昔日的檀越之後,即搭乘商船回國,善妙則化身大龍,一路護持。這裡所說的善妙變龍的故事,當然帶有傳奇色彩,姑且存而不論。文中稱義湘於總章二年到達登州,然後去終南山拜見智儼,此「總章二年」有誤,因為智儼已於總章元年故去,義湘何得再見。另外,《宋高僧傳》沒有明確記述義湘返國的時間,這也需要參考其他的文獻資料。

《三國遺事》卷四「義湘傳教」條記載:「法師義湘,考日韓信金氏,年二十九依京師皇福寺落髮。未幾西圖觀化,遂與元曉道出遼東,邊戍邏之為諜者,囚閉者累旬,僅免而還(事在崔侯本傳及曉師行狀等)。永徽初,會唐使舡有西還者,寓載入中國。初止楊州,州將劉至仁請留衙內,供養豐贍。尋往終南山至相寺謁智儼。儼前夕夢一大樹生海東,枝葉溥布,來蔭神州,上有鳳巢。登視之,有一摩尼寶珠,光明屬遠。覺而驚異,

179

第七章　新羅義湘赴唐研習華嚴宗

灑掃而待，湘乃至，殊禮迎際，從容謂曰：吾昨者之夢，子來投我之兆。許為入室，《雜花》妙旨，剖析幽微，儼喜逢郢質，克發新致，可謂鉤深索隱，藍茜沮本色。既而本國丞相金欽純（一作仁問）、良圖等，往囚於唐，高宗將大舉東征，欽純等密遣湘誘而先之，以咸亨元年庚午還國，聞事於朝。命神印大德明朗，假設密壇法禳之，國乃免。」這裡說義湘有兩次赴唐之舉，第一次是他29歲時與元曉結伴西行，中途因故未能實現願望。第二次是在「永徽初」即西元650年，搭乘唐使者還國的官船到達揚州，不久從揚州赴終南山謁見智儼隨智儼學習《華嚴》妙旨。學成之後，於咸亨（原文誤為咸享）元年（西元670年）回國。[93]

但《三國遺事》卷三「前後所將舍利」條所引〈浮石本碑〉則有不同的說法：

「按此錄〈義湘傳〉云：永徽初，赴唐謁智儼。然據〈浮石本碑〉，湘武德八年生，丱歲出家。永徽元年庚戌，與元曉同伴欲西入，至高麗有難而回。至龍朔元年辛酉赴唐，就學於智儼。總章元年，儼遷化。咸亨二年，湘來還新羅。長安二年壬寅示滅，年七十八。」照此記述，義湘生於唐高祖武德八年（西元625年），童年時即出家，唐高宗永徽元年（西元650年）第一次與元曉結伴西行，中途遇阻而折回。唐高宗龍朔元年（西元661年）第二次赴唐順利到達，乃到終南山就學於智儼。唐高宗咸亨二年（西元671年）回到新羅，武周長安二年（西元702年）年示滅。

崔致遠所撰《海東華嚴初祖忌辰願文》中說：義湘「大德，高挺岳靈，深涵海量。童年慕道，壯志辭家。捨華冑之簪裾，標法門之冠冕。始以教分頓漸，義有淺深。每磋四鄰之遐陬，未達一乘之奧典。乃言曰：『就室之火為小見，照庭之日為大智。是以務學不如務求師，古之遺訓，豈可孔

---

[93] 其中所言「欽純等密遣」之事，殊不可信，可參考何勁松《韓國佛教史》上冊第191－193頁；陳景富《中韓佛教一千年》第157頁。

匏徒系，魏瓠虛捐。』自追小魯之蹤，遂決入秦之計。時也，獫戎貊寇，烽舉柝驚。言指道塗，動多榛梗。然而既切為山之志，獨懷背水之心，不憚艱危，遠涉虎狼之國，能逃災害，豈憑羊鹿之車。直泛重溟，戈登彼岸，於龍朔二載（西元662年）詣終南山至相寺，以儼和尚為嚴師，以藏和尚為益友。受業則若翻瓴水，傳宗則如走阪丸。有滯必通，無幽不測。則悟百千偈，敵三十夫，執柯而既伐柯，學海而終能至海。十年精練，萬里流傳，播雞林之遠俗，顯敷妙義，遍諭群迷，披瞶以法雷，開蒙以智月。遂得慈航，廣濟化人，而永謝愛河，法軔長驅，救物而皆離毀室。」[94]

以上四種文獻，崔文與〈浮石本碑〉早出，而且兩者所記基本一致，應該是比較可靠的。依照此兩種文獻的記載，義湘生於西元625年，西元650年第一次赴唐遇阻，西元661年第二次赴唐成功，西元662年上終南山拜智儼和尚為師學習《華嚴》，十年之後的西元671年學成回國，創海東華嚴宗。《宋僧傳》所謂「總章二年」，疑為「龍朔二年」之誤。

第二節　義湘回國後的傳教創宗活動

對於義湘回國後的活動，《宋高僧傳》說：「湘入國之後遍歷山川，於駒麗、百濟風馬牛不相及地，曰：『此中地靈山秀，真轉法輪之所。』無何，權宗異部聚徒可半千眾矣。湘默作是念：『大華嚴教非福善之地不可興焉。』時善妙龍恆隨作護，潛知此念，乃現大神變於虛空中，化成巨石，縱廣一里，蓋於伽藍之頂，作將墮不墮之狀。群僧驚駭，罔知攸趣，四面奔散。湘遂入寺中，敷闡斯經。冬陽夏陰，不召自至者多矣。國王欽重，以田莊奴僕施之。湘言於王曰：『我法平等，高下共均，貴賤同揆，

---

[94] 《崔文昌侯全集》第237頁，成均館大學校出版部1982年版。

第七章　新羅義湘赴唐研習華嚴宗

《涅槃經》八不淨財，何莊田之有，何奴僕之為？貧道以法界為家，以盂耕待稔。法身慧命藉此而生矣。』湘講樹開花，談叢結果。登堂覩奧者，則智通、表訓、梵體、道身等數人。皆啄巨‧飛出迦留羅鳥焉。湘貴如說行，講宣之外精勤修練，莊嚴剎海，靡憚暄涼。又常行義淨洗穢法，不用巾帨，立期乾燥而止。持三法衣瓶缽之餘，曾無他物。凡弟子請益，不敢造次，伺其怡寂而後啟發。湘乃隨疑解滯，必無滓核。自是已來，雲遊不定，稱可我心，卓錫而居。學侶蜂屯，或執筆書紳，懷鉛剳葉，抄如結集，錄似載言。如是義門隨弟子為目，如云『道身章』是也；或以處為名，如云『錐穴問答』等，數章疏皆明華嚴性海毘盧遮那無邊契經義例也。湘終於本國，塔亦存焉。號海東華嚴初祖也。」這裡主要從四個方面記述了「海東華嚴初祖」回國後的活動情況。其一是說，義湘回國之後，走遍了新羅的山山水水，考察選擇傳法之地，在原高句麗、百濟「風馬牛不相及地」，有一處寺院，那裡地靈山秀，是最佳的轉法輪之所。於是設法驅散了那裡的「權宗異部」徒眾，建立起宏傳華嚴學的道場，四方參學者日益增多。這裡沒有說明義湘在何時何地何寺傳法。《三國遺事》「義湘傳教」條說：「儀鳳元年（西元 676 年）湘歸太白山，奉朝旨創浮石寺，敷敞大乘，靈感頗著。」這可以視為是對《宋高僧傳》的補充。其二是說，文武王對義湘十分敬重，要賜給他莊田奴僕，義湘謝絕，表現出「以法界為家」的高尚境界。另據《三國遺事》卷二記載，文武王統一新羅後，曾想大興土木，重修慶州京城，義湘諫阻說：「政教明，則雖草丘畫地而為界，民不敢逾，可以卻災進福。政教苟不明，則雖有長城，災害未消。」文武王聽從了他的勸告，中止修城，此事傳為美談。可見他與文武王的關係非同一般。其三是說，他對弟子循循善誘，答疑解惑，無滯不通，精妙透澈，因此培養出了多名傑出的人才，成為在新羅傳播華嚴學的得力法將。義湘又雲遊四方，講經說法，頗有影響，隨其就學者不計其數，受教者如孔門弟子把孔子的教誨寫在紳帶上，要牢牢記住，隨身攜帶書寫用具，隨時記

第二節　義湘回國後的傳教創宗活動

下義湘的法語，並且整理成《華嚴經》的章疏，以廣為流傳。其四是說，義湘不僅重視理論的研究和宣傳，並且身體力行，精勤修練，不畏寒暑，始終如一，很有成就。

隨著義湘名聲的顯赫與威望的確立，在他的積極倡導下，新羅逐漸建立起了「十剎傳教」的體制，此十剎在廣泛傳播華嚴學方面發揮了重要的作用。

崔致遠《東大薦福寺故寺主翻經大德法藏和尚傳》載：「海表覺母，想（即「湘」——引者注）為始祖。然初至，止若東家丘。及法信遐傳，得群迷遍曉，斯實闇燭龍之眼頓放光明，織火鼠之毛益彰奇特。誘令一國學遍十山，《雜華》盛耀蟠桃。」[95]意思是說，義湘雖為海東華嚴始祖，但回到新羅之初，人們並不了解他的才學，正如孔子未出名時，西鄰住家不識其才志，只稱其為「東家丘」一樣。當義湘的傳教活動展開之後，人們才意識到他講經說法之殊勝，非常人可比。到這個時候，他便著手建立十山，作為在全國振興華嚴學的基地。十山之名，據《法藏和尚傳》中夾注說：「海東華嚴，大學之所，有十山焉。中岳公山美理寺，南岳智異山華嚴寺，北岳浮石寺，康州（今陝州）伽耶山海印寺、普光寺，熊州（今公州）迦耶峽普願寺，雞龍山岫寺（《括地誌》所云雞藍山是），朔州（今春川）華山寺，良州（今梁山）金井山梵語寺，毗瑟山玉泉寺，全州母山國神寺。更有漢州（今廣州）負兒山（三角山）青潭寺。此十餘所。」

《三國遺事》卷三「義湘傳教」也記述說：「湘乃令十剎傳教，太伯山浮石寺，原州毘摩羅伽耶之海印，毗瑟之玉泉，金井之梵魚，南嶽華嚴寺等是也。」

這裡只列舉了浮石寺、海印寺、玉泉寺、梵魚寺、華嚴寺五寺，其中的「梵魚寺」，應當就是《法藏和尚傳》中的「梵語寺」。

---

[95]　《崔文昌侯全集》第 274 — 275 頁。

另外，義湘回國之後，還建立了洛山寺，以為觀音菩薩的道場。《三國遺事》卷三「洛山二大聖」條載：「昔義湘法師，始自唐來還，聞大悲真身住此海邊崛內，故因名洛山。蓋西域寶陀洛伽山，此云小白華，乃白衣大士真身住處，故藉此名之。齋戒七日，浮座具晨水上，龍天八部侍從引入崛內參禮，空中出水精念珠一貫給之，湘領受而退。東海龍亦獻如意寶珠一顆，師捧出，更齋七日，乃見真容。謂曰：『於座上山頂雙竹湧生，當其地作殿宜矣。』師聞之，出崛，果有竹從地湧出，乃作金堂塑像而安之，圓容麗質，儼若天生，其竹還沒，方知正是真身住也，因名其寺曰洛山。師以所受二珠鎮安於聖殿而去。」寶陀洛伽山在印度南海岸，據傳是觀世音菩薩所居之聖靈之地。新譯《華嚴經》第六十八卷「入法界品」中說，此山「名補怛洛迦（即寶陀洛伽），彼有菩薩，名觀自在。」山中「眾寶所成極清淨，華果樹林皆遍滿，泉流池沼悉具足」，正是善財童子參訪觀世音菩薩的所在。義湘也許是由《華嚴經》中的相關記載受到啟發，回到新羅後便到海邊齋戒。齋戒的第七日，有龍天八部引領他到傳聞中大悲觀音所住的「海邊崛內」參禮，此時有水晶念珠一串從空中出，賜給義湘，東海龍王也獻給義湘如意寶珠一顆，義湘捧出。之後義湘再齋戒，齋戒到第七日，便見到了觀音菩薩的真容。觀音菩薩教示他在山頂生有雙竹之地建寺，於是義湘依言在那裡作金堂塑像，建立了洛山寺，洛山之名，乃仿「寶陀洛伽山」之意。洛山寺在江原道襄陽郡的海濱，若果真是義湘建立的韓國最早的觀音寺院，則比浙江普陀山成為觀音道場還要早一百多年。

第三節　法藏與義湘的通信

義湘回到新羅後，仍與法藏有書信來往。新羅僧勝詮回國時，法藏託其帶書信及《華嚴經探玄記》、《一乘教分記》、《起信論義記》、《十二門論

第三節　法藏與義湘的通信

疏》等給義湘。信中說：「唐西京崇福寺僧法藏，致書於海東新羅大華嚴法師侍者：一從分別，二十餘年，傾望之誠，豈離心首。加以煙雲萬里，海陸千重，限此一生不復再面，抱恨懷戀，夫何可言。蓋由宿世同因，今生同業，得於此報，俱沐大經。特蒙先師授茲奧典，仰承上人歸鄉之後，開闡《華嚴》，宣揚法界無礙緣起，重重帝網，新新佛國，利益弘廣，喜躍增深。是知如來滅後，光輝佛日，再轉法輪，令法久住者，其唯法師矣。法藏進趣無成，周旋寡況，仰念茲典，愧荷先師，隨分受持，不能捨離，希憑此業，用結來因。但以和尚章疏義豐文簡，致令後人多難趣入，是以具錄和尚微言妙旨，勒成《義記》，謹因勝詮法師抄寫還鄉，傳之彼土，請上人詳撿臧否，幸示箴誨。伏願嘗嘗來世，捨身受身，同於盧舍那會，聽受如此無盡妙法，修行如此無盡普賢願行。儻餘惡業，一朝顛墜，伏希上人不遺宿昔，在諸趣中，示以正道。人信之次，時訪存沒。不具。法藏和南。正月二十八日。」[96] 這封信的末尾又說：「《華嚴探玄記》二十卷，兩卷未成。《一乘教分記》三卷，《玄義章》等雜義一卷，別翻《華嚴經》中梵語一卷，《起信疏》兩卷，《十二門論疏》一卷，新翻《法界無差別論疏》一卷。已上並因勝詮法師抄寫將歸。今月二十三日，新羅僧孝忠師遺金九分，云是上人所寄，雖不得書，頂荷無盡。今附西國君持澡罐一口，用表微誠，幸請撿。謹宣。」[97] 這封信充分表明，法藏與義湘結下了深厚的友誼，義湘回國後，兩人互相思念，義湘曾託孝忠贈金，法藏則透過此信，表達對義湘的敬重與思念之情。另外，值得注意的是，法藏的著述是在剛完成不久即由勝詮帶給了義湘，這對促進新羅華嚴學的發展有非常重要的意義。

崔致遠《東大薦福寺故寺主翻經大德法藏和尚傳》記述此事說：「初藏與海東義想（即義湘——引者注）法師同學。其後藏印師說，演述義科，

---

[96]　見義天《圓宗文類》第二十二卷〈賢首國師寄海東書〉，《韓國佛教全書》第四冊第 635 頁。
[97]　同上，第 636 頁。

第七章　新羅義湘赴唐研習華嚴宗

寄示於想，仍寓書曰：『夙世同因，今生同業，得於此報，俱沐大經。特蒙先師授玆奧典，希傍此業用結來因。但以和上章疏，義豐文簡，致令後人多難趣入。是以具錄微言妙旨，勒成《義記》，傳之彼土，幸示箴誨。』想乃自閱藏文，如耳聆儼訓，掩室探討，涉旬方出。召門弟子可器瀉者四英（真定。相圓。亮元。表訓），俾分講《探玄》，人各五卷，告之曰：『博我者藏公，起予者爾輩。因楣出楣（《續藏經》第50冊該處為「因楯出楯」），執柯伐柯，各宜勉旃，無自欺也。』」崔致遠概要引述了法藏致義湘書的內容之後說到，義湘得到法藏的疏記等文稿後，即認真閱讀，如親耳聆聽智儼恩師的訓導，於是獨自掩室探討，十數日方出，遂召弟子中的真定、相圓、亮元、表訓「四英」，讓他們分講《華嚴經探玄記》，每人五卷，並且勉勵他們努力研習，做出成績。

《三國遺事》卷三「義湘傳教」也引述了法藏致義湘的書信，文中說：「儀鳳元年，湘歸太伯山，奉朝旨創浮石寺，敷敞大乘，靈感頗著。終南門人賢首撰《搜玄疏》，送副本於湘處，並奉書勤懇曰：『西京崇福寺僧法藏，致書於海東新羅華嚴法師侍者。一從分別二十餘年，傾望之誠，豈離心首。加以煙雲萬里，海陸千重，恨此一身不復再面，抱懷戀戀，夫何可言。故由夙世同因，今生同業，得於此報，俱沐大經。特蒙先師授玆粵典，仰承上人歸鄉之後，開演《華嚴》，宣揚法界無礙緣起，重重帝網，新新佛國，利益弘廣，喜躍增深。是知如來滅後，光輝佛日，再轉法輪，令法久住者，其唯法師矣。藏進趣無成，周旋寡況，仰念玆典，愧荷先師。隨分受持，不能捨離，希憑此業，用結來因。但以和尚章疏，義豐文簡，致令後人多難趣入，是以錄和尚微言妙旨，勒成《義記》。近因勝詮法師抄寫，還鄉傳之彼土，請上人詳檢臧否，幸示箴誨。伏願噹噹來世，捨身受身，相與同於盧舍那，聽受如此無盡妙法，修行如此無量普賢願行。儻餘惡業，一朝顛墜，伏希上人不遺宿昔，在諸趣中，示以正道。人

信之次，時訪存沒。不具（文載大文類）。』」

《三國遺事》卷四「勝詮髑髏」條也記述說：「釋勝詮，未詳其所自也。常附舶指中國，詣賢首國師講下，領受玄言。研微積慮，惠鑑超穎，探賾索隱，妙盡隅奧。思欲赴感有緣，當還國里。始賢首與義湘同學，俱稟儼和尚慈訓。首就於師說，演述義科，因詮法師還鄉寄示湘，仍寓書，云云。別幅云：『《探玄記》二十卷，兩卷未成，《教分記》三卷，《玄義章》等雜義一卷，《華嚴》梵語一卷，《起信疏》兩卷，《十二門疏》一卷，《法界無差別論疏》一卷，並因勝詮法師抄寫還鄉。頃新羅僧孝忠遺金九分，云是上人所寄。雖不得書，頂荷無盡。今附西國軍，特澡灌一口，用表微誠，幸願撿領。謹宣。』師既還，寄信於義湘，湘乃目閱藏文，如耳聆儼訓。探討數旬，而授門弟子，廣演斯文。語在《湘傳》。」《三國遺事》中的有關記述，與〈賢首國師寄海東書〉及崔致遠《法藏和尚傳》中的內容是大體一致的。

第四節　義湘的華嚴學

　　華嚴宗又稱賢首宗、法界宗、圓明具德宗，為中國主要的大乘佛教宗派之一。本宗所依經典主要是《大方廣佛華嚴經》，故名華嚴宗。該宗以唐代杜順禪師（西元 557～640 年，即法順）為初祖。杜順作《五教止觀》、《華嚴法界觀門》等，闡揚華嚴教學。智儼師事杜順，撰有《華嚴經搜玄記》、《華嚴孔目章》、《華嚴五十要問答》等，說「十玄」、「六相」等之奧旨，奠定了華嚴宗成立的基礎。法藏師事智儼，繼承杜順、智儼的學說，並加以發揮、發展，集華嚴學之大成，為本宗的實際創立人。法藏之後，澄觀註解新譯大經，卷帙數百，世稱華嚴疏主。其下之宗密，曾習禪學，開所謂華嚴禪，此為教禪一致之始。

第七章　新羅義湘赴唐研習華嚴宗

該宗以毗盧遮那為開法教主，又依次立普賢、文殊、馬鳴、龍樹、世親、杜順、智儼、法藏、澄觀、宗密為十祖。杜順以下為中國華嚴五祖，又有加馬鳴、龍樹成七祖之說。

華嚴宗以五教十宗判釋如來一代教法。五教即小乘教，大乘始教，終教，頓教，圓教。十宗即我法俱有宗，法有我無宗，法無去來宗，現通假實宗，俗妄真實宗，諸法但名宗，一切皆空宗，真德不空宗，相想俱絕宗，圓明具德宗。前六宗屬小乘教，七至十依序是大乘始教、終教、頓教、圓教，第十圓明具德宗即華嚴圓教，其教旨甚深玄妙，為諸宗之冠。

該宗體系龐大，內容宏富，其要在說法界緣起。明宇宙萬象相即相入，自他相待，圓融無礙。為闡明此一宗趣，乃立四法界、十玄門、六相圓融等法門。四法界即事法界、理法界、理事無礙法界、事事無礙法界。十玄門，智儼所立，法藏又加修訂發揮。即：同時具足相應門，廣狹自在無礙門，一多相容不同門，諸法相即自在門，祕密隱顯俱成門，微細相容安立門，因陀羅網境界門，託事顯法生解門，十世隔法異成門，主伴圓明具德門。如《華嚴經》所說：「華嚴世界所有塵，一一塵中見法界」。此十玄門即如是，隨取一門，具足十門。十十互具則成百門，百百互具成千門，千千互具成萬門。百千萬門，重重無盡，此即法界緣起之本來相狀。六相圓融，六相即總相、別相、同相、異相、成相、壞相，一切諸法無不具足此六相。六相之中，總、同、成三相，是無差別門；別、異、壞三相，是差別門。此差別與無差別二義六相，相即相入，圓融無礙。

義湘即將此宗傳入新羅，為海東華嚴宗之開創者。至高麗時代，大覺國師義天，攜其國之華嚴章疏來宋，投於華嚴座主淨源門下研學此宗教義，歸國後大力闡揚，為復興華嚴學做出了傑出的貢獻。

義湘著述不多，《三國遺事》卷三〈義湘傳教〉說，義湘「著《法界圖》書印並略疏，括盡一乘樞要，千載龜鏡，競所珍佩，餘無撰述，嘗鼎

第四節　義湘的華嚴學

味一饜足矣。圖成總章元年戊辰，是年儼亦歸寂，如孔氏之絕筆於獲麟矣。」他的現存著述，也僅有《華嚴一乘法界圖》，收於《韓國佛教全書》第二冊。

義湘的理論，主要是闡發和宣傳華嚴宗的理事說，使華嚴宗在新羅時期產生了相當廣泛的影響。他的《華嚴一乘法界圖》，是以三十句七言詩組成棋盤狀的圖形，詠誦《華嚴經》和《十地經論》的圓教要旨，並附有解說。其解說的開頭即說明作詩的目的：「夫大聖善教無方，應機隨病非一，迷者守跡不知失體，勤而歸宗末日（「末日」二字疑有誤），故依理據教，略製盤詩，冀以執名之徒，還歸無名真源。」接著解釋讀盤詩的方法：「讀詩之法，宜從中『法』為始，繁回屈曲，乃至『佛』為終，隨印道讀（五十四角二百一十字）。」

```
死─涅─盤─常─共─和─是─故─界─實─寶─殿─窮─坐
│                                              │
生  意  如  出  盤  理  益  行  法  意  如  捉  巧  實
│                                              │
覺  不  智  境  中  事  利  者  嚴  歸  資  糧  善  際
│                                              │
正  思  大  能  昧  冥  得  還  莊  家  得  以  緣  中
│                                              │
便  議  賢  仁  三  然  器  本  寶  隨  分  陀  無  道
│                                              │
時  雨  普  海  印  無  隨  際  盡  無  尼  羅  得  床
│                                              │
心  寶  佛  十  別  分  生  回  息  妄  想  必  不  舊
│                                              │
發  益  生  滿  虛  空  眾  佛  為  名  動  不  來
│                                              │
初  成  別  隔  亂  雜  法  餘  境  妙  不  守  自
│                                              │
十  方  一  切  塵  中  性  非  真  微  無  名  性
│                                              │
含  即  念  一  念  亦  圓  知  性  極  相  無  隨
│                                              │
中  是  劫  即  如  即  融  所  甚  深  絕  寂  緣
│                                              │
塵  無  遠  量  無  是  互  二  智  證  一  一  來  成
│                                              │
微─量─劫─九─世─十─世─相─諸─法─不─動─本─一
│                                              │
一──即──多──切────即────一──中──多──切──一──中
```

189

第七章　新羅義湘赴唐研習華嚴宗

盤詩若按詩句的先後順序排列，即是：「法性圓融無二相，諸法不動本來寂，無名無相絕一切，證智所知非餘境。真性甚深極微妙，不守自性隨緣成。一中一切多中一，一即一切多即一。一微塵中含十方，一切塵中亦如是。無量遠劫即一念，一念即是無量劫，九世十世互相即，仍不雜亂隔別成。初發心時便正覺，生死涅槃常共和。理事冥然無分別，十佛普賢大小境。能入海印三昧中，繁出如意不思議，雨寶益生滿虛空，眾生隨器得利益。是故行者還本際，叵息妄想必不得，無緣善巧捉如意，歸家隨分得資糧，以陀羅尼無盡寶，莊嚴法界實寶殿，窮坐中道實際床，舊來不動名為佛。」

他首先從六相關係的角度解釋《法界圖》中的圖印，他說：「今且約印象以明六相，示一乘三乘主伴相成，現法分齊。所謂六相者，總相、別相、同相、異相、成相、壞相。……所謂總相者義當圓教，別相者義當三乘教。如總相、別相、成相、壞相等，不即不離，不一不異，常在中道。一乘三乘亦復如是，主伴相資，不即不離，不一不異，雖利益眾生而唯在中道，主伴相成，顯法如是。一乘別教，三乘別教，準義可解。」

由此六相義，他對《華嚴經》的結構和思想加以歸納說：「問：六相者為顯何義？答：顯緣起無分別理故。以此六相義故，當知雖一部經七處八會及品類不同，而唯在地品。所以者何？是根本攝法盡故。地品中雖十地不同，而唯在初地。何以故？不起一地，普攝一切諸地功德故。一地中雖多分不同，而唯在一念。何以故？三世九世即一念故，一切即一故，如一念、多念亦如是，一即一切，一念即多念等，反前即是。」這是說，《華嚴》一部經的重點在其「十地品」，「十地品」的重點在初地，而初地的根本思想在「一念」。一念即多念，一即一切，一切即一。他又進一步說：「以此理故，陀羅尼法，主伴相成，隨舉一法，盡攝一切。若約會說，會會中盡攝一切；若約品說，品品盡攝一切。乃至若約文說，文文句句盡攝

一切。何以故？若無此，彼不成故，陀羅尼法法如是故。」這是說，所謂重點，是相對而言，其實一地、一品、一字一句皆包攝所有地、所有品、所有文字、所有內容。

接著，他對七言三十句詩的文意進行解釋。他說：「此中大分有三：初十八句約自利行，次四句利他行，次八句辨修行者方便及得利益。其七言詩的前十八句是：「法性圓融無二相，諸法不動本來寂，無名無相絕一切，證智所知非餘境。真性甚深極微妙，不守自性隨緣成。一中一切多中一，一即一切多即一。一微塵中含十方，一切塵中亦如是。無量遠劫即一念，一念即是無量劫，九世十世互相即，仍不雜亂隔別成。初發心時便正覺，生死涅槃常共和。理事冥然無分別，十佛普賢大小境。」這十八句，前四句「現示證分」，後十四句「顯緣起分」。

緊接其後，顯示利他行的四句是：「能入海印三昧中，繁出如意不思議，雨寶益生滿虛空，眾生隨器得利益。」義湘對此解釋說：「『印』者約喻得名。何者？是大海極深，明淨徹底，天帝共阿修羅鬥爭時，一切兵眾，一切兵具，於中顯現，了了分明，如印顯文字，故名『海印』。能入三昧亦復如是，窮證法性，無有源底，以究竟清淨，湛然明白，三種世間於中顯現，名曰海印。『繁』者熾盛義故，『出』者湧出無盡故，『如意』從喻得名，如意寶王無心而雨寶益生，隨緣無窮，釋迦如來善巧方便亦復如是，一音所暢，應眾生界，滅惡生善，利益眾生，隨何用處，無不如意，故名如意。」

最後辨修行者方便及得利益的八句是：「是故行者還本際，叵息妄想必不得，無緣善巧捉如意，歸家隨分得資糧，以陀羅尼無盡寶，莊嚴法界實寶殿，窮坐中道實際床，舊來不動名為佛。」義湘解釋說：「此中有二：一明修行方便，二辨得利益。」「方便者，約智語。何以故？進趣不住，名曰方便，不迴心者，不名方便故。亦可約聖者意說，何以故？以善方便

第七章 新羅義湘赴唐研習華嚴宗

接引眾生故,如五乘說人法因果解理事教義等一切諸法,準例如是。」「二明得益,謂陀羅尼者,總持故,如下數十錢法中說。」「若欲觀緣起實相陀羅尼法者,先應覺數十錢法。所謂一錢乃至十錢,所以說十者,欲顯無量故。……,一一錢中,具足十門,如本末兩錢中具足十門,餘八錢中,准例可解。」這樣,義湘透過《華嚴一乘法界圖》及其解說,高度概括並發揮了華嚴宗的思想,對促進華嚴教學的發展有重要的作用。

第五節　義湘的弟子

義湘回國後首先建立了浮石寺作為華嚴學的道場,四方參學者日益增多,後來他又遊歷四方,隨處講經說法,受法者不計其數。在這樣的過程中,他培養出了一批優秀的弟子,在新羅華嚴學的研究和教學方面做出了卓越的貢獻。《宋高僧傳・義湘傳》說:「湘講樹開花,談叢結果。登堂覩奧者,則智通、表訓、梵體、道身等數人,皆啄巨・飛出迦留羅鳥焉。」《三國遺事》卷三「義湘傳教」條則說:「世傳湘乃金山寶蓋之幻有也,徒弟悟真、智通、表訓、真定、真藏、道融、良圓、相源、能仁、義寂等十大德為領首,皆亞聖也,各有傳。真嘗處下柯山鶻嵒寺,每夜伸臂點浮石室燈。通著《錐洞記》,蓋承親訓,故辭多詣妙。訓曾住佛國寺。常往來天宮。」這裡說,相傳義湘是金山寶蓋佛的化身,其門下有悟真、智通、表訓、真定、真藏、道融、良圓、相源、能仁、義寂「十大德」,皆是「亞聖」。其中悟真曾住鶻巖寺弘法。智通撰有《錐洞記》,又稱《大華嚴經要義問答》,即《宋高僧傳》所謂《錐穴問答》[98],該著作是將隨時記錄的義湘的訓示整理成冊,即《宋僧傳》所謂「執筆書紳,懷鉛剳葉,抄如結集,錄似載言」之作,故語多妙旨。《三國遺事》卷五「朗智乘雲」條載,

---

[98] 見義天《新編諸宗教藏總錄》。

第五節　義湘的弟子

智通7歲出家，曾投靈鷲山朗智為弟子，「後詣義湘之室，升堂覩奧，頗資玄化，寔為《錐洞記》主也。」表訓曾住佛國寺，常往來於天宮。據《新編諸宗教藏總錄》載，道身撰有《大華嚴經一乘問答》二卷，即《宋高僧傳》所云「隨弟子為目」之「《道身章》」。另外，《三國遺事》卷五「真定師孝善雙美」條記載了真定的事蹟，說他以孝名世，平生喜佛。後來：「聞人說義湘法師在太伯山說法利人，即有嚮慕之志，告於母曰：畢孝之後，當投於湘法師，落髮學道矣。母曰：佛法難遇，人生大速，乃曰畢孝，不亦晚乎。曷若趁予不死，以聞道聞，慎勿因循，速斯可矣。」於是真定啟程，「三日達於太伯山，投湘公剃染為弟子，名曰真定。居三年，母之訃音至，定跏趺入定，七日乃起。說者曰：追傷哀毀之至，殆不能堪，故以定水滌之爾。或曰：以定觀察母之所生處也。或曰：斯乃如實理薦冥福也。既出定以後，事告於湘，湘率門徒歸於小伯山之錐洞，結草為廬，會徒三千，約九十日，講《華嚴》大典。門人智通隨講，撮其樞要成兩卷，名《錐洞記》，流通於世。講畢，其母現於夢曰：我已生天矣。」

崔致遠《法藏和尚傳》中說，義湘弟子中有「四英」，夾注謂：四英即真定、相圓、亮元、表訓。這裡的「亮元、相圓」應該就是《遺事》所說「十大德」中的「良圓、相源」。

此外，把法藏的書信和著述帶給義湘的勝詮，有學者認為是義湘的弟子，但文獻中並無明確的記載。《三國遺事》「勝詮髑髏」條說，「釋勝詮，未詳其所自也。」只知道他曾搭乘船舶到中國，在賢首國師法藏門下學習《華嚴》玄旨，「研微積慮，惠鑑超穎，探賾索隱，妙盡隅奧。」回國時受法藏之託，為義湘帶去法藏的書信和法藏的新著。此後，「詮乃於尚州領內開寧郡境開創精廬，以石髑髏為官屬，開講《華嚴》。新羅沙門可歸，頗聰明識道理，有傳燈之續，乃撰《心源章》，其略云：勝詮法師領石徒眾，論議講演，今葛頃寺也。其髑髏八十餘枚，至今為綱司所傳，頗有靈

異。其他事蹟具載碑文，如大覺國師實錄中。」勝詮在尚州領內的開寧郡境開創精舍，即後來的葛頃（或謂「項」）寺，在那裡以石髑髏為徒眾，開講《華嚴》，其傳燈弟子可歸在所撰〈心源章〉中記述了此事。

勝詮之後，有梵修赴唐學《華嚴》，《遺事》「勝詮髑髏」在記述了勝詮的事蹟之後即說：「厥後有僧梵修。遠適彼國。求得新譯後分華嚴經觀師義疏，言還流演。時當貞元己卯，斯亦求法洪揚之流乎。」梵修赴唐之後，得到了般若與華嚴四祖澄觀剛剛譯出不久的「後分《華嚴經》」，即「四十《華嚴》」，以及澄觀的《新譯華嚴經後分經疏》，於唐德宗貞元十五年（西元 799 年）攜帶歸國，敷演流傳。華嚴三祖賢首法藏的學說，在其過世後不久，即被其弟子慧苑修正，改法藏的「五教」為「四教」，改「十玄」為「十德相」等。澄觀則奮起反對慧苑的「異說」，維護並闡揚法藏的思想，同時又把華嚴學與天台學、禪宗思想結合起來，開闢出華嚴學發展的一個新方向。梵修回到新羅後所傳揚的，應該就是具有澄觀特色的華嚴學。

第八章
唐五代禪宗傳入與新羅禪門發展

第八章　唐五代禪宗傳入與新羅禪門發展

　　禪宗是中國佛教的一大宗派，始於菩提達摩，確立於六祖慧能。中晚唐之後成為中國佛教的主流。

　　禪是梵文音譯，漢譯為靜慮，一般稱為禪定或禪修。佛教傳入中國後，禪修的理論學說也隨之在中國流傳開來，到南北朝時期，即已有多種禪經譯為漢文，對禪學的研究也逐漸開展起來。劉宋時有印度僧人菩提達摩渡海東來，到達廣州，於梁普通年間（西元520～526年）赴洛陽弘揚禪法。但因其禪法不為時人重視，乃入嵩山少林寺面壁九年，修禪習定，並且倡導「二入四行」的禪修原則，以《楞伽經》教授弟子慧可、道育等。慧可從學六年後居舒州皖公山（今安徽潛山東北），傳法於僧璨。僧璨受法後住舒州司空山（今安徽太湖北），傳法於道信。道信先至吉州（今江西吉安），後住湖北黃梅雙峰山，並傳法於弘忍。其另一弟子法融在金陵（今江蘇南京）牛頭山傳牛頭禪。弘忍得法後即至雙峰山東馮茂山（一作馮墓山）另建道場，名東山寺，故其禪學被稱為「東山法門」。弘忍門下有神秀、慧能二大弟子，分立北宗漸門與南宗頓門。神秀主張「拂塵看淨」的漸修，住荊州玉泉寺弘禪，門人雲集，開北宗漸門禪法。晚年入京，為三帝國師，弟子有嵩山普寂、終南山義福。慧能主張佛性本有，頓悟成佛，從弘忍得法後南歸，隱居十五年，繼至曹溪住寶林寺（今廣東韶關南華寺）。後應請在韶州大梵寺說摩訶般若波羅蜜法，並傳授無相戒，開南宗頓門禪法，門徒甚眾，奉慧能為六祖，有《六祖壇經》傳世。慧能與神秀時稱「南能北秀」。北宗數傳後即趨衰微，南宗傳承益廣，成為禪宗正統。禪宗從初祖達摩到五祖弘忍，皆以《楞伽經》相傳，故傳禪者有「楞伽師」之稱。但四祖道信除依《楞伽經》外，亦嘗勸道俗依《文殊說般若經》行一行三昧。五祖弘忍則在《楞伽經》之外，又講《金剛經》，慧能即由聽聞《金剛經》而得頓悟。慧能之後，《六祖壇經》成為禪宗所依持的代表作，所以慧能是禪宗的實際創立者。

慧能著名的弟子有南岳懷讓、青原行思、荷澤神會、南陽慧忠、永嘉玄覺。南岳門下數傳而演為溈仰、臨濟兩宗；青原門下數傳而形成曹洞、雲門、法眼三宗。此即謂之「五家」禪。其中臨濟、曹洞兩家流傳時間最長。臨濟宗在宋代又分為黃龍、楊岐兩派，與原「五家」合稱「五家七宗」。這五家七宗的思想，並無太大的區別，只是門庭施設有所不同，接引學人的方法各有一定的特點，因而形成各自不同的宗風。

中國禪宗的創立，是中國佛教史上的一次重大改革，推動中國佛教發展邁向高峰，對中國哲學、文學、藝術等傳統文化的發展都具有深刻的影響。後續快傳播到了韓國，形成了禪門九山等禪宗派別。也有韓國僧人赴中習禪弘法，終老於中國，對中國禪的發展做出了重要的貢獻，無相就是具有代表性的一位。

第一節　新羅王子無相赴唐求法弘禪

崔致遠所撰的〈智證和尚碑銘並序〉中說到，新羅赴唐學禪的名僧，分為「西化」和「東歸」兩類。「西化」指赴唐後未再返回新羅，終生在唐弘禪；「東歸」則指西學後回歸新羅，在新羅弘法傳禪。崔致遠列舉了幾位「西化」的代表性人物，第一位即是「靜眾無相」。

據《歷代法寶記》卷一與《宋高僧傳》「唐成都淨眾寺無相傳（智詵禪師）」所記，無相俗姓金，新羅國聖德王（西元702～736年）第三子。於郡南寺落髮登戒。開元十六年（西元728年）泛東溟赴唐，到達長安，受到玄宗皇帝召見，編籍禪定寺，尋師訪道，周遊涉歷，乃到四川資州德純寺，禮唐和尚處寂。初始，和尚稱疾不見。無相便燃一指為燈，供養唐和尚。至誠所感，唐和尚知其非常人，便留左右二年，與號曰「無相」。處

第八章　唐五代禪宗傳入與新羅禪門發展

寂密付袈裟信衣,並且說:「此衣是達摩祖師傳衣,則天賜與詵和上,詵和上與吾,吾今付囑汝。」[99] 無相得付法及信衣,遂居谷山石巖下,「草衣節食。食盡喰土。」[100] 武則天曾召其入宮,「後來入城市,晝在冢間,夜坐樹下,真行杜多之行也。人漸見重,為構精舍於亂墓前。」[101] 後章仇大夫請他開講禪法,居住在淨眾寺,化導眾生,如此經過了二十餘年,人稱「金和尚」。「安史之亂」時,唐明皇遇難入蜀,曾迎無相入內殿,供養禮敬。由是遂勸檀越造淨眾、大慈、菩提、寧國等寺,以及外邑蘭若、鐘、塔等不可悉數。寶應元年(西元762年)五月十五日,使工人熏壇將信衣及餘衣一十七事,密送與無住禪師,並傳達其付囑謂:「善自保愛,未是出山時,更待三五年,聞太平即出。」《歷代法寶記》卷一。遙付囑訖。至五月十九日夜半子時,儼然坐化。享年七十九。[102] 至開成(西元836～840年)中,李商隱作〈梓州四證堂碑〉,記無相為「神足傳芳」的東蜀「四證」之一證。

無相師處寂,處寂師智詵。資州德純寺智詵禪師,俗姓周。汝南人,隨祖父遷官而至蜀。年十歲常好釋教,年十三辭親入道場。起初跟隨玄奘法師學經論,後來聽說禪宗五祖弘忍大師傳禪,法門甚盛,便辭別玄奘法師,舍經論,至憑茂山投奔忍大師,成為弘忍門下與慧能、神秀等並列的十大弟子之一。後歸資州德純寺,化導眾生。造《虛融觀》三卷,《緣起》一卷,《般若心疏》一卷。萬歲通天二年(西元696年)七月,武則天勅天冠郎中張昌期到德純寺請智詵師,智詵應請而赴西京。後因疾進奏表,還歸德純寺。他在德純寺弘法度生首尾三十餘年,長安二年(西元702年)六月,付袈裟於處寂,並付囑說:「此衣是達摩祖師所傳袈裟,則天賜吾,

---

[99]《歷代法寶記》卷一。
[100] 同上。
[101]《宋高僧傳》卷十九〈無相傳〉。
[102]《宋高僧傳》謂:「至德元年建午月十九日無疾示滅,春秋七十七。後號東海大師塔焉。乾元三年資州刺史韓汯撰碑。」

第一節　新羅王子無相赴唐求法弘禪

吾今付汝，善自保愛。」至其年七月六日夜，奄然坐化。時年九十四。[103]

處寂禪師俗姓唐，其家世代好儒，常習《詩》、《禮》，有分義孝行。他十歲時父親去世，乃投智詵和尚。曾隨詵師一起赴京，一路殷勤奉事，後還歸資州德純寺，化道眾生二十餘年。開元二十年（西元732年）四月，密遣家人王鍠喚海東無相禪師，付囑法及信袈裟云：「此衣是達摩祖師衣，則天賜詵和上，和上與吾，吾轉付汝。善自保愛。覓好山住去。」其年五月二十七日夜半子時，奄然坐化。時年六十八。[104]

這樣看來，無相傳承的法脈是五祖弘忍－智詵－處寂－無相。無相所傳的禪法很有特色，據《歷代法寶記》卷一載，金和上每年十二月和正月，與四眾百千萬人受緣，嚴設道場，高座說法。先教引聲念佛，盡一氣念，絕聲停念訖云：「無憶、無念、莫妄。無憶是戒，無念是定，莫妄是惠。此三句語即是總持門。」又云：「念不起猶如鏡面能照萬像，念起猶如鏡背即不能照見。」又云：「須分明知起知滅，此不間斷，即是見佛。譬如二人同行俱至他國，其父將書教誨，一人得書尋讀已畢，順其父教不行非法，一人得書尋讀已畢，不依教示熾行諸惡。一切眾生依無念者，是孝順之子，著文字者，是不孝之子。」又云：「譬如有人醉酒而臥，其母來喚，欲令還家，其子為醉迷亂，惡罵其母。一切眾生無明酒醉，不信自身見性成佛。又《起信論》云心真如門、心生滅門，無念即是真如門，有念即生滅門。」又云：「綾本來是絲，無有文字，巧兒織成，乃有文字，後折卻還是本然絲。絲喻佛性，文字喻妄相。」又云：「我此三句語，是達摩祖師本傳教法。」不言是詵和上、唐和上所說。每常座下教戒真言：「我達摩祖師所傳，此三句語是總持門。念不起是戒門，念不起是定門，念不起惠門。無念即是戒定惠具足。過去未來現在恆沙諸佛皆從此門入，若更有別門。

---

[103]《歷代法寶記》卷一。
[104] 同上。

第八章　唐五代禪宗傳入與新羅禪門發展

無有是處。」

　　無相以「無憶、無念、莫妄」之「三句語」配戒定慧三學，並以此為「總持門」即學佛的總綱領，這與六祖慧能的思想相當接近。《六祖大師法寶壇經》中有：「我此法門，從一般若生八萬四千智慧。何以故？為世人有八萬四千塵勞。若無塵勞，智慧常現，不離自性。悟此法者，即是無念、無憶、無著，不起誑妄。用自真如性，以智慧觀照，於一切法不取不捨，即是見性成佛道。」這裡的「無念、無憶、無著，不起狂妄」，與無相之三句語何其相似。《六祖大師法寶壇經》中又有：「我此法門，從上以來，先立無念為宗，無相為體，無住為本。」而更加反覆強調的是「無念為宗」。無相雖說三句，亦重點強調「無念」，所以他又說：「念不起是戒門，念不起是定門，念不起惠門。無念即是戒定惠具足。」三句實為一句。另外，無相不立文字、見性成佛的主張，顯然也是和慧能門下的南宗禪相通的。

　　在無相的多名弟子中，最為突出的當屬保唐無住。據《歷代法寶記》卷一記載，無住俗姓李，法號無住。曾入仕途，後捨棄官職，尋師訪道。初隨白衣居士陳楚璋學頓教法。後聞大原府有自在和上，是六祖弟子，亦說頓教法，遂往禮拜自在和上，自在和尚便與削髮披衣，受具足戒。後遊學五臺山清涼寺、西京安國寺、崇聖寺、北靈州賀蘭山等地。乾元二年（西元759年）正月，到成都府淨眾寺謁見金和上，和上見之，非常歡喜，安置在鐘樓下院，當夜隨眾受緣。不久，遵師囑入天蒼山修學。無相臨終前遣人送法衣及覆膊裙衫坐具共有一十七事與無住，並傳付囑云：「此是則天皇後與詵和上，詵和上與唐和上，唐和上與吾，吾傳與無住禪師。此衣久遠已來保愛，莫遣人知。」「此衣嫡嫡相傳付授，努力努力。」「未出山時，更待三五年間，自有貴人迎汝即出。」後居保唐寺而終。

　　無住的禪學思想，據《歷代法寶記》所述：「釰南成都府大曆保唐寺無住和上，每為學道四眾百千萬人，及一人無有時節，有疑任問，處座說

法，直至見性。以直心為道場，以發行為道場，以深心為道場，以無染為道場，以不取為道場，以不捨為道場。以無為為方便，以廣大為方便，以平等為方便。以離相為火，以解脫為香，以無罣礙為懺悔。以無念為戒，以無為無所得為定，以不二為惠。不以嚴設為道場。和上云：『一切眾生本來清淨，本來圓滿，添亦不得，減亦不得。為順一念漏心，三界受種種身。假名善知識指本性，即成佛道。著相即沈輪。為眾生有念。假說無念。有念若無，無念不自。滅三界心，不居寂地，不住事相，不無功用，但離虛妄。名為解脫。』又云：『有心即是波浪，無心即是外道，順生死即是眾生垢依，寂滅即是涅槃。不順生死，不依寂滅，不入三昧，不住坐禪，無生無行，心無得失，影體俱非，性相不立。』」無住的禪學，有與無相共同的地方，也有自己特殊的發揮，總體上看，也是接近慧能的南宗禪。

另外，宗密的《圓覺經大疏抄》中提到，馬祖道一在師事南嶽懷讓之前，曾學於無相禪師。而《景德傳燈錄》卷六則說：道一「幼歲依資州唐和尚落髮，受具於渝州圓律師。唐開元中，習禪定於衡嶽傳法院，遇讓和尚。」由此可見，馬祖道一與處寂、無相亦有師資關係，而道一的弟子西堂智藏、百丈懷海、南泉普願、麻谷寶徹、章敬懷暉、鹽官齊安等，在新羅禪門中有著重要的影響。

第二節　法朗、慎行赴唐與新羅禪宗曦陽山派的創立

韓國新羅時期的禪宗，宗派林立，素有「禪門九山」之稱。而其開宗立派的禪師們大多都曾赴唐求法習禪，歸國後宏化一方，聲名漸著，遂蔚

第八章　唐五代禪宗傳入與新羅禪門發展

成一大宗派。此禪門九山有曦陽山派、迦智山派、實相山派、桐里山派、聖住山派、鳳林山派、師子山派、闍崛山派、須彌山派。此外也還有一些重要的禪門派別，本章將一併論述。

禪宗在統一新羅的初期就由法朗帶到了新羅，那是達磨禪南北分派以前第四祖道信所行的禪。真德王時代，法朗赴唐學禪，師事中國禪宗四祖道信，並得其心要，歸國後他又傳給神行（或云慎行、信行）。神行後來也曾赴唐，師事普寂（中國禪宗北宗之祖神秀的高弟，大照禪師）的門人志空，回新羅後傳北宗禪，三傳而形成新羅禪宗曦陽山一派，這是禪門九山之一。曦陽山派的創始人智詵（道憲，西元824～882年），九歲從浮石山寺梵體學華嚴，十七歲從瓊儀律師受具足戒。曾赴唐從慧隱禪師受禪道，後住曦陽山鳳嚴寺，創立曦陽山派；據崔致遠的《碑銘》記述，其傳法系統為道信－法朗－神行（慎行、信行）－慧隱－智詵。另據〈聞慶鳳巖寺靜真大師圓悟塔碑〉，道憲還繼承了南嶽懷讓的南宗禪法脈，並且傳法於楊孚，楊孚傳競讓。競讓又赴唐受學於青原法裔，回國後再開曦陽山派（事見本章第十一節）。

最早記述中國禪宗與新羅禪門各派關係的文獻，當屬崔致遠撰的〈智證和尚碑銘並序〉，其中說到：「洎長慶初，有僧道義西泛，睹西堂之奧，智光侔智藏而還，始語玄契者，縛猿心護奔北之短，矜鶂翼誚圖南之高，既醉於誦言，競嗤為魔語。是用韜光廡下，斂跡壺中，罷思東海東，終遁北山北。豈大《易》之無悶，《中庸》之不悔者邪！然秀冬嶺，芳定林，蟻慕者彌山，鷹化者幽谷，道不可廢，時然後行。

及興德大王纘戎，宣康太子監撫，去邪醫國，樂善肥家。有洪陟大師，去西堂證心，來南岳休足。鷩冕陳順風之請，龍樓慶開霧之期，顯示密傳，朝凡暮聖，變非蔚也，興且勃焉。試較其宗趣，則修乎修沒修，證乎證沒證，其靜也山立，其動也谷應，無為之益，不爭而勝。於是乎東人

第二節　法朗、慎行赴唐與新羅禪宗曦陽山派的創立

方寸地靈矣，能以靜利利海外，不言其所利，大矣哉！爾後觴鸒河，筌融道，無念爾祖，實繁有徒，或劍化延津，或珠還合浦，為巨擘者，可屈指焉。西化則靜眾無相、常山慧覺，益州金，鎮州金者是也；東歸則前所敘北山義、南岳陟，而降太安徹、國師慧目育（無可考）、智力門（智力，寺名）、雙溪昭（慧昭）、新興彥（仲彥、忠彥）、湧巖體（覺體）、珠丘休（玄昱覺休）、雙峰雲（覺雲）、孤山日（品日），兩朝國師聖住染（無染），為菩提宗（惠雲，無染嗣），德之厚為父眾生，道之尊為師主者，古所謂逃名名我隨，避聲聲我追者。故得皆化被恆沙，跡傳豐石，有令兄弟，宜爾子孫。俾定林標秀於雞林，慧水安流於鰈水矣。別有不扃不牖而見大道，不山不海而得上寶，恬然息意，澹乎忘味，彼岸也不行而至，此土也不嚴而治，七賢孰取譬，十住難定位者，賢溪山智證大師其人也。

始大成也，發蒙於梵體大德，稟具於瓊儀律師，終上達也，探玄於慧隱嚴君，受默於揚孚令子，法胤唐四祖為五世父，東漸於海，溯遊數之，雙峰子法朗，孫慎行，曾孫遵範，玄孫慧隱，末孫大師也。朗大師從大醫之大證。按杜中書正倫纂銘敘云：『遠方奇士，異域高人，無憚險道，來至珍所。』則掬寶歸止，非師而誰？第知者不言，復藏於密，能探祕藏，唯行大師。然時不利兮，道未亨也，乃浮於海，聞於天。肅宗皇帝躬貽天什曰：『龍兒渡海不憑筏，鳳子沖虛無認月。』師以『山鳥』、『海龍』二句為對，有深旨哉！東還三傳至大師，畢萬之後，於斯驗矣。

其世緣則王都人，金姓子，號道憲，字智詵。父贊瓖，母伊氏。長慶甲辰歲現於世，中和壬寅歷歸於寂，宴坐也四十三夏，歸全也五十九年。其具體則身仞餘，面尺所，儀狀魁岸，語言雄亮，真所謂威而不猛者。始孕洎滅，奇蹤祕說，神出鬼沒，筆不可紀。今撮其感應聳人耳者六異，操履驚人心者六是，而分表之。

至冬杪既望之二日，趺坐晤言之際，泊然無常。嗚呼！星回上天，月

第八章　唐五代禪宗傳入與新羅禪門發展

落大海,終風吼谷,則聲咽虎溪,積雪摧松,則色侔鶴樹。物感斯極,人悲可量,信而假殯於賢溪,期而遷窆於曦野。太傅王馳醫問疾,降駪營齋,不暇無偏無頗,能諧有始有終,特教菩薩戒弟子建功鄉令金立言,慰勉諸孤。賜諡智證,塔號寂照,仍許勒石,俾錄狀聞。

門人性蠲、敏休、楊孚、繼徽等,咸得鳳尾者,斂陳跡以獻。至乙巳歲,有國民媒儒道,嫁帝鄉,而名掛輪中,職攀柱下者,曰崔致遠,捧漢後龍緘,賫淮王鵠幣,雖慚鳳舉,頗類鶴歸。上命信臣清慎陶竹楊,授門人狀,錫手教曰:『縷褐東師,始悲西化;繡衣西使,深喜東還。不朽之為,有緣而至,無吝外孫之作,將酬大師之德。』臣也雖東箭非才,而南冠多幸,方思運斧,遽值號弓。況復國重佛書,家藏僧史,法碣相望,禪碑最多,遍覽色絲,試探錦頌,則見無去無來之說,競抱半量;不生不滅之談,動論車載。曾無魯史新意,不用周公舊章。是知石不能言,益驗道之云遠,唯懊師之去早,臣歸來遲,『饕餮』字誰告前因,逍遙義不聞真訣。每憂傷手,莫悟申拳。嘆時則露往霜來,遽凋愁鬢;談道則天高地厚,僅腐頑毫。將諧汗漫之遊,始述崆峒之美。有門人爽英,來趣受辛,金口是資,石心彌固,忍逾刮骨,求甚刻身,影伴八冬,言資三複,抑六異六是之屬辭無愧,賈勇有餘者,實乃大師內蕩六魔,外除六蔽,行苞六度,坐證六通故也。事譬採花,文難消槁,遂同榛楛勿剪,有慚糠粃在前,跡追蘭殿之遊,誰不仰月池佳對;偈效柏梁之作,庶幾騰日域高譚。其詞曰:

麟聖依仁乃據德,鹿仙知白能守黑。二教從稱天下式,螺髻真人難確力。十萬里外鏡西域,一千年後燭東國。雞林地在鰲山側,儒仙自古多奇特。可憐羲仲不曠職,更迎佛日辨空色。教門從此分階域,言路因之理溝洫。身依兔窟心難息,足躡羊歧眼還惑。法海安流真叵測,心傳眼詖苞真極。得之得類罔象得,默之默異寒蟬默。北山義與南嶽陟,垂鵠翅與展鵬

第二節　法朗、慎行赴唐與新羅禪宗曦陽山派的創立

翼。海外時來道難抑，遠派禪河無擁塞。蓬託麻中能自直，珠探衣內體傍貧。湛若賢溪善知識，十二因緣非虛飾。何用攀經兼拊栰，何用砥筆及含墨。彼既遠學來匍匐，我能靜坐降魔賊。莫抱意樹設栽培，莫苞情田枉稼穡，莫抱恆沙論兆，莫抱閒雲定南北。德馨四遠聞蘐蔔，慧化一方安社稷。面奉天花飄縷縷，心憑水月呈禪杖。霍副往錦誰八棘，腐儒玄杖慚擿埴。跡耀寶幢名可勒，才輸錦頌文難織。罌腹欲餒禪悅食，來向山中看篆刻。」[105]

此碑銘中談到了新羅禪門多位有代表性的人物，是研究新羅佛教特別是新羅禪宗的極其重要的歷史文獻，所以在這裡作了長篇引述，後文中還將不斷涉及到該碑銘的內容。

首先，碑銘的主人智證和尚智詵，他是曦陽山派的開創者。而上溯其法系，源頭至於中國禪宗四祖道信（西元580～651年）。當時有「遠方奇士，異域高人」，新羅僧法朗，西行赴唐求法，從大醫禪師道信學禪，得法後「掬寶」歸國，傳法於慎行。慎行感到在新羅傳禪「時不利，道未亨」，機緣未熟，於是也浮海赴唐，研習禪學，受到唐肅宗的厚遇。肅宗皇帝自作「天什」詩貽慎行，其中有「龍兒渡海不憑筏，鳳子沖虛無認月」之句，讚揚法朗、慎行等新羅赴唐求法的高僧。慎行以「山不擇鳥，鳥能擇山；海不擇龍，龍能擇海」為對，以山海比大唐，龍鳥喻海外赴唐求法的學子。慎行東還後傳法給遵範，遵範傳慧隱，慧隱傳智證大師智詵。

慎行或稱神行，《全唐文》載唐元和（西元806～820年）時新羅衛尉卿金獻貞撰寫的〈海東故神行禪師之碑（並序）〉，記述了神行的事蹟。碑文謂：「夫法之體也，非名非相，則盲聾智者莫能觀其趣；心之性也，若存若亡，則童蒙理者焉可測其源。故有學無學，才嘗香缽之飯；二乘三乘，寧得藥樹之果。言禪那者，即末還本之妙門，因心階道之元路，歸之

---

[105] 見《崔文昌侯全集》第168－199頁；《唐文拾遺》卷四十四亦有載，名〈大唐新羅國故鳳岩山寺教諡智證大師寂照之塔碑銘並序〉，內容基本上相同。

者銷沙劫之罪，念之者獲塵剎之德。況乎經年累代，積行成功，深之又深，其極致歟！粵若位登五七，聲亙三千，紹佛種，傳法燈，即我神行禪師受其記焉。

　　禪師俗姓金氏，東京御里人也。級千常勤之子，先師安宏之兄曾孫。積善熏心，曩因感性。年方壯室，趣於非家，奉事運精律師。五綴一網，苦練二年。更聞法朗禪師在胡踞山，傳智慧燈，則詣其所，頓受奧旨。未經七日，試問之曲直微言，冥應以即心無心。和上嘆曰：『善哉！心燈之法，盡在於汝矣。』勤求三歲，禪伯登真。慟哭粉身，戀慕那極。遂以知生風燭，解滅水泡，遠涉大陽，專求佛慧。乘危碧浪，不動安心之念；對險滄州，逾策護戒之情。誓願堅固，承佛神威，孤帆直指，得到彼岸。時屬凶荒，盜賊亂邊，敕諸州府，切令捉搦。吏人遇而詰之，禪師怡然而對曰：『貧道生緣海東，因求法而至耳。』吏不得自放，撿係其身，廿有四旬矣。於是同侶俟其無人時，說桎梏而息焉，僉語之曰：『汝盍如此耶？』答言：『籲，我於往昔造罪業，故今見罹苦。』甘心受之，竟不脫休。斯則忍辱納汙之跡，和光匿耀之事也。事解，遂就於志空和上。和上即大照禪師之入室。朝夕鑽仰，已過三年，始開靈府，授以玄珠。不壞微塵，便攝大千經卷；非舒方寸，遍遊百億佛剎。常游泳於性海之深源，恆翱翔乎真空之幽際。洎於和上欲滅度時，灌頂授記曰：『往欽哉。汝今歸本，曉悟迷津。激揚覺海，（闕）已歸寂。』應時豁爾，得未曾有。挑慧燈於虛室，凝定水於禪河。故遠近見聞，尊重瞻仰，不可殫載矣。然後還到雞林，倡導群蒙。為道根者，誨以看心一言；為熟器者，示以方便多門。通一代之祕典，傳三昧之明燈。實可謂佛日再杲自暘穀，法雲更起率扶桑。設欲括三達，罩十方，書其跡，寫其功，庸詎能記一分之德耳。所冀道身地久，慧命天長。於戲！能感已盡，所應方移。此則導師隱顯，理必然故。生平

第二節　法朗、慎行赴唐與新羅禪宗曦陽山派的創立

七十有六，大曆十四年十月廿一日，終於南岳斷俗之寺。」[106]

按照此碑的記載，神行俗姓金，壯年出家，先奉事運精律師二年，後到胡踞山投身法朗禪師門下，「頓受奧旨」，受到法朗嘉許。三年之後，辭別朗師，孤帆渡海，到達唐土。當時正值凶歲，有盜賊亂邊，州府緝盜，誤捕神行，竟被無端羈押二十四旬。解脫之後，遂就志空和尚學禪。志空是大照禪師普寂的入室弟子，而普寂則是北宗禪的開祖神秀的繼承人。普寂師事神秀六年，「神秀奇之，盡以其道授焉。久視中，則天召神秀至東都論道，因薦寂，乃度為僧。及秀之卒，天下好釋氏者咸師事之。中宗聞秀高年，特下制令普寂代本師統其法眾。……（開元）二十七年，終於上都興唐寺，年八十九。時都城士庶謁者皆制弟子之服，有制賜諡曰大慧禪師。」[107] 可見神秀之後，普寂即成為北宗禪的代表人物。神行就學於普寂入室弟子志空，「朝夕鑽仰，已過三年，始開靈府，授以玄珠。」志空臨終前灌頂授記，印可他已經還源歸本，勉勵他「曉悟迷津。激揚覺海」此後神行回到新羅，倡導群蒙，「為道根者，誨以看心一言；為熟器者，示以方便多門。通一代之祕典，傳三昧之明燈。」

這樣看來，神行是先在新羅國內跟隨中國禪宗四祖道信的弟子法朗學禪，隨後又赴唐土就學於神秀的再傳弟子志空，他所傳承的中國禪，其內容應該是道信禪學與神秀北宗禪相結合的。神行於唐代宗大曆十四年（西元779年）十月廿一日，終於南嶽斷俗寺，世壽七十六歲。其門下弟子，本碑沒有提及，但如果神行即是崔致遠〈智證碑銘〉中的慎行，則其嫡傳弟子當為遵範，遵範傳慧隱，慧隱傳智詵。遵範、慧隱生平經歷不詳，我們再回到崔致遠的〈智證和尚碑銘〉，來看智證和尚智詵的事蹟。「其世緣則王都人，金姓子，號道憲，字智詵。父贊環，母伊氏。長慶甲辰歲

---

[106]《全唐文》卷七百一十八。
[107] 事見《宋高僧傳》卷十〈唐京師興唐寺普寂傳〉。

現於世,中和王寅歷歸於寂,宴坐也四十三夏,歸全也五十九年。」就是說,智詵生於唐穆宗長慶四年(西元 824 年),寂於唐僖宗中和二年(西元 882 年),世壽五十九,僧臘四十三。他的求道經歷是:「始大成也,發矇於梵體大德,稟具於瓊儀律師;終上達也,探玄於慧隱嚴君,受默於揚孚令子。」他一生沒有出過國門,但卻「不戶不牖而見大道,不山不海而得上寶」,在禪學方面有極高的造詣。景文王(西元 861～874 年在位)即位後,「心融鼎教(三教),面渴輪工(善轉法輪之工,指道憲)」,乃遣使謂智詵:可在畿內選擇佳所,作為住持傳教之地。智詵以「修身化人,舍靜奚趣」為由,加以婉拒。唐懿宗咸通五年(西元 864 年)冬,端儀長翁主(景文王之姊)「為稱當來佛是歸,敬謂下生,厚資上供,以邑司(翁主所封之地)所領賢溪山安樂寺,富有泉石之美,請為猿鶴主人。」智詵應請而住持此山寺。此後,「有居乾惠地者曰沈忠,聞大師刃餘定慧,鑑透乾坤,志確曇蘭(漢靈帝時詳曇與漢明帝時法蘭),術精安廩(安指道安,廩未詳)」,乃將「曦陽山腹,鳳巖龍谷」之地施與智證大師建構禪宮。唐僖宗中和元年(西元 881 年),新羅憲康王遣使標定疆域,並賜榜為鳳巖寺。此處「山屏四列,則鷟(紫鳳)翅掀雲;水帶百圍,則虯(無角龍)腰偃石,」實為弘法傳禪之勝景,新羅禪門曦陽山派便由此而興。智詵弟子有「性蠲、敏休、楊孚、繼徽等,咸得鳳尾者。」

第三節　西堂智藏與新羅禪門迦智山派、實相山派、桐里山派的創立

　　西堂智藏禪師(西元 735～814 年)是馬祖道一門下洪州宗的傳人,俗姓廖,虔州人,八歲從師,二十五歲受具足戒。有相者睹其儀表,謂之曰:「骨氣非凡,當為法王之輔佐也。」於是投馬祖道一禪師門下參禪求

第三節　西堂智藏與新羅禪門迦智山派、實相山派、桐里山派的創立

道，得禪師付授衲袈裟，擔任西堂和尚，人稱西堂智藏。他與百丈懷海同為道一禪師入室弟子，皆承印記。寂後唐憲宗諡大宣教禪師，唐穆宗再諡大覺禪師。西堂智藏與新羅禪門因緣深厚，迦智山派、實相山派、桐里山派的開祖皆從其學，可謂三派宗師。

迦智山派的創始人是道義，俗姓王，北漢郡人，法號明寂。宣德王五年（西元784年）赴唐至臺山，在廣州寶壇寺受具足戒，接著到曹溪拜祖師堂。後來到江西洪州開元寺師事馬祖道一的弟子西堂智藏，決疑釋滯，改名道義。此後又曾投百丈懷海門下參學。憲德王十三年（西元821年）回新羅。道義主張「無念無修」，他在「五教之外，別傳心印法。」[108] 但是，「時人唯尚經教與習觀存神之法，未臻無為任運之宗，以為虛誕，不之崇重。」[109] 於是道義隱居山林，付法廉居禪師，「傳祖心闢師教」，廉居又傳法體澄。體澄俗姓金，熊津人，出家後從廉居參禪，苦修一心，得受法印。西元837年赴唐，遊歷名山大川，謁見許多高僧大德。西元840年回國後住迦智山寺，遂成迦智山一派。

首先，迦智山派的第一代祖道義，即渡海赴唐，學於西堂智藏。

崔致遠〈智證碑〉中有：「洎長慶初，有僧道義西泛，睹西堂之奧，智光侔智藏而還。始語玄契者，縛猿心護奔北之短，矜鶡翼詗圖南之高，既醉於誦言，競嗤為魔語。是用韜光廡下，斂跡壺中，罷思東海東，終遁北山北。豈大《易》之無悶，《中庸》之不悔者邪！然秀冬嶺，芳定林，蟻慕者彌山，鷹化者幽谷，道不可廢，時然後行。」這是說，新羅道義赴唐隨西堂智藏學禪，登堂入室，盡得其奧，於唐穆宗長慶（西元821～824年）初回到新羅。但當時的新羅佛教界，對中國的禪宗，尤其是南宗禪還沒有太多的了解與領悟，一般人只知讀經，對道義所傳的禪抱著譏笑的態度，

---

[108]　高麗僧天頙撰《禪門寶藏錄》卷中。
[109]　《唐文拾遺》卷六十八。

第八章 唐五代禪宗傳入與新羅禪門發展

甚至竟「嗤為魔語」。因此，道義不得不暫時韜光養晦，以待機緣成熟後方行其道。

對於道義的這段經歷，〈新羅國武州迦智山寶林寺諡普照禪師靈塔碑銘〉有更明白的表述：「初道儀（即道義）大師者，受心印於西堂，後歸中國，說其禪理。時人雅尚經教，與習觀存神之法，未臻其無為任運之宗，以為虛誕，不之崇重，有若達摩不遇梁武也。由是知時未集，隱於山林，付法於廉居禪師。」[110]

道義的禪學思想，高麗僧天頙撰《禪門寶藏錄》卷中有所引述，說他主張：「無念無修，理性信解修證耳；祖宗示法，佛眾生不可得，道性直現耳。故五教以外，別傳祖師心印法耳。所以現佛形象者，為對難解祖師正理之機，借現方便身耳。縱多年傳讀佛經，以此欲證心印法，終劫難得耳。」[111]

對於道義的生平經歷，《祖堂集》卷十七「陳田寺元寂」有較為詳細的記載，其中說「雪岳（江原道）陳田寺元寂禪師嗣西堂，在溟州（江陵），師諱道義，俗姓王氏，北漢郡人。因瑞出家，法號『明寂』。以建中五年歲次甲子，隨使韓粲，號金讓恭，過海赴唐，直往臺山，而感文殊。空聞聖鐘之響，山見神鳥之翔。遂屈廣府寶壇寺，始受具戒。後到曹溪，欲禮祖師之堂，門扇忽然自開，瞻禮三遍而出，門閉如故。次詣江西洪州開元寺，就於西堂智藏大師處，頂謁為師，決疑釋滯。大師猶若摭石間之美玉，拾蚌中之真珠，謂曰：『誠可以傳法，非斯人而誰？』改名道義，於是頭陀而詣百丈山懷海和尚處，一似西堂。和尚曰：『江西禪脈，總屬東國之僧歟？』餘如碑文。」

照此記述，道義是在唐德宗「建中五年歲次甲子」過海赴唐，然而德

---

[110]《海東七代錄》，《續藏經》第一輯，第二編，第十八套，第五冊，第499頁。轉引自忽滑谷快天著、朱謙之譯《韓國禪教史》第77頁。
[111]《唐文拾遺》卷六十八。

第三節　西堂智藏與新羅禪門迦智山派、實相山派、桐里山派的創立

宗年號並無「建中五年」，德宗甲子年當是興元元年，即西元 784 年，也就是新羅宣德王五年。他到達唐土之後直往臺山參拜文殊菩薩，又到廣府寶壇寺受具足戒，隨後到曹溪瞻禮祖師堂。接著就到洪州開元寺拜西堂智藏為師，智藏視之如石間美玉，蚌中珍珠，認為他很有培養前途，堪當重任，因而對他十分器重。之後道義又去拜謁百丈懷海，百丈認其為「江西禪脈」真正的後繼者。他在馬祖門下的西堂智藏及百丈懷海處習洪州南頓禪旨三十七年，於長慶初（西元 821 年）歸國傳法，付法廉居，廉居傳體澄，體澄開新羅禪宗迦智山派。

關於體澄的事蹟，〈新羅國武州迦智山寶林寺諡普照禪師靈塔碑銘〉有載，其中說：體澄禪師俗姓金，熊津人。家承令望，門襲仁風，「孝義旌表於鄉里，禮樂冠蓋於軒裳者也。」但禪師「從繦褓之年，宛有出塵之趣；登齠齓之歲，永懷捨俗之緣。二親知其富貴難留，財色莫系，許其出家遊學，策杖尋師。」先投花山勸法師座下受法，摳衣請益，夙夜精勤，觸目無遺，歷耳必記。常以治粗鄙，練僧儀，積仁順而煩惱蠲除，習虛靜而神通妙用，超然出眾，卓爾不群。在唐文宗大和元年（西元 827 年），至加良峽山普願寺受具戒。後往雪山億聖寺投廉居禪師門下，「淨修一心，求出三界，以命非命，以軀非軀。」廉居禪師察其志氣非偶，素概殊常，便付玄珠，授法印。

唐文宗開成二年（西元 837 年），體澄與同學真育、虛會等結伴，路出滄波，西入華夏。參訪善知識，歷三五州，而「知其法界嗜欲共同，性相無異」，一路聽聞，皆不外祖師所說，無以為加。遂興止足之意，乃於開成五年春二月，隨平盧使歸舊國化故鄉。「於是檀越傾心，釋教繼踵，百川之朝鰲壑，群領之宗鷲山，未足為喻也。」唐宣宗大中十三年（西元 859 年），體澄移住武州黃壑蘭若，龍集於析木之津，當時在位的憲安大王（西元 857～861 年）「聆風仰道，勞於夢魂，願闢禪扉，請入京轂。夏六

第八章　唐五代禪宗傳入與新羅禪門發展

月，教遣長沙縣副守金彥卿齎藥迎之。所以處雲巖之安，兼屬結戒之月，託淨名之病，陳六祖之辭。冬十月，教又遣道俗使雲巖郡僧正連訓法師、奉宸馮瑄等，宣諭綸旨，請移居迦智山寺。遂飛金錫，遷入山門，其山則元表大德之舊居也。表德以法力施於有政，是以乾元二年，特教植長生標柱，至今存焉。」唐宣宗大中十四年（西元860年）仲春，副守金彥卿夙陳弟子之禮，嘗為入室之賓，乃減清俸，出私財，市鐵二千五百斤，鑄盧舍那佛一軀，以莊嚴禪師所居梵宇。又「教下望水里南等宅，共出金一百六十分，租二千斛，助充裝餙功德，寺隸宣教省。」唐懿宗咸通二年（西元861年），以十方施資，廣其禪宇。從此體澄禪師在此開堂說法近二十年。唐僖宗廣明元年（西元880年）三月十三日，體澄禪師入寂。享齡七十有七，僧臘五十二。寂時「弟子英惠、清奐等八百餘人，義深考妣，情感乾坤，追慕攀號，聲動溪谷。以其月十四日，葬於王山松臺，壘塔安厝。」「達摩為唐第一祖，中國則以儀（義）大師為第一祖，居禪師為第二祖，我師（體澄）為第三祖矣。中和三年春三月十五日，門人義車等纂集行狀，遠詣王居，請建碑銘，用光佛道。聖上慕真空之理，閔嚴師之心，教所司定諡曰普照，塔號彰聖，寺額寶林，褒其禪宗，禮也。」（中和四年歲次甲辰季秋九月戊午朔旬有九日丙子建。）自體澄禪師起，迦智山派逐漸興旺。

其二，實相山派的創始人是洪陟，別名南漢祖師，憲德王時赴唐求法，與道義同受法於西堂智藏。歸國後傳馬祖禪法，其宗趣為「修乎修沒修，證乎證沒證。其靜也山立，其動也谷應，無為之益，不爭而勝。」他得到興德王和宣康太子的歸依，敕住實相寺，由此開創了實相山派。洪陟的嗣法弟子是透澈國師（西元816～892年），他是實相山第二祖，得到景文王和憲康王的歸依，使本宗宗風大振。

實相山派的開山洪陟（《景德傳燈錄》、《祖堂集》等皆作「洪直」），

第三節　西堂智藏與新羅禪門迦智山派、實相山派、桐里山派的創立

亦是西學於智藏禪師。崔致遠〈智證碑〉謂：「及興德大王纂戎，宣康太子監撫，去邪醫國，樂善肥家。有洪陟大師，去西堂證心，來南嶽休足。鷟冕（指侯伯顯貴）陳順風之請，龍樓（指王者）慶開霧之期，顯示密傳，朝凡暮聖，變非蔚也，興且勃焉。試較其宗趣，則修乎修沒修，證乎證沒證，其靜也山立，其動也谷應，無為之益，不爭而勝。於是乎東人方寸地靈矣，能以靜利利海外，不言其所利，大矣哉！」據此，洪陟是在新羅興德王（西元826～835年）即位後不久赴唐師事西堂，受西堂之禪法而「證心」後回國住持南岳，得到王侯貴族的支持與皈依。他以「修乎修沒修，證乎證沒證，其靜也山立，其動也谷應，無為之益，不爭而勝」為宗趣實施教化，中國南宗禪「以心傳心，見性成佛」的禪旨不脛而走，博然而興，啟迪著東國人的心靈。

《祖堂集》卷十七「東國實相」載：「東國實相和尚嗣西堂，師諱洪直。諡號證覺大師，『凝寂』之塔。」洪陟於興德王三年（西元828年）建立智異山實相寺，大振宗風，門下多達千餘人，此即實相山派。

其三，桐里山派的創始人慧徹（西元785～861年），即崔致遠〈智證碑〉中所謂「太安徹」者。又稱惠哲、慧哲，慶州人，字型空。他曾在浮石寺學華嚴，二十二歲受大戒。憲德王六年（西元814年）赴唐，師事龔公山之西堂智藏，學「無說之說，無法之法。」受印可後，至西州浮沙寺閱藏經三年。神武王元年（西元839年）歸國，於全羅南道谷城郡桐里山開堂說法，得到文聖王的讚揚和支持，從而開創了桐里山派。其法系有允多（西元864～945年）、道詵（西元821～898年）、慶甫（西元868～948年）等名僧。景文王元年（西元861年）示寂，世壽七十七。諡號『寂忍禪師』，世稱「東國桐里和尚」。《祖堂集》卷十七、《景德傳燈錄》卷九有錄，不過都極簡略。幸有「赴唐謝恩兼宿衛判官翰林郎」崔賀所撰〈谷

213

第八章　唐五代禪宗傳入與新羅禪門發展

城大安寺寂忍禪師照輪清淨塔碑〉傳世[112]，可見其生平事蹟之梗概。據此碑所記，惠哲（慧徹）俗姓朴，字型空，出身書香門第，十五歲出家，在當年義湘開創的浮石山寺聽受《華嚴》，頗有心得，乃「編文織意，積成卷軸。決曩代之膏盲，祛群學之蒙昧。同輩謂曰：昨為切磋之友，今作誘進之師，真釋門之顏子也。」二十二歲受大戒，此後修心潔行，既律且禪，為緇流之表率。唐憲宗元和九年（西元 814 年），西行赴唐，步無他往，直詣龔公山智藏大師處請益，希冀學成歸國後，能使「無說之說、無法之法流於海表」。西堂智藏對他十分賞識，認為他志向堅定，悟性頗高，「一識如舊，密傳心印」。但就在慧徹拜智藏為師後不久的當年，智藏示寂，慧徹遂開始歷訪名山靈境，「天南地北，形影相隨」。曾到「西州浮沙寺，披尋大藏經，日夕專精，昬刻無廢，不枕不席，至於三年。文無奧而未窮，理無隱而不達。或默思章句，歷歷在心焉。」慧徹以稟受「不立文字，教外別傳」（「無說之說，無法之法」）的南宗禪旨的禪師身分，而如此辛苦的披尋藏經，並窮其奧理，甚至熟記其文言章句，實在是並不多見，這也許反映了韓國禪宗的一個特色。到高麗時期，普照國師智訥創成統一的禪宗曹溪宗，他撰〈真心直說〉等文，主張讀經學教，教禪結合，直說禪理，發明真心。他的思想是與新羅禪門九山中慧徹等禪師重視經教的思想一脈相承的。

慧徹於唐文宗開成四年（西元 839 年）返回故國，新羅國王與群臣歡喜迎接，謂「能仁妙旨，達摩圓宗，盡在此矣。譬諸夫子自衛返魯也。」乃在武州（今全羅南道）谷城郡桐里山大（太、泰）安寺創辦傳禪道場，從此之後，「漸頓聞集於四禪之室，賢愚景附於八定之門」，蔚成新羅禪門桐里山派。禪師頗得文聖王敬重，曾「遣使問理國之要，禪師上封事若干條，皆時政之急務，王甚嘉焉。其裨益朝廷，王侯致禮，亦不可勝言

---

[112]　見《朝鮮金石總覽》上，116 — 120 頁。

第三節　西堂智藏與新羅禪門迦智山派、實相山派、桐里山派的創立

也。」唐懿宗咸通二年（景文王元年，西元861年）入寂，世壽七十七，謚號寂忍禪師，塔名照輪清淨。

慧徹嗣法弟子有如禪師。據〈唐高麗大安寺廣慈禪師碑銘〉：「法祖□西堂傳於徹，徹傳於先師如，如傳於吾師，即西堂曾孫也。」[113] 這裡的「吾師」，即指碑主廣慈禪師胤多（允多）。這樣看來，桐里山派的法系是智藏—慧徹—如禪師—廣慈禪師。廣慈禪師胤多，字法性，京師人。其祖考等，皆族盛簪綴，以傳孝義。其妣朴氏，受性溫和，為人真潔，自幼勤修佛事。師生於咸通五年（西元864年）四月五日，年方八歲，即皈依佛門，志投禪教。先是雲遊四海，跋涉於遼東，輾轉數年後至桐里山參觀，從如禪師受西堂禪法，為西堂之曾孫。廣慈禪師久居僧寺，洞達禪源，「慕義投仁」、「參禪學道」而入其門者「雲趨霧聚」。後晉出帝開運二年（西元945年）入寂，世壽八十二，僧臘六十六。

慧徹法嗣除如禪師外，還有道詵國師。道詵（西元827～898年）新羅靈巖（今全羅南道）人，俗姓金。據高麗崔維清所撰〈光陽玉龍寺先覺國師證聖慧燈塔碑〉[114]的記載，他十五歲剃度出家，至月遊山華嚴寺學經。二十歲入桐里山從慧徹參學西堂禪法。二十三歲受具足戒。後周遊諸方，適至全羅南道曦陽白雞山玉龍寺，愛其地幽勝，便止住此處，坐禪忘言三十五年，因此世稱其為玉龍子。道詵還曾習陰陽五行之術，善於風水圖讖之說，頗得當時王室貴族之信受，高麗開祖王建至為推尊。孝恭王二年示寂，壽七十二，謚號「了空禪師」，塔號「證聖慧燈」。高麗王朝時，顯宗封他為「大禪師」，肅宗封他為「王師」、仁宗則追封他「先覺國師」，毅宗則命刻石為記，褒其事蹟。事見《高麗史》卷二、《東國通鑑》卷十三、《朝鮮金石總覽》上等。

---

[113]《唐文拾遺》卷七十。
[114] 見《朝鮮金石總覽》上，560－562頁。

第八章　唐五代禪宗傳入與新羅禪門發展

第四節　滄州神鑑與新羅慧昭

　　崔致遠在〈智證碑〉中列舉新羅僧西學東歸之著名者有「雙溪昭」，此即是新羅智異山雙溪寺的慧昭。慧昭曾赴唐求法，隨馬祖道一的弟子滄州神鑑學道習禪，回國後弘宣中國禪，頗有影響。

　　神鑑其人，《宋高僧傳》有「唐唐州云秀山神鑑傳」，據此可知，釋神鑑，俗姓韓，穉歲淳靜而不雜群童，其父歸心釋氏。神鑑志願出家，乃潛投東林寺貞素律師下修學，後講通《大涅槃經》義。又南格豫章參大寂禪師，繼而住居懷安西北山，講經說法，開人天眼目。會昌四年（西元 844 年）入滅。其他經歷不詳。

　　關於慧昭，崔致遠所撰〈真鑑和尚碑銘並序〉[115]記載了他的生平事蹟。據此碑銘，慧昭（照）禪師俗姓崔氏，其先祖是漢族，冠蓋山東，後因隋師征遼，多沒驪貊，崔氏一族也因此背井離鄉，不得已而成為「遐甿」（留居遠方的平民百姓）。及至唐朝，囊括四郡，崔氏家族便成為全州金馬人。其父名昌元，在家有出家之行。其母顧氏，嘗晝假寐，夢一梵僧謂願為其子，未幾有娠，而生慧昭禪師。慧昭生性清靜，深植佛緣。自幼年至成年，「志切反哺，跬步不忘。而家無斗儲，又無尺壤可盜天時者，口腹之養，唯力是視。」慧昭乃以販魚為業，贍養父母，使父母「能豐啜菽之資，允葉採蘭之榮」，盡其歡而不違其志。雙親過世後，為心求「希微之旨」，遂於唐貞元廿年（西元 804 年），以歲貢使船伕的身分，寓足西泛，多能鄙事，視險如夷，揮楫慈航，超截苦海。及達彼岸，乃告國使曰：「人各有志，請從此辭。」遂行至滄州，謁神鑑大師。投體方半，大師怡然曰：「戲別匪遙，喜再相遇。」便令剃染，頓受印契。神鑑門徒謂

---

[115]　見《崔文昌侯全集》第 123－140 頁。《唐文拾遺》卷四十四亦載有〈有唐新羅國故知異山雙溪寺教諡真鑒禪師碑銘並序〉。

第四節　滄州神鑑與新羅慧昭

之「東方聖人」。因昭禪師形貌黯然，故人稱之為黑頭陀。元和五年（西元810年），受具於嵩山少林寺琉璃壇，之後復歸橫海（滄州），此時其禪學造詣已不亞於其師，所謂「聞一知十，茜絳藍青。」在慧昭赴唐二十年前，即有鄉僧道義，先訪道於華夏，兩人邂逅相遇，西南得朋，心生歡喜，便結伴同遊，四遠參尋，證佛知見。義公先歸故國，昭師即入終南山，「登萬仞之峰，餌松實而止觀，寂寂者三年。後出紫閣，當四達之道，織芒屬而廣施，憧憧者又三年。於是苦行既已修，他方亦已遊，雖曰觀空，豈能忘本。」乃於大和四年（西元830年）返歸故國。興德大王（西元826～835年）飛鳳筆迎勞日：「道義禪師向已歸止，上人繼至，為二菩薩，昔聞黑衣之傑，今見縷褐之英，彌天慈威，舉國欣賴，寡人行業以東雞林之境，成吉祥之宅也。」昭師先憩錫於尚州（慶尚北道）露嶽長柏寺（今南長寺），「醫門多病，來者如雲。方丈雖寬，物情自隘。」遂移至康州（今晉州）知異山，於花開谷故三法和尚蘭若遺基，纂修堂宇，儼若化城。開成三年（西元838年），潛哀大王驟登寶位，「深託玄慈，降璽書，饋齋費，而別求見願。禪師曰：『在勤修善政，何用願為。』使復於王，王聞之愧悟。」閔哀王以禪師色空雙泯，定慧俱圓，乃降使賜號為慧昭，昭字避聖祖廟諱易之也，貫籍於大皇龍寺。並欲徵詣京邑，星使往復者交轡於路，而昭師嶽立不移其志。棲幽數年，「請益者稻麻成列，殆無錐地。」遂歷訪奇境，得南嶺（今全南河東郡）之麓，爽圯居最，此處「卻倚霞岑，俯壓雲澗，清眼界者，隔江遠岳；爽耳根者，迸石飛湍。至如春溪花，夏徑松，秋壑月，冬嶠雪，四時變態，萬象交光，百籟和吟，千巖競秀。」酷似晉慧遠所居之廬山東林寺，移歸海表。乃於此架竹引流，環階四注，經始禪廬，用「玉泉」為榜。又以慧昭禪師乃曹溪之玄孫，故建六祖慧能影堂，彩飾粉墉，廣資誘掖。

大中四年（西元850年）正月慧昭坐滅，報年七十有七，積夏四十一。

憲康大王（西元875～885年）恢弘至化，欽仰真宗，追諡真鑑禪師、大空靈塔，仍許篆刻，以永終譽。及定康王（西元886～887年）繼位，以鄰嶽招提有「玉泉」之號（即今之晉州玉泉寺），為名所累，眾耳致惑，乃錫題此寺為「雙溪」。

第五節　麻谷寶徹與無染之聖住山派

麻谷寶徹唐代僧。籍貫、俗姓及生卒年均不詳。出家後參謁馬祖道一，並嗣其法。後住持蒲州（山西）麻谷山（又稱麻浴山）舉揚禪風。有麻谷振錫、麻谷手巾、風性常住等著名公案流傳於禪林。其嗣法弟子有壽州遂禪師與新羅無染禪師等。

聖住山派的開祖無染（西元800～888年），俗姓金，是武烈王八代孫。他十二歲到雪山五色寺出家，師事法性禪師；後又從浮石寺釋澄學華嚴。西元821年隨王子金昕赴唐，到大興城南山至相寺聽講《華嚴經》，後遊洛陽佛光寺，問道於馬祖弟子如滿。又隨蒲州麻谷山寶徹（也是馬祖弟子）參禪，並得傳心印。西元845年回國後住聖住寺，弘傳禪法，問學者不計其數，由此形成聖住山派。

無染禪師即崔致遠〈智證碑〉中的「聖住染」。崔致遠又奉教撰有〈無染和尚碑銘並序〉，其開首謂：

「帝唐揃亂以武功（滅黃巢），易元以文德之年（西元888年）暢月（仲冬月）月缺之七日，日蘸咸池，時海東兩朝國師禪和尚盥浴已，趺坐示滅（新羅真聖王二年十一月七日）。國中人如喪左右目，矧門下諸弟子乎！嗚呼！應東身者八十九春，服西戒者六十五夏，去世三日，倚繩座儼然，面如生。門人詢乂等，號奉遺體，假建禪室中。上聞之震悼，使馹吊以書，

第五節　麻谷寶徹與無染之聖住山派

賻以穀，所以資淨供而瞻玄福。

越二年，攻石封層塚，聲聞玉京，菩薩戒弟子武州都督蘇判鎰、執事侍郎寬柔、貝江都護咸雄、全州別駕英雄，皆王孫也，維城輔君德，險道賴師恩，何必出家，然後入室。遂與門人昭玄大德釋通賢、四天王寺上座釋慎符議曰：『師云亡，君為慟，奈何吾儕忍灰心木舌，缺緣飾在三（君、師、父三）之義乎？』乃黑白相應，請贈諡暨銘塔。教曰：『可。』旋命王孫夏官正卿禹珪，召桂菀行人侍御史崔致遠至蓬萊宮，因得並琪樹，上瑤墀，跽俟命珠箔外。上曰：『故聖住大師，真一佛出世，昔文考康王咸師事，福國家為日久。余始克纘承，願繼先志，而天不慭遺，益用悼厥心。余以有大行者授大名，故追諡曰大朗慧，塔曰白月葆光。乃嘗西宦，絲染錦歸，顧文考選國子命學之，康王視國士禮待之，若宜銘國師以報之。』謝曰：『主臣殿下恕粟饒浮秕，桂飽餘馨，俾報德以文，固多天幸。第大師於有為澆世，演無為祕宗，小臣以有限麼才，紀無限景行，弱轅載重，短綆汲深，其或石有異言，龜無善顧，決巨使山輝川媚，反贏得林慚澗愧，請筆路斯避。』上曰：『好讓也，蓋吾國風，善則善己，然苟不能是，惡用黃金榜為，爾勉之。』遽出書一編，大如橡者，俾中涓授受，乃門人弟子所獻狀也。復唯之，西學也，彼此俱為之，而為師者何人，為役者何人，豈心學者高，口學者勞耶？故古之君子慎所學，抑心學者立德，口學者立言。則彼德也，或憑言而可稱；是言也，或倚德而不朽。可稱則心能遠示乎來者，不朽則口亦無慚乎昔人，為可為於可為之時，復焉敢膠讓乎篆刻。始繹如橡狀，則見大師西遊東返之歲年，稟戒悟禪之因緣，公卿守宰之歸仰，像殿影堂之開創，故翰林郎金立之所撰〈聖住寺碑〉，敘之詳矣；為佛為孫之德化，為君為師之聲價，鎮俗降魔之威力，鵬顯鶴歸之動息，贈太傅獻康大王親製〈深妙寺碑〉，錄之備矣。顧腐儒之今作也，止宜標我師就般涅槃之期，與吾君崇窣睹波之號而已。口將手議役，將自適其適，這有上足苾蒭來趣釐曰，語及斯意，則曰：立之碑，立之久矣，尚

219

第八章　唐五代禪宗傳入與新羅禪門發展

闕數十年遺美。太傅王神筆所記，蓋顯示殊遇云爾。吾子口嚼古賢書，面飲今君命，耳飫國師行，目醉門生狀，宜廣記而備言之，殆貽厥可畏，俾原始要終，脫西笑者或袖之，脫西人笑則幸甚。吾敢求益，子無憚煩。狂奴態餘率爾應曰：『僕編苫者，師買菜乎？』遂絆猿心，強搖兔翰，憶得《西漢書・留侯傳》尻云：良所與上從容言天下事甚眾，非天下所以存亡故不著。則大師時順間事蹟，犖犖者星繁，非所以警後學亦不書，自許窺一斑於班史然。」

據此碑銘及序，無染禪師「挺生君子國，特立梵王家」，俗姓金氏，於圓覺祖師為十世孫，以武烈大王為八代祖。大父周川，品真骨，位韓粲。父范清族，降真骨一等，曰得難（新羅爵有五品，一曰聖骨，二曰真骨，三曰得難，四曰王族，五曰金骨）。晚節追蹤趙文業。母華氏，魂交睹脩臂天垂授蓮花，因有娠，幾逾時，申夢胡道人，自稱法藏，授十護充胎教，過期而誕大師。阿孩時行坐必合掌趺對，至與群兒戲，畫墁聚沙，必模樣像塔，而不忍一日離膝下。九歲始讀書，目所覽，口必誦，人稱「海東神童」。十二歲投雪山五色石寺出家，師事法性禪師數年，探索無孑遺。法性禪師嘆曰：「迅足駸駸，後發前至，吾於子驗之矣。吾怯矣，無餘勇可賈於子矣，如子者宜西也。」不久，辭別法性禪師，往浮石山隨釋澄大德研習《華嚴》，大德亦曰：「敵三十夫，藍茜沮本色，顧圯杯之譬，日東面而望，不見西牆，彼岸不遙，何必懷土。」勸其西行求法。無染師乃出山並海，伺西泛之緣。

會有新羅國使赴唐，於是托足而西。然而行至大洋之中，突遭狂怒風濤，船毀不能前行。後無染師與心友道亮，跨只板，恣業風，通星半月餘，飄至劍山島崎嶇岸頭，魚腹中幸得脫身，龍頷下庶幾攬手。洎唐穆宗長慶元年（西元821年），乃搭乘朝正使王子昕之官船，自唐恩浦湳（南陽郡）到達之罘山麓，然後西行至大興城南山至相寺，遇一說《華嚴》的老

第五節　麻谷寶徹與無染之聖住山派

者,提示他說:「遠欲取諸物,孰與認而(汝)佛。」師於言下大悟,自是置翰墨,遊歷佛光寺,問道如滿。如滿禪師佩江西印,為香山白尚書樂天空門之友,然而在與無染師應答酬對中,自覺難為其師,於是便說:「吾閱人多矣,罕有如是新羅子。他日中國失禪,將問之東夷耶?」無染又辭別如滿,去謁麻谷寶徹和尚,勤勞服侍,從不挑揀,人所難,已必易,眾僧目之曰「禪門庾黔婁異行」。寶徹禪師嘉其苦節,有一日告之曰:「昔吾師馬和尚訣我曰:『春花繁,秋實寡,攀道樹者所悲咤。今授若印,異日徒中有奇功可封者封之,無使刓。』復云:『東流之說,蓋出鉤讖,則彼日出處善男子,根殆熟矣。若若得東人可目語者畎道之,俾惠水丕冒於海隅,為德非淺。』師言在耳,吾善若徠,今印焉,俾冠禪侯於東土,往欽哉!則我當年作江西大兒,後世為海東大父,其無慚先師矣乎!」無染師謹記寶徹禪師的教誨。然而不久,寶徹禪師化去,無染師乃浪遊各地,「飄飄然勢不可遏,志不可奪。於是渡汾水,登崿山,跡之古必尋,僧之真必詣。凡所止舍,遠人煙火,要在安其危,甘其苦,役四體為奴虜,奉一心為君主。就是中,顓以視篤癃、恤孤獨為已任。至祁寒酷暑,且煩渴,或鞁瘃侵,曾無倦容。耳名者不覺遙禮,囂作東方大菩薩,其三十餘年行事也其如是。」

然而到會昌五年(西元 845 年),唐武宗破佛(會昌法難),拆毀佛像,焚燒經典,廢除僧尼,沒收寺院莊田,據說當時還俗僧尼有二十六萬之多,拆毀寺院達四千六百餘所,幾使國中無出家人,連當時在唐的外國僧人也被迫還俗或回國。無染禪師就是在這樣的背景下回歸故國的。他回到新羅之後,國人相慶曰:「連城璧復還,天實為之,地有幸也。」自此時起,「請益者所至稻麻矣」。這時王子昕懸車為山中宰相(致仕後隱於山林之中),將祖父臨海公金仁問受封之所的熊州(今公州)內一寺施與無染。無染師答曰:「有緣則住。」遂於大中初(西元 847 年)就寺而居,並加以

整飭。「俄而道大行,寺大成,繇是四遠問津輩,視千里猶跬步,其麗不億,實繁有徒。大師猶鍾待扣,而鏡忘罷,至者靡不以慧照導其目,法喜娛其腹,誘憧憧之躅,變蚩蚩之俗。」文聖王(西元839～856年)聞知其功德道譽,認為其行法莫非裨益王化,大加讚賞,教令優勞,並且因於無染師「有緣則住」四字之語,乃易寺榜為「聖住」,編錄於大興輪寺。憲安王(西元857～860年)未嗣位時,即行弟子禮,「贄以茗荈,使無虛月」。至使「東國士流,(以)不識大師之門為一世羞」。及其嗣立,立即賜書乞言。大師答曰:「周禮對魯公之語,有旨哉,著在《禮經》,請銘座側。」景文王(西元861～874年)即位後,欽重如先朝志,而且日益加厚,「最所施為,必馳問然後舉。」又於咸通十二年(西元871年)秋,飛鵠頭書以傳召,延請無染入京,冕服拜為師,君夫人、世子、及大弟相國、群公子、公孫環仰如一。王以劉勰《文心雕龍》中「滯有守無,徒銳偏解,欲詣真源,其般若之絕境」之語為問:「則境之絕者,或可聞乎?」大師對曰:「境既絕矣,理無矣,斯印也,默行爾。」繼又命徒中錚錚者,隨問旋答,剖滯祛煩,撥雲見日。於是景文王大喜,懊悔見師太晚,表示從此皈依南宗。卿相亦競相延迓,與謀不暇,士庶趨承,欲去不能。「自是國人皆認衣珠,鄰客罷窺廡玉焉。」無染苦於宮中之拘束,即執意離去。王知其不可強留,乃降芝檢,請無染移住距離京師不遠的尚州深妙寺,以為禪那別館。無染推辭而不得獲准,不得已往居之。一日必葺,儼若化城。乾符三年(西元875年),憲康王(西元875～885年)即位,也勸請無染入京,其諭旨曰:「孤幼遭閔凶,未能知政。致君奉佛,普濟海人,與獨善其身,不同言也。幸大師無遠適,所居唯所擇。」師對曰:「古之師則六籍存,今之輔則三卿在。老山僧何為者,坐蝗蠹桂玉哉。就有三言,庸可留獻,曰『能官人』。」翌日,便挈山裝鳥逝,回歸聖住山。憲康王遣使傳書,求問益國之策,師以「三畏比三皈,五常均五戒」為對,並且說:「能踐王道,是符佛心。」及定康王(西元886～887年)蒞阼,「兩朝寵遇,帥而行

第五節　麻谷寶徹與無染之聖住山派

之」,「嗣位九旬,馳訊十返」。

「大師少讀儒家書,餘味在唇吻,故酬對多韻語。門弟子名可名者,厪二千人,索居而稱坐道場者,曰僧亮、曰普慎、曰詢乂、曰僧光。諸孫詵詵,厥眾濟實,可謂馬祖毓龍子,東海掩西河焉。」

崔致遠評論說:「昔武烈大王為乙粲時,為屠獮貊乞師計,將真德女君命,陛覲昭陵皇帝(唐太宗)面陳願奉正朔,易服章。天子嘉許,庭賜華裝,授位特進。……一自茲吾土一變至於魯。八世之後,大師西學而東化,加一變至於道,則莫之與京,舍我謂誰?偉矣哉!先祖平二敵國(高句麗、百濟),俾人變外飾;大師降六魔賊,俾人修內德。故得千乘主兩朝拜起,四方民萬里奔趨,動必頤使之,靜無腹非者,庸詎非應半千而顯大千者歟!」[116]

《祖堂集》卷十七亦有無染傳,文載:「嵩嚴山聖住寺故兩朝國師嗣麻谷,法號無染,慶州人也。俗姓金氏,以武烈大王為八代之祖,大父名周川,品在真骨,位在韓粲,高、曾皆為相為將。父名范清,族品降於真骨一等,鄉談得難。母華氏,夢感修臂天人,垂授藕花,因此有娠。又時夢中胡道人,授十戒為胎教,過其月而誕焉。以十二歲,落染於雪嶽。五色石寺有法性禪師,嘗扣楞伽門於其中夏,大師事師數年。

長慶之初赴唐,到佛爽寺問道如滿,印可於江西之印,而應對有慚色曰:『吾閱人多矣,罕有如是東國人,他日中國失禪之時,將問之東夷焉。』又到麻谷寶徹和尚處,服勤執役,無看所擇,人所難者,必能易之。眾人目曰:『禪門之中,異德高行。』徹公曰:『我師馬和尚訣我曰:若得東人可目擊者,畎管道中,俾慧水不冒於海隅,為德非淺。師言在耳,吾喜汝來,今印焉。俾冠禪侯於東土,往欽哉。』已得心珠於麻谷。

---

[116] 見《崔文昌侯全集》第 89－122 頁;《唐文拾遺》卷四十四〈有唐新羅國故兩朝國師教諡大朗慧和尚白月葆光之塔碑銘並序〉;《朝鮮金石總覽》上 72－82 頁〈藍浦聖住寺朗慧和尚白月葆光塔碑〉。

第八章　唐五代禪宗傳入與新羅禪門發展

　　　會昌六年回國，大中元年始就居於嵩巖山聖住寺，僧徒千眾，名震十方。於是大師吐珠於嵩巖寺，內授印於祖師根中。繇是兩朝聖主，天冠傾於地邊；一國臣寮，頭面禮於足下。

　　　大師禪定之餘暇，應求之機緣。有人問曰：『無舌土中無師無弟，何故從西天二十八代，至於唐代六祖，傳燈相照，至今不絕耶？』答曰：『皆是世上流布，故不是正傳。』問曰：『一祖師中具二土耶？』答曰：『然也。是故仰山云：兩口一無舌，即是吾宗旨。』問曰：『一祖師中，見二土如何？』答曰：『正傳禪根，不求法故。』師亦不餉，是為無舌土也。應實求法之人，用假名言之說，是名有舌土矣。然則文孝康王，以為事師，然後定康大王即位，皆承前規奉迎，然而年當九十，不能上闕。國師以文德元年暢月二十七日示滅，謚號大朗慧大師白月葆光之塔。」

　　　此與崔致遠〈無染和尚碑銘〉多有共通的記述，然其中關於「無舌土」的問答，則不見於崔文。關於無染的《無舌土論》，《禪門寶藏錄》卷上引其文云：「問：『有舌無舌，其意云何？』答：『仰山云：有舌土者即是佛土，是故應機門；無舌土者即是禪，是故正傳門。』問：『如何是應機門？』答；『知識揚眉動目而示法，此皆為應機門，故有舌，況語言也。』問：『如何是無舌土？』答：『禪根人是。此中無師無第也。』問：『若然者，何故古人云師資相傳耶？』答：『章敬云：喻如虛空，以無相為相，以無為為用，禪傳者亦然，以無傳為傳，故傳而不傳也。』問：『無舌土中不見能化所化者，與教門如來證心中亦不見能化所化，云何別耶？』答：『教門之至極，如來證心，名曰海印定。三種世間海印現而永無解，是則有三種世間跡也。今祖代法者，等閒道人心裡，永不生淨、穢兩草，故不荒三種世間，草亦無出入跡，所以不同也。淨則真如、解脫等法，穢則生死、煩惱等法也。所以古人云：行者心源如深水，淨穢兩草永不生。又、佛土者，前服定、慧之服，入燃燈穴內，今放卻定、慧之衣，立玄地，故有蹤跡。祖土

者,本來無脫不脫,不著一條線,故與佛土大別也。』」[117]

在這裡,無染禪師以禪門為無舌土,而以教門為有舌土。並且認為,教門主張讀經看教,訴諸語言文字,「是應機門」。即如「知識揚眉動目而示法」,運用肢體語言,亦屬應機門;禪門則不立文字,「以無相為相,以無為為用」。傳禪則「以無傳為傳,故傳而不傳」,「是正傳門」。教門主張如來證心,清淨解脫,但猶不離三種世間、生死煩惱之跡;禪宗則主張「淨穢兩草永不生」,「本來無脫無不脫,不著一條線」。由此看來,無染禪師是嚴格區別禪門和教門的,並且明確地把禪門置於教門之上。

第六節　章敬懷暉與新羅禪門鳳林山派

鳳林山派的創始人圓鑑玄昱(西元787～868年),即崔致遠〈智證碑〉中所云「珠丘休(玄昱覺休)」,俗姓金,出身貴族,二十二歲受具足戒,後赴唐求法,師事馬祖法系的章敬懷暉。西元837年歸國後住南岳實相寺,備受閔哀、神武、文聖、憲安四王之禮遇,幾代王對他「並執師資之敬,不微臣伏之儀。每入王宮,必命敷座誦法。」他八十二歲入寂,其弟子審希(西元855～923年)自幼好佛事;後師事玄昱,傳以心燈。孝恭王時,審希建鳳林寺,成鳳林山派。

章敬懷暉俗姓謝,自幼博覽群書,後改服緇褐,於貞元初(西元785年)師事馬祖道一禪師,道一「傳佛語心法,始自達摩,至於惠能之化,行於南服,流於天下。」並謂:「大抵以五蘊九識十八界皆空,猶鏡之明也,雖萬象畢呈,而旋光性無累;心之虛也,雖三際不住,而覺觀湛然。得於此者,即凡成聖。不然,一塵瞥起,六入膠固,循環回覆於生死之

---

[117]《續藏經》第一輯,第二編,第十八套,第五冊,第495頁。轉引自《朝鮮禪教史》第86頁。

第八章　唐五代禪宗傳入與新羅禪門發展

中，風濤火輪，迷忘不息。」[118] 懷暉謹記道一師之教誨，修學「志在《楞伽》，行在曹溪。得圓明清淨之本，去妄想因緣之習。百八句義，照其身心。心離文字，化無方所」。[119] 於是抵清涼，下幽都，登徂徠，入太行。所至之邦，蒙被法味，後止於太行百巖寺，故門人以「百巖」稱之。唐憲宗元和三年（西元 808 年），他應詔至京師，入住章敬寺，頗受憲宗敬重，每年召入麟德殿講論佛法禪理。元和十年（西元 815 年）十二月二十一日，恬然示滅（《傳燈錄》作元和十三年示滅），諡大覺禪師，世壽六十，僧臘三十五。據說他著有《法師資傳》一編，自雞足山大伽葉而下，至六祖能、秀，論次詳實。有學人求問心要，則謂：「心本清淨而無境者也，非遣境以會心，非去垢以取淨，神妙獨立，不與物俱，能悟斯者，不為習氣生死幻蘊之所累也。」[120]

懷暉禪師曾開堂說法，講論禪理，謂：「至理亡言，時人不悉。強習他事，以為功能。不知自性元非塵境，是個微妙大解脫門。所有鑑覺，不染不礙，如是光明，未曾休廢。曩劫至今，固無變易。猶如日輪，遠近斯照，雖及眾色，不與一切和合，靈燭妙明，非假鍛鍊。為不了故，取於物象。但如捏目，妄起空華，徒自疲勞，枉經劫數。若能返照，無第二人。舉措施為，不虧實相。」[121]

章敬門下弟子眾多，其中即有新羅玄昱。關於玄昱的事蹟，據《祖堂集》卷十七「東國慧目山」的記載：

「東國慧目山和尚嗣章敬，師諱玄昱，俗姓金氏，東溟冠族。父諱廉均，官至兵部侍郎。妣朴氏，能孕之際，夢得殊常，以貞元三年（西元 787 年）五月五日誕生。才有童心，便知佛事，每汲水以供魚，常聚沙而

---

[118]〈唐故章敬寺百岩大師碑銘（並序）〉，《全唐文》卷五百〇一。
[119] 同上。
[120] 同上。
[121]《景德傳燈錄》卷七。

第六節　章敬懷暉與新羅禪門鳳林山派

為塔。年至壯齒，志願出家。既持浮海之囊，遂落掩泥之髮。元和三年（西元808年）遂受具戒，長慶四年（西元824年）入於大唐。至太原府，歷居二寺，頗志已成。隨本國王子金義宗奉詔東歸。以開成二年（西元837年）九月十二日達於本國，武州會津南嶽實相安之。敏哀大王（西元838～839年）、神武大王（西元839年）、文聖大王（西元839～857年）、憲安大王（西元857～861年），並執師資之敬，不徵臣伏之儀。每入王宮，必命敷座誦法。自開成末（西元840年），結苑於慧目山陸。景文大王命居高達寺，奇香妙藥，聞闕必供。暑葛寒裘，待時而授。九年（〈唐新羅真鏡大師塔銘〉作「咸通九年」，西元868年）秋解夏之始，忽告門人曰：『我今歲內法緣當盡，你等宜設無遮大會，以報百巖傳授之恩，終吾志也。』十一月十四日中夜，忽爾山谷震動，鳥獸悲鳴，寺鐘擊而不響三日。十五日未曙，遽命侍者撞無常鐘，脅席而終，享年八十二，僧臘六十耳。」

此中所述，有一明顯的矛盾處，那就是，既說玄昱於長慶四年赴唐，又謂其赴唐後師事章敬。則玄昱赴唐時，章敬已過世九年，何得相與為師資。然而據諸文獻，玄昱師事章敬應該是事實，那麼長慶四年赴唐之說必有誤，當是在元和十年章敬入寂之前才有可能，若是在章敬元和三年應詔移住京師之前，則最合乎邏輯。

玄昱弟子有審希。據崔仁浣撰〈有唐新羅國故國師諡真鏡大師寶月凌空之塔碑銘並序〉記載：

審希俗姓金，其先祖是任那王族，因「草拔聖枝，每苦鄰兵」，乃投於新羅。其遠祖輔佐王室，立有功業。其父「道高莊老，志慕松喬」，閒居無貴仕。其母朴氏，因瑞有娠，大中九年（西元855年）十二月十日生審希師。審希九歲即往惠目山謁圓鑑大師玄昱。咸通九年（西元868年），玄昱大師寢疾，乃召希師，付囑云「此法本自西天，東來中國，一花啟發，六葉敷榮，歷代相承，不令斷絕。我曩遊中土，曾事百巖，百巖承

嗣於江西,繼明於南嶽,南嶽則曹溪之家子,是嵩嶺之玄孫,雖信衣不傳,而心印相授。遠嗣如來之教,長開迦葉之宗。汝傳以心燈,吾付為法信。」遂寂然無語,長入涅槃。審希十九歲受具足戒,旣而巡遊跋涉,訪名山尋絕境,遍謁玄關,歷參碩彥。其時有人勸其西學,希師回答說,自達摩付法,慧可傳心,禪宗之旨已然分明,何由西去。何況自己已師從慧目禪師,何必再秉桴渡海。於是未西行赴唐。他於文德初歲(西元888年)至乾寧末年(西元898年),先宴坐於松溪,學人雨聚,暫棲於雪嶽,禪客風馳。真聖女王曾飛劄徵赴王庭,希師附表固辭,「可謂天外鶴聲早達於雞林之畔,人中龍德難邀於象闕之旁。」因避煙塵,欻離雲水,駐足溟州(江原道江陵郡),託山寺以棲心。不久聽說金海(慶尚南道)西有福林,乃出山欲歸南界,及乎達於進禮(慶尚南道昌原郡),進禮城諸軍事金律熙慕道情深,聞風志切,便於境外迎其入城,葺精廬以安之,諮問法要,猶如兒之逢父,病之遇醫,頗有收益。之後,孝恭王(西元897～912年)特遣政法大德如逈降綸言,遙祈法力,厚加施賜。國主皈依,時人敬仰。希師以此寺水石探奇,煙霞選勝,驟遊西岫,梟唳舊墟,實乃禪修勝地,於是修葺茅舍,重開禪宇,改號「鳳林」。在此之前,知金海府進禮城諸軍事明義將軍金仁匡,鯉庭稟訓,龍闕馳誠,歸仰禪門,助修寶所。景明王(西元917～923年)「欲資安遠之風,期致禹湯之運,聞大師時尊天下,獨步海隅,久棲北嶽之陰,請授東山之法。」乃遣興輪寺上座釋彥琳、中事省內養金文式,卑辭厚禮,至切嘉招。希師遂於後梁貞明四年(西元918年)出門屆於輦下,景明王「延入蘂宮,敬邀蘭殿,特表師資之禮,恭申鑽仰之儀。大師高拂毳衣,直升繩榻,說理國安民之術,敷歸僧依法之方。」此日隨大師上殿者有上足景質禪師等門徒八十人。次日,又賜尊號曰「法膺大師」。其後大師復歸舊居,重啟芳筵,諭諸學人,傳授法要。後梁龍德三年(西元923年)四月二十四日,告眾曰:「『諸法皆空,萬緣俱寂』,言其寄世宛若行雲。汝等勤以住持,慎無悲哭。」右脅而臥,示滅於鳳林禪堂,俗年七十,僧臘五十。景明王贈諡「真鏡大師」,

塔名「寶月凌空」之塔。希師有「傳法弟子景質禪師等五百餘人,皆傳心印,各保髻珠,俱棲寶塔之旁,共守禪林之間。」[122]

第七節　南泉普願與新羅禪門師子山派

師子山派的開祖是道允及其弟子折中。道允(西元 798～868 年)出身貴族家庭,十八歲捨俗為僧,在鬼神寺學《華嚴》。西元 825 年赴唐,師事馬祖門下的南泉普願,西元 847 年歸國,受到景文王的歸奉尊崇。其弟子折中(西元 825～900 年),七歲出家,十五歲詣浮石山聽《華嚴》妙旨,十九歲受具足戒,恰逢道允剛從唐朝歸國,特往參禮,從此師事道允,得其法嗣。後住師子山(江原道原州郡)興寧禪寺,成師子山派。

道允之師南泉普願(西元 748～834 年),俗姓王,鄭州新鄭人。九歲出家,投密縣(今屬河南省)大隈山大慧禪師受業。他刻苦勤勉,不憚辛勞,令大慧法師刮目相看。大曆十二年(西元 777 年),年屆三十歲,詣嵩山會善寺嵩律師處,受具足戒,研習律學。後遊歷講肆,研究《楞伽經》、《華嚴經》、《中論》、《百論》等經典,「領玄機於疏論之外,當其鋒者皆旗靡轍亂」[123]。後投江西洪州開元寺大寂禪師馬祖道一門下學習禪法。貞元十一年(西元 795 年)掛錫池陽南泉山,填谷伐木,建構禪宇。自耕自食,農禪並舉,「足不下南泉三十年矣。」[124]

太和初年(西元 827 年),宣城廉使陸亙、原池陽太守「皆知其抗跡塵外,為四方法眼」[125],與護軍彭城劉公同迎請下山,北面申禮。此後不到

---

[122] 〈昌原鳳林寺真鏡大師寶月凌空塔碑〉,《朝鮮金石總覽》上,97－105 頁。
[123] 《宋高僧傳・唐池州南泉院普願傳》。
[124] 同上。
[125] 同上。

第八章　唐五代禪宗傳入與新羅禪門發展

一年,至其門下求法問道的人竟達數百人之多。太和八年(西元834年)末示寂,春秋八十七,僧臘五十八。宋《高僧傳》收錄了他的傳記,《景德傳燈錄》、《碧巖錄》、《從容錄》、《無門關》、《五燈會元》、《葛藤錄》等各種禪宗典籍,都分別收錄了他的傳記和語錄。

南泉普願門下弟子眾多,其中有新羅僧道允、道均。《景德傳燈錄》卷十列舉南泉普願禪師法嗣十七人,其中無道允之名,而有「新羅國道均禪師」,但說其「無機緣語句,不錄。」擬或道允與道均為同一個人。

《祖堂集》卷十七有雙峰道允傳,據此傳所記,雙峰和尚道允(西元798～868年),俗姓朴,漢州鵂巖人。累世豪族,祖考仕宦,郡譜有詳細的記載。其母高氏,夜夢異光熒煌滿室,覺而有孕。懷胎十有六月,於新羅元聖王十四年(唐貞元十四年,西元798年)生允師。「竹馬之年,摘花供佛;羊車之歲,累塔娛情,玄關之趣昭然,真境之機卓爾。」十八歲捨俗為僧,至鬼神寺聽講《華嚴》。但不久即感到不滿足,心想「圓頓之筌蹄,豈如心印之妙用乎?」於是被毳挈瓶,棲雲枕水。「洎長慶五年(當為寶曆元年,西元825年),投入朝使,告其宿志,許以同行。既登彼岸,獲覲於南泉普願大師。伸師資之禮,目擊道存。大師嘆曰:『吾宗法印,歸東國矣。』以會昌七祀(時為唐大中元年,西元847年)夏初之月,「旋屆青丘,便居楓嶽。求投者風馳霧集,慕來者星逝波奔。於是景文大王聞名歸奉,恩渥日崇。」

唐咸通九年(西元868年)四月十八日,忽訣門人曰:「生也有涯,吾須遠邁。汝等安棲雲谷,永耀法燈。」語畢,怡然遷化,報年七十一,僧臘四十四。景文王「寵褒法侶,恩霑禪林,仍賜諡徹鑑禪師、澄昭之塔矣。」

道允寂後,其弟子折中嗣其法。折中事蹟見於崔彥撝撰寫的〈越州

第七節　南泉普願與新羅禪門師子山派

興寧寺澄曉大師寶印塔銘〉[126]。據此塔銘，折中是鵂巖人，其先祖因宦牟城，便成為那裡的郡族。其父先幢，「藝高弓馬，名振華夷，孝慈載於史官，功業藏於王府，作郡城龜鏡，為閭里棟梁。」折中生於唐寶曆二年（西元826年）四月七日，七歲因慕出家而辭別雙親，到五冠山寺謁珍傳法師，得授「息心之旨」。乃居慈室，落採。十五歲詣浮石寺，聽講《華嚴》，「尋方廣之真詮，究十玄之妙義」。十九歲，於白城郡長谷寺受具足戒。之後「精護浮囊，遠尋絕境」，聞知「楓嶽潭寺有道允和尚，久遊華夏，才返故鄉，特詣禪扉，自投五體。和尚曰：『靈山別汝，記得幾生邂逅相逢，來何暮矣。』」自此師事道允，「服膺不離左右，得嗣東山之法。」又曾拜謁慈忍禪師，與禪師機鋒問答之後，禪師謂：「名下無虛事，折中不奈何，閱人知幾個，如汝者無多。」於是，折中「十六年久驅禪門，深探理窟，遂踐亡言之境，終歸得意之場。」又「杖錫荷瓶，尋參知識。」中和二年（西元882年），前國統大法師威公聞折中居無定所，便奏請住持谷山寺。但不久即因「近於京輦，不愜雅懷」而生離意。適有師子山興寧寺釋雲大禪師遣人盛情迎請，便攜禪眾往以居之。自此，「遠方來者，朝三暮四，雨驟風馳，桃李無言，稻麻成列。」憲康王「遽飛鳳筆，徵赴龍庭。」定康王「屢遣王人，遠申鑽仰。」真聖女王亦「遙祈法力」。由此而形成新羅禪門師子山派。大順二年（西元891年），師子山遭兵火之前，折中避地於尚州之南，暫棲鳥嶺。後住芬嶺郡之桐林，又居銀江禪院。乾寧七年（光化二年，西元900年）三月示寂，報年七十五，積夏五十六。孝恭王贈諡曰「澄曉大師」，塔名「寶印之塔」。

---

[126] 見《朝鮮金石總覽》上冊，157－162頁。

第八節　鹽官齊安與新羅禪門闍崛山派

　　闍崛山派創始人梵日（西元810～887年），十五歲出家，二十歲到京師受具足戒。後與興德王（西元826～835年）之子金義琮一起赴唐，在馬祖弟子鹽官齊（濟）安門下參禪得悟。會昌法難時隱遁商山，獨居禪定，拾墜果充飢，掬流泉止渴。後到韶州拜六祖慧能祖師塔。西元847年歸國，以江陵五臺山崛山寺為傳禪之地，形成闍崛山派。

　　梵日之師杭州鹽官海昌院齊安國師，俗姓李，本唐室帝系之英，先人播越，故生於海門郡。自幼出家，依本郡雲琮禪師學禪，「雖勤勞謙默，和光同塵，而螢月殊暉，雞鶴異態。」[127] 落髮受具足戒後，乃詣南嶽智嚴律師處，「外檢律儀，內照實相」[128]。後聞南康龔公山大寂禪師馬祖道一隨化度人，慈緣幽感，便裹足振錫而投之。大寂欣其有奇相，深為器重，相與論持不倦。「乃令入室，密示正法。」[129]

　　元和末（西元720年），齊安年逾七十，而遊越之蕭山法樂寺，見其垣屋傾壞，不克宴坐。當時海昌有法昕法師，緇林翹楚，於放生池廢墟地建構禪居，謙而不自有，乃延請安師住持。自此「四海參學者麋至焉。道化之盛，翕然推伏」[130]。宣宗皇帝繼位前曾隱曜緇行，赴齊安之法會。安師預先「懸知」，便特做安排，殊禮接待，宣宗歡喜，供養豐厚。會昌二年（西元842年）十二月二十二日，泊然宴坐，俄爾示滅。宣宗皇帝敕謚大師曰「悟空」，且以御詩追悼。

　　齊安有新羅弟子梵日（又稱品日），即崔致遠〈智證碑〉所說「孤山日」。

---

[127]《宋高僧傳・唐池州南泉院普願傳》。
[128] 同上。
[129]《景德傳燈錄》卷七。
[130]《宋高僧傳・齊安傳》。

第八節　鹽官齊安與新羅禪門闍崛山派

關於梵日的事蹟，《祖堂集》卷十七「通曉」記述說，通曉大師嗣鹽官，法諱梵日，鳩林冠族金氏。祖諱述元，官至溟州都督。其母支氏，累葉豪門，世稱婦範。及其懷娠之際，夢徵捧日之祥。梵日生於元和五年（西元810年），十五歲出家，二十歲到京師，受具足戒，「淨行圓備，精勤更勵，為緇流之龜鏡，作法侶之楷模。」

太和年（西元827～835年）中，私發誓願，往遊中國，遂投入朝王子金公義琮，披露所懷。金公善其志，便許以同行。假其舟楫，達於唐國。既諧宿願，乃巡遊各地，遍訪善知識。接著即去參謁鹽官濟安大師，問答之間，悟性殊高，安師謂之「實是東方菩薩。」梵日問曰：「如何即成佛？」大師答曰：「道不用修，但莫汙染。莫作佛見菩薩見，平常心是道。」梵日言下大悟，殷勤服侍六年之後，遂至藥山拜謁唯儼禪師，與唯儼和尚旋問旋答，藥山問：「近離什摩處？」師對曰：「近離江西。」藥山問：「作什摩來？」師對曰：「尋和尚來。」藥山問：「此間無路，闍梨作摩生尋？」師對曰：「和尚更進一步即得，學人亦不見和尚。」和尚驚嘆：「大奇大奇，外來清風凍殺人。」唯儼本是青原法系石頭希遷的弟子，又曾師事馬祖道一，故得六祖門下南嶽、青原兩大法系之禪法。

梵日本想恣遊四方，遠投帝里。然而適值會昌法難，沙汰僧流，毀坼佛宇。日師東奔西走，竄身無所，遂隱身商山，獨居禪定，拾墜果以充齋，掬流泉而止渴。形容枯槁，氣力疲羸，未敢出行。過了半年多，才拖著疲憊的身軀「強謀前行」。詣韶州曹溪，禮祖師塔。於是思歸故里，弘宣佛法。在會昌六年（西元846）八月，還涉鯨浪，返於鶴林。暨大中五年（西元851年）正月，於白達山宴坐時，應溟州都督金公之請，移住崛山寺。從此一坐林中，四十餘載，列松為行道之廊，平石作安禪之座。

景文大王於咸通十二年（西元871年）三月、憲康大王於廣明元年（西元880年）、定康大王於光啟三年（西元887年），並皆特傳御禮，遙申欽

第八章　唐五代禪宗傳入與新羅禪門發展

仰，擬封國師。各差中使，欲迎赴京師，然而大師堅辭不就。忽於文德二年（當為龍紀元年，西元889年）四月末，召門人曰：「吾將他往，今須永訣。汝等莫以世情淺意，亂動悲傷，但自修心，不墜宗旨也。」五月一日示滅於崛山寺上房。春秋八十，僧夏六十，謚號通曉大師，塔名延徽之塔。

梵日的闍崛山派禪學，完整繼承了鹽官齊安的禪學思想。他在師從齊安禪師期間，曾問安師曰：「如何即成佛？」安師答曰：「道不用修，但莫汙染。莫作佛見、菩薩見，平常心是道。」梵日言下大悟。待他在崛山授徒說法時，有僧問：「如何是納僧所務？」梵日答曰：「莫踏佛階級，切忌隨他悟。」這顯然是承繼自齊安禪師的南宗禪思想。

另外，《三國遺事》卷三「洛山二大聖」條，記有梵日的異跡，其中說：「崛山祖師梵日，太和年中赴唐，到明州開國寺，有一沙彌截左耳在眾僧之末，與師言曰：『吾亦鄉人也，家在溟州界翼嶺縣德耆坊。師他日若還本國，須成吾舍。』既而遍遊叢席，得法於鹽官。以會昌七年丁卯（當為大中元年，西元847年）還國。先創崛山寺而傳教。大中十二年戊寅（西元858年）二月十五日，夜夢昔所見沙彌到窗下，曰：『昔在明州開國寺，與師有約。既蒙見諾，何其晚也。』祖師驚覺，押數十人到翼嶺境，尋訪其居。有一女居洛山下村，問其名，曰德耆。女有一子年才八歲，常出遊於村南石橋邊，告其母曰：『吾所與遊者有金色童子。』母以告於師，師驚喜，與其子尋所遊橋下，水中有一石佛。舁出之，截左耳頰前所見沙彌，即正趣菩薩之像也。乃作簡子卜其營構之地，洛山上方吉，乃作殿三間安其像。」

此處的記述有幾點值得注意：其一，梵日太和中赴唐後在參謁鹽官齊安前，曾到過明州開國寺，此事《祖堂集》未載。其二，所記其回國時間（西元847年）與《祖堂集》（西元846年）稍異。其三，有關與正趣菩薩結

第八節　鹽官齊安與新羅禪門闍崛山派

緣之異事,上承前述義湘的觀音信仰。據《華嚴經》〈入法界品〉,善財童子曾參訪五十三位善知識,第二十七參是觀音菩薩,第二十八參即正趣菩薩。前有義湘在洛山建觀音菩薩道場,後有梵日在洛山開正趣菩薩殿宇,這也許反映出梵日與韓國觀音信仰的流行也有關聯。

梵日弟子中著名者有朗空大師行寂和朗圓大師開清。行寂行事見於〈新羅國故兩朝國師教諡朗空大師白月栖雲之塔碑銘〉,其中說到:「聞夫真境希夷,元津杳渺。澄如滄海,邈若太虛,智舟何以達其涯,慧駕莫能尋其際。況復去聖逾遠,滯凡既深,靡制心猿,難調意馬。由是徇虛棄實者,俱懷逐塊之情;執有迷空者,盡起趨炎之想。若非哲人出世,開士乘時,高演真宗,廣宣善誘,何以爰析重元之禮,得歸眾妙之門。潛認髻珠,密傳心印,達斯道者,豈異人乎?大師是也!」

大師法諱行寂,俗姓崔氏,其先周朝之尚父遐苗,齊國之丁公遠裔。其後使乎兔郡,遂留寓雞林,定居京萬河南。行寂生於太和六年(西元832年)十二月三十日,削染披緇之後,苦求遊學,欲尋學海,歷選名山。先到伽耶海印寺謁宗師,精探經論,統《華嚴》之妙義,玩貝葉之真文。後於大中九年(西元855年),到福泉寺官壇受具足戒。既而杖策挈瓶,下山尋路,徑詣崛山,拜謁通曉大師,「自投五體,虔啟衷懷」。於是得以升堂入室,從此服膺數載,勤苦多方。咸通十一年(西元870年),隨入朝使金公緊榮乘船渡海,達於唐土,隨後趕赴上都長安,敕住左街寶堂寺孔雀王院。大師所喜神居駐足,勝境棲心。未幾,躬逢降誕之辰,敕徵入內,懿宗皇帝問大師曰:「遠涉滄溟,有何求事?」大師對敕曰:「貧道幸獲觀風上國,問道中華。今日叨沐鴻恩,得窺盛事。所求遍遊靈蹟,追尋赤水之珠;還耀吾鄉,更作青邱之印。」天子厚加寵賚,對其表示嘉許。此後上五臺山,投花嚴寺,求感於文殊大聖。漸次南行,於乾符二年(西元875年),至成都府,巡謁到靜眾精舍,禮無相大師影堂;投石霜慶諸

第八章　唐五代禪宗傳入與新羅禪門發展

和尚，殷勤禮足，曲盡虔誠；俄而追遊衡嶽，參知識之禪居；遠至曹溪，禮祖師之寶塔。傍東山之遐秀，採六葉之遺芳，四遠參尋，無方不到。中和五年（西元885年），回歸故國，再赴崛山，重謁通曉大師梵日。其後曾攜瓶缽外出雲遊，或錫飛於五嶽之初，暫棲天柱；或杯渡於三河之後，方住水精。文德二年（當為龍紀元年，西元889年）四月中，崛山大師寢疾，於是回歸故山，精勤侍疾，至於歸化，「付囑傳心者，唯在大師一人而已。」此後初憩錫於朔州之建子巖，才修茅舍，始啟山門，來者如雲，朝三暮四。又於乾寧初（西元894年）移住王城，薰簪葡於焚香之寺。光化末（西元898年）旋歸野郡。孝恭大王（西元897～912年）登位後，「欽重禪宗，以大師獨步海東，孤標天下，特遣僧正法賢等聊飛鳳筆，徵赴皇居。」天祐三年西元906年）秋九月十六日，孝恭王「引登祕殿，孤坐禪床之上，預淨宸襟，整其冕服，待以國師之禮，虔申鑽仰之情。」時「有親從上殿者四人（疑為十人之誤——引者注），曰行謙、邃安、信宗、讓規、讓景，行超十哲，名蓋二禪。」第二年夏末，離開京師，略遊海嶠，至金海府，應蘇公忠子知府及第律熙領軍之請，住居名寺。神德大王（西元912～917年）即位後，復召入京。後梁貞明元年（西元915年）春，大師遽攜禪眾，來至帝鄉，入住南山實際寺。時有女弟子明瑤夫人，仰止高山，尊崇佛禮，以石南山寺請為收領，永以住持。此寺「遠連四嶽，高壓南溟，溪澗爭流，酷似金輿之谷；巖巒鬥峻，凝如紫蓋之峰，誠招隱之幽居，亦棲禪之佳境者也。」大師甚愜雅懷，於當年秋七月，移居此寺，以為終焉之所。次年春二月示寂，報齡八十五，僧臘六十一。贈謚曰「朗空大師」，塔名「白月棲雲之塔」。弟子信宗禪師、周解禪師、林侃禪師等五百來人，共保一心，皆居上足，常勤守護，永切追攀。[131]

〈新羅國石南山故國師碑銘後記〉對朗空大師行寂的法嗣又有所補

---

[131]〈奉化太子寺朗空大師白月棲雲塔銘〉，《朝鮮金石總覽》上，181－186頁；《全唐文》卷一千。

第八節　鹽官齊安與新羅禪門闍崛山派

充，其中謂：「國師碑之與錄可記而未記者，曰龍潭式照、乾聖讓景、燕口惠希、宥襟允正、請龍善現、靈長元甫、石南迴閑、嵩山可定、太子本定。右九師者，國師存日，羽翼在卵，未翥青雲際；國師沒後，角足成體，始遊碧海之中。師之在時，法席（闕一字）牛毛之數；師之入滅，禪座財鐘乳之多，人謂之評曰：『九乳若鐘，養九方之佛子；一面如鏡，正一國之君臣。』古所謂翼眾銑銑，茲焉在焉。」[132] 由此可見行寂弟子之眾多，法系之興盛。

朗圓大師開清的經歷見於〈高麗國溟州普賢山地藏禪院故國師朗圓大師悟真之塔碑銘〉，據此塔銘，開清俗姓金氏，辰韓雞林人。其先為東溟冠族，本國宗枝。其祖守貞，蘭省為郎，柏臺作吏。其父雖宦遊康郡，但早諧避地之心。開清生於大中八年（西元 854 年）四月十五日，才有童心，靜無兒戲。「八歲而初為鼓篋，十年而暗效橫經甘羅。入仕之年，□窮儒典；子晉升仙之歲，才冠孔門」。後來削髮出家，尋師於華嚴山寺，從學於正行法師。「大中末年（西元 860 年，疑有誤——引者注），受具足戒於康州嚴川寺官壇。」後投通曉大師梵日門下。大師曰：「來何暮矣，待汝多時。」因見趨庭，便令入室。文德二年夏，梵日大師歸寂，開清和尚悲痛之餘，敬修寶塔，樹立豐碑，而且常守松門，幾遭草寇。時有當門慕法弟子閔規閼，餐欽風志，慕道情深，乃舍普賢山寺，請以住持。開清住居此寺之後，又高修殿塔，迴啟門牆，自此「來者如雲，納之似海。深喜吉祥之地，慧月當軒；共依功德之林，慈雲覆室。」

本國景哀大王（西元 924～926 年）聞大師德高天下，名重海東，於是曾遣使持詔，迎清師入京，「請扶王道之危，仍表國師之禮。」後唐「同光八年（同光無八年，疑為天成五年，西元 930 年注）秋九月二十四日，示滅於普賢山寺法堂，俗年九十有六，僧臘七十有二。」高麗王朝高祖賜

---

[132]〈新羅國石南山故國師碑銘後記〉，《朝鮮金石總覽》上，186－189 頁；《全唐文》卷九百二十二。

諡曰朗圓大師，塔名悟真之塔。

上足弟子有神鏡、聰靜、越晶、奐言、惠如、明然、弘琳禪師等，「俱棲慧菀，共守禪扃。」[133]

第九節　仰山慧寂與新羅瑞雲順之

新羅禪門中影響較大的還有瑞雲寺的順之禪師。《祖堂集》卷二「瑞雲寺」記載，五冠山瑞雲寺和尚順之，俗姓朴，浿江（大同江）人。

祖考並家業雄豪，世為邊將，忠勤之譽，遺慶在鄉。其母昭氏，柔範母儀，芬芳閭里。順之自幼精勤好學，有凌雲之志，「剖義談玄，如同照鏡」。年登弱冠，投五冠山剃髮，又到俗離山受具足戒。大中十二年（西元858年），隨入朝使渡海赴唐，登岸之後逕到仰山慧寂和尚處，虔誠禮足，願為弟子，和尚寬爾笑曰：「來何遲？緣何晚？既有所志，任汝住留。」自此順之禪師不離慧寂和尚左右，諮禀玄宗，如同孔子門下的顏回，釋尊座前的迦葉。同門禪侶，皆增嘆服。回國之後，於乾符（西元874～888年）初入居松岳郡女檀越元昌王后及其子威武大王所施之五冠山龍嚴寺（後改瑞雲寺），終老於此，享年六十五，諡號了悟禪師、真原之塔。

順之之師仰山慧寂，俗姓葉，韶州懷化（或謂須昌、滇昌）人。十七歲依南華寺通禪師落髮。未登具即遊方，初謁吉州耽源山應真禪師，「已悟玄旨」。後參溈山靈佑禪師，「遂升堂奧。」[134] 不久往江陵受戒，深探律藏，又參訪巖頭全，之後回到溈山，執侍靈佑前後十五年，「凡有語句，學眾無不弭伏。暨受溈山密印，領眾住王莽山，化緣未契，遷止仰山（江

---

[133]〈江陵地藏禪院朗圓大師悟真塔碑〉，《朝鮮金石總覽》上，140－144頁；《唐文拾遺》卷七十。
[134]《景德傳燈錄》卷十一。

第九節　仰山慧寂與新羅瑞雲順之

西宜春），學徒臻萃。」[135]。世稱仰山慧寂。慧寂始自仰山，後遷江西觀音院，「接機利物，為禪宗標準。」[136] 後梁貞明二年（西元916年）[137] 復遷韶州東平山，同年示寂，世壽七十七。[138] 諡號「智通禪師」。塔號妙光。後遷塔於仰山。

慧寂上承溈山靈佑，靈佑是百丈懷海弟子，懷海是南嶽懷讓的法嗣。溈山靈佑與仰山慧寂的法系稱為溈仰宗，是南宗禪五家七宗之一。慧寂的禪法很有特色，《宋高僧傳》「唐袁州仰山慧寂傳」謂，慧寂「凡於商榷，多示其相。時韋冑就寂請伽陀（偈頌），乃將紙畫規圓相，圓圍下注云：思而知之落第二頭。云：不思而知落第三首。乃封呈達。自爾有若干勢以示學人，謂之仰山門風也。海眾摳衣得道者不可勝計。往往有神異之者。倏來忽去，人皆不測。後勅追諡大師曰智通，塔號妙光矣。今傳《仰山法示成圖相》行於代也。」《景德傳燈錄》卷十一〈靈佑法嗣〉中也說：「韋宙就溈山請一伽陀，溈山曰：靚面相呈猶是鈍漢，豈況形於紙筆。乃就師請，師於紙上畫一圓相，注云：思而知之落第二頭，不思而知落第三首。」有僧問慧寂：「如何是祖師意？」寂師：「以手於空作圓相，相中書佛字。僧無語。」「有僧潛來身邊立，師開目，於地上作一圓相，相中書水字，顧視其僧，僧無語。」此種以「圓相」傳禪的方法，可以說是慧寂的一大發明。新羅順之正是繼承了其師仰山慧寂的這一法門，並進一步加以闡揚與發揮。

《祖堂集》（卷二十，「瑞雲寺」）中說，順之「有時表相現法，示徒證理遲疾。」其「表相現法」的方式有「四對八相」、「二對四相」、「四對五相」。

「此中四對八相：

---

[135] 同上。
[136] 同上。
[137] 據《釋氏稽古略》卷三。
[138] 有文獻謂唐中和三年（西元883年，《祖庭事苑》卷七）或大順二年（西元891年，《佛祖統紀》卷四十二）示寂。

239

○此相者，所依涅槃相，亦名理佛性相，與群生眾聖，皆依此相。相雖不異，迷悟不同。故有凡夫有聖，謂識此相者名為聖人，迷此相者名為凡流。若有人將此月輪相來問，相中心著牛字對也。

㊅，此相者，牛食忍草相，亦名見性成佛相。何以故？經云：『雪山有草，名為忍辱。牛若食者，則出醍醐。』又云：『眾生若能聽受，諮啟大涅槃，則見佛性故。』當知草喻妙法，牛喻頓機，醍醐喻佛。如是則牛若食草，則出醍醐。人若解法，則成正覺。故云牛食忍草相，亦名見性成佛相也。

㊅，此相者，三乘求空相。何以故？三乘人間說真空，有心趣向，未證入真空，故表圍相下畫三牛也。若將此相來問，以漸次見性成佛相對之。

㊅，此相者，露地白牛相，謂露地者佛地，亦名第一義空。白牛者諸法身之妙慧也，是故表一牛入圓相也。問：『何故月輪相下著三獸，又月輪相中心著牛字對之耶？』答：『月輪相下三獸，是表三乘。月輪相中心一牛，是表一乘，是故舉權乘來，現實入證對之。』問：『向前已說，月輪相中心著牛，是牛食忍草相。何故又言月輪相中心著牛者露地白牛相也。兩處皆是同相同牛，何故說文不同耶？』答：『說文雖別，相及牛則不異。』問：『若也不異，何故兩處各現同相同牛耶？』答：『雖相及牛則不異，見性遲疾不同，故兩處各現同相同牛。』問：『若論見性遲疾各別者，食忍草牛與露地白牛誰遲誰疾耶？』答：『食忍草牛，則明花嚴會中頓見實性之牛，故疾；露地白牛，則明法華會中，會三歸一牛故，是故說文雖則不同，證理不異。故舉同相同牛，明理智不異，不言來處全同也。』

㊅，此相者，契果修因相。何以故？初發心住，雖成正覺，而不礙眾行。慧等佛地，行不過位，故表此相也。古人云：『履踐如來所行之跡』，則此相也。若有人將此相來問，又作月輪相中心著卍字對之。

㊅，此相者，因圓果滿相也。問：『何故月輪相上頭著牛字來，月輪

相中心著卐字對之？』答：『月輪相上頭著牛者，契果修因相。日（月）輪相中心著卍字者，因圓果滿相。舉因來現果對之。』

🔯，此相者，求空精行相，謂門前草菴菩薩求空故。經云：『三僧祇修菩薩行，難忍能忍，難行能行。』求心不歇，故表此相也。若有人將此相來問，月輪相中心著王字對之。

王，此相者，漸證實際相。何以故？若有菩薩經劫修行，壞四魔賊，始得無漏真智，證入佛地，更無餘習所怛，似聖王降伏群賊，國界安寧，更無怨賊所怛。故表此相也。

此下兩對四相，遣虛指實。

牛，此相者，想解遣教相。謂：若有人依佛所說一乘普法，善能討尋，善能解脫，實不錯謬，而不了自己理智，全依他人所說。故表此相也。若有人將此相來問，則祛上頭牛字對之。

人，此相者，識本還源相。經云：『回神住空窟，降伏難調伏。』解脫魔所縛，超然露地坐，識陰般涅般者，即此相也。問：『何故祛上頭牛字，不祛圓相中心人字耶？』答：『圓相中心人字者，表理智；上頭牛字音，喻人想解。若有人雖依教分析三藏教典，而未顯自己理智者，盡是想解。想解不生，則理智現前。故祛上頭牛字，不祛圓相中心人字，是故經云：『但除其病，而不除法。』問：『何故不許凡人依教學法耶？』答：『若是智者依教，何用識心？凡人依教無益。』問：『諸佛所說三藏經典，有所用不？』答：『不是不許，依教悟入，依教想解，只是虛妄。是故佛告阿難，雖復憶持，十方如來十二部經，清淨妙理如恆河沙，只益戲論，當知依教想解無益。』問：『何故教？』云『聞佛教者，盡成聖果。』又云『一毫之善，發跡駐佛？』答：『約上根人，依教便悟。直現理智，決定明了。若約下根，依教不悟，想解無益。此下根人，依教勳（薰）種。待後世者，誰言無益？聞佛教者，盡成聖果。一毫之善，發跡駐佛。何況廣學經論，及講說者？』

第八章　唐五代禪宗傳入與新羅禪門發展

㊅，此相者，迷頭認影相。何以故？若有人不了自己佛及淨土，情知他方佛淨土，一心專求往生淨土。見佛聞法，故勤修善行。念佛名號，及淨土名相。故表此相也。志公笑云：『不解即心即佛，真似騎驢覓驢者。』即此相也。若有人將此相來問，則祛圓相下牛字對之。

㊁，此相者，背影認頭相。問：『何故祛下頭牛字，不祛圓相中心人字耶？』答：『眾生未發真智，未達真空，故專求他方淨土及佛，往生淨土，見佛聞法。眾生若回光發智，達得真空，自己佛及淨土，一時齊現。不求心外淨土佛，故不祛圓相中心人字，祛下牛字也。』問：『如何是自己佛及自己淨土？』答：『眾生若發真智，達得真空，即真智是佛，空是淨土。若能如是體會，何處更求他方淨土及佛也？是故經云：『將聞持佛佛，何不自聞聞？』

又此下四對五相：

●，此相者，舉函索蓋相，亦名半月待圓相。若有人將此相來問，更添半月對之。此則問者舉函索蓋，答者將蓋著函，涵蓋相稱故，已現圓月相也。圓相則表諸佛體也。

㊆，此相者，把玉覓契相。若有人將此相來問，圓月中心著某對之。此則問者把玉覓契，故答者識珠便下手。

△，此相者，鉤入索續相。若有人將此相來問，某字邊添著人字對之。此則問者鉤入索續，故答續成寶器也。

㊋，此相者，已成寶器相。若有人將此相來問，又作圓月相中心著土字對之。

㊏，此相者，玄印旨相，迥然超前現眾相。更不屬教意所攝。……」

順之有「三遍成佛」說，一是證理成佛，二是行滿成佛，三是示顯成佛。所謂證理成佛，即「知識言下，迴光返照，自己心原，本無一物，便是成佛。不從萬行漸漸而證，故云證理成佛。」

第九節　仰山慧寂與新羅瑞雲順之

所謂行滿成佛，即「雖已窮其真理，而順普賢行願，歷位廣修菩薩之道，所行周備，悲智圓滿。故云行滿成佛也。」「此行滿成佛所證之理，不異於前證理成佛之理。理雖不異，行因至果，故云行滿成佛也。」

所謂示顯成佛，即「如前證理行滿，自行成佛已畢，今為眾生，示顯成佛，八相成道矣。」

順之說法又有三篇，即第一〈頓證實際篇〉，第二〈回漸證實際篇〉，第三〈漸證實際篇〉。

宏傳仰山禪風的新羅僧除順之之外，還有大通禪師。大通俗姓朴，字太融，通化府仲停里人。青少年時即聰睿過人，「遍通諸子百家，洞（悉？）千經萬論。後窺內典，益悟群（？）」。「遂投簪落髮，解褐披緇」，會昌乙丑年（西元645年）春投大德聖鱗，進具戒僧，修心戒律。又抵枳山，習定三月。後依廣宗大師，總理寺務。大中丙子歲（西元856年）隨賀正使赴唐，遍歷宗林，乃至仰山，師事澄虛大師，受其印可。之後又巡禮名山，歷參禪伯。於咸通七年（西元866年）回國。回國後廣宗大師遣人邀請，殊禮相待。繼而，受亦曾有赴唐經歷的慈忍禪師之邀，住持月光寺。景文王（西元861～874年）曾兩次遣使賞金下詔慰勞。中和三年（西元883年）十月示寂，報年六十有八，僧臘三十九。追諡「圓朗禪師」，塔號「大寶光禪」。[139]

---

[139] 事見〈忠州月光寺圓朗禪師大寶禪光塔碑〉，《朝鮮金石總覽》上，83－86頁）

第十節　曹洞宗東傳與新羅禪門須彌山派。

新羅朝末期，慶猷、迴微、麗嚴、利嚴等相繼赴唐，得洞山嫡嗣雲居道膺之心要，歸國之後大力弘布。又有慶甫，赴唐後受法於洞山法嗣疏山匡仁，回國後亦傳曹洞家風。他們把中國禪宗曹洞禪傳到海東。其中，利嚴（西元870～936年）法師於西元896年赴唐求法，受法雲居道膺，服勤六載，潛受法印，又曾遍訪知識，四遠參尋。歸國後不久，逢高麗王朝建立，高麗太祖把他請入宮中，待以師資之禮。後來他在開京（開城）西北海州之陽擇靈山構精舍而居，此即須彌山廣照寺。由此學徒會聚，開須彌山派曹洞禪。禪門九山至須彌山派而全部形成，九山又綜稱為曹溪宗，到高麗時代開始盛行。

雲居道膺（西元853～902年），唐代曹洞宗僧。俗姓王，河北玉田人，幼年於范陽延壽寺出家，誦習經法。二十五歲時受具足戒。道膺不滿足於日常的讀經聽法，於是四處行腳，來到翠微山參學問道，「三載宴居」。[140] 一天，有僧自豫章來，盛稱洞山良價法席之盛，道膺聽後，即赴洞山參禪，契悟其宗旨，遂嗣其法。初止三峰庵，其化未廣；後住雲居山，四眾臻萃，人稱「雲居道膺」。曾上堂說法曰：「一法是你本心，萬法是你本性。」「一法諸法宗，萬法一法通。唯心與唯性，不說異兼同。」上堂又謂：「汝等諸人，直饒學得佛邊事，早是錯用心。不見古人講得天花落，石點頭，亦不干自己事。自餘是什麼閒擬，將有限身心向無限中用，如將方木逗圓孔，多少淆訛。若無恁麼事，饒你攢花簇錦，亦無用處，未離情識在。一切事須向這裡及盡，若有一毫去不盡，即被塵累。豈況更多！差之毫釐，過犯山嶽。不見古人道，學處不玄，盡是流俗，閨閤中物，捨不得俱為滲漏。直須向這裡及取、及去、及來，並盡一切事，始得

---

[140]《宋高僧傳・唐洪州雲居山道膺傳》。

第十節　曹洞宗東傳與新羅禪門須彌山派。

無過。如人頭頭上了，物物上通，只喚作了事人，終不吃作尊貴。將知尊貴一路自別。不見道，從門入者非寶，捧上不成龍，知麼？」天覆二年（西元902年）示寂。敕諡弘覺禪師。塔曰圓寂。[141] 道膺門下有新羅弟子慶猷、迴微、麗嚴、利嚴、雲住、慧禪等人，後兩人生平經歷於史無載。前四人被稱為「海東四無畏大士」。其中利嚴，即海東禪門九山須彌山派的開創者。

利嚴的事蹟載於〈有唐高麗國海州須彌山廣照寺故教諡真澈禪師寶月乘空之塔碑銘〉，此〈碑銘〉開首謂：

「昔者肉身菩薩惠可禪師，每聞老生談天竺吾師夫子達摩大師，乃總持之林苑，不二之川澤也。於是遠齎祖法□梁，而又遊化魏朝，往尋嵩嶽，非人不授。始遇大宏，因物表心，付衣為信，猶亦優曇一現。洎於五葉相承，其道彌尊，不令斷絕，格於天鑑，玄學咸宗，殊見所生，信衣斯止。是故曹溪為祖，法水長流，波□滔天浩浩，猶魯公之政，先奉文王、康叔之風，以尊周室。則知當仁秀出者唯二，曰讓、曰思，實繁有徒，蕃衍無極。承其讓者大寂，嗣其思者石頭，石頭傳於藥山，藥山傳於雲巖，雲巖傳於洞山，洞山傳於雲居，雲居傳於大師（利嚴）。傳法繼明，煥乎本藉。」此是說利嚴所傳承的法脈。

〈碑銘〉記載，利嚴俗姓金氏，其先雞林人。考其國史，實星漢之苗裔。遠祖因世道凌夷，新羅多難，流落熊川。其父金章，深愛雲泉，因寓城之野。利嚴生而相表多奇，年十二往伽耶岬寺，投德良法師，懇露所懷，求為師事。自此半年之內，三藏備探。德良法師謂曰：「儒室之顏生，釋門之歡喜。是知後生可畏，於子驗之者矣。」光啟二年（西元886年），受具足戒於本寺道堅律師。

其後情深問道，志在觀風，結瓶下山，飛錫沿海。乾寧三年（西元

---

[141] 見《五燈會元‧雲居道膺》。

第八章　唐五代禪宗傳入與新羅禪門發展

896 年），遇入浙使崔藝熙大夫方將西泛，遂搭乘其船，得抵鄞江。適聞雲居道膺大師乃禪門之法胤，即不遠千里，直詣玄關。大師謂曰：「曾別匪遙，再逢何早？」師對云：「未曾親侍，寧道復來？」大師默而許之，潛愜玄契。服勤六載，寒苦彌堅。大師謂曰：「道不遠人，人能宏道，東山之旨，不在他人，法之中興，唯我與汝。吾道東矣，念茲在茲。」乃潛受法王之印。由是嶺南河北，巡禮佛跡；湖外江西，遍參知識。北遊恆岱，無處不遊；南抵衡廬，無山不抵。如此四遠參尋之後，便於天祐八年（後梁太祖乾化元年，新羅孝恭王十四年，西元 911 年）邐迤東征，回歸故里。適有金海府（慶尚南道）知軍府事蘇公律熙，「選勝光山，仍修堂宇，傾誠願海，請住煙霞。桃李無言，稻麻成列，一棲真境，四換周星。」然而，新羅末世，社會動亂，「大師雖心愛禪林，遁世無悶，而地連賊窟，圖身莫安。」於是在天祐十二年（後梁末帝乾化三年，西元 915 年），途出沙火，得至遵岑永同郡南，靈覺山北，尋謀駐足，「緇素聞風歸心者眾矣。」

高麗太祖聞大師道高天下，聲蓋海東，乃召請至京，迎入舍那內院，待以師資之禮，恭披鑽仰之儀。太祖問曰：「弟子恭對慈顏，直申素懇。今則國仇稍擾，鄰敵交侵，猶似楚漢相持，雄雌未決，至於三紀，常備二凶，雖切好生，漸深相殺，寡人曾蒙佛誡，暗發慈心，恐遭玩寇之忿，仍致危身之禍。大師不辭萬里，來化三韓，救爇昆崗，昌言有待。」嚴師對曰：「夫道在心不在事，法由己不由人。且帝王與匹夫，所修各異，雖行軍旅，且愍黎元。何則？王者以四海為家，萬民為子，不殺無辜之輩，焉論有罪之徒。所以諸善奉行，是為宏濟。」

後唐長興三年（西元 932 年），下教於開京西北海州之陽，選擇靈峰，為構精舍，寺名「廣照」，請以居之，此即須彌山廣照寺。自此「學流盈室，禪客滿堂。」「其眾如麻，其門如市。」

後唐清泰三年（西元 936 年）八月十七中夜，順化於當寺法堂，俗年

第十節　曹洞宗東傳與新羅禪門須彌山派。

六十有七，僧臘四十有八。追諡真澈大師，塔名寶月乘空之塔。其傳業弟子有處光、道忍、貞能、慶崇，並升上足，皆保傳心。又有門徒元照上人親奉玉音。[142]

利嚴傳曹洞家法，開須彌山派，成為新羅末期高麗初期的禪門九山之一。

慶猷，俗姓張氏。其先祖是南陽冠族，大漢宗枝，後來東渡鯨波，定居玄兔郡。慶猷咸通十二年（西元 871 年）四月十一日生，十五歲出家，光啟四年（西元 888 年），受具於近度寺靈宗律師。此後西渡赴唐，學於道膺和尚，和尚「潛付慈燈，密傳法要。」並且說：「吾道衰矣，慶猷一人，起予者商，於是乎在。」回國後受到新羅國王的禮敬，更得高麗太祖的信奉。太祖聞大師窺惠日，聽玄風，踏浪垂杯，問道中華，欽承愈切，屢祈警誡，以王師之禮待之。因此，猷師道譽頗高，「來者如雲，納之似海。稻麻有列，猶如長者之園；桃李成蹊，亦若他人之市。」[143] 貞明七年（西元 921 年）三月示滅於日月寺法堂，俗年五十有一，僧臘三十有三。賜諡曰法鏡，塔名普照慧光。

迥微，俗姓崔氏，其先祖是博陵冠蓋，雄府棟梁，後奉使雞林，遂寓跡海東，今為武州人。迥微生於咸通五年（西元 864 年）四月十日。十五歲出家，到寶林寺謁體澄禪師，許以入室。勤苦增勞，不離左右。中和二年（西元 882 年），受具戒於華嚴寺官壇。大順二年（西元 891 年）春首，隨入朝使托足而西，到達唐土，拜道膺為師，由是睹奧幽，探玄理，其學出類拔萃。

迥微於天祐二年（西元 905 年）回國，住平津無為岬寺。後曾應新

---

[142] 見《唐文拾遺》卷六十九。又見〈海州廣照寺真澈大師寶月乘空塔碑〉。《朝鮮金石總覽》上，125－130 頁。

[143] 〈有晉高麗國踴岩山五龍寺故王師教諡法鏡大師普照慧光之塔碑銘並序〉，《唐文拾遺》卷七十；〈長湍五龍寺法鏡大師普照慧光塔銘〉，《朝鮮金石總覽》上，162－169 頁。

羅王之命隨駕軍旅，班師之際特請同歸，供給之資，出於內庫。貞明三年（西元917年）遷化，俗年五十有四，僧臘三十有五。高麗定宗（西元946～949年）對微師早披瞻仰，即位之後遂召迥微門下弟子閒俊、化白等，選擇勝美之地，造祠建塔，遷葬於所建之塚。並且下詔曰：「式旌禪德，宜賜嘉名。」賜諡為先覺大師，塔名為遍光靈塔。賜其寺額敕號太安。[144]

麗嚴俗姓金氏，遠祖出於華冑，其先雞林，蕃衍於王城，其後隨軍西征，定居藍浦。其父思義，母朴氏。麗嚴九歲出家，往無量壽寺投住宗法師。初讀《華嚴》，「半年誦百千偈，一日敵三十夫。」廣明元年（西元880年），始具大戒，然而漸對教宗，「覺非真實，傾心玄境」，遂投嵩嚴山廣宗大師，為入室弟子。光啟三年（西元887年）冬，大師寂滅，便至靈覺山中，虔謁廣宗之師兄深光和尚。師事殷勤，服膺數歲，然後西渡赴唐，禮見雲居大師，得「傳大覺之心，佩雲居之印。」臨別時道膺贈言：「飛鳴在彼，且莫因循，所冀敷演真宗，以光吾道，保持法要，知在汝曹。」

麗嚴於天祐六年（西元909年）七月還國。先抵月嶽，但因其地多虞，「難謀宴坐」，未幾即投小伯山以棲霞。當時有知基州諸軍事上國康公萱，寶樹欽風，禪林慕道，歸依禪德，倍感玄風，便將麗嚴師之功德奏聞高麗太祖。太祖「聞大師道冠中華，名高兩地，遽飛鳳筆，徵赴龍墀。」中間曾回到小伯山，重修遺址，但不久太祖又特令貴使，虔請入朝。以小伯山離京太遠，便舍菩提寺，請麗嚴住持。其寺山川勝美，從善之徒，不呼而集。有傳業弟子融闡、昕政等五百餘人。

同光七年（當為天成四年，西元929年）十一月二十八日示疾，次年二月十七日示寂於法堂，春秋六十有九，僧臘五十。諡曰大鏡大師，塔名

---

[144] 事見〈高麗先覺大師碑〉，《唐文拾遺》卷七十；〈康津無為寺先覺大師遍光塔碑〉，《朝鮮金石總覽》上，169－174頁。

第十節　曹洞宗東傳與新羅禪門須彌山派

元機之塔。[145]

　　匡仁弟子慶甫，俗姓金，字光宗，鳩林人。其母於咸通九年（西元868年）夜夢青琉璃珠入懷，因而有娠，「如來出世之月二十日誕生大師。」幼年出家，至夫仁山寺落採。不久，詣白雞山謁道乘和尚，請為弟子，「修菩薩道，入如來家，覷奧之眼曾開，知幾之心既悟，以為非智無以護其法，非戒無以防其違。」十八歲受具足戒於月遊山華嚴寺，此後「遊有泛覽，學無常師。歷謁聖住無染大師，崛山梵日大師。」景福元年（西元892年）春搭商船赴唐，「雲心訪道，浪跡尋師，乃詣疏山謁匡仁和尚」。匡仁譽之為「鰈海龍子」，許其登堂入室。「方資目擊，既得心傳。」匡仁大喜曰：「其有東流之說，西學之求者，則可與言道者鮮矣，東人可目語者唯子。」於是「執手傳燈，因心授印」。此後慶甫遊歷名山，「僧之真者必詣，境之絕者必搜。」乃往謁江西老善和尚，與和尚「捷對無羈，揚言無礙」。天佑十八年（西元921年）返國，抵達全州。當時的州尊都統甄萱大傅，申弟子禮，並請住州之離地南福禪院。不久又移住出國前從道乘和尚學法的白雞山玉龍寺。清泰三年（西元936年），高麗太祖「企望清風，遙瞻白月，遽飛芝檢，徵赴玉京。及其目睹鳳來儀，耳聆龍變化，雖是歸僧之禮，方同奉佛之儀」。惠宗「奉以遺風，繼之先志，注精心而亹亹祈法力」。定宗亦曾召請入京問道。高麗定宗三年（後漢乾佑元年，西元948年）示滅於玉龍上院，世壽八十，僧臘六十二。追諡「洞真大師」，塔號「寶雲」。[146]

---

[145] 事見〈高麗國彌智山菩提寺故教諡大鏡大師元機之塔碑銘並序〉，《唐文拾遺》卷六十九；〈砥平菩提寺大鏡大師玄機塔碑〉，《朝鮮金石總覽》上，130－134頁。
[146] 事見〈光陽玉龍寺洞真大師寶雲塔碑〉，《朝鮮金石總覽》上，189－193頁。

第八章　唐五代禪宗傳入與新羅禪門發展

第十一節　石霜慶諸禪法在海東的傳承

　　石霜慶諸是青原行思的四世法嗣。青原門下有藥山唯儼，藥山門下有道吾宗智（圓智），石霜慶諸即道吾宗智的弟子。

　　慶諸俗姓陳，廬陵新淦人，一十三歲落髮，二十三歲受具足戒，曾學毗尼，又曾投溈山靈佑座下。「後避世，混俗於長沙瀏陽陶家坊。朝遊夕處，人莫能識。」[147] 後來師事道吾，道吾寂後，乃在石霜山開法接眾，學侶雲集，常多達五百餘人。

　　據《景德傳燈錄》卷十六記載，慶諸法嗣四十一人，其中有新羅欽忠禪師、行寂禪師、朗禪師和清虛禪師，然而都「無機緣語句」，故無錄。唯有行寂禪師的事蹟見諸碑銘，但他是闍崛山派開山梵日之門人，前已有詳述。不過，慶諸有幾位弟子，門下有新羅法嗣，較有影響者是九峰道虔門下的玄暉、雲蓋志元門下的忠湛，及道緣門下的競讓。

　　玄暉行跡見於〈忠州淨土寺法鏡大師慈燈塔碑〉[148]，此中記載，玄暉俗姓李，其先為周朝閟德柱史，逃榮苦縣。其遠祖在唐遠征遼左時從軍，遂定居雞林，為全州南原人。其父德順，尤明《老》、《易》，雅好琴、詩。高尚其事，素無宦情。玄暉生於乾符六年（西元879年），自幼出家，尋山陟嶺東去，投靈覺山寺，謁深光（心光）大師，深光是無染法嗣，所以玄暉「亦為麻谷之孫」。乾寧五年（西元898年）受具於伽耶山寺。後與同侶十餘人南行至武州，教化群黎。天佑三年（西元906年），渡海赴唐，「路出東陽，經過彭澤，遂至九峰山下虔謁道乾（道虔）大師」。道乾心生歡喜，允其「升堂覩奧，入室參禪。才留一旬，密付心要，受茲玄契，如瀉德瓶。」此後又獨提瓶錫，四遠參尋，「境之幽兮往遊，山之秀兮留駐。」

---

[147]《景德傳燈錄》卷十五。
[148]《朝鮮金石總覽》上，149－156頁。

第十一節　石霜慶諸禪法在海東的傳承

歷訪天台、嶺外、湖南、幽燕、邛蜀，抵達四明，得知本國「祈山霧收，瀚海波息，皆銷外難，再致中興」，乃於同光二年（西元924年）歸國，「國人相慶，歡響動天」。高麗太祖「特遣使臣，奉迎郊外，寵榮之盛，冠絕當時。翌日，延入九重，降於三等，虔心鑽仰，待以國師」。並請玄暉住持淨土寺以便親近問道。「當州聞風而悅，詣者百千」。「四方來者，皆滿茅堂，森若稻麻」。「朝廷士流」，因「忙於王事，不踐門閫，以為大羞。若乃虔謁禪關，仰承一眄，每聞曉誨，如洗朝飢」。淨土寺乃成為享譽全國的一大禪林。玄暉說法，以「觀法無本，觀心不生，唯最上乘，止於中道」為其宗要。天福六年（西元941年）十一月示寂，俗年六十三，僧臘四十一。諡曰「法鏡大師」，塔名「慈燈之塔」。有弟子闊行等傳其法。

忠湛俗姓金，其先雞林冠族，兔郡宗枝。咸通十年（西元869年）八月一日生。「生有殊相，弱無戲言」，「性靈超眾，神悟絕倫，槐市橫經，杏園命筆。」少年失怙，乃投其父生前空門之友長純禪師出家為僧，「尋令升堂睹奧，入室鉤深。」龍紀元年（西元889年），受具戒於武州靈神寺。既而習其相部，精究毗尼。不久之後，西渡赴唐，達於彼岸，徑登雲蓋禪宇，虔禮石霜慶諸法嗣志元圓淨（〈塔銘〉誤植為「淨圓」）大師，得其法印。復至河東，參紫嶽禪門。「故能初窺聖典，久棲禹穴之旁；始覽靈蹤，方到燕臺之畔。」乃於天祐十年（西元913年）後不久返國。高麗太祖奉迎內殿，恭披弟子之儀；一一書紳，結以王師之禮。後又召請入京，「別飾玉堂，令升繩榻」，竭誠問道。自此「高敞禪扃」，「學人如霧」，「不受大師之誨者，處處精舍，其徒擯之」。天福五年（西元940年）七月十八日坐滅。俗年七十有二。門下弟子五百餘人。[149]

競讓是石霜慶諸「嫡嗣」道緣的弟子，據〈聞慶鳳巖寺靜真大師圓悟

---

[149] 見〈高麗國原州靈鳳山興法寺忠湛大師塔銘〉，《全唐文》卷一千；〈原州興法寺真空大師塔碑〉，《朝鮮金石總覽》上，143－149頁。

塔碑〉[150]記載，兢讓俗姓王，公州人。其祖淑長，父亮吉，「並戴仁履義」，「州里稱長者之名，遠近聞賢哉之譽」。「況自高曾之世，咸推郡邑之豪」。其母金氏，婦道有規，敬恭僧佛。兢讓幼時即「坐必加趺，行須合掌，聚沙畫墁，模像塔以依稀，採葉摘花，擬供具而陳列」。少年出家入道，投於本州島南穴院如解禪師，受度剃髮。乾寧四年（西元 897 年），於雞龍山普願精舍受戒。後謁西穴院揚孚禪師，禪師「豁青眼以邀迎，推赤心而接待」。兢讓「服膺不怠，就養唯勤」。光化三年（西元 900 年），渡海赴唐，乃詣鼓山謁「石霜之嫡嗣」道緣和尚。兢讓問曰：「石霜宗旨的意如何？」道緣對云：「代代不曾承。」兢讓「言下大悟，遂得默達玄機，密傳祕印。」之後潛心研學，成為「標領袖於禪門，占笙鏞於法苑」的「錚錚者」。兢讓「心澄止水，跡寄斷雲，異境靈山必盡覽遊之興，江南河北，靡辭跋涉之勞」。乃於梁龍德四年（後唐同光二年，西元 924 年），跳出谷山，路指幽代，巡禮五臺聖蹟，屆於觀音寺憩歇。復又西經雲蓋，南歷洞山，於同年七月返國。此時正值羅末亂世，讓師乃「庇影山中，韜光廡下」。然而「煙霞之洞，漸成桃李之溪」，無法潛藏下去，便於天成二年（西元 927 年）遷徙至西穴故師揚孚修建並住持過的康州伯嚴寺，由是「訪道者雲蒸霧湧，請益者接踵聯肩，化遍海隅，聲振日域」。新羅景哀王遣使寓書，稱頌他「早逾溟渤，遠屈曹溪，傳心中之祕印，探頷下之明珠，繼燃慧炬之光，廣導迷津之路。禪河以之汩汩，法山於是峨峨。冀令雞嶺之玄風，播在鳩林之遠地，則豈一邦之依賴，實千載之遭逢。」並上別號曰「奉宗大師」。清泰二年（西元 935 年），遷移到曦陽山鳳巖寺，「營構禪室，誘引學徒」。第二年，王建蕩平內亂，建立起統一的高麗王朝，採取「重僧歸佛」的政策，「遵梁帝之遺風，模五天而像飾。爰崇闢四門，而英賢是召。於是道人輻湊，禪侶雲臻，爭論上德之宗，高贊太平之業。」在

---

[150]《朝鮮金石總覽》上，196 — 207 頁。

第十一節　石霜慶諸禪法在海東的傳承

王建崇佛政策的感召下，競讓「不待鵠版，便出虎溪」，主動到京城去見太祖。「太祖見而異之，危坐聳敬，因問傳法所自，莫不應對如流」。太祖即與競讓商討寫經弘法大事，自此之後，太祖「一心敬仰，四事傾勤，或闕紫宸而懇請邀延，或詣紺宇而親加問訊」。太祖去世後，惠宗、定宗、光宗前後相繼，皆歸仰競讓。定宗曾召請入京，徵詢理國之方略，並贈新制磨衲袈裟一領，新寫義熙本《華嚴經》八帙。光宗亦迎入王京，安置於護國帝釋院，又「高闢天閽，別張淨室」，親迎競讓入內，「諮諏於政道」，又請說法，聽「言忘言之言，說無說之說」。遂表示「皈依之懇」，待以師資之禮。後移住舍那禪院，「送磨衲袈裟一領，兼營齋設，無不精勤」。光宗視競讓為「化身菩薩」，特加尊號為「證空大師」。廣順三年（西元953年）秋，競讓還歸故山。顯德三年（西元956年）秋八月十九日坐滅。享齡七十九，歷夏六十。諡曰「靜真大師」，塔號「圓悟之塔」。

競讓住持的曦陽山鳳巖寺，在遭賊火焚燒之前，本是智詵（道憲）傳法的本山。而前述崔致遠〈智證碑〉中有謂：道憲「始大成也，發矇於梵體大德，稟具於瓊儀律師；終上達也，探玄於慧隱嚴君，受默於揚孚令子，法胤唐四祖為五世父，東漸於海，溯遊數之，雙峰子法朗，孫慎行，曾孫遵範，玄孫慧隱，末孫大師也。」這正如本章第二節所述，道憲總體上是承繼了法朗所傳的四祖禪和慎行所傳的北宗禪，而開新羅禪門曦陽山派。然而值得注意的是，道憲還曾「受默於揚孚令子」。〈靜真塔碑〉則說：「曹溪傳南嶽讓（懷讓），讓傳江西一（道一），一傳滄州鑑（神鑑），鑑猶東顧，傳於海東。誰其繼者？即南嶽（智異山）雙溪慧明（昭）禪師焉。明（昭）復傳賢溪王師道憲，憲傳康州伯嚴楊孚禪師，孚即我大師嚴師也。」照此說法，道憲還承繼了南嶽懷讓法系的南宗禪，道憲傳楊孚，楊孚傳競讓。而競讓又赴唐，學於青原法系石霜慶諸的弟子道緣。這樣，競讓即是綜合了慧能門下南嶽、青原兩大法脈的南宗禪法，而開曦陽山派。如果這

些記述都是事實,那麼曦陽山派則是梅開二度,一是道憲,以北宗禪為主,兼弘四祖道信和南宗禪法;二是競讓,以弘傳南嶽和青原兩大法系的南宗禪為主。

第十二節　投子大同與海東璨幽

投子大同受法於翠微無學,無學承丹霞天然,天然承石頭希遷,希遷是青原行思的單傳弟子。投子大同則為青原的五世法孫,璨幽赴唐,學於投子大同。

據〈驪州高達寺元宗大師惠真塔碑〉[151]所記,璨幽字道光,俗姓金,雞林河南人。孫孫著族,代代名家。生於咸通十年(西元869年)四月四日,十三歲落髮出家,師從尚州公山三郎寺融諦禪師,繼而在融諦指引下,往投慧目山審希禪師,在慧目山「允葉服膺,增修學道之心,倍勵習禪之志。未幾,精窮妙理,高悟玄機」。二十二歲受具於楊州三角山莊義寺。景福元年(西元892年)春,乘商船西渡赴唐,遂往舒州桐城縣寂住山謁投子大同禪師,大同見璨幽「蓮目殊姿,玉毫異相」,乃曰:「其有東流之說西學之求者,則可以與言道者,唯子矣。」璨幽於是潛心研學,「悟微言於舌底,認真佛於身中」。爾後又「旁求勝友,歷謁高師。或索隱於天台,或探玄於江左,入真如之性海,得摩尼之寶珠。」貞明七年(西元921年)秋歸國,在華學法長達三十年。回國後徑詣鳳林歸覲真鏡大師審希,應審希之勸住三郎寺。三年之後,又「遠攜藜杖,徑詣玉京,遂入覲太祖」。太祖請其入住廣州天王寺。後移居慧目山,於是「四遠問津者視千里猶跬步,如雲來者,似海納之。莫不犇馳善道以憧憧,出入玄門

---

[151]《朝鮮金石總覽》上,207 — 213。

而濟濟」。此時，太祖「方當際會，欲表因緣，送霞衲衣並座具」。惠宗、定宗亦殊禮相待。光宗即位後，「信向心深，欽承志至，遂奉師號為證真大師」。璨幽道譽日盛，「眾學有稻麻之列，朋來成桃李之蹊」。光宗又遣使徵赴京城，安置於舍那院，並幸舍那院敘弟子之禮，「瞻依更切，鑽仰彌深」。又於重光殿開法筵，奉為國師，獻踏衲袈裟、磨衲襖並座具、銀瓶、銀香爐、金扣瓷缽、水精念珠等。再於天德殿高敞法筵，升座說法。

有僧問：「如何是向上一路？」大師曰：「不從千聖得。」又問：「既不從千聖得，從上相傳從何而有？」大師曰：「只為不從千聖得，所以從上相傳。」又問：「與麼即二祖不望西天，達摩不到唐土。」大師曰：「雖不從千聖得，達摩不虛過來。」

後來璨幽辭歸松門，光宗乃制《講德詩》寄獻。其詩曰：「慧日高懸臚海鄉，真身寂寂現和光，貝中演法開迷路，缽裡生蓮入定場。一唱成音收霧淨，二門離相出塵涼，玄關遠隔山川外，恨不奔波謁上房。」並送烏裎、芳荈、丹黴、名香，「用表信心，遙祈法力」。顯德五年（西元 958 年）秋八月五日，大師將化，乃集眾於庭，遺訓曰：「萬法皆空，吾將往矣。一心為本，汝等勉旃。心生法生，心滅法滅。仁心即佛，寧有種乎。如來正戒，其護之勖之哉！」言畢入房，儼然趺坐示滅。世壽九十，僧臘六十九。追諡「元宗大師」，塔號「惠真」。光宗還以「皇帝陛下」詔書的形式規定，高達院等三處寺院，「只留不動。門下弟子相續住持，代代不絕，以此為炬。」璨幽門下道俗弟子有昕弘、同光、幸近、傳印、金鏡、訓善、俊解、勝演、義光、全狀等五百餘人。

第八章　唐五代禪宗傳入與新羅禪門發展

第十三節　永明延壽與法眼宗東傳

　　法眼宗是中國禪宗五家七宗之一，法眼文益（西元 885～958 年）開創，源出南宗青原行思之法脈。文益俗姓魯，餘杭人，參學於漳州羅漢院桂琛禪師，由桂琛「若論佛法，一切現成」一語而得悟。其後歷住崇壽院、報恩禪院、清涼大道場，盛倡禪道，繁興一時，吳越王錢弘俶亦歸依之。他主張「明事不二，貴在圓融」，「不著他求，盡由心造」。文益圓寂後，南唐中主李璟給予「大法眼禪師」的稱號，後世因稱此宗為法眼宗。其嗣法弟子六十三人，以天台德韶（西元 891～972 年）居首。德韶亦受吳越忠懿王之歸崇，大振禪法，法嗣四十九人，以永明延壽居上。

　　延壽（西元 904～975 年），餘杭人，俗姓王，二十八歲出家後曾往天台山習定行懺，之後往謁德韶禪師，盡受玄旨，初住明州的雪竇山，宋建隆元年（西元 960 年）應吳越王之請，住杭州靈隱山的新寺，第二年又應請移住永明寺大道場，四方參學者眾多。撰有《宗鏡錄》百卷、《心賦注》四卷、《唯心訣》一卷及《萬善同歸集》等書，闡揚文益的「盡由心造」之旨，力主禪教一致的觀點。由於永明延壽，法眼宗東傳到了高麗。據《景德傳燈錄》卷二十六「延壽」傳載，延壽「居永明道場十五載，度弟子一千七百人，開寶七年入天台山，度戒約萬餘人。常與七眾受菩薩戒，夜施鬼神食，朝放諸生類不可稱算。六時散華，行道餘力念《法華經》一萬三千部。著《宗鏡錄》一百卷。詩偈賦詠凡千萬言，播於海外。高麗國王覽師言教，遣使齎書，敘弟子之禮，奉金線織成袈裟、紫水精數珠、金澡罐等。彼國僧三十六人親承印記，前後歸本國，各化一方。」

　　另外，高麗僧智宗，曾入華求法，師事永明延壽，得其心要，回國後傳法眼宗。智宗，字神則，俗姓李，全州人。其父名行順，抱義戴仁，履謙居寡。其母金氏，頗有美譽。他八歲出家，投寓居舍那寺的印度僧

第十三節　永明延壽與法眼宗東傳

弘梵三藏落髮，弘梵三藏回印度後，轉奉廣化寺景哲和尚。開寶（運）三年（西元946年），稟具於靈通寺之官壇。廣順三年（西元953年），造曦陽山超禪師所，正值一侍者僧灑掃法堂，灑水有不周之處，超問曰：「有個處水不著，你作麼生？」僧無對。智宗乃代答曰：「更不要灑，一任掃地。」超公「乍聆善應，深識道存」。遂作成偈頌，傳唱褒揚，智宗「美價由是頓高，賓筵以之咸服」。顯德六年（西元959年）夏，西渡赴中，到達吳越國，先謁永明寺延壽禪師。延壽問曰：「為法來耶，為事來耶？」智宗云：「為法來。」問：「法無有二而遍沙界，何勞過海來到這裡？」答：「既遍沙界，何妨過來。」壽公佳其所對，於是「豁開青眼，優待黃頭，便解髻珠，即傳心印」。師事永明延壽二年之後，至國清寺膜拜淨光大師義寂，義寂授《大定慧論》等天台教籍，智宗努力研習，「是彝是訓，如切如磋」。宋開寶元年（西元968年），僧統知內道場功德事贊寧、天台縣宰任埴等，聞說智宗「精研慧刃，足可屠龍，敏發玄機，宜堪中鵠。高山仰止，異口同音。」乃請於大教院講《大定慧論》並《法華經》。智宗「率意而從，當仁不讓。」「矢在弦而旋法，刀引鏡以且成。」「對三根而賈勇，論六慧以抗稜。足使如堵而觀，折床而聽。」開寶三年（西元970年）東渡返國。高麗光宗「視以羅什如秦，摩騰入漢，益厚優賢之意，彌敦獎善之仁。」初署「大師」號，延請居於金光禪院，末年加「重大師」號，施磨衲袈裟。自此以後，「眾所具瞻，滋多兼濟。雖玄玄之趣，桃李無言；而悱悱之流，稻麻成列。」景宗踐祚，除「三重大師」，賜水精念珠。到成宗朝，遷住積石寺，號為「慧月」。淳化中（西元990〜994年）又迎請智宗入宮說法。穆宗繼承先志，亦締勝緣，累加「光天遍照至覺智滿圓默禪師」，贈繡方袍，並以佛恩寺、護國外帝釋院等為其住持之所。顯宗崇授「大禪師」，請住廣明寺，進法稱曰「寂然」。此後又相繼親拜為「王師」，獻金銀線織成罽錦法衣、器具、茗荈等名目繁多的禮品，三年後又加號曰「普化」。天禧二年（西元1018年），移住原州賢溪山居頓寺，同年示化，

第八章　唐五代禪宗傳入與新羅禪門發展

世壽八十九，僧臘七十二。顯宗追贈「國師」，諡曰「圓空」，塔名「勝妙之塔」。智宗受到高麗五代國王的崇遇，可見其地位之重要。[152]

---

[152] 事見〈原州居頓寺圓空國師勝妙塔碑〉，《朝鮮金石總覽》上，第 253 — 259 頁。

第九章
高麗義天入宋求法與教宗振興

第九章　高麗義天入宋求法與教宗振興

中國的宋元時期，在時間上大體與韓國的高麗時期相當。韓國的高麗時期，儒、佛二教都受到王室的支持，佛寺尤其得到王權的庇護，寺院經濟非常發達。首都開京的興王寺，其建築房屋竟達二千八百間之多。並且，高麗王朝又依照科舉制度，制定了僧科制度，教宗與禪宗二科考試合格者，就取得「大選」法階，其後逐漸晉升為大德、大師、重大師、三重大師。禪宗有禪師、大禪師，教宗有首座、僧統，與官階大致相同。僧人的最高名譽是王師、國師，相當於王的顧問。由此，僧官的選用與高麗王權密切地結合在一起了。

高麗自太祖王建起即崇奉佛教，大興佛寺。王建曾對內奉卿崔凝說：「昔新羅造九層塔，遂成一統之業。今於開京建七層塔，西京（平壤）建九層塔，冀借玄功，除群醜合三韓為一家。」[153] 後來他果然統一了朝鮮半島，便更相信這是佛力佑護的結果，因而大建寺院，禮敬名僧，每年舉行八關會等佛教儀式。在太祖王建的治國綱領《高麗十訓要》中，第一條即是崇佛的內容：「其一曰：中國家大業，必資諸佛護衛之力，故創禪教寺院，差遣住持焚修，使各治其業。後世奸臣執政，徇僧請謁，各業寺社，爭相換奪，切宜禁之。」其第六條又具體規定了事佛的儀規：「朕所至願，在於燃燈、八關，燃燈所以事佛，八關所以事天靈及五嶽名山大川龍神也。後世奸臣，建白加減者，切宜禁止。吾亦當初誓心，會日，不犯國忌，君臣同樂，宜當敬依行之。」

太祖之後，歷代君王都遵從著太祖的遺訓，相信高麗大業「必資諸佛護衛之力」[154]，繼續尊崇佛教，因而高麗佛教成為韓國佛教史上的鼎盛時期，中國佛教各宗派，無論教宗還是禪宗，在朝鮮半島都相當活躍。在高麗教宗中，地位重要者要首推大覺國師義天。

---

[153]《東國寶鑒》卷一二。
[154]《高麗史》卷二。

第一節　義天入宋前後經歷

　　義天（西元 1055～1101 年）俗姓王，名煦，字義天，高麗太祖四世孫，文宗王第四子。因其名犯宋哲宗諱，故以字行。其母仁睿太后李氏，因瑞得子，至和二年（西元 1055）九月二十八日於宮中生義天。義天「少超悟，讀書屬辭精敏若宿習。兄弟皆有賢德而師（義天）傑然出鋒穎。」文宗王嘗謂諸子曰：「孰能為僧作福田利益乎？」義天起而答曰：「臣有出世志，唯上所使。」上曰：「善。」乃於治平二年（西元 1065 年）五月十四日，徵景德國師於內殿，為義天剃髮，之後，義天隨師出居靈通寺，十月，就佛日寺戒壇受具足戒，時年十一歲。成人之後，「嘗夢人傳澄觀法師書，自是，慧解日進。至年甫壯，益自勤苦，早夜矻矻，務博覽強記，而無常師，道之所存，則從而學之。自賢首教觀及頓漸、大小乘經律論章疏無不探索。又餘力外學，見聞淵博，自仲尼、老聃之書，子史集錄百家之說，亦嘗玩其菁華，而尋其根底，故議論縱橫馳騁，袞袞無津涯，雖老師宿德，皆自以為不及。」[155] 這說明他在入宋求法之前，即已廣覽佛典，精心探究，而且對儒家、道家之書，中國經史子集、百家之說，都有深入的了解。正因為如此，文宗王褒之為佑世僧統。

　　他「嘗有志如宋問道」。適聞「晉水淨源法師，以慧行為學者師」，乃「託舶買致書以修禮，源公知師非常人，即覆書相招。」義天「由是欲往滋甚」。高麗宣宗王二年（西元 1085 年，宋元豐八年），義天入內誠請入宋求法，群臣皆以為不可。義天對宣宗及群臣說：「聖賢忘軀慕道，如玄奘往西域，義想（湘）入中國。苟安安而不務求師，非所以出家本意。」其言懇切，繼之以泣。宣宗甚為感激，意欲許之，但群臣仍是激烈反對，只好作罷。到第二年（西元 1086 年）四月八日夜，義天給宣宗及太后留書一封，

---

[155]《大覺國師外集》（以下簡稱《外集》）卷十二，〈靈通寺碑〉。

第九章　高麗義天入宋求法與教宗振興

率弟子壽分（介）微服至貞州，乘商船出發。宣宗聞之大為吃驚，速差遣官僚與其弟子樂真、慧宣、道鄰等隨行。

其《請入大宋求法表》有云：「伏遇主上承祧以立，為世而來，宿敦菩薩之因，現感皇王之位，體佛在之正化，闡佛後之遺風，聰明文思，光被率土，慈悲喜捨，利洽黎元。三尊仗以住持，兆民賴之慶樂。匪唯修文偃虎（武），克宣人主之威，抑亦傳教利生，聿布法王之令。但以道流寂爾，講肆闃然，遂使真趣屈於異端，玄言隱於浮偽，玩文味義，空戀於古賢，負笈橫經，罕逢於善匠。若不問津於中國，固難抉膜於東方。竊唯圓光振錫已還，義想（湘）浮杯以降，清風絕後，高跡無追。臣是敢視險若夷，發憤忘食，虛襟致想，引領俟時，於去年八月，得大宋兩浙華嚴闍梨淨源法師書一道。其書云：因風而來，口授心傳，則針芥雖遠，悅高下之相投；笙磬同音，穆宮商而切響。斯言三複，臣意一同，晞巨利以未忘，認強緣而得遇。望南巡之法駕，鯉戀雖深；顧西邁之客帆雲遊斯切。俛俛難裁於進退，徘徊幾念於因緣。揣志失圖，撫軀無措。伏望主上，湣臣為法，恕臣冒刑，輕萬死於涉長波，委一身於到彼岸。賴之以我王聖德，荷之以我佛冥加，炳慧焰於西傳，輾法輪於東返。道光重映於千古，慈風益扇於三韓。大教卷而復舒，幽旨淪而更現。則雖暫違於忠孝，冀有補於邦家。」[156]

七月六日到達宋都開封，住啟聖寺。宋哲宗在垂拱殿迎見，禮遇備至。義天請遍參名德，於是詔華嚴法師有誠相與遊處，義天以弟子之禮謁有誠，彼此問答賢首天台判教同異，及兩宗幽妙之義，曲盡其說。後到相國寺，參謁禪宗青原係圓照禪師宗本，圓照為其升堂說法，繼而說偈云：「誰人萬里洪波上，為法忘軀效善財，想得閻浮應罕有，優曇花向火中開。」又到興國寺，謁見西天三藏天吉祥，詳詢西天之事。一個月後，

---

[156]《大覺國師文集》（以下簡稱《文集》）卷五。

第一節 義天入宋前後經歷

上章奏請往杭州華嚴座主淨源講下受業，詔從之，並差主客員外郎楊傑伴行，途經金山時，謁見了佛印禪師了元。他到達杭州後，即投大中祥符寺，以淨源為師，鑽研華嚴學。此後淨源入主南山慧因院，開講武周時譯《華嚴經》，義天也隨師住到慧因院。其間，他還特請上天竺寺慈辯大師從諫講授天台宗經論，又請靈芝寺元照律師傳授戒法。

宋元祐元年（西元1086年），高麗宣宗王上表宋廷，述其母后之意，請求遣義天還國。不久，義天應詔赴京，臨行前從諫贈手爐、如意，並著詩一首送別。義天與淨源同舟前往京城，一路講學不輟。義天抵京後，宋哲宗又在垂拱殿接見。留數日，重返杭州慧因院，聽受淨源傳道。傳道完畢，淨源正坐焚香云：「願僧統歸，廣作佛事，傳一燈使百千燈相續而無窮。」於是授經書爐拂，以為付法之信[157]。義天辭別源公之後，行至天台山，登定光佛隴，拜謁智者大師塔，並在塔前宣誓，還國之後，弘傳天台教觀。又自天台到明州，往育王廣利寺，謁見大覺禪師懷璉。五月二十日，義天隨高麗朝賀回使放洋返國。他在宋遊學十四個月（宋元祐元年閏二月），「所至名山勝景，諸有聖蹟，無不瞻禮，所遇高僧五十餘人，亦皆諮問法要。」[158]「師之往求法，非止遍參歷問，記在靈府，其所求來經書，大半本朝所未嘗行者。臨行，主客謂諸禪講諸公曰：自古聖賢越海求法者多矣，豈如僧統一來，上國所有天台、賢首、南山、慈恩、曹溪、西天梵學一時傳了。真弘法大菩薩之行者。此真實義諦，非溢美之言也。昔孔子自衛返魯，然後樂正、雅頌各得其所；國師自宋返國，然後諸宗之教各得其正。況天台一宗，雖或濫觴於諦觀、智宗輩，而此土未立其宗，學者久絕。……師以命世大任之才，其於諸宗之學，靡不刻心。而其自許以為己任者，在於賢首、天台兩宗者，當其時節因緣故。」[159]

---

[157] 同注（155）。
[158] 同注（155）。
[159]《外集》卷十三，仙鳳寺碑。

第九章　高麗義天入宋求法與教宗振興

義天回國後，高麗王臣無不感動。皇帝所贈金繒、國王太后寄送財寶以鉅萬計，全部施諸道場。他入住都城的興王寺，「宣演教理，盡妙窮神，學者海會，得未曾有。」後又住持洪圓寺等寺，洪圓寺修建了「九祖堂」，「前世為祖譜不一，今以馬鳴、龍樹、天親、佛陀、光統、帝心、雲華、賢首、清涼為九祖，師所定也。」仁睿王後和宣宗去世後，一度退居海印寺，「溪山自適，浩然有終焉之志」。獻宗再徵不能致。肅宗即位後，數次遣近臣齎書迎請，「備禮厚辭，義不可拒，乃赴都復居興王寺，教學如初。」之後又「住持國清寺，初講天台教。」「依文而顯理，窮理而盡心。止觀圓明，語默自在。拔盡信書之守，破惡取空之執，一時學者瞻望聖涯，拾舊而自來，幾一千人。盛矣哉！世之議台宗者，謂師百世不遷之宗，渠不信哉。」[160] 肅宗六年（西元 1101 年）秋八月，邁疾，冬十月五日示滅，享年四十七，僧臘三十六。寂後冊封為「國師」，定諡「大覺」。編著有《新編諸宗教藏總錄》、《圓宗文類》、《釋苑辭林》等。其門人集所撰詩文為《大覺國師文集》二十卷，今皆收入《韓國佛教全書》第四冊。

第二節　義天的「圓融」佛學觀

義天從天台宗「一念三千」的理論出發，主張心為萬事萬物的本原，「此心其體清靜，其用自在，其相平等，不分而分，雖說三義，聖凡一體，依正不二，迷之則煩惱生死，悟之則菩提涅槃，推之於心則為心也，推之於物則為物也。故得世出世間一切諸法，皆同一性，無有差別」[161]。義天的這些思想，並不僅僅是依據天台教義，而是把天台、華嚴和禪宗思想融合在一起了。

---

[160]《外集》卷十二，靈通寺碑。
[161]《文集》卷三。

第二節　義天的「圓融」佛學觀

　　他的佛學思想以「圓融」為突出特點，繼承了中韓兩國的傳統思想，特別是發揮了新羅元曉的「和諍」理論。義天對元曉極為讚佩，他在《祭芬皇寺曉聖文》中說：「我海東菩薩（指元曉），融明性相，隱括古今，和百家異諍之端，得一代至公之論，而況神通不測，妙用難思，塵雖同而不汙其真，光雖和而不渝其體，令名所以振華梵，慈化所以被幽冥。」他認為，元曉的佛學以「和諍」的理論包羅了佛教諸多宗派及其思想，在中國、印度和韓國都有重要的影響。他繼承了元曉「和百家異諍」的主張，並進行了多方面的發揮。

　　首先，義天對佛教各種宗派、大乘小乘，均取融通的立場。他說：「清涼有言：『性之與相，若天之日月，易之乾坤，學兼兩轍，方曰通人。』是知不學《俱舍》，不知小乘之說；不學唯識，寧見始教之宗；不學《起信》，豈明終頓之理；不學《華嚴》，難入圓融之門。良以淺不至深，深必該淺，理數之然也。故經偈云：『無力飲池河，詎能吞大海；不習二乘法，何能學大乘。』斯言可信也。二乘尚習，況大乘乎？」[162] 在這裡，他提出「圓融」的思想，主張大乘小乘、性宗相宗都應兼學，特別提到唯識學、《起信論》與華嚴學之互學互補，與元曉的思想犀犀相通。由此，他批評說：「近世學佛者，自謂頓悟，蔑視權小，及談性相，往往取笑於人者，皆由不能兼學之過也。」[163] 他認為，那些不知兼學大小乘諸宗派的學人，自以為是頓悟，實則未悟佛理，因無知而常鬧出笑話。在義天看來，印度佛學本是圓融之學，印度論師馬鳴、龍樹與無著、世親，雖立論有異，而宗趣無別，「馬鳴龍樹光前世，無著世親繼後塵，逐末雖云宗有異，歸元無奈道還均。」[164] 所以林存撰〈仙鳳寺碑文〉說：義天「以命世大任之才，其於諸宗之學，靡不刻心。而其自許以為己任者，在於賢首、天台兩宗者，當

---

[162]《文集》卷一。
[163] 同上。
[164]《文集》卷十九。

其時節因緣故。」這是說義天博通各宗各派，而他之所以著力弘揚華嚴、天台，是基於當時的實際情況，而非偏執某宗某派。

其次，義天著力在教、禪二宗的會通。教宗包括天台、華嚴等宗，與禪宗本無劃然之界限。唐代圭峰宗密、永明延壽等名僧，都主張教禪一致。但自宋代以後，教禪出現分離的趨向，寺院有教院、禪院之別，學佛者也多各守其宗。中國禪宗在六祖慧能之後，南宗禪獨盛，分為五家七宗，多主張「不立文字，教外別傳，以心傳心，見性成佛」，對於佛教經典不加重視，對禪宗理論也很少直接正面闡發。這些都障礙了教、禪的相互溝通。義天極不贊成這種教禪分隔的傾向，他認為教宗和禪宗的旨趣是一致的，其〈寄玄居士詩〉云：「海印森羅處，塵塵大道場，我方傳教急，君且坐禪忙，得意應雙美，隨情即兩傷，圓融何取捨，法界是吾鄉。」[165] 明確表示，應以「圓融」的態度看待教禪兩宗，不可取此而舍彼。他十分讚賞圭峰宗密禪教一致的主張，而責備那些或禪或教偏執一邊的人，他說：「夫法無言像，非離言像，離言像則倒惑，執言像則迷真。但以世寡全才，人難具美，故使學教之者，多棄內而外求，習禪之人，好忘緣而內照，並為偏執，俱滯二邊，其猶爭兔角之短長，競空花之濃淡。若乃公心彼此，獨步古今，定慧兩全，自他兼利，觀空而萬行騰沸，涉有而一道湛然，語默不失玄微，動靜不離法界者，唯我圭峰祖師一人而已矣。」[166] 這是說，佛法既超越言像而又不在言像之外，離言像而求法，則陷於顛倒迷惑之見；拘泥於言像而學佛，則不悟真如實際。由此他既反對學教者「棄內而外求」，也反對習禪者「忘緣而內照」，認為應如圭峰宗密那樣「公心彼此」，「定慧兩全」，才是正確的態度。因此他有詩句云：「欲圖法眼長無缺，慎勿輕言教外傳」[167]。他對禪宗中的「教外別傳」之說極不贊成。

---

[165]《文集》卷十九。
[166]《文集》卷三。
[167]《文集》卷十七。

第二節　義天的「圓融」佛學觀

在義天之後不久，韓國禪宗曹溪宗的開創者普照國師知訥（西元1158～1210年）則從禪宗的立場主張禪教一致，他認為，教是世尊口授，禪是世尊心禪，世尊之心口當無異，因而教禪同出一源，相輔相成。他撰《真心直說》等文，廣引經論，直說佛法禪理，而反對拘守「不立文字，教外別傳」之論。這樣，由於義天和知訥等人的提倡，高麗時期的佛學呈現教禪雙修的氣象，不像中國宋代那樣偏頗。

另外，義天之圓融思想，不止限於對佛教內部，還包括儒家、道家。他在《講圓覺經發辭》中說：《圓覺經》「罄法相宗之源流」、「暢法性宗之本末」、「兼般若宗之玄致」、「說調伏藏之規模」。同時「分三重於法界，《華嚴》之旨現焉；開二門於一心，《起信》之義著矣。事兼二教，暢孔李之玄樞；禪會兩宗，明秀能之祕旨。」[168] 在他看來，《圓覺經》不僅概括了佛教中教宗各派與禪宗各派（包括神秀禪和慧能禪）的思想精神，而且「事兼二教，暢孔李之玄樞」，也體現了儒家和道家的觀點。他還認為，在佛法五乘之中，包括了儒道兩家的思想。在《與內侍文冠書》中，他說：「予固不敏，而知學之難。所以頃歲，重道輕生，問津中國者，志在於何？在乎效聖人之用心也。聖人用心，則廣大悉備，有人乘焉，有天乘焉，有聲聞乘焉，有緣覺乘焉，有菩薩乘焉。此之五乘，是學佛者之所宜盡心之大檗也。十善五戒，人乘也；四禪八定，天乘也；四聖諦法，聲聞乘也；十二因緣，緣覺乘也；六度萬行，菩薩乘也。以言乎人乘，與周孔之道同歸；以言乎天乘，共老莊之學一致。先民所謂修儒道之教，可以不失人天之報。古今賢達，皆以為知言也。其或後之三乘，出世之法，豈與夫域內之教同日而言哉。蓋曲士不可以語道者，束其教也；夏蟲之於冬冰，井蛙之於大海，局於自見，類可知也。由是觀之，五乘之設，其得大端，學佛者之用心，窮未來際，在乎此也。」[169] 這裡雖然明顯表示出他以佛教之

---

[168]《文集》卷三。
[169]《文集》卷十三。

第九章　高麗義天入宋求法與教宗振興

出世法為最高的思想，但仍然肯定儒、道等「人乘」、「天乘」之教，並且以之為佛法的組成部分。事實上，義天十分推重儒家學問，認為「士儒志學之際，頗有一人志在求掌考試之事以勤學問乎？所謂拔策決科，必在乎學聖人之道，佐聖人之世，驅民於仁壽之域，終致太平，此其大概也。儒既如此，釋不然乎？」[170] 這是說，儒佛之道都是使天下太平，使民眾幸福之道。義天十分推尊孝道，認為這也是儒佛共通的至道。他在《講蘭盆經發辭》中說：「大慈無不愛，大孝無不親，愛我之愛不愛彼之所愛，非大慈也；親今之親不親昔之所親，非大孝也。然以五刑之屬三千，而罪莫大於不孝；六度之歸八萬，而福莫大於行孝。故得釋門遍於五時，儒典通乎六籍，包羅大小，統貫尊卑，雖設教有殊，而崇孝無別。故我本師大覺世尊，初成正覺，為宿世根熟大菩薩眾，於第二七日，轉華嚴大教根本法輪，便說《梵網》菩薩大戒云：孝順父母師僧三寶，孝順至道之法，孝名為戒。乃至廣說十重四十八輕者，此是稱性大戒，孝之極也。」[171] 在他的《文集》中可以發現，他對儒家、道家的思想和語言，時常信手拈來，混入自己的論述中。例如上引其贊元曉「塵雖同而不汙其真，光雖和而不渝其體」之文，則有采於《老子》「和其光，同其塵」之語。在這方面，他繼承了中韓傳統中儒釋道融合的思想，而又未失佛教的立場。義天之圓融儒釋道三教及圓融佛教大小二乘、禪教兩宗的思想，是他佛學思想的突出特點，也是他在中韓佛教發展史上的一個重要貢獻，至今仍具有現實價值。

另外，他提倡出世與入世的統一。

近代以來，中國、韓國、日本的佛教，多主張佛教的人間性，倡匯出世精神與入世事業的結合。而大覺國師義天在九百多年前即持有此種理念。他說：「聖凡一體，依正不二，……故得世出世間一切諸法，皆同一

---

[170] 同上。
[171]《文集》卷三。

第二節　義天的「圓融」佛學觀

性，無有差別。」[172] 這是基於大乘佛教的基本精神，而說出世間法不離世間法，不可以離開世間法去追求出世間法。由此，他又引述唐朝著名居士裴休的主張說：「自昔外衛之人，揄揚教道，弘護法門者，無出李唐裴公相國，彼與圭峰為世外素交也。相國實是大權菩薩，而嘗嘆云：生靈之所以往來者，六道也，鬼神沉幽愁之苦，鳥獸懷猶狨之悲，修羅方嗔，諸天正樂，可以整心慮趣菩提，唯人道為能耳。人而不為，吾未如之何也。」[173] 這是說，欲證菩提，唯依人道，做佛應從做人起。裴公之論人道，頗為中國人間佛教的提倡者所樂道，而義天早已與裴公的思想相感通。另外，義天儒佛會通的主張，也體現了他的人道精神和入世思想。

義天不僅理論上主張出世入世的統一，而且付諸實踐實行。〈靈通寺碑〉載：「師既為一國尊親，有大政事，必款密諮決，故所與上論列國家事甚多，而有陰德於人民。」[174] 這表明義天不止是一般的關懷現實社會，而是可以直接參與國家大事的決策。他看到國家和社會的問題，也會主動提出意見。例如，他曾給肅宗王上疏論鑄錢之法，陳述中國歷代錢幣政策的得失，提出改革幣制的主張。他說：「臣嘗潛心三藏之外，行有餘力，則涉獵經史，以觀古人之賢不肖。」並且又說：「出位謀政，在儒者所不許。然臣念君親之重，身何敢吝。」[175] 表示為國為民，不記個人前途安危。另外，義天入宋求法，雖為佛事，但他一路上主動與地方政府及宋廷取得聯絡，以得到有力的支援和幫助。宋廷也對他優遇有加，皇帝在宮廷親自迎見，派出高官一路陪伴，又多有慰問、賜贈，義天儼然是高麗來的貴賓和友好使者。這也是義天入世理念的實際體現。義天出世與入世相統一的思想和行動，對於中韓佛教的發展有實質意義。

---

[172]《文集》卷四。
[173]《文集》卷五。
[174]《外集》卷十二〈靈通寺碑〉。
[175]《文集》卷十二。

第三節　義天與中韓華嚴學的復興（附均如、坦文、決凝、樂真、澄儼、宗璘、教雄）

　　大覺國師義天為中韓佛教文化交流做出了卓越的貢獻，在中韓文化交流史上留下了光輝的一頁。其貢獻之一，是促成了中韓華嚴學的復興。

　　如前所述，在唐代，新羅義湘赴唐求法，研學華嚴，歸國後開創了海東華嚴宗。華嚴學經過義湘及其弟子們的弘揚，在新羅時期相當盛行。到高麗時代，在義天之前，又有均如、坦文、決凝等加以詮釋。

　　均如事蹟見赫連挺撰《大華嚴首坐圓通兩重大師均如傳並序》[176]，據該《傳》，均如（西元917～973年）俗姓邊，黃州人。十五歲出家，受業於復興寺識賢和尚，不久又投靈通寺義順門下學華嚴。「自爾之後，深‧教海，險淡義天，於時匱糧七日，不食者十度許，曾無一念而生厭退以怠於學也。」後因「久居練若，系戀庭闈」，遂歸覲親顏，與比自己年長三歲的姐姐秀明「講普賢、觀音兩知識法門，《神眾》、《千手》二經文，三寸所宣，一字無失。」又「念諷華嚴六地義，約五百問答。秀明偷聽頓悟。」在新羅末期，伽耶山海印寺有兩位華嚴宗匠，一位是觀惠，是後百濟王甄萱的福田；另一位是希朗，是高麗太祖的福田。兩位宗匠的門徒互相對立，勢如水火。觀惠的法門稱為南嶽（智異山）派，希朗的法門稱為北嶽（浮石寺）派。均如本是北嶽法孫，但他慨嘆兩宗的矛盾，欲融多歧為一轍，於是和仁裕首座共同倡導歸一的宗旨，統合了新羅末期以來的南嶽、北嶽兩派。均如是高麗時期佛教華嚴宗的代表性人物，他繼承並發揚中韓兩國華嚴宗師的思想，極力主張「性相融合」，又提倡「聖俗無礙」，對高麗佛教特別是對高麗華嚴學的發展做出了重要的貢獻。

　　他對於華嚴教中前人疏抄等，「以為源流則別，蹐駁頗多。文之煩

---

[176]《韓國佛教全書》第四冊。

第三節　義天與中韓華嚴學的復興（附均如、坦文、決凝、樂真、澄儼、宗璘、教雄）

者，撮要而刪之，意之微者，詳究而現之，皆引佛經、菩薩論以為證，則一代聖教，斟酌盡矣。」後來，「國家大啟選席於王輪寺，濯取空門及第，則以吾師（均如）義路為正，餘旁焉。凡有才名之輩，何莫由斯途也。大者，位取王師、國師；少者，階至大師、大德。至於揭獨身拔獨跡，不可勝數矣。」

均如一生著述有近百卷，其中大部分是對智儼、法藏及義湘等華嚴學大師的著作的註疏。他以弘法利人為己任，「若有諸家文書，未易消詳者，必為之著記釋故，有《搜玄方軌記》十卷、《孔目章記》八卷、《五十要問答記》四卷、《探玄記釋》二十八卷、《教分記釋》七卷、《旨歸章記》二卷、《三寶章記》二卷、《法界圖記》二卷、《十句章記》一卷、《入法界品抄記》一卷，並行於代。」今存《一乘法界圖圓通記》、《十句章圓通記》、《釋華嚴旨歸章圓通抄》、《華嚴經三寶章圓通記》、《釋華嚴教分記圓通抄》等數種十八卷，均收在《高麗大藏經》及《韓國佛教全書》中。

據說均如頗有神通，能夠施咒療疾，說法禳怪。廣順三年（953），「宋朝使至，將封大成大王。」但是「愁霖不止，禮命阻行」。「光宗聞之，愁坐輟寢」。均如應國王之請，說法祈晴，「象步安詳，升師子座，圓音一演，雷電潛藏，須臾之間，雲捲風怗，天明日出。是時，萬乘珍敬，禮加九拜。」「尋封師為大德，兼俗眷十有餘人，人賜田二十五頃，藏獲各五人。」他還用本民族的語言，「依普賢十種願王，著歌一十一章。其序云：夫詞腦者，世人戲樂之具；願王者，菩薩修行之樞。故得涉淺歸深，從近至遠，不憑世道，無引劣根之由；非寄陋言，莫現普因之路。今託易知之近事，還會難思之遠宗，依二五大願之文，課十一荒歌之句，慚極於眾人之眼，冀符於諸佛之心。雖意失言乖，不合聖賢之妙趣，而傳文作句，願生凡俗之善根。」

坦文（西元900～975年）字大悟，俗姓高氏，廣州（京畿道）高烽

第九章　高麗義天入宋求法與教宗振興

人，唐乾寧七年（光化二年，西元 900 年）生。他五歲時即「情敦出俗，心在離塵，願託跡於緇門，即寄心於金界。」遂落髮辭親，修心學佛。謁拜北漢山莊義寺信巖，學習華嚴，十五歲在本寺受具足戒。「由是，聲九皋，應千里」，因而得到高麗太祖的賞識。太祖制曰：「既幼年之表異，號『聖沙彌』；宜今日之標奇，稱『別和尚』。」龍德元年（西元 921 年），置海會選緇徒，又制曰：「莊義別和尚，何必更為居士，方做名僧。」於是「擢為問者」。問者，是在論議法義的會上，專門針對論題進行質問或詰難的僧職。據說太祖時劉王后有娠，請坦文祈禱安產，果然有靈驗，因而得到太祖的嘉獎。此後住九龍山寺開講《華嚴》，聲名大振。第二代惠宗王即位後，又在天成殿設法筵，請坦文為主講。第三代定宗王時在九龍山寺設定譚筵，以坦文為法主。第四代光宗王創歸法寺，以坦文為住持，又賜與弘道三重大師的稱號，並且親到內道場拜坦文為王師，又拜為國師。坦文晚年，以老病辭還故山，光宗王率百官為之送行。到達伽耶山寺時，僧徒拜迎如佛，教禪一千餘人迎奉入寺。宋開寶八年（西元 975 年）示寂，俗年七十六，僧臘六十一。其弟子有靈撰、一光、明會、芮林、倫慶、彥玄、弘廉、玄悟、靈遠、玄光、真幸等。[177]

決凝，字慧日，俗姓金，溟州人。宋乾德二年（西元 964 年）生，十二歲投龍興寺廣宏出家得度，繼之於福興寺官壇受具足戒，後住義湘建立的浮石寺，決凝即義湘之法裔。靖宗封為王師，文宗拜為國師。晚年於故鄉建寺，文宗王賜額曰「華嚴安國寺」。決凝印寫大藏經一部，安奉安國寺內。後還住浮石寺，在浮石寺示滅，報年九十，僧臘七十八。門人有廣證、證海、秀蘭、作賢、元昶、觀玉、看成、海元、聯胤等一千四百三十八人。[178]

---

[177]　見〈海美普願寺法印國師寶乘塔碑〉，《朝鮮金石總覽》上 223－233 頁。
[178]　其事蹟見〈順興浮石寺圓融國師碑〉，《朝鮮金石總覽》上，267－272 頁）

第三節　義天與中韓華嚴學的復興（附均如、坦文、決凝、樂真、澄儼、宗璘、教雄）

　　在義天之前，海東華嚴學代有傳人，但並不興盛。義天入宋求法之前，即對華嚴教觀已有相當深入的研究，他讀到過淨源有關華嚴學的著述，心生敬意，他到達宋都後，在《乞就杭州源闍梨處學法表》中說：「曩者於故國偶得兩浙淨源講主開釋賢首祖教文字，披而有感，閱以忘寢，乃堅慕義之心，遙敘為資之禮」。所以入宋後即拜淨源為師。淨源俗姓楊，字伯長，出家後尋師訪友，鑽研華嚴教學，「盡得華嚴奧旨，四方宿學推為義龍」[179]。但是，當時中國有關《華嚴經》的疏抄散佚殆盡，因此華嚴學的研究衰微不振。義天見到淨源，即以他從高麗帶來的華嚴典籍質疑探討，使華嚴疏抄逸而復得，為中國華嚴學的復興提供了可貴的文獻資料。《佛祖統紀》卷十四載：義天「至慧因，持《華嚴》疏抄諸決所疑，閱歲而畢。於是華嚴一宗文義逸而復得。……及施金書《華嚴》三譯於慧因，建閣藏之。」《佛祖歷代通載》卷十九有：「高麗僧統義天，航海問道，（謁淨源）申弟子禮。初華嚴一宗疏抄久矣散墜，因義天持至諮決，逸而復得。左丞蒲宗孟撫杭，潛其苦志，奏以慧因易禪為教，命公（指淨源）主之。義天還國，以金書《華嚴》三譯本一百八十卷以遺師，為主上祝壽。師乃建大閣以奉安之，時稱師為中興教主。以此寺奉金書經故，俗稱高麗寺。」此外，《釋氏稽古略》卷四、《補續高僧傳》卷二，均有類似的記述。由此可見，淨源之被譽為華嚴宗中興教主，是與義天分不開的。義天持來華嚴疏抄，回國後又送金書《華嚴》三譯給淨源，推動了中國華嚴學研究的深入，也增強了淨源的影響力，從慧因寺易禪為教，由淨源主持，及慧因寺俗稱高麗寺，均可明顯地看出義天的作用與影響。

　　另外，義天不同於一般的求法學僧，他入宋前在高麗已是名聲顯赫，入宋後也頗得時人尊重。如禮部尚書翰林學士蘇軾曾賦詩一首送給陪伴義天的主客員外郎楊傑，詩中有「三韓王子西求法，鑿齒彌天兩勍敵」之

---

[179]《補續高僧傳》卷一〈晉水法師傳〉。

第九章　高麗義天入宋求法與教宗振興

句[180]，把義天比作東晉名僧彌天釋道安，而把楊傑比為與道安交厚的東晉名士四海習鑿齒。楊傑有一首贈義天的長詩，其中有：「嘗聞奘三藏，問津法王子，大教傳瑜伽，唱道慈恩寺；又聞浮石老，雞林稱大士，唐土學華嚴，旋歸振綱紀。性相互有得，未能盡善美，孰若佑世師，五宗窮妙理。」「我愧陪彌天，才辯非鑿齒，留贈明月珠，光透玉壺裡，四海同一家，何此亦何彼。」[181] 意思是說，唐朝玄奘法師西天取經，傳瑜伽相宗而歸；新羅義相法師赴唐求法，傳華嚴性宗而去。二者雖各有所得，但未能盡善盡美、圓通性相，都比不上佑世僧統義天，遍參善知識，通達華嚴、天台、唯識、律、禪五宗，無不得其妙旨。楊傑自稱愧陪義天，因為義天可比東晉名僧道安，而自己卻比不上名士習鑿齒。從蘇軾、楊傑的詩句中，不難看出義天在人們心目中的地位。義天曆訪諸宗大德，不是簡單的求問宗義，因為他「非是始學，欲以己所得與諸師相試故來耳。」[182] 淨源與義天也是互有促進，「非特僧統資源公而道益進，源公名所以益高，以僧統揚之也。」[183] 義天稱頌淨源「德冠古今，學窮微奧」[184]，淨源則把他與義天的師資關係比為慧思與智者大師的關係[185]，在送義天歸國時贈詩云：「離國心忙海上塵，歸時身遇浙江春，休言求法多賢哲，自古王宮只一人。」[186] 可見其對義天之器重。

義天回國時，帶回「花嚴大不思議論等諸宗教藏三千餘卷」[187]，「其所求來經書，大半本朝（指高麗）所未嘗行者」[188]，這對高麗佛教的發展

---

[180]《外集》卷十一。
[181]《外集》卷十一。
[182]《外集》卷十二〈靈通寺碑〉。
[183] 同上。
[184]《文集》卷十一。
[185]《外集》卷二。
[186]《外集》卷十。
[187]《文集》卷八。
[188]《外集》卷十三，仙鳳寺碑。

第三節　義天與中韓華嚴學的復興（附均如、坦文、決凝、樂真、澄儼、宗璘、教雄）

有重要意義。義天回國後任興王寺住持，講演華嚴「周於十遍」。又整理編纂華嚴類之重要著述，分部別類，集為《圓宗文類》二十二卷，他以弘傳華嚴為己任，常自稱「興王寺住持傳賢首教觀佑世僧統」、「海東傳華嚴大教沙門」，努力推動高麗華嚴學的復興。

義天的弟子樂真、澄儼，及其再傳弟子宗璘、教雄等皆在弘傳華嚴學方面有突出表現。樂真事蹟見於〈陝川般若寺元景王師碑〉[189]。樂真俗姓申，字子正，利川郡人。自幼出家，曾學於景德國師爛圓，清寧二年（西元1056年）受具足戒，咸雍四年（西元1068）赴大選場，受大德，「自是不離景德之門」。景德遷化之後，乃以大覺國師義天為師，「大覺與之言，未嘗不欣然聽納」，頗得義天賞識。肅王在藩邸時，曾設百日講道場，請樂真為講主，「道俗聽眾有數百人，由是聲名益振」。義天赴宋求法時，樂真與慧宣、道鄰等隨行。他受到慧因院晉水法師的好評，主客員外郎楊傑也稱讚他說：「子正所學深遠，可以為人師。」丙寅歲（西元1086年）仲夏二十九日自大宋還。後大覺國師傳以爐拂，並對他說：「昔晉水法師以爐拂傳我，我以傳之於子。宜勉之，發揚吾道。」肅宗王即位後制加首座，後又制加僧統，睿宗王時成為王師，賜法歸寺為真師燕息之所，又以法水寺為其香火之所。睿宗王十四年（西元1119年）入滅，俗壽七十，法夏六十二。追諡「元景」。

澄儼是肅宗王第四子，壽昌三年（西元1097年）詣京南興王寺投大覺國師義天，時年八歲。第二年於明慶殿落髮，又於佛日寺受具足戒，「自是，服膺學問，通《華嚴》大旨」。乾統二年（西元1102年），肅宗命住重光寺，之後封為僧統，賜號「福世」。睿宗王時先後住洪圓、開泰、歸信等寺。天慶八年（西元1118年），特詔住興王寺，後因疾辭興王寺，移住崇善寺，又復住歸信寺。仁宗王嗣位後，詔加「五教都僧統」。仁宗四年

---

[189]《朝鮮金石總覽》上，316－322頁。

第九章　高麗義天入宋求法與教宗振興

（西元1126年），退居歸信寺。在此之前，澄儼雖歷住名藍，但以宗親之故，特留京師，所謂歷住諸寺，只是遙領而已。及至此時，外戚專權，欲危王室，澄儼見微知著，乃「超然有遁世之志，抗章乞退」，遂隱於歸信寺。後來果然有禍亂發生，宗室名臣相踵遭到斥逐，唯獨儼師「泰然不及於難，時人以此服其先知」。仁宗平亂之後，遣中使召澄儼還京，居興王寺十餘年，仁宗以王叔之尊待之，禮遇彌渥。大宋紹興十一年（西元1141年）四月二十一日入滅，享年五十二。冊封國師，諡「圓明」。[190]

宗璘字重之，俗姓王，帶方人。十三歲出家，辛酉年（西元1141年）十二月，就佛日寺受戒，是年十五歲。仁宗曾於內道場請宗璘講論，聽之不倦。毅宗元年（西元1147年），下批為首座，歷住歸法、國泰、浮石等寺，蔚為宗匠。後升為僧統，皇統七年（西元1147年）迎入大內，毅宗王令其為大弟削髮，禮儀之盛，古所未有。庚寅年（西元1171年），明宗王踐祚，加「佐世」之號。第二年仲秋，召至內殿，賜滿繡袈裟一領。明宗王九年（西元1179年），六月二十九日示滅，春秋五十三，僧臘三十九。追封國師，諡「玄悟」。[191]

教雄字守雌，俗姓康，雞林屬郡章山人。十二歲投歸法寺戒明大師祝髮，其年受具足戒。成年就大覺國師義天法嗣理琦僧統之門，摳衣請業，「凡學者莫敢與爭能」。崇寧二年（西元1103年）中僧選，後與無礙智國師同遊大伯山，「遂以盡一性之宗，窮萬相之理，而名益著」。經無礙國師舉薦，得到仁宗的厚遇，「而當時學士大夫，亦莫敢不敬重，實華嚴一宗匠也。」天德五年（西元1153年）四月八日卒於興王寺樂寂齋。春秋七十五，僧臘六十三。門下弟子有三百餘人。[192]

---

[190] 見〈開城興王寺圓明國師墓誌〉，《朝鮮金石總覽》上，342－344頁。
[191] 見〈龍仁瑞峰寺玄悟國師碑〉，《朝鮮金石總覽》上，404－408頁。
[192] 〈開城洪圓寺教雄墓誌〉，《朝鮮金石總覽》上，366－368頁。

第四節　義天與海東天台宗的創立
（附諦觀、義通、教雄、義瑢）

　　天台宗是中國大乘佛教主要宗派之一。實際創始人是陳隋之際的智顗（西元 531～597 年），因其常住浙江天台山，故名天台宗。天台宗以《法華經》為主要教義根據，又依《法華經》以判一代時教，故又稱法華宗。智顗著有《法華玄義》、《摩訶止觀》、《法華文句》，被奉為天台三大部。又撰有《金光明經玄義》、《金光明經文句》、《觀音玄義》、《觀音義疏》、《觀無量壽佛經疏》，被稱為天台五小部。

　　該宗的傳承，有天台九祖之說，九祖即龍樹菩薩、北齊慧文、南嶽慧思、天台智顗、章安灌頂、法華智威、天宮慧威、左溪玄朗、荊溪湛然。但是，創立天台宗的宗祖實際上是智者大師，湛然被稱為本宗中興之祖。

　　湛然弟子有道邃、行滿、元皓、道暹、明曠等，道邃再傳宗穎、良諝。不久，因會昌法難及唐末五代之戰亂，天台之典籍章疏大多散逸，天台宗漸趨衰微。後有高麗僧諦觀應吳越國忠懿王之請，攜大批天台典籍赴華，投螺溪義寂門下，又有高麗僧義通入華，師事義寂，弘揚天台教觀，才挽回天台宗的頹勢。由於對智顗《金光明玄義》廣本的真偽問題產生「唯心論」與「實相論」的對立看法，義通之後逐漸分裂為兩派，結果釀成北宋初年長達四十多年的「山家、山外」之論戰。主張實相論的山家派以義通的弟子四明知禮、慈雲遵式為代表，倡導「妄心觀」；主張唯心論的山外派以義寂的另一弟子慈光志因，下傳孤山智圓等為代表，倡導「真心觀」。二派之中，山家派的法系較為興隆，在後世被視為天台宗的正統。該宗至元代，教勢不振。至明代，幽溪、傳燈、真覺等盛弘山家正宗。至蕅益智旭，融合唯識、淨土、律、禪之旨，以資發揚天台宗教觀，又主張釋、道、儒三教一致。

第九章　高麗義天入宋求法與教宗振興

天台宗的教義主要有「三諦圓融」、「一心三觀」、「一念三千」、「六即」說等。

三諦圓融，三諦即空諦、假諦、中諦，或稱真諦、俗諦、中諦，三諦一一皆相即，空不離假、中，假不離空、中，中不離空、假，三諦圓融無礙，此即諸法實相。

一心三觀，即在一念觀心中，空、假、中三諦具足。此三觀法，隨觀一法，莫不具三。如觀空時，假、中皆空，觀假、觀中時亦然。

三觀為能觀心，三諦為所觀境，三諦三觀名別體同，能觀所觀二而非二。正如湛然在《止觀大意》中所說：「三諦三觀三非三，三一一三無所寄，諦觀名別體復同，是故能所二非二。」

一念三千，是說在當下的一念心中，具足三千世間的諸法性相。正如《摩訶止觀》第五卷上所說：「夫一心具十法界，一法界又具十法界，百法界。一界具三十種世間，百法界即具三千種世間。此三千在一念心，若無心而已，介爾有心，即具三千。」亦如《法華玄義》第二卷上所說：「遊心法界者，觀根塵相對，一念心起，於十界中，必屬一界。若屬一界，即具百界千如，於一念中悉皆備足，此心幻師於一日夜，常造種種眾生，種種五陰，種種國土。」《法華經・方便品》說諸法性相有十個方面，稱「十如」或「十如是」，即如是相、如是性、如是體、如是力、如是作、如是因、如是緣、如是果、如是報、如是本末究竟等。此與百界相乘，即成一千種法，故謂「百界千如」。而此「千如」又與眾生、五陰、國土之「三種世間」相配，即成三千大千世界。

「六即」之說，是基於「一切眾生皆有佛性」，「有佛無佛，性相常住」之實理，而說自凡夫至佛之六種階位或六種境界，是為理即、名字即、觀行即、相似即、分證即、究竟即等六種。

天台宗在修持上，以實修止觀為最重要。止觀又有三種：漸次止觀，

第四節　義天與海東天台宗的創立（附諦觀、義通、教雄、義璿）

不定止觀，圓頓止觀。

天台宗之教判為「五時八教」說。「五時」是就釋迦說諸經的時間次第而論，分為華嚴、阿含、方等、般若、法華涅槃五時。「八教」又分化儀四教和化法四教。化法四教是就教法的內容說，分為三藏教、通教、別教、圓教。此為化益眾生之法門，故名化法四教。化儀四教是就教化的方式而言，分為頓、漸、祕密、不定四種。

海東新羅時期，即有玄光、緣光、法融及其弟子理應、純英等前後入華學天台教觀。唐五代來華學天台的新羅僧俗頗多，所以不少地方有新羅法華院。宋朝開國前後，高麗僧諦觀、義通赴中，從螺溪義寂研習天台教學。又有高麗僧智宗入華求法，先隨永明延壽學禪，後亦投義寂門下。

螺溪義寂（西元919～987年）是宋代高僧，中國天台宗第十五祖，浙江永嘉人，俗姓胡，字常照。世稱淨光大師、螺溪義寂、螺溪尊者。後梁貞明五年（西元919年）生，十二歲出家於溫州開元寺，師授《法華經》，期月而徹。十九歲受具足戒，後往會稽學南山鈔，深達持犯。既通律義，乃造天台山，從清竦大師研學止觀。在義寂之前，智者教跡，遠則安史兵殘，近則會昌焚毀，零編斷簡，本折枝摧，傳者無憑。師每痛念，力網羅之，先於金華古藏僅得淨名一疏。後來，吳越忠懿王錢弘俶因覽《永嘉集》，見其中有「同除四住，此處為齊，若伏無明，三藏即劣」之語，不明其意，問於清涼文益禪師法嗣天台德韶國師，韶云：「此是教義，可問天台寂師。」吳越王即召義寂出金門，建講以問前義。寂師曰：「此出智者《妙玄》（《妙法蓮華經玄義》）。自唐末喪亂，（天台）教籍散毀，故此諸文多在海外。」吳越王在他的勸請下，「遣使十人，往日本國求取教典。」[193] 取回教典之後，義寂潛心研習，「由是博聞多識。微寂，此宗學

---

[193]《佛祖統紀》卷八。

第九章　高麗義天入宋求法與教宗振興

者幾握半珠為家寶歟。遂於佛隴道場國清寺相繼講訓。」[194] 吳越王為義寂「建寺螺溪,扁日定慧,賜號淨光法師。」[195] 「及興螺溪道場,四方學侶霧擁雲屯。」[196] 太平興國五年（西元 980 年），義寂自山中出居州治寺。雍熙元年（西元 984 年），永安縣請師於光明寺為眾授戒。雍熙四年（西元 987 年），臨海縉雲永康東陽諸邑請其施戒。同年十一月圓寂,享年六十九。法臘五十。傳法弟子百餘人,有義通、諦觀、澄彧、寶翔等。義寂平素常講《法華經》並《玄義》、《光明》、《淨名》、《梵網》等經,《止觀》、《金錍》等論,《法界》、《還源》等觀,《禪源詮》、《永嘉集》等集。撰有《止觀義例』》、《法華十鈔》等。[197]

　　諦觀生卒年不詳。當時,中國由於唐末五代之亂,天台教藉大多散失,吳越王錢弘俶欲復興天台教法,就遣人到高麗求天台教籍,諦觀於是奉高麗光宗王之命,於北宋太祖建隆年間（西元 960～962 年），攜天台論疏諸部前往中國,至天台山螺溪傳教院,他參謁螺溪義寂,一見心服,遂拜義寂為師,興天台宗,留住螺溪十年後入寂。其事蹟見於《佛祖統紀》卷十之「諦觀法師傳」。此「傳」說,法師諦觀,高麗國人。如前所述,吳越王因覽《永嘉集》「同除四住」等語以問韶國師,韶國師薦其問天台義寂。義寂在吳越王建講問義之際,乃謂唐末教籍流散海外,今不復存。「於是吳越王（在「遣使十人,往日本國求取教典」的同時）遣使致書,以五十種寶往高麗求之。其國令諦觀來奉教乘,而《智論疏》、《仁王疏》、《華嚴骨目》、《五百門》等,禁不令傳。且戒觀師:於中國求師問難,若不能答,則奪教文以回。」諦觀入宋之後,聞螺溪義寂善講授,即前往參謁,「一見心服,遂禮為師。」在螺溪期間,諦觀撰有《天台四教儀》,然

---

[194]《宋高僧傳》卷七。
[195]《佛祖統紀》卷八。
[196]《宋高僧傳》卷七。
[197] 見《宋高僧傳》卷七〈宋天台山螺溪傳教院義寂傳〉;《佛祖統紀》卷八、卷十。

第四節　義天與海東天台宗的創立（附諦觀、義通、教雄、義璿）

而藏之於篋，祕不示人。及至諦觀留螺溪十年，一日坐亡，後人才發現此書。「由是盛傳諸方，大為初學發矇之助」。

諦觀在《天台四教儀》開頭即說：「陳隋國師天台智者大師，以五時八教判釋東流一代聖教，罄無不盡。言五時者，一華嚴時，二鹿苑時（說四阿含），三方等時（說《維摩》、《思益》、《楞伽》、《楞嚴》、《三昧》、《金光明》、《勝鬘》等經），四般若時（說《摩訶般若》、《光贊般若》、《金剛般若》、《大品般若》等諸般若經），五法華涅槃時，是為五時，亦名五味。言八教者，頓、漸、祕密、不定、藏、通、別、圓，是名八教。頓等四教是化儀，如世藥方。藏等四教名化法，如辨藥味。如是等義，散在廣文，今依大本，略錄綱要。初辨五時、五味及化儀四教，然後出藏、通、別、圓。」在《天台四教儀》文末，諦觀又說：「謹案台教廣本，抄錄五時八教，略知如此。若要委明之者，請看《法華玄義》十卷，委判十方三世諸佛說法儀式，猶如明鏡，及《淨名玄義》中四卷，全判教相。自從此下，略明諸家判教儀式耳。」

由此可見，他的《四教儀》是依據天台智者大師著作的「大本」或「廣本」，特別是依據《法華玄義》、《淨名玄義》等著作，加以整理，而簡明易懂地闡述天台宗「五時八教」說的基本思想，以為天台教學的入門書，這對廣泛弘揚天台思想有重要的意義。

《韓國佛教全書》第四冊所收〈天台四教儀〉後有一篇跋文，內容如下：「錄主觀師傳云：嘗撰〈天台四教儀〉，十年乃畢，藏於篋中。薪盡之期，趺坐而逝，厥後神光從篋中出，開視之，唯有一卷《四教儀》，罄無他物。斯乃言言句句，皆符佛意，無非感應道交然耳。故十方諸佛，應機所說漸頓權實之教法，三乘之人，隨根所修淺深遲速之行門，及一佛乘最上禪觀，囊括始終，鍾在此書，如執明鏡，萬像斯現。學佛之徒爭相溫習者，職由是也。但舊本字大卷重，未便於齎持，人皆病之。今有門人大禪

第九章　高麗義天入宋求法與教宗振興

師宏之，倩人改書，鋟梓流行，欲資來學故，茲跋云。延佑元年甲寅孟秋初吉，牧庵老人題。」《全書》注謂：此跋文在元延佑元年（西元1314年）刊《永嘉從義集解》中〈天台四教儀〉之末。

明萬曆年九年（西元1581）刊刻此書時，沙門智覺撰有《四教儀緣起》，其中說：諦觀「能探索大本，錄出《四教儀》之文成二卷。其上卷明一家判教立義，下卷明南北諸師宗途異計。後至孤山圓法師校勘刊板，但行今上卷之文者，蓋由辭句簡要，義旨易明，學者誠資之可了其一化大綱，豈曰小補之哉。下卷則破斥南北古師，文義浩漫，故得以緩之。」然而，《佛祖統紀》（卷十）有謂：〈四教儀〉「即荊溪八教大意，觀師略加修治，易以今名。沒前人之功，深所不可。」

義通，字唯遠，高麗國人，族姓尹，後唐明宗天成二年西元（西元927年）生。幼從龜山院釋宗為師，受具之後學《華嚴》、《起信》，為國宗仰。後晉天福（西元942～944年）時遊歷中國（或謂在後漢後周之際赴往中國），先至天台雲居韶國師所居，忽有契悟，後謁螺溪，聞一心三觀之旨。乃嘆曰：「圓頓之學畢茲轍矣。」遂留受業。「久之，具體之聲，浹聞四遠。」後欲東歸，假道四明，將登海舶。郡守太師錢唯治（忠懿王錢弘俶之子）聞師之來，加禮延屈，諮問心要。復請為菩薩戒師，親行授受之禮。「道俗趨敬，同仰師模」。在錢公固留之下，放棄了回國的打算。宋太祖開寶元年（西元968年），漕使顧承徽屢親師誨，乃捨宅為寺，請義通居之。初名傳教院，太平興國四年（西元979年）六年十二月，弟子延德詣京師奏乞寺額，七年四月，宋太宗賜額為「寶雲」。義通「敷揚教觀幾二十年，升堂受業者不可勝紀。」端拱元年（西元988年）十月二十一日，右脅而化，「門人奉葬於阿育王寺之西北隅（育王寺未為禪寺時，其寺僧人嘗請寶雲諸師屢建講席。寶雲既終，因葬骨於此地）壽六十二。治平元年（英宗，西元1064年），主南湖法孫宗正，累為方墳石塔，作記以識之。（後

第四節　義天與海東天台宗的創立（附諦觀、義通、教雄、義璿）

七十七年）宣和七年（徽宗，西元1125年），主育王昌月堂，以地蕉塔壞，與寶雲威師，徙骨於烏石山。……其後主者智謙，重刊石塔記於烏石庵中（見《振祖集石塔記》）。」《石塔記》謂，義通著述「逸而不傳」。宗曉石芝則說：「然考諸四明章記，則嘗秉筆為《觀經疏記》、《光明玄贊釋》矣。蓋四明（知禮）稟承其義，用之於記鈔諸文，非為無傳。《贊釋》一部尚存，但不廣行耳。」其弟子中著名者，有法智（知禮）、慈雲等。後世尊寶雲義通為天台宗第十六祖，知禮為第十七祖中興之祖。知禮之中興天台，實亦有賴於義通的撰述。[198]

　　義寂另有高麗弟子智宗，入華後先從永明延壽學禪兩年，後投義寂門下，參學天台教說九年，回國後禪教並傳，大得高麗五代國王的恩寵。其事蹟已如前章所述。

　　義天越海求法，用心於華嚴學的同時，又致力於天台宗義。據〈仙鳳寺大覺國師碑〉載：義天在宣宗即位後，屢請入宋求法，但遭到群臣的反對，有一天，尚在蕃邸的肅宗與義天同謁仁睿太后，「偶語及之曰：天台三觀最上真乘，此土宗門未立，甚可惜也。臣竊有志，為太后深垂隨喜，肅宗亦願為外護。」[199] 這是說，仁睿太后支持義天赴宋求取「天台三觀最上真乘」，以便回國後開創天台宗，肅宗也願意幫助義天實現自己的願望。他在宋朝曾隨從諫學習天台教觀，返國前在智者大師塔下發願說：「嘗聞大師以五時八教判釋東流一代聖言，罄無不盡，而後世學佛者，何莫由斯也。故吾祖花嚴疏主云：賢首五教，大同天台。竊念本國，昔有人師，厥名諦觀，講演大師教觀，流通海外，傳習或墜，今也即無。某發憤忘身，尋師問道，今已錢塘慈辯大師講下承稟教觀，粗知大略，他日還鄉，盡命弘揚，以報大師為物設教劬勞之德。此其誓也。」[200] 這說明他已做好

---

[198]《佛祖統紀》卷八，〈十六祖寶雲尊者義通〉。
[199]《外集》卷十三。
[200]《文集》卷十四，〈大宋天台塔下親參發願疏〉。

第九章　高麗義天入宋求法與教宗振興

了回國創立天台宗的準備。

義天回國後，即著手創宗的工作，「募可與弘道者德麟、翼宗、景蘭、連妙，各率其徒，齒於弟子。」[201] 他大力招募當時高麗諸宗名僧特別是禪門九山的緇秀，以為肇立臺宗的人才。不久，遵仁睿太后遺願修建的國清寺落成，義天奉詔住持，升座振海潮音，演天台一宗妙義，本宗學者及諸宗碩德「無慮數千人，聞風競會」[202]，由此可見其盛況。

義天所創的天台宗，與華嚴教學有密切的連結。其師淨源即兼通華嚴與天台，自謂：「吾首於《華嚴》，老注《法華》，二經為佛教之表裡，終始之絕唱，吾得而畢之，豈非夙志之幸乎。」[203] 他認為《華嚴經》與《法華經》「為佛教之表裡，終始之絕唱」，二經旨趣相輔相成，相得益彰。義天繼承了淨源的思想，所以他在智者大師塔下發願時特別說到：「吾祖華嚴疏主云：賢首五教，大同天台。」說明弘揚天台宗義與弘傳華嚴教觀是一致的。

天台教觀從中國傳到海東，並不是始於義天。如前所述，新羅玄光即曾赴唐從南嶽慧思學天台，證得法華三昧而傳入新羅。之後又有新羅僧相繼赴唐學臺教。晁說之〈仁王般若疏序〉曰：「陳隋間，天台智者遠稟龍樹，立一大教，九傳而至荊溪。荊溪之世，有新羅來學者，曰法融、理應、純英。故此教播於海外諸國，與中原並盛矣。唐室喪亂，典籍蕩滅，雖此教為不可亡者，亦難乎其存也。」[204] 這是說，天台宗是由荊溪湛然而傳到新羅的。月窗居士金大鉉所著《禪學入門》的跋中說：「我東新羅中葉，高僧法融、理應、英純聯錫遊唐，俱得天台下三世左豁東陽大師之妙法，以華以香供養我槿域（朝鮮的異名）。」義天自己則說；「天台一枝明

---

[201]　《外集》卷十二〈仙鳳寺碑〉。
[202]　〈仙鳳寺碑〉。
[203]　《外集》卷三，淨源書五。
[204]　見《佛祖統紀》卷五十。

第四節　義天與海東天台宗的創立（附諦觀、義通、教雄、義璿）

夷於代，昔者元曉稱美於前，諦觀法師傳揚於後。」[205] 此外，還有種種說法，證明中國的天台宗早已傳到海東。但是，在義天之前，天台宗在海東的傳播是時斷時續的，並且影響不那麼大，義天使天台宗得以復興，在高麗時期達到鼎盛。

另外還有一個值得注意的問題，即義天在回國前在智者塔前發願時只提到諦觀曾傳天台，諦觀之後，則天台無傳。而在〈新創國清寺啟講辭〉中則說：「緬唯海東佛法七百餘載，雖諸宗競演，眾教互陳，而天台一枝，明夷於代。昔者元曉菩薩稱美於前，諦觀法師傳揚於後，爭奈機緣未熟，光闡無由。」[206] 這是說，元曉是在海東敷演天台教的第一人，而諦觀只是繼元曉之後傳揚天台教說而已。義天此時如此推尊元曉，體現出他創立天台宗的一個重要思想，即不僅僅是為了填補當時高麗諸宗競演，獨缺天台的空白，更是要透過新創的天台宗而統合諸宗，包括統合禪宗。他繼承元曉的「和諍」思想，作為這種統合的理論基礎。所以他說：「理由教現，道藉人弘，逮俗薄而時澆，乃人離而道喪，師既各封其所宗習，資亦互執其見聞。……唯我海東菩薩，融明性相，隱括古今，和百家異諍之端，得一代至公之論。」[207] 這是他創立天台宗的一個重要意義和特點。

義天之後，傳承天台教觀的高麗僧還有教雄、義璿（旋）等人。教雄，字應物，俗姓朴，鎬京人。九歲投長慶寺釋贊禪師落髮，大安五年（西元1089年）於佛日寺受戒。他「自少精敏，學祖心印禪法。比壯，通念曉析，叢林中無不推美」。釋贊禪師入寂後，教雄又詣雙峰寺拜翼宗禪師為師。當此之時，「大覺國師肇立臺宗，募集達摩九山門高行釋流，方且弘揚教觀，開一佛乘最上法門。」翼宗樂聞其教，遂就學於義天，教雄也隨其師投於義天門下，研學天台教，並且自以為得其所哉。「於是學

---

[205]《大覺國師文集》卷三。
[206]《文集》卷三。
[207]《文集》卷十六，〈祭芬皇寺曉聖文〉。

第九章　高麗義天入宋求法與教宗振興

智者大師五時八教、三諦、三觀之旨，固已不離其傳，名聲大振」。乾統九（元）年（西元1101年），國家始開天台宗之大選，使大覺國師主盟，教雄即赴選場，得上上品，舉為大德。五年後授予「國師」，詔為國清寺復講，於是「發明經論，傳法學徒，數年於茲，天台宗旨爵而復發，窒而復通。」後來教雄因事被貶到洪州白巖寺。寺在山谷間，虎豹之害往往有之，然而教雄恬然自若，住居七年有餘，「行益修、德益進，非但發揮宗旨，旁探《華嚴》、《瑜伽》性相言諦，以至儒、墨、老莊、醫卜陰陽之說，無不窮其源而涉其流。」有一天，他往遊伽耶寺，於古藏中發現《瑜伽論》百卷，「俯仰嘆息，負而還歸，讀之尤謹」。天慶五年（西元1115年），圓明國師聞知其事，以為其「德行可以範儀於當世」，便向睿宗王舉薦，睿宗於是授教雄三重大師，轉住華藏寺。當年大旱，王在長齡殿設法會以祈雨，命教雄與嗣宣大禪師為主伴，「演揚蓮花六比，權實之源，渙然冰釋，未始有畛域」。睿宗心生歡喜，賜貼袈裟各一領，藏經道場賜紫。己亥歲（西元1119年），轉住三乘寺，第二年授禪師號，又賜官誥一道及納掩脊一領。仁宗王即位後，賜紫繡貼袈裟一領，轉住月峰寺，又轉外帝釋院。乙卯歲（西元1125年），轉住國清寺，授大禪師號，賜滿繡袈裟一領，並官誥一道。庚申歲（西元1130年），京師遭遇旱災，詔教雄至日月寺主講《妙法蓮花經》以祈雨，有驗。皇統二年（西元1142年）七月十六日端坐而化，世壽六十七。[208]

義璿（旋）事蹟見於〈開城妙蓮寺重興碑〉[209]。碑文記載，忠烈王與齊國大長公主尊信佛法，又以為「入佛之道，《法華經》最邃。暢經之義，天台疏悉備」。於是「卜勝地立精舍，翻經以求其道，講疏以研其義，將以祝釐於（元朝）天子，邀福於宗祐」。此精舍即開城之妙蓮寺，於至元二十年（西元1283年）秋動工興建，第二年夏落成。開山者是獅子庵老宿

---

[208] 事見〈開城國清寺妙應大禪師墓誌〉，《朝鮮金石總覽》上，558－560頁。
[209] 《朝鮮金石總覽》上，609－610頁。

第五節　義天與高麗唯識學的傳習（附鼎賢、海麟、韶顯、惠永、海圓）

洪恕實唯，後來圓慧國師主盟結社，洪恕則為之副。三傳而至無畏國師，「學者益臻」。無畏之前有禧、因二師，無畏之後有璉、泓、滔、如、吉諸師住持該寺，歷來得到忠烈王、忠宣王的厚遇。後來該寺年久失修，乃有「順庵璿公，圓惠之嫡嗣，無畏之猶子。（元）天子錫號『三藏』，命住燕都之大延聖寺。後至元丙子（西1336年），降香東歸。從容言於忠肅王曰：『妙蓮之為寺，忠烈、忠宣之芃園也，其真容故在。殿下葺而新之，奉先之孝孰此為大。』」大王聞而有感，遂命重修。竣工之後，璿公「金書佛殿額，揭之簷間」。故人謂妙蓮寺乃「忠宣弘忠烈之願，而忠肅修之；無畏襲圓惠之跡，而璿公起之。」

《韓國禪教史》也談到義旋的事蹟，謂忠宣王在城外創大報恩寺，到忠肅王再祚之後，「本國天台師住持瑩源寺重大匡慈君特賜定慧圓通知見無礙三藏法師義旋主其寺，曰福國佑世靜明普照玄悟大禪師。義旋，號順庵，趙仁規第三子也。仁規字去塵，平壤人，稱貞肅公，忠烈王代之名臣，篤信佛，創清溪佛寺，金書大乘妙典，印大藏經，造佛作殿，不勝記。義旋出家入中國，被元帝寵眷，住天源延聖寺，又兼本國瑩源寺住持。……至元四年（西元1338年）戊寅，奉順宗皇帝之命而來，為忠肅王所重，居輦轂之下十五年，大振教綱。」[210]

第五節　義天與高麗唯識學的傳習（附鼎賢、海麟、韶顯、惠永、海圓）

在義天之前，高麗唯識學的傳人有鼎賢、海麟、韶顯等，其中以韶顯為最著名。鼎賢事蹟載於〈竹山七長寺慧照國師塔碑〉[211]。據載，鼎賢

---

[210] 見該書210頁。
[211]《朝鮮金石總覽》上，273－278頁。

第九章　高麗義天入宋求法與教宗振興

俗姓李，幼年投光教寺忠會大師落髮，13歲從漆長寺（七長寺）融哲學瑜伽。後就靈通寺戒壇受具足戒。曾赴五教大選，「名振講場，譽錚談會」。穆宗王賜大師號，德宗時封為僧統，敕住法泉寺，後移居玄化寺，又開創三角山沙峴寺館，弘化一方。文宗王時甚得厚遇，曾奉命講《金鼓經》，受賜紫繡僧伽梨，先拜為王師，後禮為國師。甲午年（西元1054年）十一月十五日，鼎賢於漆長寺趺坐示滅，享年八十三，僧臘七十四。贈謚曰慧照國師。

海麟字巨龍，俗姓元，幼名水夢，原州人。雍熙元年（西元984年）生。先從學於法皋寺寬雄大師，後又隨雄大師赴京，至海安寺俊光方丈處落髮，統和十七年（西元999年）首夏之月，在龍興寺之官壇受具足戒。二十一歲時赴王輪寺大選，「談經而言近意深，命侶而問同答異」，乃署大德。顯宗王時賜「明了頓悟」之號，又於鎬京重興寺為夏講，「談傾法澤」。太平年中（西元1021～1031年）加「重大師」，賜號「戒正高妙應覺」，住持水多寺十年，後敕移住海安寺。德宗時特授三重大師，靖宗時擢授僧統。及文宗蒞位，召海麟於琳宮講唯心妙義，受賜磨衲僧伽梨一領，從學者甚眾。當時海麟門下有侍中李子淵，許其第五子隨海麟落髮，他就是金山寺住持三重大師韶顯。重熙二十三年（西元1054年），敕住玄化寺，先拜為王師，後封為國師。咸雍三年（西元1067年），退居法泉寺，同年十月二十三日趺坐示化，報年八十七，僧臘七十二。贈謚曰智光。其門下受教繼業者有一百四十多人，隨職加階者七十多人，慕德歸化者一千一百餘人。[212]

韶顯，字範圍，俗姓李，慶源郡人，太平紀曆十七年（西元1038年）生。十一歲從海安寺海麟落髮，初學《金光明經》、《唯識論》，「夙殖聞薰，日新懸解」，麟公以為「賢哲之才」。第二年到福興寺官壇受具足戒。

---

[212] 其事見〈原州法泉寺智光國師玄妙塔碑〉，《朝鮮金石總覽》上，283－291頁。

第五節　義天與高麗唯識學的傳習（附鼎賢、海麟、韶顯、惠永、海圓）

海麟移住玄化寺，韶顯亦隨往，「高棲絳帳，親受金言」。清寧七年（西元1061年）赴王輪寺大選場，一捷為大德。咸雍五年（西元1069年）加重大師。第二年五月，文宗王在延德宮親見韶顯，並許第六王子投韶顯門下而出家，這第六王子就是後來俗離山法住寺住持導生僧統。同年十月，文宗幸玄化寺，齋佛僧以慶之，並賜磨衲袈裟陰脊。自咸雍七年（西元1071年）初，住海安寺十年。太康五年（西元1079年）秋，為祝願大宋回使利涉大洋，文宗王命有司於內殿大張法席，請韶顯充任說主，並賜「普利」之號。宣宗即位年（西元1084年），批署為僧統，命住玄化寺，時韶顯四十七歲。大安初（西元1085年），手校《唯識》。後又於金山寺之南創成一院，額號「廣教」。院內建雕經版，院中又造金堂一所。自太康九年（西元1083年）直到韶顯示寂之前，他搜訪慈恩所撰《法華玄贊》、《唯識述記》等章疏三十二部，共計三百五十三卷，考證其本，募工開板，刊印流通，以廣法施。韶顯「於傳法之外，雅好仁義之術，博覽經史，至於詩篇筆劄，靡不精究，為人嘆詠者往往有焉。」韶顯心樂上生，逐月畫慈氏尊像，每歲集徒侶禮懺歸依及明設齋施。自太康元年（西元1075年）至壽昌二年（西元1096年），首尾凡二十有二稔。太康末年（西元1084年），宣宗聞其事，特賜諸般彩畫並御書一通，隨喜韶顯功德，又施納淨財於中外本宗諸寺，設每年兩度法會，畫釋迦如來及奘、基二師、海東六師像，各安其寺，「欲令義學者覩像生敬，自敬生信，自信得慧，有以勸焉。」壽昌二年（西元1096年）十二月十八日寂於玄化寺奉天院。俗壽五十九，夏臘四十八。追封王師，諡曰慧德，塔號真應。門下弟子有導生僧統等一千餘人。大覺國師義天聽到韶顯去世的消息，「方盡哀而致祭，其文略云：『方期沒齒交臂弘真，今也即亡，吾誰與親！』」[213]

就在韶顯盛弘唯識學的時候，義天也開始注意下功夫研究唯識學。他

---

[213] 見〈金溝金山寺慧德王師真應塔碑〉，《朝鮮金石總覽》上，296－303頁。

第九章　高麗義天入宋求法與教宗振興

在所撰〈刊定成唯識論單科序〉中說:「皇覺彞訓,東漸久矣,源乎周,派乎漢,汪洋於魏晉,瀚漫於隋唐。以其或定慧之不同,遂致經律論之有異也。……後聽《唯識論》於玄化寺佑翔大師,又就餘杭慧因寺源公講下稟受大經,東京顯聖寺琳法師門諮決斯論。厥後以傳燈為己任,因住興王寺,演《雜華》周於十遍。而退隱於伽耶山海印寺,愛林泉之樂,萌著述之心。泛覽百家,將利其器,以謂《起信》、《唯識》二論,是性相兩宗之樞要,學人之所宜盡心者矣。然《起信論》亦嘗粗習,但於唯識未盡其功,而恐溺彼繁辭,迷其要義,於是尋研本紀,斟酌舊科,刊而定之,勒為三卷。儻同志者,持科玩論,先熟正文,後治疏鈔,則唯識之旨,庶幾乎易見矣。」由此可知,義天在入宋之前,就曾從玄化寺佑翔大師學過《唯識學》。他在宋期間,遍遊名山勝蹟,尋師訪友,「所遇高僧五十餘人,亦皆諮問法要」,其中應當也包括唯識學方面的高僧大德。所以〈鳳仙寺碑〉中說「僧統一來,上國所有天台、賢首、南山、慈恩、曹溪、西天梵學一時傳了」。然而,與義天對華嚴學、天台學的研究相比,他對唯識學的研究畢竟仍顯不足。可能是受到了韶顯等人宏傳唯識的啟發,義天也開始用功於唯識學方面,並注意整理唯識學的典籍。

值得注意的是,在〈刊定成唯識論單科序〉中,還透露了一個資訊,就是對於義天用力於整理和研究唯識學典籍,有人表示出不贊成的態度。其理由是,「賢首五教中,判唯識瑜伽為大乘始教,而云固非究竟玄妙之說。」義天既「克荷於華嚴」,又何必再「橫攻」唯識呢。而義天則認為,唯識學與華嚴學是一致的,「故慈恩疏引例六經,而以《華嚴》冠之最初,又云:『經為根本,隨法相以宣揚;論是末宗,稟佛言而成立。』西明疏中,釋歸命偈滿分之言曰:『滿則如來,分則金剛藏解脫月』者,可謂深見經論之本末也。」這意思是說,《華嚴》等經是本,《成唯識論》等論是末,本末相依,闡發佛教的同一旨趣。這裡的「本末」之說,並無褒貶的意味。

第五節　義天與高麗唯識學的傳習（附鼎賢、海麟、韶顯、惠永、海圓）

義天又認為，「《起信》、《唯識》二論，是性相兩宗之樞要」。「而況清涼有言：『性之與相，若天之日月，易之乾坤，學兼兩轍，方曰通人。』是知不學《俱舍》，不知小乘之說；不學唯識，寧見始教之宗；不學《起信》，豈明終頓之理；不學《華嚴》，難入圓融之門。良以淺不至深，深必該滅，理數之然也。」不難看出，義天雖然是以賢首法藏的教判理論為依據而分別各種宗派，但他並不強調各種教說的優劣，而是強調其相互連結、相輔相成的方面，並且特別指出：「淺不至深，深必該滅，理數之然也。」這展現了義天「圓融」諸宗的思想特色，也是他用功於唯識學的出發點。義天之後，高麗唯識學傳演不斷，特別是到忠烈王時代，唯識學盛極一時，當時元朝的唯識學已幾近衰滅，於是出現了高麗唯識學僧入元回傳唯識的境況，其中著名的入元僧有惠永、海圓。

惠永俗姓康，聞慶郡人，生於戊子歲（西元1228年）。十一歲投首座衝淵堂下，在南白月寺剃髮，十七歲中王輪寺選佛場，初住興德寺。高麗高宗四十六年（西元1259年）批授三重大師，後曾任選佛場座主，又加首座、僧統。歷住俗離寺、佛國寺、通度寺、重興寺，後命留京輦凡十九年，後移住瑜伽寺。庚寅歲（西元1290年），領寫經僧眾一百員到元大都獻金字《法華經》，拜見世祖皇帝，世祖命寓居慶壽寺，「屬眾嚴肅，無不敬服」。一日，萬安寺堂頭以種種幢蓋莊嚴到場，請惠永講《仁王經》，「師升座演說，快若懸河，四眾景仰，如見佛日。」又以金泥寫大藏經受到世祖皇帝嘉獎，賜遺甚厚，並遣使陪伴其返歸本國。

惠永回國後仍住瑜伽寺。壬辰歲（西元1292年），忠烈王迎入京師，冊封為國尊，法號普慈。國王率群臣行納五拜之禮，又加五教都僧統，命住桐華寺。第二年，請惠永駐錫成道寺主法。至元三十一年（西元1294年）五月二十四日，振身端坐，舉揚《華嚴經》十地品，泊然而逝。享年六十七，法臘五十六。贈諡弘真，塔號真應。國學大司成金晅所撰〈碑

銘〉有謂:「眾生差別,妄見生滅,覺雄出現,隨機演說。權實頓漸,同軌殊轍。慈恩奧旨,尤難析理。慈氏傳之,無著得髓,奘、基宣布,洎於東土。哲人相總,稱為八祖,師其嫡嗣,不愧於古。」[214] 這是說,惠永是唯識學的嫡嗣傳人。但觀其所習所講,並不限於唯識經論,其佛學有與大覺國師義天相通之處。

海圓俗姓趙,咸悅郡人。生而端莊,天姿慈祥,舉止異凡。年甫一紀,投金山寺釋宏大師落髮,「學其法,日有所進,儕輩莫敢望」。甲午(西元1294年)春登選佛科,住佛住寺。大德乙巳(西元1305)年,元朝安西王聞海圓「戒行甚高」,請於成宗,成宗遣使招海圓入元,海圓應命入覲。後從安西王住朔方,「北俗不事耕種,以畜牧為生,食肉飲汁而衣其皮。公(海圓)居其間,再寒暑,寧忍飢,絕不茹葷,持戒律益勤。」因此更受安西王敬重。丁未(西元1307年)冬,奉武宗皇帝之旨,率徒弟食公廩,武宗春秋時巡,則令扈駕。皇慶元年(西元1312年),武宗皇帝肇興的大崇恩福元寺落成,「高麗瑜珈教師圓公領其徒人居之」。自其年冬,開堂講法。「恩遇益豐,道響益著」。天曆初(西元1328年),文宗皇帝賜楮幣二萬五千,可見其受寵有加。高麗國王因之大加尊禮,疏請遙住百濟金山寺,並賜號曰慧鑑圓明遍照無礙國一大師,封重大匡佑世君,「榮耀宗門,冠於一時」。海圓「處心寬和,行己威重,人之見者,莫不愛敬。於其所謂唯識之論,已通大意,不與人喋喋爭辯,人亦不敢難。性且好客,無貴賤邪正,待之如一,賓軒常滿。談空說有,亹亹忘倦。入不償貲,香積或不繼,而囊缽蕭然。」住錫福元寺二十九年,至元庚辰(西元1340年)二月十八日,示寂於該寺無虧之堂,享年七十九。[215]

---

[214] 見〈高麗國大瑜伽桐華寺住持五教都僧統普慈國尊贈諡弘真碑銘〉,引自李能和《朝鮮佛教通史》下編 177 — 178 頁,藍吉富主編、華宇出版社 1985 年版《大藏經補編》第 31 冊 597 — 598 頁。

[215] 見〈大崇恩福元寺高麗第一代師圓空碑〉,《大藏經補編》31 冊 596 頁。

第六節　義天的編藏事業

　　義天收集諸宗教藏，入宋之前即已開始，回國之後仍然繼續，其收集範圍除高麗外，廣及宋、遼、日本諸國，經二十年歲月，收得諸宗疏抄四千餘卷，其中大部分是在入宋求法過程中得到的。他「請置教藏司於興王寺，召名流刊正謬缺」，編成《新編諸宗教藏總錄》三卷，又依此《總錄》刊刻諸宗疏抄，「不幾稔間，文籍大備，學者忻賴。」[216]

　　義天在十幾歲時就有感於教藏章疏的不完備，遂立志編藏。他十九歲時作〈代世子集教藏發願疏〉，即以世子（後來的順宗王）的名義提出：佛教由印度傳入中國，「方漢庭肇，迎其白馬，自騰、蘭之後，奘、淨已還，或梵客東遊，華僧西邁，星言雪踐，線去絲來，重譯真詮，丕宣名教，厥功大矣，其利博哉。既而正法下衰，機緣漸鈍，四依間出，制疏以發揚，三藏挺生，伸鈔以輔翼，遣文蕃衍，舉世奉行，實可謂一代之能事畢矣。……顧茲桑木之區，素仰竺乾之化，雖經論而具矣，然疏鈔以闕如，欲以於古於今，大遼、大宋，凡有百家之科教，集為一藏以流通，俾夫佛日增光，邪網解紐，重興像法，普利國家，共沙界之群生，播金剛之善種，僉學普賢之道，長遊盧舍之鄉。」[217] 在這裡，他基於當時高麗「雖經論而具矣，然疏鈔以闕如」的現狀，計劃收集散在各地包括在宋、遼的佛教各宗各派的古今章疏，集為一藏，刊行流通。

　　他在西元 1090 年所撰〈新編諸宗教藏總錄序〉中說：「昔漢明夢感之後，葉書繼至，翻譯流通者無代無之，爰及貞觀，經論大備，由是西聖之教，霈然莫禦也。自聶道真道安，至於明全宣律師，各著目錄，謂之晉錄魏錄等。然於同本異出，舊目新名，多惑其文，真偽相亂，或一經為兩

---

[216]《外集》卷十二，靈通寺碑。
[217]《文集》卷十四。

第九章　高麗義天入宋求法與教宗振興

本,或支品為別翻,四十餘家紛然久矣。開元中,始有大法師,厥號智升,刊落訛謬,刪簡重複,總成一書,曰《開元釋教錄》。凡二十卷,最為精要,議者以為經法之譜無出升之佑矣。住持遺教,功莫大焉。予嘗竊謂,經論雖備,而章疏或廢,則流衍無由矣。輒效升公護法之志,搜訪教跡以為己任,孜孜不捨,僅二十載於茲矣。今以所得新舊製撰諸宗義章,不敢私祕,敘而出之。後有所獲,亦欲隨而錄之。脫或將來編次函帙,與三藏正文垂之無窮,則吾願畢矣。時後高麗十三葉在宥八年,歲次庚午八月初八日,海東傳華嚴大教沙門義天敘。」[218] 此中有三點說明:第一,其「總錄」是繼中國歷代所著經錄之後的新作;第二,該「總錄」的特點是收錄諸宗章疏,以補過去「經論雖備而章疏或廢」的缺陷;第三,依「總錄」刊行的章疏,可與三藏正文相互參照印證以「垂之無窮」。應該說,這三個方面也正是義天新編諸宗教藏的意義和貢獻所在。其《新編諸宗教藏總錄》今存,見《韓國佛教全書》第四冊。

在金富軾所撰〈靈通寺碑〉中,還談到義天編纂《圓宗文類》和《釋苑詞林》等方面的情況,他說:義天「嘗以群言汗漫,撮其精要,類別部分,名曰《圓宗文類》。又欲會古今文章有補於教,以為《釋苑詞林》,而未及參定,至後乃成故,去取失當。門人集所著詩文,殘篇斷稿,存者無幾,紬次為二十卷,此皆率爾落筆,非將以貽後也。故於生前有以其文寫而刻之者,取其板焚之。當時北遼天佑帝聞其名,送大藏及諸宗疏鈔六千九百餘卷,其文書藥物金帛,至不可勝計。」[219]

《圓宗文類》是華嚴學方面的文論輯要。據義天的〈新集圓宗文類序〉所述,由於華嚴學「至理幽微,群言汗漫,問答之際,援引頗難。況近世吾宗好異之輩,棄本逐末,臆說紛然,遂令祖師玄旨,雍而難通者十七八

---

[218]《韓國佛教全書》第四冊,《大覺國師文集》卷一。
[219]《外集》卷十三。

第六節　義天的編藏事業

焉。精於教觀者，豈不為之大息矣。」因此，在國王的支持下，「乃集義學，俾議纂修，略彼廣文，為茲要覽，以類鳩集，離為二十二卷。施於新學，可以著功。苟或因要略以通疏鈔，以得經旨，因經旨以證理性，則孰為廣乎，孰為略乎，在吾靈覺耳。」編成之後，國王賜名曰《圓宗文類》[220]。《圓宗文類》今僅存一、十四、二十二卷，卷一見於李能和《朝鮮佛教通史》，卷十四、二十二收在《全書》第四冊中。《釋苑詞林》二百五十卷中，今僅存一九一至一九五之五卷，連同《大覺國師文集》和《外集》的殘簡，亦具載於《全書》第四冊。

---

[220]　見《大覺國師文集》卷一，《全書》第四冊。

第九章　高麗義天入宋求法與教宗振興

第十章
高麗知訥對中國禪宗的繼承與開展

第十章　高麗知訥對中國禪宗的繼承與開展

第一節　李資玄、坦然的禪學

高麗前期，教宗盛於禪宗，其中華嚴、天台兩教最盛，但禪宗也有名僧出現。如僧人智宗，曾入中國求法學禪，回國後弘傳法眼宗（其事蹟已如前述）。智宗之外，還有李資玄在民間傳禪。

李資玄（西元 1061～1125 年）字真精，號希夷子。學無師承，獨脫無依。元豐六年（西元 1083 年）登進士第，元祐四年（西元 1089 年）以大樂署丞而棄官逃世，居江原道春州郡清平山文殊院。「其學蓋無所不窺，然深究佛理而偏愛禪寂。」自稱嘗讀《雪峰語錄》，至「盡乾坤是個眼，汝向甚處蹲坐？」於此言下，豁然自悟。從此以後，「於佛祖言教，更無疑滯」。又曾謂門人曰：「吾窮讀大藏，遍閱群書，而《首楞嚴經》乃符印心宗，發明要路，而禪學人未有讀之者，良可嘆也。」於是令門下弟子閱習之，而「學者浸盛」。資玄曾遍遊海東名山，尋訪古聖賢遺跡，後遇慧照國師鼎賢，常「往來諮問禪理」。睿宗王曾遣內臣賜茶香金繒，並請赴闕，資玄竟不奉詔。政和七年（西元 1117 年），睿宗親製手書詩一首，再度懇切邀請，於是謁王於南京，敕暫住三角山清涼寺，「上乃往返諮問禪理，公於是述進心要一篇，既而固請還山」。宣和三年（西元 1121 年），奉王命開《楞嚴》講會，諸方學者來集聽受」。仁宗即位後，特遣近臣曲加存問，並賜茶香衣物。宣和七年（西元 1125 年）四月二十一日示寂，享年六十五，住山凡三十七年。賜謚曰真樂公。門人有坦然等高僧[221]。

坦然（西元？－1158 年）俗姓孫，十三歲即通六經大義，十五歲補明經生，曾為肅宗王之子睿宗王之師。十九歲入京北安寂寺落髮，依廣明寺慧照（鼎賢）國師而得心要，又與慧照國師同學於希夷子。肅宗王時中大

---

[221] 事見〈真樂公重修清平山文殊院記〉，《朝鮮金石總覽》上，325－327 頁。知訥的著述均收入《韓國佛教全書》第四冊。

選，命住中原義林寺。睿宗王踐祚後特授三重大師，住禪巖寺，後又加授禪師。仁宗王加為大禪師，移住廣明寺，「每國大事，上必以御筆諮問」。「嘗以所作《四威儀頌》並《上堂語句》附商舶寄大宋四明阿育王山廣利寺禪師介諶印可，諶乃覆書極加讚美。」對此，《續指月錄》卷一「高麗坦然國師」傳說，坦然「少嗣王位，欽向宗乘。因海商方景仁抵四明，錄無示諶語歸，師閱之契悟，即棄位圓顱，作書以《語要》及《四威儀偈》令景仁寄呈諶，諶答曰：『佛祖出興於世，無一法與人，實使其自信、自悟、自證、自到，具大知見。如所見而說，如所說而行。山河大地，草木叢林，相與證明，其來久矣（育王諶嗣）。』」

又有道膺、膺壽、行密、戒環、慈仰等大禪伯，致書通好，約為道友。之後，又封為王師。毅宗王即位後，禮待彌厚。不久，乞歸老於斷俗寺。坦然「雖退處山林，祝聖之誠日益彌篤，上心眷顧亦不少衰」，「以其天性好善，誨人不倦，故玄學之徒，雲臻輻湊，所至不減數百人。其升堂入室、傳心得髓、為時宗匠者，亦多矣。遂以大振宗風，光揚祖道。重興東國之禪門，師有實力焉。」戊寅年（西元1158年）六月十五日端坐示化，世壽九十多歲。諡曰大鑑。[222]

第二節　知訥的生平

高麗中期，禪宗特別是曹溪宗大盛，幾成吞併教宗之勢，其最優秀的代表人物是普照國師知（智）訥。知訥（西元1157～1210年）俗姓鄭，自號牧牛子，京西洞州（黃海道瑞興郡）人。「生而多病，醫治不效，乃禱佛誓以出家，疾尋愈。」八歲投曹溪雲孫宗暉禪師祝髮，受具足戒，「學無常

---

[222] 事見〈丹城斷俗寺大鑒國師塔碑〉，《朝鮮金石總覽》上，562－565頁。

第十章 高麗知訥對中國禪宗的繼承與開展

師,唯道之從」。二十五歲舉僧選得中,不久南遊,住錫昌平(全羅南道羅州郡)清源寺,一日讀《六祖壇經》,讀到「真如自性起念,六根雖見聞知覺,不染萬象,而真性常自在」處,驚喜而起,繞佛殿頌思之,「意自得也」。從此「心厭名利,每欲棲遁林壑,艱恬以求其道」。大定二十五年(西元1185年),寓居下柯山(慶北醴泉郡)普門寺,研讀大藏經,看到李通玄的《華嚴論》,潛心鑽研,搜抉索隱,悟入圓頓觀門。後來,應舊友得才的邀請,移住公山居祖寺(永川郡銀海寺東北安興寺),習定均慧,數年不息,並與法友共組「定慧結社」,撰〈勸修定慧結社文〉,因而聲名始揚。承安三年(西元1198年),知訥又與禪侶同入智異山,隱棲於上無住庵,「屏黜外緣,專精內觀,磨淬發銳,沿尋窮源」。有一天得到《大慧語錄》,讀至「禪不在靜處,亦不在鬧處,不在日用應緣處,不在思量分別處。然第一不得捨靜處、鬧處、日用應緣處、思量分別處參」時,「忽然眼開,方知皆是屋裡事,自然物不礙膺,當下安樂耳。由是慧解增,眾所宗仰。」承安五年(西元1200年),移居江南松廣山(全南順天郡)吉祥寺,「領徒作法,十有一年,一依佛律。四方緇白,聞風輻湊蔚為盛集。至有捨名爵捐妻毀形命侶而偕來者,王公士庶投名入(定慧)社亦數百人。師以道自任,不以人之譽非動其心。性且慈忍,善接後流,雖或悖謬迕意,猶能憫念攝護若慈母之於驕子然。」知訥常勸人頌持《金剛經》,又常講六祖《壇經》,同時輔以《華嚴論》和《大慧語錄》,由此而開「惺寂等持門」、「圓頓信解門」、「徑捷門」之三門接引學人,修行信入者甚眾,「禪學之盛,近古莫比」。另有億寶山之白雲精舍、積翠庵,瑞石山之圭峰蘭若、祖月庵,皆知訥所創,為往來修禪之所。熙宗王素重知訥,即位後敕改松廣山為曹溪山,吉祥寺為修禪社,並親書題榜。繼而又賜滿繡袈裟,以褒揚其功德。以此為據點,智訥開創了曹溪宗。大安二年(西元1210年)三月二十七日知訥升座說法如常,因執杖據床不動,泊然而逝。閱世

五十三，受臘三十六。寂後諡「佛日普照國師」，塔日甘露。他的著作，有《法集別行錄節要并入私記》、《勸修定慧結社文》、《真心直說》、《牧牛子修心訣》、《誡初心學人文》、《看話決疑論》、《圓頓成佛論》等多種。[223]

第三節　知訥對中國禪的傳承創新

　　知訥的禪學思想，突出以「真心」為核心概念。他認為：「真心本體，超出因果，通貫古今，不立聖凡，無諸對待，如太虛空，遍一切處。妙體凝寂，絕諸戲論，不生不滅，非有非無，不動不搖，湛然常住。」又說：「一切山河大地，草木叢林，萬象森羅，染淨諸法，皆從中出。」[224] 總而言之，真心無始無終，獨一無二，超越一切具體事物，而為一切世界生成之根源。

　　他的《真心直說》共分為十五節，對真心進行了系統的論述。第一真心正信，論說皈依佛教，為善去惡，必以「信」為前導。但禪家祖門之信與教門之信有所不同，祖門正信「不信一切有為因果，只要信自己本來是佛。」就是說，強調要有自信，而不是只相信他力。第二真心異名，認為此真心發明於《楞嚴經》中，但「一法千名，應緣立號，備在眾經。」《菩薩戒》呼為心地，《般若經》喚作菩提、涅槃，《華嚴經》立為法界，《金剛經》號為如來，《金光明》號曰如如，《淨名經》號曰法身，《起信論》名曰真如，《涅槃經》呼為佛性，《圓覺經》名為總持，《勝曼經》號曰如來藏，等等，實際上都是指此真心。禪宗與教宗有所不同，「祖師門下，杜絕名言，一名不立，何更多名。」但是，禪家「應感隨機，其名亦眾。」例如妙

---

[223] 其事蹟見〈順天松廣寺普照國師甘露塔碑〉，《朝鮮金石總覽》下，949－953；〈曹溪山修禪社佛日普照國師碑銘〉，《東文選》卷117，402－405頁。
[224] 《真心直說》。

第十章 高麗知訥對中國禪宗的繼承與開展

心、正眼、自己、主角、無底缽、沒絃琴、無盡燈、吹毛劍、無為國、牟尼珠、無鑰鎖，乃至泥牛、木馬、心源、心印、心鏡、心月、心珠等，都是真心的異名。第三真心妙體，論說真心本體超出因果，通貫古今，不立凡聖，無諸對待，如大虛空，遍一切處，妙體凝寂，湛然常住，「一切山河大地，草木叢林，萬象森羅，染淨諸法，皆從中出。」第四真心妙用，論說人之一切動用施為，東行西住，乃至吃飯穿衣，左顧右盼，無非真心妙用現前。第五真心體用一異，論說真心體用非一非異。第六真心在迷，論說真心凡聖同一，本來平等，但凡夫被妄心所覆，所以真心不得現前。第七真心息妄，略舉以無心治妄心的十種功夫。第八真心四儀，論說要息妄心證真心，不必只拘於坐習，行住坐臥四威儀無不通。第九真心所在，論說真心妙體遍一切處，真心妙用隨感隨現。第十真心出死，論說生死本無，只因眾生顛倒，才妄認生死為有。十一真心正助，論說修習真心，要以無心息妄為正，修行諸善為助。十二真心功德，論說功德不從外來，本自具足，所以無心功夫大於有心而為的各種功德。十三真心驗功，論說修習真心如同牧牛一樣，先要牽引強制，漸次成熟之後，才能無拘無礙。十四真心無知，論說真心即是平常心，無知而知，平懷圓照，不生憎愛。十五真心所往，論說真心修習成熟時，便可超脫生死輪迴，包容山河大地，天上人間，所向自由。

在他看來，真心就是佛心，就是聖凡同具的「平等心」。它是人人具足的「天真自性」，是個個圓成的「涅槃妙體」。所以真心「不假他求，從來自備。」[225] 這樣，他就使佛教走出宮廷貴族的小圈子，更廣泛地傳播到了民眾之中。

他又強調，所謂的「天真自性」，不是去認識對象性存在的分別知，而是要覺悟自己的本性。據此，他在《真心直說》之後所撰的《修心訣》

---

[225] 同上。

第三節　知訥對中國禪的傳承創新

中，進一步提出「反照」理論,「反照自心本來是佛。」「一念回光，見自本性，而此性地，元無煩惱，無漏智性，本自具足，即與諸佛，分毫不殊。」「明眾生之我與諸佛無分毫差異，此謂一念回光或一念回機反照。」[226] 他提出自心即佛，眾生與諸佛本質上無差別，全在一念之回機反照，宣揚成佛面前人人平等的理論，就更能吸引廣大民眾，從而擴大佛教的影響。

知訥對真心說進行如此系統性的論述，帶有鮮明的創新性。中國禪宗，特別是慧能之後的中國禪宗，繼承和發展了傳統佛教中的如來藏思想，大力闡發心性問題，主張「直指人心，見性成佛」。慧能的《壇經》反覆講淨心、本心、自性、本性，把佛性問題明確地引向人性問題，認為人的本性就是佛性，主張「從於自心，頓現真如本性」，不必外求佛性。慧能是否提到真心這一概念，是有疑問的。敦煌本原文多次出現「真心」，但校訂者都校之為「直心」。可是，《壇經》諸本中慧能的說法偈頌有:「若能自有真，離假即心真；自心不離假，無真何處真。」「若能心中自見真，有真即是成佛因；自不求真外覓佛，去覓總是大癡人。」在這裡，真心一詞已經是呼之欲出了。可見，知訥的真心說是承襲和發展了六祖慧能的思想。慧能之後，五家七宗的禪學大師們偶爾也提及真心，但都沒有作為重要概念加以論述。宗密在〈禪源諸詮集都序〉裡說心有四種，即肉團心、緣慮心、集起心及堅實心。「堅實心亦云真實心，此是真心也。然第八識無別自體，但是真心，以不覺故，與諸妄想有和合不和合義。和合義者，能含染淨，目為藏識；不和合義者，體常不變，目為真如，都是如來藏。」知訥真心說的確立，可能也受到圭峰宗密思想的啟發。

知訥以真心為眾生、萬物的本體，同時又十分重視「無心」。在他看來，無心不是對真心的否定，也不是與真心等同。他在《真心直說》中

---

[226]《牧牛子修心訣》。

说，所谓无心，「非无心体名无心也，但心中无物，名曰无心。」「但于心无事，于事无心，自然虚而灵，寂而妙。」也就是说，无心是「无妄心」，「无妄心」才会有真心妙用。因此，修禅学道在于「做无心功夫」。这样，他对真心和无心就作出了明确的界定：真心是本体，无心是「功夫」、方法。他综合和发扬诸师之说，提出十种「无心功夫」，即觉察、休歇、泯心存境、泯境存心、泯心泯境、存境存心，内外全体、内外全用、即体即用、透出体用。对这十种功夫，他一一具体说明。这十种功夫很有特色，是其真心说中的重要内容，也是对中国禅宗思想的深刻总结和精彩展现。

十种功夫中，第一觉察，是说觉察并破除妄念。第二休歇，是说休歇妄心，做到心不起念。这两种功夫，是对自慧能以来「无念为宗」旨趣的具体发挥。第三至第六泯心存境、泯境存心、泯心泯境、存境存心这四种功夫，知讷说，这其实就是祖师所说的夺人不夺境、夺境不夺人、人境两具夺、人境具不夺之四法门。他这里所说的祖师，是指中国禅宗临济宗创始人义玄。义玄启发弟子觉悟时，应机采取四种方法，这就是「有时夺人不夺境，有时夺境不夺人，有时人境具夺，有时人境具不夺。」[227] 义玄所说的人与境，约略相当于知讷所说的心与境。当时有僧人请义玄解释这四法门，他用比喻的方式、偈颂的语言回答：夺人不夺境，如同「煦日发生铺地锦，婴孩垂髮白如丝。」前一句是暂时存境，后一句则是夺人，这是针对偏执「我」为实有的人而言。夺境不夺人，如同「王令已行天下遍，将军塞外绝烟尘。」前一句夺境，后一句存人，这是针对偏执外境为实有的人而言。人境具夺，如同「并汾绝信，独处一方。」是针对我执、法执都严重的人而言。人境具不夺，如同「王登宝殿，野老讴歌。」这是对已经破除了我执、法执的僧人而言。知讷的泯心存境等四种方法，与义玄的夺人不夺境等四法门十分相似，但意味并不完全相同，义玄的四法门是启

---

[227]《镇州临济慧照禅师语录》卷一。

第三節　知訥對中國禪的傳承創新

悟弟子的方法、施設，知訥則把這四法門引申為個人修習的方法，使其更帶有普遍實踐性的品格。

第七至第十種功夫內外全體、內外全用、即體即用、透出體用，這是闡述如何處理好真心的體用關係。體用是中國哲學史上的一對重要範疇，《論語》中談到「禮之本」、「禮之用」，可見孔子已經意識到「本」和「用」這對概念。漢代司馬談《論六家要旨》，說道家的學術思想是「以虛無為本，以因循為用。」本指根本原則，用是根本原則的具體運用，「本用」實際上也就是「體用」。到魏晉時期，玄學代表人物王弼明確把體用作為哲學範疇，他在《老子》第三十八章注中說：「萬物雖貴，以無為用，不能捨無以為體也。」意思是，萬物以「無」為本體，才有各式各樣的表現、功用。後來佛教思想與玄學融合，體用問題也引入中國佛教理論之中。梁武帝蕭衍篤信佛教，他著《立神明成佛義記》，提出：「心為用本，本一而用殊。殊用自有興廢，一本之性不移。」對此，梁武帝的朝臣沈績（也是佛教徒）注釋說：「既有其體，便有其用。──用有興廢，體無生滅。」把梁武帝所說的「本用」直接解釋為「體用」。中國哲學中，體用的含義不盡相同。在佛教中，體一般指各種事物的共同本質、體性，不變的真理實相或人人共通的心性。用指人或事物的不同作用，千差萬別的各種表現。唐代佛教論著中多談體用，六祖慧能《壇經》講解「無念為宗」時說：「無者無二相，無諸塵勞之心。念者念真如本性。真如即是念之體，念即是真如之用。真如自性起念，非眼耳鼻舌能念。真如有性，所以起念。真如若無，眼耳色聲當時即壞。善知識，真如自性起念，六根雖有見聞覺知，不染萬境，而真性常自在。」在這裡，慧能明確談到體用問題，而且知訥正是讀到「真如自性起念」等一段話時，驚喜不已，意自得之。知訥把這種體用觀運用到修習實踐中，著眼於理論和實踐的結合。他所說的內外全體，是說做功夫時要覺悟到自身和世界萬物都是基於「真心」這同一的本體，

第十章　高麗知訥對中國禪宗的繼承與開展

大千沙界打成一片，如《肇論》所說「天地與我同根，萬物與我同體」。達到如此境界，妄心自然不生。內外全用，是把內身外器一切事物及其活動變化，全都觀作真心的神妙作用，如〈永嘉證道歌〉所說「光明實性即佛性，幻化空身即法身」。既然一切都是真心妙用，妄心便無處安置。即體即用，是做功夫時冥合真體，空寂中內隱靈明，靈明中內隱空寂，體用相即不離。透出體用，是不分內外，不辨東西南北，通身打成一片，超越體用的界限，得到大解脫。這樣，知訥把體用關係問題與佛教的修行實踐緊密結合，也是對中國佛教思想的豐富和發展。

知訥對十種功夫的論述，在《真心直說》中占了相當大的篇幅，比對其他問題的論述都更詳盡而具體。他自己說：「此個休歇妄心法門，最緊要故，偏多說無文繁也。」可見他最重視這十種功夫。他又指出，以上十種做功夫法，不須全用，個人根據各自的情況，隨緣修習，「但得一門，功夫成就，其妄自滅，真心即現。」就是說，十門功夫並無先後高低的區別，並不是漸修漸進的十個修行階次。這本質上仍然堅持了禪宗的頓悟說。

知訥認為，要顯現真心，最主要的是做無心功夫，但這並不排除各種善行。他以無心息妄為正、為主，以修各種善行為助、為輔。他說，如同明鏡被塵垢覆蓋，要用手力擦拭，還須妙藥磨瑩，才能重現光明。真心就如鏡光，煩惱便如塵垢，無心功夫如手力，各種善行如磨藥。如果修善時與無心相應，不取著因果，不有意去追求善報，那麼，這樣的善行便是證悟真如的「方便」，是超脫生死的「要術」，因而可得廣大福德。

另外，知訥《真心直說》的重要性不僅在於確立了「真心」這一概念，而且也在於採用了「直說」這種形式。中國禪宗在六祖惠能之後，逐漸形成一種思想和風氣，即認為佛教真理是無法用文字言語來傳述的，必須是由師心直接傳予弟子之心，弟子透過自己的直覺感受而悟得。因此，禪門

第三節　知訥對中國禪的傳承創新

便有十六字口訣流行起來，就是「不立文字，教外別傳，以心傳心，見性成佛」。並且說，這是佛佛祖祖一脈相承的法門，是「正法眼藏」，是傳承「涅槃妙心」。

首先，禪門要不要立文字言說？這在六祖慧能之前是不成為問題的，中國禪宗的開祖菩提達摩有「理入」、「行入」的理論。二祖慧可闡發達摩禪的精神實質，「奮其奇辯，呈其心要，故得言滿天下」[228]。到六祖慧能，有《壇經》傳世，這當然是立文字言說。曹溪慧能門下，菏澤神會仍然主張「不破言說」。但慧能之後的五家七宗，多有「不立文字言說」的主張。例如，五家禪中居主導地位的臨濟宗的開創者義玄就認為：「若約祖宗門下稱揚大事，直是開口不得」[229] 名言章句不過是「曲順人情」、「接引小兒」的施設方便。這種禪風在當時具有開新風氣的意義，對於學人真正體悟禪的意境確有幫助。然而長久下來，禪宗便難於普及。知訥不贊成此種風氣，他在《真心直說》的序言中說：「佛祖出頭，無法與人，只要眾生自見本性。……是故佛祖不令人泥著文字，只要休歇見自本心。所以德山入門便棒，臨濟入門便喝，已是探頭太過，何更立語言哉。」這似乎有否定語言文字的傾向。但是，他又接著說：「妙高頂上，從來不許商量；第二峰頭，諸祖略容話說。」妙高頂上，是指禪悟的最高境界，也就是真心自現的境界，不是透過語言文字思辨就能了解和表達得出來的，所以說「從來不許商量」。然而，要登上妙高頂峰，須要第二峰頭作為階梯，這「第二峰頭」就是佛教經典和禪門祖師們的言說文字。這就是說，要以語言文字為「方便」，以達到不可言詮、不可思議的幽微境地。正因為如此，知訥才「不惜眉毛，謹書數章，發明真心，以為入道之基漸也。」

其次，禪門是不是「教外別傳」？這與要不要立文字的問題有一致之

---

[228]《續高僧傳》卷十九〈慧可傳〉。
[229]《鎮州臨濟慧照禪師語錄》卷一。

處,如果主張不立文字,當然就會主張教外別傳。其實,從初祖達磨,到六祖慧能,都是尊奉佛教經典的。達摩主張「藉教悟宗」,以四卷《楞伽經》授二祖慧可;三祖僧璨繼慧可之後仍然持《楞伽》以為心要;四祖道信依《楞伽經》和《文殊說般若經》,製〈入道安心要方便法門〉;五祖弘忍也很重視《楞伽經》,同時又勸道俗「但持《金剛經》一卷,即得見性,直了成佛。」[230] 慧能就是「聞說《金剛經》心開悟解」的。慧能的《壇經》中多引經論,他一再勸人持《金剛經》,反對「謗經法」,明確指責「直言不用文字」是「謗法」。菏澤神會主張教禪一致,勸人「廣讀大乘經典」[231]。但後來的五家七宗中,那些倡導「不立言說」的大師們,對經教也輕慢起來。這種輕慢經教的思想,後來發展成公然的呵佛罵祖。義玄就說:「夫大善知識,始敢毀佛毀祖,是非天下,排斥三藏教,辱罵諸小兒,向逆順中覓人。」[232] 毀佛毀祖,是為了「向逆順中覓人」,即幫助人們破除對佛祖、經教的迷信,找回迷亂中失去的自己,建立自信心,發現人自身的價值,這是有正面意義的。但是,如此發展下去,一些淺薄之人只知效法呵佛罵祖的形式,並不能領會其真實精神,又不肯讀經學法,這樣就不僅不能領悟佛理,而且會帶來嚴重的信仰危機。所以圭峰宗密、永明延壽等人便起而提倡教禪一致,力圖糾正排斥經教的傾向。

　　高麗佛教的特徵,在於教宗與禪宗互相妥協調和。義天的觀點是站在教宗的立場來掌握禪宗的思想,而知訥則力圖站在禪宗的立場來融合教宗。他認為:「世尊說之於口即為教,祖師傳之於心即為禪,佛祖心口,必不相違,豈可不窮根源而各安所習,妄興諍論,虛喪天日耶?」這是說,教、禪同出一源,相輔相成,不可偏廢。但是,在修持時,禪與教仍有主次先後之別,「修心之士,先以祖道知自心本妙,不拘文字。次以論

---

[230]《壇經》。
[231]《神會集》。
[232]《古尊宿語錄》卷四,〈臨濟錄〉。

第三節　知訥對中國禪的傳承創新

文辨心之體用」[233]。在《真心直說》中，知訥廣引佛教經論和祖師語錄、偈頌百餘處，可見其對經教是十分重視的。對於呵佛罵祖，他說：「古有呵佛罵祖者，是與此心相應。今見才入宗門，未知道之遠近，便學呵佛罵祖者，太早計也。」意思是說，像義玄那樣的禪學大師呵佛罵祖，那是與「真心」相應的。而後世學禪的人，才一知半解，就學呵佛罵祖，則是無自知之明，於道無補。語氣之間可以看出，知訥是反對參禪者呵佛罵祖的。

再次，知訥強調「直說」，又是與隱說、喻說、巧說乃至以動作代語言的方式相區別的。六祖慧能和他以前的諸祖，基本上是採用「直說」的形式，直截了當地演說法義。其實，主張「不立文字」、「不立言說」者，也難於完全排除文字言說。他們要闡揚「不立文字」、「不立言說」的意旨，這本身就需要文字言說。另外，要啟發弟子覺悟自心、自性，也不可能完全不講話。他們只是不系統地說或不直接地說，盡量不用經論中固有的名言概念而另闢蹊徑。如此一來，說法的語句越來越平常，越來越貼近生活，但也越來越模糊，越來越難解，缺乏系統清晰的理論論證。如此一來，中國禪的走向，「慧能從高遠引向平實，後人又從平實而引向深祕」[234]以至於最後排斥任何言說，採用揚眉、瞬目、棒打、口喝、擎拳、腳踢等肢體語言的方式接引學人，這類辦法很難向一般民眾推廣。

知訥不贊成此種風氣，他在《六祖壇經跋》中說：「忠國師（指唐代僧南陽慧忠）呵破南方佛法之病，可謂再整頹綱，扶現聖意，堪報不報之恩，我等雲孫，既未親承密傳，當依如此顯傳門誠實之語，反照自心本來是佛，不落斷常，可謂離過矣。」正因為如此，知訥才系統地「直說」禪宗理論，這帶有向傳統佛教和慧能禪復歸的性質，同時又對慧能之後的各派

---

[233]《華嚴論節要序》。
[234] 印順《中國禪宗史》。

第十章 高麗知訥對中國禪宗的繼承與開展

禪學思想進行了認真的總結，吸取各派中新鮮活潑的內容，使禪學發展到了一個新的階段。

知訥又在《法集別行錄節要并入私記》中說：「荷澤神會是知解宗師，雖未為曹溪嫡子，然悟解高明，抉擇了然。密師宗承其旨故，於此錄中，伸而明之，豁然可見。今為因教悟心之者，除去繁詞，抄出綱要，以為觀行龜鑑。予觀今時修心之人，不依文字指歸，直以密意相傳處為道，則溟溟然徒勞坐睡，或於觀行，失心錯亂故，須依如實言教，抉擇悟修之本末，以鏡自心，即於時中觀照，不妄用功耳。」由此可見，知訥是自覺承繼曹溪惠能—荷澤神會—圭峰宗密這樣的法脈系統的。但是，他並不盲目排斥其他派別，並非唯神會、宗密的觀點是從。例如，圭峰宗密曾評論北宗、洪州、牛頭三家禪說：「初一切皆妄（北宗），次一切皆真（洪州），後一切皆無（牛頭）。若就行者說，初伏心滅妄（北宗），次信任情性（洪州），後休心不起（牛頭）。」又說：洪州「於頓悟門，雖近而未的，於漸修門而全乖；牛頭已達空故，於頓悟門而半了，以忘情故，於漸修門而無虧；北宗但是漸修，全無頓悟故，修亦廢真。菏澤則必先頓悟，依悟而修。」知訥認為，若如此說，「則凡修心人，唯取信於菏澤，不取信於餘宗必矣。」他不完全贊同宗密的看法，而是主張：「而今末法修心之人，先以菏澤所示言教，抉擇自心性相體用，不墮空寂，不滯隨緣，開發真正之解。然後歷覽洪州、牛頭二宗之旨，若合符節。豈可妄生取捨之心耶？故云『三點個別，既不成〈伊〉。三宗若乖，焉能作佛？』此之謂也。」[235]

知訥在論說「真心」本體的同時，又進一步提出頓漸並行、定慧雙修的修行方法。關於悟、修的關係與次第，澄觀曾提出頓悟漸修、漸修頓悟、漸修漸悟、頓悟頓修、先修後悟、修悟一時等五種[236]，宗密在《禪源

---

[235]《法集別行錄節要并入私記》。
[236] 同上。

第三節　知訥對中國禪的傳承創新

諸詮集都序》中則提出漸修頓悟、頓修漸悟、漸修漸悟、頓悟頓修、頓悟漸修等五種，其第五謂：「頓悟漸修如日光頓出，霜露漸消；孩子頓生，志氣漸成；猛風頓息，波浪漸停。」頓悟漸修也正是菏澤神會的主張。知訥繼承了神會、宗密的頓悟漸修論，他提出：「若論修證頓漸，義勢多端，撮其樞要，不出此錄（宗密《法集別行錄》）中頓悟漸修耳。」[237] 他認為，「夫入道多門，以要言之，不出頓悟漸修兩門耳。雖曰頓悟頓修，是最上根機得入也，若推過去，已是多生依悟而修，漸熏而來，至於今生，聞即開悟，一時頓畢。以實而論，是亦先悟後修之機也。則而此頓漸兩門，是千聖軌轍也。則從上諸聖，莫不先悟後修，因修乃證。所言神通變化，依悟而修，漸熏所現，非謂悟時即發現也。」[238] 這意思是說，即使最上根機的人能頓悟頓修，那也是由於多生頓悟漸修，至於今生，方能「聞即開悟，一時頓畢」。在他看來，覺悟自己本來是佛，這並不是靠修行而得，而是依靠無「階級漸次」的頓悟。他解釋頓悟說：「頓悟者，凡夫迷時，四大為身，妄想為心，不知自性是真法身，不知自己靈知是真佛也。心外覓佛，波波浪走。忽被善知識指示入路，一念回光見自本性，而此性地，元無煩惱，無漏自性，本自具足，即與諸佛分毫無殊，故云頓悟。」但是，悟之後還必須長期「照察」，妄念一起；隨即排除，如此循環往復，以至於「無為」。人世間「輪迴因緣」根深蒂固，只有漸修才能最終解脫。所以他又解釋漸修說：「漸修者，頓悟本性，與佛無殊，無始習氣，難卒頓除，故依悟而修，漸熏功成，長養聖胎，久久成聖，故曰漸修也。」[239] 他主張頓悟與漸修必須相結合，無頓悟的修行非真修，必須先悟後修。頓悟以斷障，漸修以成德，二者聯結起來，才是真正的修行。悟後的修行之道又有定與慧，沒有定與慧，就會陷入狂或愚。所謂定，就是「依止緣之功而心

---

[237] 同上。
[238] 《修心訣》。
[239] 同上。

定寂然不變」；所謂慧，就是「依觀照之功而知無分別。」這樣頓漸結合、定慧雙修，經歷不同的階段，就可以達到菩提涅槃而成佛。

知訥在修行方面開有三門，即惺寂等持門、圓頓信解門、徑截門。關於惺寂等持門，他引述《永嘉集》之意謂：「寂寂謂不念外境善惡等事，惺惺謂不生昏住無記等相。若寂寂不惺惺，此乃昏住；惺惺不寂寂，此乃緣慮。不寂寂不惺惺，此乃非但緣慮，亦乃入昏而住。亦寂寂亦惺惺，非唯歷歷，兼復寂寂，此乃還源之妙性也。」[240] 他又說：「今時修心人具佛種性，依頓宗直指之門，發決定信解者，直了自心常寂，直然惺惺。依此而起修故，雖具修萬行，唯以無念為宗，無作為本也。以無念無作故，無有時劫地位漸次之行，亦無法義差別之相。」[241]「若設法義，入理千門，莫非定慧。取其綱要，則自性上體用二義，前所謂空寂靈知是也。定是體，慧是用也。即體之用故，慧不離定；即用之體故，定不離慧。定則慧故，寂而常知；慧則定故，知而常寂。如曹溪云：『心地無亂自性定，心地無癡自性慧』。若悟如是，任運寂知，遮照無二，則是為頓門個者雙修定慧也。若言先以寂寂治於緣慮，後以惺惺治於昏住，先後對治，均調昏亂，以入於靜者，是為漸門劣機所行也。雖云惺寂等持，未免取靜為行，則豈為了事人不離本寂本知、任運雙修者也。故曹溪云：自悟修行，不在於靜。若靜先後，即是迷人。則達人分上，定慧等持之意，不落功用，元自無為，更無特地時節。」[242] 由此看來，知訥的惺寂等持門乃是以慧能的「無念為宗」為根據的，且與定慧雙修、定慧等持緊密結合在一起。

圓頓信解門是受到李通玄《華嚴論》的啟發而提出的。知訥在《圓頓成佛論》中說：「《華嚴論》者，是果後大聖李通玄長者所撰。……詳夫論主旨趣，要以分析《華嚴》大義，令末世大心凡夫，於生死地面上，頓悟

---

[240]《結社文》。
[241] 同上。
[242]《修心訣》。

諸佛不動智,以為初悟發心之源也。是故第二會以普光明智為殿名,說十信法門直示如來普光明智大用無方重重無限,以為信心。又舉十色世界、十智如來、十首菩薩,表法示之,令其易解。」此即圓頓信解門之所由來。據此,知訥又說:「只令大心凡夫,返照自心根本普光明智一真法界之道,則便悟盧舍那佛、不動智佛等十方諸佛,雖有名號差殊,依正莊嚴各別,皆是自心普光明智之相用,俱非外物也。以自心普光明智量同虛空法界,無有一佛不從本智而起,無有一眾生不從本智而生。故知佛及眾生,依智幻生,依智幻住,生無所從,滅無所至也。」

徑截門則是受大慧宗杲看話禪的啟示而提出的。知訥在《看話決疑論》中說:「禪門話頭參詳,徑截悟入之門,全揀佛法知解之病也。……禪門亦有為密付難堪借教悟宗之者,說真性緣起、事事無礙之法,如『三玄門』初機得入『體中玄』所明云:『無邊剎境,自他不隔於毫端;十世古今,始終不離於當念』。又云『一句明明該萬象』等是也。禪門中此等圓頓信解,如實言教,如河沙數,謂之死句,以令人生解礙故,並是為初心學者,於徑截門活句未能參詳故,示以稱性圓談,令其信解不退轉故。若是上根之士,堪任密傳,脫略巢臼者,才聞徑截門無味之談,不滯知解之病,便知落處,是謂一聞千悟,得大總持者也。」知訥的意思是,法門千萬,關鍵在於應病與藥,對機說禪。對初機者,乃說圓頓信解門。對上根之士,為避「知解」之病,則開徑截門。

有意思的是,知訥所提出的修行三法門,恰與他學道悟道的三個時期大致相應。惺寂等持門與他在清源寺讀《六祖壇經》而得開悟相應;圓頓信解門與他寓居下柯山普門寺研讀李通玄的《華嚴論》的心得相應;徑截門則與他隱棲智異山上無住庵時讀到《大慧語錄》「忽然眼開」相應。這正說明,知訥的禪學思想的形成,是與中國禪宗的發展路向密切相關的。

智訥還特別強調,修行不能只停留在智性的寂靜上,還應當不忘解救

眾生,因為即便能夠達到明見佛性,「利他行願」也不會「自然成滿」,所以「智者覺慧常明,精修梵行,發大誓願,廣濟眾生,不獨求自己一身之解脫。」

第四節　知訥法嗣慧諶的禪學（附冲止）

繼知訥之後,曹溪山第二代修禪社主是真覺國師慧諶。[243] 據此,慧諶（西元 1174～1234 年）,俗姓崔（一作曹）,名寔,字永乙,自號無衣子,羅州和順縣（全羅南道）人。幼年喪父,乃向其母乞請出家,「母不許,勉令業儒。然常念經持咒,久乃得力。喜毀拆淫巫妖祠,或往往救人病有效。」承安六年辛酉（西元 1201 年）舉司馬試,中之,之後入大學。第二年（西元 1202 年）,其母病逝,慧諶聞說「普照國師在曹溪山新開修禪社,道化方盛」,即前往參禮,「請營齋薦母,因乞剃度」。知訥國師應允,乃為知訥弟子。慧諶「嘗居蜈山,坐一盤石,晝夜常習定,每至五更,唱偈甚厲,聲聞十許里,略不失時,聞者以此候旦。又居智異山金臺庵,宴坐檯上,雪積沒頂,猶兀坐如枯株不動,眾疑其死,撼之不應。其刻苦如此,非夫與道凝精、外生死遺形骸者,孰至是哉。」乙丑（西元 1205 年）秋,「國師在億寶山,師與禪者數人方往謁憩山上,距庵千餘步,遙聞國師在庵中喚侍者聲,作偈,其略云:『呼兒響落松蘿霧,煮茗香傳石徑風。』及參禮,舉似此話,國師領之,以手中扇授之。師呈偈曰:『昔在師翁手裡,今來弟子掌中,若遇熱忙狂走,不妨打起清風。』國師益器之。又一日,隨國師行,國師指一破鞋云:『鞋在遮裡,人在什麼處?』答曰:『何不其時相見?』國師大悅。又舉趙州『狗子無佛性』話,因續舉大慧杲老十種病問之,眾無對。師對曰:『三種病人方解斯旨。』國師曰:『三

---

[243] 其事蹟載於〈順天松廣寺真覺國師圓照塔碑〉見《朝鮮金石總覽》上,460－464 頁。

第四節　知訥法嗣慧諶的禪學（附沖止）

種病人向什麼處出氣？』師以手打窗一下，國師呵呵大笑。乃歸方丈，更密召與話。乃嘉曰：『吾既得汝，死無恨矣。汝當以佛法自任，不替本願也。』」泰和戊辰（西元 1208 年），知訥欲命慧諶嗣席，慧諶固辭，遂去智異山絕跡滅影數載。大安庚午（西元 1210 年），知訥入寂，慧諶奉敕繼任曹溪修禪社主，開堂說法，「於是四方學者及道俗高人逸老」雲集，就顯得人多寺小，康宗乃命人增構，擴大了寺院的規模。「又遣使就賜滿繡袈裟、磨衲各一領並茶香寶瓶。因求法要，師撰《心要》以進，今行於世。自是，公卿貴戚四嶽邦伯，聞風慕道，或遙禮為師，或親趨下風者不可勝記。凡禪講之負氣屈強、自謂莫己若者，及一見，莫不愕然改容，猶師事之不暇也。今門下侍中晉陽崔公（瑀），聆師風韻，傾渴不已，屢欲邀致京輦，竟不至焉。然千里相契，宛如對面。復遣二子參侍，凡師之常住資具，莫不盡力營辦，至於茶香藥餌珍饌名果及道具法服，常以時餉遺，連旦不絕。」及高宗王即位，制授授禪師，又加大禪師，「其不經選席，直登緇秩，自師始也。」後敕住斷俗寺，但仍以本社為常棲之所。甲午年（西元 1234 年）六月二十六日示寂。寂後謚真覺國師。今有《真覺國師語錄》、《無依子詩集》等著作傳世。其著述收於《韓國佛教全書》第六冊。

　　慧諶繼承了知訥的真心說，同時也注重參話頭的修行法門。他說：「依上古教，深信上聖下凡，同一真心，同一正位，然後看個話頭。」[244] 參話頭時，「但參活句，莫參死句。活句下薦得，永劫不忘；死句下薦得，自救不了。」[245] 他又說：「微言滯於心首，翻為緣慮之場；實際居於目前，盡是名相之境。知是般事，撥置一邊，但向十二時中四威儀內，看個話頭。僧問法燈：百尺竿頭，如何進步？燈云啞。世出世間，善惡攀緣，種種分別，莫教相續，亦莫斷除。念念起時，但舉話頭云啞，不得作瘖啞會，不得向意根下思度，不得向舉起處承當，不得將心待悟，莫管有味無

---

[244]《曹溪真覺國師語錄》。
[245] 同上。

第十章　高麗知訥對中國禪宗的繼承與開展

味,悟與不悟,但時時舉覺,念念提撕,日久月深,知其功能耳。」[246]

慧諶和他的門人錄成《禪門拈頌》三十卷,收於《韓國佛教全書》第五冊。其序云:「詳夫自世尊、迦葉已來,代代相承,燈燈無盡,遞相密付,以為正傳。其正傳密付之處,非不該言義,言義不足以及,故雖有指陳,不立文字,以心傳心而已。好事者強記其跡,載在方冊,傳之至今,則其粗跡,固不足貴也。然不妨尋流而得源,據末而知本。得乎本原者,雖萬別而言之,未始不中也;不得乎此者,雖絕言而守之,未始不惑也。是以諸方尊宿,不外文字,不吝慈悲,或徵或拈,或代或別,或頌或歌,發揚奧旨,以貽後人。則凡欲開正眼,具玄機,羅籠三界,提拔四生者,捨此奚以哉。況本朝,自祖聖會三以後,以禪道延國祚,智論鎮鄰兵。而悟宗論道之資,莫斯為急。故宗門學者,如渴之望飲,如飢之思食。余被學徒之力請,念祖聖本懷,庶欲奉福於國家,有裨於佛法,乃率門人真訓等,採集古話凡一千一百二十五則,並諸師拈頌等語要,錄成三十卷,以配傳燈,所冀堯風與禪風永煽,舜日共佛日恆明。海晏河清,時和歲稔,物物各得其所,家家純樂無為,區區之心,切切於此耳。第恨諸家語錄,未得盡覽,恐有遺脫,所未盡者,更待後賢。」這裡有幾點值得注意:其一,慧諶肯定佛祖「正傳密付之處」,「不立文字,以心傳心」,同時又肯定「諸多尊宿,不外文字」,「發揚奧旨,以貽後人」。這繼承了知訥「依顯傳門」闡發禪家理論的立場。其二,他主張弘法與護國結合起來,以為弘法與護國是統一的。其三,他把堯風舜日與禪風佛日相提並論,表明他的思想帶有儒佛融合的傾向,也體現出高麗王朝儒佛並重的政策。

他還明確論述過儒佛關係,提出儒佛一致的主張。他在〈答崔參政洪胤〉一文中說:「我昔居公門下,公今入我社中,公是佛之儒,我是儒之佛。互為賓主,換作師資,自古而然,非今始爾。認其名則佛儒向異,

---

[246] 同上。

第四節　知訥法嗣慧諶的禪學（附沖止）

知其實則儒佛無殊。」他甚至根據偽經《起世界經》的說法，以老子為迦葉菩薩，孔子為儒童菩薩，從而證明「儒道之宗，宗於佛法，而權別實同。」[247]

在佛教理論方面，慧諶主張人人皆有佛性，「諸人本心是佛，更無別物。但以法爾隨緣，習以成性，故有善惡愚智差別。」[248] 因此他說：「迷則佛眾生，悟則眾生佛。」[249] 他和知訥一樣，主張無心功夫，認為「直下無心最為省要，內若無心，外即無事。無事之事是名大事，無心之心是名真心。所謂無心者，無心無無心，亦無無心盡，是真無心。無事者，無事無無事，亦無無事盡，是真無事。若以事遣事，事事彌增，將心無心，心心卻有，不若一刀截斷左右葛藤，更不思前念後，直然放下，放到無放下處，無放下處亦放下，到這裡，方始大事現前，朗然獨耀，此是諸聖放身捨命之處，成佛作祖之處，此名大真佛，亦名法身佛，亦名如如佛。」[250]

慧諶之後，曹溪山修禪社第六世社主沖止，曾應元世祖之詔入元。據奉祿大夫國學大司成文翰學士承旨臣金曛奉教撰〈曹溪山第六世贈謚圓鑑國師碑銘並序〉[251] 載，沖止原名法桓，後改為沖止，自號宓庵，俗姓魏，定安（忠清北道）人。其父魏紹，戶部員外郎；其母宋氏，吏部員外郎子沃之女。沖止生於丙戌年（西元1226年）十一月十七日，九歲始就學，「凡經書子史，過目即誦，又善屬文。」十九歲登壯元第，曾奉使日域，「顯國美於異邦」。他自少年時即有出塵之志，當時圓悟國師天英正在主法於禪源社，遂前往拜謁，剃染受具。隨後便策杖南遊，歷參講肆，為叢林所重。四十一歲時住持金海縣甘露社，有一禪德向沖止請詩，止師云：「春日花開桂苑中，暗香不動少林風，今朝果熟沾甘露，無限人天一

---

[247] 同上。
[248] 同上。
[249] 同上。
[250] 《上康宗大王心要》。
[251] 〈海東曹溪第六世圓鑒國師歌頌・附錄〉，《韓國佛教全書》第六冊，410頁。

第十章　高麗知訥對中國禪宗的繼承與開展

味同。」此詩膾炙人口，廣為傳頌。「遠近聞師，想見其像，自師入院，宿德風馳，後進雲集。」丙戌（西元 1286 年）二月，圓悟國師順世，同年四月十六日沖止奉詔繼其法席，為第六世。住院七年，使普照國師知訥的禪風更加發揚光大。「上國聞國師之風，嘉師之德，遣宮使迓師，乘馹至中夏，皇帝親自迎迓，對以賓主之禮，褒師傅之恩。舉國仰德，萬民歸仁。授金襴袈裟、碧繡長衫、白拂一雙，皆道具也。」癸巳年（西元 1293 年）正月初十泊然而逝。忠烈王聞之震悼，下勑書誄書慰門徒，贈諡曰圓鑑國師，塔曰寶明。世壽六十七，臘三十九。

第十一章
元代臨濟禪的傳入與高麗求法僧

第十一章　元代臨濟禪的傳入與高麗求法僧

第一節　紹瓊赴高麗弘法

元大德八年（西元 1304 年）七月，臨濟宗第十七世法嗣紹瓊赴高麗弘法，圓明國師衝鑑師事之。

紹瓊自號鐵山，十八歲出家，首參雪巖祖欽和尚，一日，於室中舉哪吒太子析骨還父、析肉還母因緣，乃得省悟，述偈曰：「一莖草上現瓊樓，識破古今閒話頭，拈起集雲峰頂月，人前拋作百華球。」祖欽深以為然。雪巖寂後，遂入東林，謁東巖淨日禪師。東巖問：「心不是佛，智不是道，上座作麼生會？」瓊曰：「抱贓叫屈。」東巖曰：「不是心，不是佛，不是物，是什麼？」瓊曰：「眉間迸出遼天鶻。」後參蒙山異禪師，「每遇入室只道欠在。後於定中觸著欠字，於是身心豁然，徹骨徹髓，捉住山曰：『我少欠個什麼？』山打三掌，師禮三拜。又曰：『啞鐵山者著子幾年。今日方了。」次年作首座，秉拂上堂曰：「冬在月頭，賣被買牛。冬在月尾，賣牛買被。」卓拄杖曰：「者裡無尾無頭，中道齊休。行也休休，坐也休休，住也休休，臥也休休。睡眼豁開，五雲現瑞，光風霽月，無處不周。梅綻枯枝古渡頭，風前時復暗香浮。雖然到此，向上一路，萬里崖州，何以見得。」靠拄杖曰：「休休。」[252]

據《高麗史》記載，高麗忠烈王三十年（元大德八年，西元 1304 年）七月，元朝江南僧紹瓊赴高麗，「承旨安於器，迎於郊。瓊自號鐵山。」八月，「王率群臣具禮服，邀紹瓊於壽寧宮聽說禪。」[253] 忠烈王又「召僧紹瓊於宮中點眼畫佛，讀《華嚴經》，王與淑昌院妃受菩薩戒，（右中贊韓）希愈與承旨崔崇言：『《祕記》有國君敬南僧必致覆亡之語，願殿下慎之。』

---

[252]（《續指月錄》卷 6〈袁州慈化鐵山瓊禪師〉；《五燈會元續略》卷 2〈蒙山異禪師法嗣‧鐵山瓊禪師〉）
[253]《高麗史》卷 32，世家 32，忠烈王 5。

（王）不聽。」[254]

衝鑑事蹟載於國子監丞危素所撰〈林川普光寺重創碑〉[255]。碑文記述說，衝鑑字絕照，號穴峰，生於前至元十二年（西元1275年）。幼時即不茹葷，與群兒嬉戲，以帛製伽黎衣為佛事。稍長，祝髮於禪源寺，禮慈悟國師以為師。十九歲入選登上上科。後「拂衣遊諸方，宿留吳楚，聞鐵山瓊禪師道行甚高，迎之東還。師（衝鑑）執侍三載，瓊公甚期待之。及瓊公辭歸，師主龍泉寺，始取百丈海禪師《禪門清規》行之。」後住禪源寺十五年，「弘揚宗旨，為國矜式。」再紀至元二年（西元1336年），移居林州普光寺，「其門人三千餘指，石屋不足以容」。官署出面修葺擴建，「遠近聞風而至」，「久之蔚然為大道場矣」。衝鑑在普光寺弘法四年，於再紀至元五年（西元1339年）八月二十四日跏趺端坐入滅，世壽六十五，僧臘五十八。

第二節　普愚入元參清珙

普愚（西元1301～1382年）初名普虛，號太古，俗姓洪，洪州（忠清南道洪城郡）人。大德五年（西元1301年）生，十三歲投檜巖寺廣智禪師出家，訪道諸方叢林。十九歲「參『萬法歸一』話，眾莫知焉。」二十六歲入華嚴選場，「既中，探索經義，窺其壺奧。一日嘆曰：『此亦筌蹄耳。古之大丈夫，其所立卓爾，豈魯莽為哉，予獨不夫乎！』即斬斷眾緣，苦硬清約，工夫日進。」天曆三年庚午（西元1330年）春，入龍門山上院庵，禮觀音，發十二大願。元統改元癸酉（西元1333年）秋，寓居城西甘露寺僧堂，端坐七日，忽然有省，乃作頌八句，末句云：「佛祖與山河，

---

[254]《高麗史》卷104，列傳17，韓希愈。
[255]《朝鮮金石總覽》上，495－497頁。

第十一章　元代臨濟禪的傳入與高麗求法僧

無口悉吞卻」。至元丁丑（西元 1337 年）秋，在佛腳寺獨占一室，看《圓覺經》，至「一切盡滅名為不動」，所知剝落。又參趙州「無」字話頭，疑而未悟。是年十月，寓居松都（開城）旃檀園結冬，「師於是到寤寐一如之境，尚猶『無』字上破疑不得，如大死人焉。至戊寅（西元 1338 年）正月七日五更，豁然大悟，隨即作頌，有「打破牢關後，清風吹太古」之句。己卯（西元 1339 年）春，往逍遙山白雲庵，高閒疏野，自樂天常，作白雲歌一篇。當時有唐（元）僧無極，航海到高麗。無極「宏才博辯，勘破諸方。一日與師偶話，肅然心服曰：『某甲所見止此耳，烏可企也。南朝有臨濟正脈不斷，可往印可。某某與某為唱導師，某某與某為本分作家，在某山待其人久矣。』其所謂作家者，蓋指臨濟直下雪巖嫡孫石屋琪等數人也。師聞而悅之。」至正元年辛巳（西元 1341 年），本欲入元尋師，當時有蔡侯河沖、金侯文貴，欽慕普愚之風範，遂延請至三角山重興寺，開堂說法，「玄學雲臻」。普愚又於寺東結蘭若，扁曰「太古」，在此瀟灑邁越，發為長歌，如此生活近五年。丙戌（西元 1346 年）春，普愚入燕都，寓居大觀寺，道譽聞於天子，在太子令辰，天子請演《般若經》。第二年四月，往南巢欲拜見竺源盛禪師，但到達時禪師已然過世。七月，到湖州霞霧山天湖庵，參訪臨濟宗十八世之法孫石屋清珙，頗得清珙的器重，付以袈裟，以表信徵，並且對他說：「衣雖今日，法自靈山，流傳至今，今付於汝。汝善護持，毋令斷絕。」八月，普愚拜辭珙師後從湖州出發，十月還抵燕京，住居永寧寺。適逢太子令辰，普愚奉旨在永寧寺開堂說法，帝師、正宮皇后、二宮皇后、太子皆降香幣，當時也蒞此法會的高麗玄陵世子（即後來的恭湣王）嘉嘆良久，乃曰：「小子若新政於高麗，則當師吾師矣。」戊子（西元 1348 年）春，普愚東還，掛錫重興寺，後到龍門山北麓結茅為庵，額曰「小雪」，隱棲於此，有終焉之志。壬辰（西元 1352 年）春，因恭湣王遣使強請，乃入宮說法，又住敬龍寺演說法義，「京城士女，滄師法音，奔走禮拜。既徂一夏，師知國之有機變，辭退入

第二節　普愚入元參清珙

小雪山。」丙申（西元 1356 年）三月，受恭愍王之請，於奉恩寺說法，封為王師，住廣明寺。後歷住迦智山寶林寺、全州普光寺、瑩原寺、陽山寺等，封為國師。壬戌（西元 1382 年）十二月二十四日寂於小雪山，世壽八十二，僧臘六十九。諡曰圓證，塔名寶月升空。[256]

石屋清珙，蘇州常熟人，俗姓溫。初依崇福寺永唯出家，祝髮受具。後登天目山參高峰，示「萬法歸一」話。服勤三年，無所發明。因而至建陽庵參信和尚（及庵禪師）。幾經啟發，豁然有省，乃對信和尚說：「某甲今日會得活句也。」信和尚問：「汝作麼生會？」清珙答曰：「清明時節雨初晴，黃鶯枝上語分明。」及庵頷之。後辭別及庵，登霞霧山，住居天湖庵。復因廣教府再三馳檄請住當湖福源寺，清珙勉就入院，上堂說法謂：「把住也鋒鋩不露，放行也十字縱橫。水雲深處相逢，卻在千峰頂上；千峰頂上相逢，卻在水雲深處。今朝福源寺裡，開堂演法；昨日天湖庵畔，墾土耕煙。所以道：法無定相，遇緣即宗。」至正間（西元 1341～1368 年），「朝廷降香幣，皇后賜金襴法衣。有聞天湖之風，吟天湖之詩者，莫不心爽神慕。以為真得古先德遺型。」寂後建塔於天湖之源，及庵塔右麓。「高麗國師大古愚公，嘗侍師得旨，王聞欽渴，表達朝廷，勅諡佛慈慧照禪師。仍乞移文浙江，請師舍利歸國供養。」[257]

普愚在丁亥（西元 1347 年）七月到天湖庵參訪石屋清珙時，曾呈示自己入元前於三角山作的〈太古庵歌〉，清珙讀後，揮毫作書謂：「高麗南京重興禪寺長老，諱普愚，號太古。向曾為此一段大事立志去下苦硬工夫，來見處透脫，絕意路，出思唯，非言像之所能拘，欲潛隱，遂結庵寺之三角山，以自號扁其庵，亦名太古。以道自適，放意於泉石間，述〈太古歌〉一章。丙戌春，出鄉至大都，不憚路途勞役，尋跡而來，丁亥七月，

---

[256] 其事蹟見〈高麗國國師大曹溪嗣祖傳佛心印行解妙嚴悲智圓融贊理王化扶宗樹教大願普濟一國大宗師摩訶悉多羅利雄尊者諡圓證行狀〉及〈圓證塔銘並序〉，《全書》六，695－701 頁。
[257] 見《續指月錄》卷七〈湖州福源天湖石屋清珙禪師〉，《釋鑑稽古略續集》卷一。

到余山石庵,寂寞相忘,道話半月,觀其動靜安詳,聽其言語諦實。將別前,出示曩者所作〈太古歌〉。余乃晴窗展玩,老眼增明。誦其歌也淳厚,味其句也閒湛,真得空劫以前消息,非今時尖新錐釘者而可方比,則太古之名不謬也。余久絕酬應,管城子忽焉脖跳,不覺書於紙尾,復為詞曰:『先有此庵,方有世界,世界壞時,此庵不壞,庵中主人,無在不在,月照長空,風生萬籟。』至正七年丁亥八月旦日湖州霞霧山居石屋老衲七十六歲書。」普愚辭別清珙後,二人仍有書信往來,彼此傳遞訊息。

第三節　普愚的禪學思想

　　普愚在《重刊緇門警訓序》中論佛教的思想精神說:「盡大地人,誰無佛性,誰無信心,然不遇聖教,則不發無上菩提之心,長沉苦海,頭出頭沒,虛生浪死,實可憫也。是以佛祖聖賢,作不請友,行無緣慈,為說種種方便,教化調伏,令其生淨信心,成就無上佛果菩提。佛果菩提豈異事乎,正是當人本覺心也。」

　　普愚論佛教第一義說;「有一物,明明歷歷,無偽無私,寂然不動,有大靈知。本無生死,亦無分別,亦無名相,亦無言說,吞盡乾坤,蓋盡天地,蓋盡聲色,具大體用。言其體,則包羅盡廣大而無外,收攝盡微細而無內。言其用,則過佛剎微塵數智慧、神通、三昧、辯才,即現即隱,縱橫自在,有大神變,雖大聖莫之能窮。」[258] 這就是說,第一義無所不包、無處不在、無時不有的,雖然它不可言說,沒有名相,無法分別,但卻是神妙萬能的主宰者。

　　他進而論述這個第一義與人的關係,他說:「此一物常在人人分上,

---

[258]《太古和尚語錄》,《韓國佛教全書》第六冊。

第三節　普愚的禪學思想

舉足下足時，觸境遇緣處，端端的的，的的端端，頭頭上明，物物上顯，一切施為，寂然昭著者，方便呼為心，亦云道，亦云萬法之王，亦云佛。」[259] 這是說，第一義就在人們的日常生活之中，透過人們的動作施為而顯現，這個第一義就是心，就是道，也就是佛，它是萬法之王。

他接著說：「佛言：經行及坐臥，常在於其中。堯舜亦曰：允執厥中，無為而天下治。堯舜豈非聖人乎？佛祖豈異人乎？只明得個此心，更無別法。若此心外，別有一法，便是魔法，元非佛語。所以名此心者，非是凡夫妄生分別之心，正是當人寂然不動底心也。」[260] 這是以「心」來統合、融合儒佛的思想。

普愚論念佛說：「阿彌陀佛，梵語，此云無量壽佛。佛者，亦梵語，此云覺，是人人個個之本性，有大靈覺，本無生死，亙古今而靈明淨妙，安樂自在。此豈不是無量壽佛也。故云：明此心之謂佛，說此心之謂教。佛說一大藏教，指示人人自覺性之方便也。方便雖多，以要言之，則唯心淨土自性彌陀，心淨則佛土淨，性現即佛身現，正謂此耳。阿彌陀淨妙法身，遍在一切眾生心地，故云：心佛及眾生，是三無差別。亦云：心即佛，佛即心，心外無佛，佛外無心。若相公真實念佛，但直下念自性彌陀，十二時中，四威儀內，以阿彌陀佛名字，帖在心頭眼前，心眼佛名打成一片，心心相續，念念不昧。」[261] 這是提倡教禪結合、禪淨結合的思想。值得注意的是，他說的淨土、彌陀是「唯心淨土自性彌陀」，是自心的世界，不是西方世界。

普愚亦提倡看話禪，他說；「念起念滅，謂之生死。當生死之際，須盡力提起話頭，話頭純一則念頭起滅即盡。起滅盡處謂之寂，寂中無話頭謂之無記，寂中不昧話頭謂之靈知。即此空寂靈知，無壞無染。如是用

---

[259] 同上。
[260] 同上。
[261] 《示樂庵居士念佛略要》，《韓國佛教全書》第六冊。

325

功，則不日成功，身心與話頭打成一片，無所依倚，心無所之。……如人飲水，冷暖自知，千疑萬疑，一時透了也。」[262] 他又說：「趙州云無，這個無字，不是有無之無，不是真無之無。畢竟如何即是？到這裡直得通身放下，一切不為，不為的也不為，直到閒閒的，蕩蕩的，切無擬思。前念已滅，後念不起，當念即空，空亦不守，不守亦忘，忘亦不立，不立亦脫，脫亦不存。到恁麼時，只是個惺惺寂寂底靈光，卓爾現前。切莫妄生知解，但舉話頭，十二時中，四威儀內，單單不昧，切切參詳。如是參去，捱來捱去，逗到好時，宜回詳看趙州道無意作麼生，猶老鼠入牛角相似，便見道斷。利根者到此，豁然打破漆桶，捉敗趙州，不疑天下人舌頭。雖如是了悟，無智人前切忌道著，須遇見本色宗師。」[263]

朝鮮王朝的禪家後來也繼承了普愚的禪風，成為那個時期的佛教主流，在現代也具有重要影響。

第四節　慧勤入元謁指空、處林

慧勤（西元1320～1376年）俗姓牙，原名元慧，號懶翁，嶺南寧海人，其居處稱江月軒。延祐庚申（西元1320年）正月十五日生，二十歲入功德山妙寂庵從了然禪師祝髮出家，後遊歷諸山，至正十四年（西元1344年）到楊州（京畿道）天寶山檜巖寺宴坐，精修四年而得開悟。元至正八年（西元1348年）入元尋師訪道，抵燕京法源寺參拜西天僧指空和尚。指空云：「汝從甚處來？」答云：「高麗來。」空云：「船來耶？神通來耶？」答云：「神通來。」空云：「現神通看。」慧勤近前叉手而立。空又問；「汝從高麗來，東海那邊都見來也未？」答云：「若不見，爭得到這裡。」空云：

---

[262]《太古和尚語錄》，《韓國佛教全書》第六冊。
[263] 同上。

第四節　慧勤入元謁指空、處林

「十二個房子將來否？」答云：「將得來。」空云：「誰教你來？」答云：「某甲自來。」空云：「為何事來？」答云：「為後人來。」空然之，乃令隨眾。庚寅（西元 1350 年）三月離大都，到通州上船，四月八日到平江府休休庵結夏。八月到杭州淨慈禪寺謁拜平山處林禪師，平山適在僧堂，慧勤直入堂內，東西信步。平山云：「大德從何方來？」慧勤答云：「大都來。」云：「曾見什麼人來？」答：「曾見西天指空來。」云：「指空日用何事？」答：「指空日用千劍。」云：「指空千劍且置，將汝一劍來。」慧勤以坐具打平山，平山倒在禪床大叫云：「這賊殺我！」慧勤便扶起平山云：「吾劍能殺人，亦能活人。」平山呵呵大笑，即把手留方丈，請茶數月。有一天，平山手書囑云：「三韓慧首座，來見老僧，看其出言吐氣，便與佛祖相合，宗眼明白，見處高峻，言中有響，句句藏鋒。茲以雪巖所傳及庵先師法衣一領、拂子一枝，付囑表信。」至正十一年（西元 1351 年）二月，慧勤禮辭平山處林禪師，遊歷明州補陀洛迦山和育王寺。壬辰（西元 1352 年）四月初二，上婺州伏龍山參謁千巖元長和尚，千巖問云：「大德從甚處來？」慧勤答云：「淨慈來。」問：「父母未生前從甚處來？」答：「今朝四月初二日。」千巖云：「明眼人難瞞。」即許入室，住留一夏，還到大都法源寺再參指空，得法衣、拂子及付囑。之後遊歷燕代山川數載，其道行聞於元順帝，乙未（西元 1355 年）秋，奉聖旨住大都廣濟禪寺，第二年設開堂法會，帝遣院使賜金襴袈裟並幣帛，皇太子亦賜金襴袈裟、象牙拂子，「是日，千官僚佐，及於士庶，諸山長老，江湖衲子俱會。」至正十七年（西元 1357 年）退院，遊燕薊名山，還到法源寺問指空云：「弟子當往何處？」空云：「汝還本國，擇三山兩水間居之，則佛法自然興矣。」翌年東還，在遼陽、平壤、東海等地隨機說法。庚子（西元 1360 年）秋，入居臺山象頭庵。辛丑（西元 1361 年）冬，恭愍王遣內詹事方節迎慧勤入京，請說法要，賜滿繡袈裟，水精拂子，公主、太后皆有厚贈，留住神光寺。乙巳（西元 1365 年）三月，詣闕上書辭退，遊龍門、圓寂諸山，隨緣任運。後入住金剛山

第十一章　元代臨濟禪的傳入與高麗求法僧

正陽庵。丁未（西元1367年）秋，奉王命住清平寺。同年冬，普庵長老親受指空遺囑，袈裟一領，手書一封，到寺授予慧勤。己酉（西元1369年）九月，以疾辭退，又入臺山，住靈感庵。庚戌（西元1370年）秋，元朝司徒達睿奉指空靈骨舍利至檜巖寺，第二年三月，慧勤禮靈骨後入城結夏於廣明寺。八月，王請住檜巖寺。九月，設工夫選，「大會兩宗五教諸山衲子」，請慧勤主盟。辛亥（西元1371年）封他為王師，賜號「曹溪宗師禪教都總攝勤修本智重興祖風福國優勢普濟尊者」，並敕住東方第一道場松廣寺。丙辰（西元1376年）四月，入住檜巖寺。不久，有旨移住瑩源寺，慧勤在赴瑩源寺途中，於五月十五日病逝於驪興（今江原道原州郡）神勒寺。世壽五十七，僧臘三十七。諡曰神覺。[264]

慧勤所師事的指空，傳為西天迦葉之後第一百八祖，曾入元遊歷諸地，後又東遊高麗，但不久即奉元帝之詔返回燕都，在內庭演說法義，聲名遠播。其佛學思想是教禪並行，尤重禪學。其禪學似帶有臨濟禪的特色[265]。

慧勤所師事的平山處林，俗姓王，十七歲（或謂十二歲）受具足戒。即往金華謁信和尚及庵於西峰，及庵一見器之，命處侍室。在及庵的啟示下悟入禪機。不久，及庵遷湖之道場寺，處林從之典藏，並很快即秉拂升座，「學者發百餘問，隨問隨答，如矢中的。」「機如缾瀉，眾咸懾伏。」及庵示寂後，往依仰山虗谷陵禪師，居第二座。又曾為當湖福源寺之開山，遷住中天竺寺，後住持杭州淨慈寺，「學者坌集至萬，指施者亦向風而來。」至正辛丑（西元1351年）五月一日泊然而化。世壽八十二，僧臘六十六。勅諡普慧性悟禪師。[266]

---

[264] 其事蹟見〈高麗國王師大曹溪宗師禪教都摠攝勤修本智重興祖風福國佑世普濟尊者諡禪覺懶翁和尚行狀〉及〈高麗國王師大曹溪宗師禪教都總攝勤修本智重興祖風福國優勢普濟尊者諡禪覺塔銘並序〉，《韓國佛教全書》第六冊，703－711頁。
[265] 事見〈楊州檜岩寺薄陀尊者指空浮屠碑〉，《朝鮮金石總覽》下1283頁。
[266] 〈杭州淨慈平山處林禪師〉，《續指月錄》卷七；《增集續傳燈錄》卷六。

第五節　慧勤的禪學思想

　　平山處林與石屋清珙、中峰明本等同為臨濟法脈之第十八世，而慧勤曾拜謁的千巖元長又是明本門下的高足。由此可見，慧勤亦是臨濟法脈的傳人。

第五節　慧勤的禪學思想

　　慧勤的佛教思想與普愚相似。他論第一義說：「覺性如虛空，地獄天堂自何而有；佛身遍法界，傍生鬼趣甚處得來。汝等諸人，曰僧曰俗，曰男曰女，從生至死，日用之中，所作所為，或善或惡，皆謂之法也。」他又論心說：「何者為心，心在諸人分上，喚作自己，又喚作主角。十二時中，受他主使，一切處聽他差排，頂天立地也是他，負海擎山也是他，使汝開口動舌也是他，使汝舉足動步也是他。此心常在目前，視之不見，聽之不聞，著意求之，轉求轉遠。顏子有云：『仰之彌高，鑽之彌堅，瞻之在前，忽焉在後』，便是這個道理。當其一念未生之際，一真無妄之時，皎皎然如古鏡之光明，無染無汙，昭昭然如止水之澄潭，不動不搖，胡來胡現，漢來漢現，照天照地，鑑古鑑今，無一絲毫隱蔽，無一絲毫障礙。這個是諸佛諸祖境界，亦是諸人自古至今受用不盡的本有之物。」[267] 在這裡，他以宇宙為覺界，以萬有為佛身，以真心靈明為佛之境界、為法界的根本。其中如引《論語》中顏子語，也透露出儒佛融合的思想資訊。

　　慧勤從這種觀點出發，又談到人的生死問題，他說：「生來一陣清風起，滅去澄潭月影沉，生滅去來無罣礙，示眾生體有真心。有真心，休埋沒，此時蹉過更何尋。」[268]「四大成時，這一點靈明不隨成，四大壞時，這一點靈明不隨壞。生死成壞等空花，冤親宿業今何在。今既不在覓無

[267]《懶翁和尚語錄》,《韓國佛教全書》第六冊。
[268] 同上。

第十一章　元代臨濟禪的傳入與高麗求法僧

蹤，坦然無礙若虛空，剎剎塵塵皆妙體，頭頭物物總家翁。有聲有色明明現，無色無聲默默通，隨時應節堂堂現，自古至今玄又玄。橫拈倒用非他物，煞活臨機總是渠」[269]。

慧勤亦看重參話頭的工夫。他說：「修心之要，更莫別求。吾在廣明時，曾為公說底是個什麼話頭？常於二六時中，一切處一切時，切莫放捨，提來提去，參來參去，不得有少間斷，行也只是個什麼，住也只是個什麼，坐也只是個什麼，臥也只是個什麼。著衣吃飯，屙屎放尿，迎賓對客，乃至判斷公事時，上前進退時，把筆作書時，畢竟是個什麼，但恁麼提，但恁麼參，參來參去，提來提去，驀然到得話頭，不提自提，不疑自疑，吃飯不知飯，吃茶不知茶，亦不知幻身在人間，身心如一，寤寐一般處，翻身一擲，到得這個田地，始知不改官職，不改俗形，不離火宅，西天四七，東土二三，天下善知識，傳不到說不及底本有之事也。」[270]

《懶翁和尚行狀》有謂，恭愍王曾設「工夫選」，由慧勤主盟，開選席時，「上率諸君兩府文武百僚親倖臨觀，禪講諸德江湖衲子悉皆集會。時雪山國師亦赴是會，師（慧勤）與國尊相見，初入方丈，提起坐具云：『和尚。』國尊擬議，師以坐具打垾頭三下，便出舍那堂中，排設法座。師拈香罷，升座垂問，在會大眾以次入對，皆曰未會。或理通而礙於事，或狂甚而失於言，一句便退，上若有不豫色然。幻庵修禪師後至，師歷問三句三關。師之前在金經寺也，上使左街大師慧深問師曰：『以何言句，試取功夫？』師答云：『先問入門等三句，次問功夫十節，後問三關，可驗功行淺深。』眾皆未會，故終不及問十節三關。會罷，上使天台禪師神照請問功夫十節，師手書進獻。」[271]此三關三句及功夫十節載於《懶翁和尚語錄》，其中說：「入門三句：入門句『分明道』，當門句『作麼生』，門裡

---

[269]　同上。
[270]　同上。
[271]　同上。

句『作麼生』。三轉語（三關）：山何嶽邊止，水何到成渠，飯何白米造。」又說：「工夫十節目：盡大地人，見色不超色，聞聲不越聲，作麼生超音波越色去；既超音波色，要須下功，作麼生下個正功；既得下功，須要熟功，正熟功時如何；既能熟功，更加打失鼻孔，打失鼻孔時如何；鼻孔打失，冷冷淡淡，全無滋味，全無氣力，意識不及，心路不行時，亦不知有幻身在人間，到這裡是甚時節；工夫既到，動靜無間，寤寐恆一，觸不散蕩不失，如狗子見熱油鐺相似，要舐又舐不得，要捨又捨不得時，作麼生合殺；驀然到得，如放百二十斤擔子相似，啐地便折，嚗地便斷時，那個是你自性；既悟自性，須知自性本用，隨緣應用，作麼生是本用應用；既知性用，要脫生死，眼光落地時，作麼生脫；既脫生死，須知去處，四大各分，向甚處去。」[272]

第六節　自超、智泉入元師事指空、慧勤

懶翁慧勤的弟子自超，號無學，所居曰溪月軒。俗姓朴，三歧郡人。其父名仁一，贈崇政門下侍郎。泰定丁卯（西元 1327 年）後九月二十生。十八歲時脫然有出世之志，依慧鑑國師上足弟小止禪師剃髮受具，至龍門山諮法於慧明國師法藏，「國師示法已，乃曰：得正路者非汝而誰。」遂令自超居浮屠庵，「自是廢寢忘飡，專於參究。」後居鎮州吉祥寺，繼住妙香山金剛窟，「功益進，或睡則若有擊鐘磬以警焉者，是時釋然了悟，汲汲有求師就質之意。」癸巳（西元 1353 年）秋，挺身走燕都，參西天指空。自超禮拜起云：「三千八百里，親見和尚面目。」指空云：「高麗人都殺了。」乃許為入室弟子。次年甲午正月，到法泉寺參懶翁，懶翁一見而深器之。之後遊歷霧靈山、五臺山等地，復於西山靈巖寺見慧勤，住留數

---

[272] 同上。

第十一章　元代臨濟禪的傳入與高麗求法僧

載,「其在定也,至有當食而不知者。」懶翁見之曰:「汝卻死了耶?」自超笑而不答。有一天,翁與超坐階上,翁問:「昔趙州與首座看石橋,問是什麼人造,首座答云李膺造。州云向什麼處先下手,首座無對。今有人問爾,如何祇對?」自超手握階石以示之,懶翁便休去。當日夜分,自超去見懶翁,翁云:「今日乃知吾不汝欺也。」接著又說:「相識滿天下,知心能幾人。爾與我一家矣。」又說:「道之在人,如象之牙,雖欲藏之,不可得也。他時,爾豈為人前物乎。」丙辰(申)(西元1356年)夏,自超欲東還,懶翁手書一紙送行曰:「觀其日用全機,與世有異,不思善惡聖邪,不順人情義理,出言吐氣,如箭鋒相柱,句意合機,似水歸水,一口吞卻賓主句,將身透過佛祖關。俄然告行,予以偈送云:己信囊中別有天,東西一任用三玄,有人問爾參訪意,打到面門更莫言。」

自超還國後住天聖山元曉庵,不久,懶翁慧勤也回國,自超前往事之,翁授之以拂子、衣缽。此後自超入居高達山,卓庵自守。朝鮮太祖元年(西元1393年)冬十月,召自超至松京,封為王師大曹溪宗師禪教都總攝傳佛心印辯智無礙扶宗樹教弘利普濟都大禪師妙嚴尊者,當時兩宗五教諸山衲子皆在,自超師升座拈香,豎起拂子,示大眾曰:「這個是三世諸佛說不到,歷代祖師傳不底,大眾,還會麼?若以心思口舌計較說話者,何有吾宗?」他接著又對太祖說:「儒曰仁,釋曰慈,其用一也。保民如赤子,乃可為民父母。以至仁大慈蒞邦國,自然聖壽無疆,金枝永茂,社稷康寧矣。今當開國之初,陷於刑法者非一,願殿下一視同仁,悉皆宥之,俾諸臣民共臻仁壽之域,此中國家無疆之福也。」太祖嘉之,即宥中外罪囚。當時韓山李文靖公牧隱以詩贈自超,有「聖主龍飛天,王師佛出世」之句。太祖命自超入住懶翁慧勤曾居住的檜巖寺大道場。自超在檜巖寺為先師指空、慧勤奉塔名,並為慧勤掛真,在廣明寺大設掛真佛事,自製《真贊》云:「指空千劍平山喝,選擇工夫對御前,最後神光遺舍利,三

第六節　自超、智泉入元師事指空、慧勤

韓祖室萬年傳。」戊寅（西元1398年）秋，自超以老辭歸，居龍門寺。王午（西元1402年）五月，太宗又命住檜巖，翌年正月，又辭入金剛山真佛庵。乙酉（西元1405年）九月十一日示寂。世壽七十九，法臘六十一。[273]

智泉俗姓金，載寧人，元泰定甲子（西元1324年）生。十九歲祝髮於長壽山懸庵寺，起初不學文字，直參禪旨，後來鑽研《楞嚴經》，大義了然，「質諸講師，往往有學解所未到處，講師乃服」至正癸巳（西元1353年），與無學自超同入燕京，謁指空於法雲寺。當時懶翁慧勤已先入燕受指空印可，道譽頗著，指空遂遣自超和智泉皆往投之，同遊參訪。之後，智泉又往五臺山謁碧峰和尚，有名士趙仲穆書古篆「竺源」二大字贈與智泉，「竺源」即智泉之號。他丙申（西元1356年）還國，遊歷諸大名山，「所至必獨屏一室，不隨眾會。常寡言笑，謹重而已。或有詰其道要者，隨問而應，言希以究，不問則不言。」眾人對他只是敬重而已，「未嘗知有異德也」。「懶翁、無學相繼有重聲，為王者師，大振宗風，四眾奔波，靡然趨向。而公（智泉）獨韜光晦跡，潛隱雲山，未嘗一領眾會、一主講席。專修內朗，至老無倦。」洪武二十八年乙亥（西元1395年）秋七月初七日示寂於天磨山寂滅庵，春秋七十二，僧臘五十四。朝鮮太祖追贈正智國師。

資憲大夫花山君權近奉教所撰〈正智國師碑〉對智泉評論說：「佛法以寂滅為宗，以清淨寡欲為道。而世所稱法師者，顧乃廣張罪福，誘集士女，儼然以受供施而不辭，紛鬧侈靡，罔有紀極，是於寂滅寡欲之道如何！唯公（智泉）不然，高絕自守，隱嘿不彰，是真得道者也。」[274]

---

[273] 其事蹟見〈楊州檜岩寺妙嚴尊者塔〉（〈朝鮮國王師大曹溪師禪教都總攝傳佛心印辯智無礙扶宗樹教弘利普濟都大禪師妙嚴尊者塔銘並序〉），《朝鮮金石總覽》下，1280－1283頁。
[274] 其事蹟見〈砥平龍門寺正智國師碑〉，《朝鮮金石總覽》下，727－729頁。

第十一章　元代臨濟禪的傳入與高麗求法僧

第七節　千熙入元參萬峰時蔚

萬峰時蔚，溫州人，俗姓金。十三歲從演慶升法師受業，便知向上宗乘，然後到杭州受具戒，參虎跑止巖禪師。又往明州達蓬山佛趾寺側卓庵，晝夜力參。聞伏龍千巖元長禪師之名，隨即參訪，元長謂左右曰：「蔚山主頗有衲僧氣息。」遂命居第一座。後又卓庵於蘭溪之嵩山，開堂說法，凡九載。元長曾寄偈曰：「鬱鬱黃華滿目秋，白雲端坐碧峰頭，無賓主句輕拈出，一喝千江水逆流。」並且三為手書招之，愛重彌至，旋付以法衣頂相。後遊姑蘇鄧尉，喜其山水盤結，遂駐錫此處，未幾四眾咸集，成大伽藍，名曰「聖恩」。洪武十四年辛酉（西元1381年）正月二十九日示寂，世壽七十九。[275]

千熙，號雪山，興海人，大德丁未年（西元1307年）生。十三歲投華嚴盤龍社主一非大師落髮，十九歲登上品選，歷住金生、德泉、符仁、開泰等十餘寺，「操志甚高，參究禪旨」。曾遊小伯山、金剛山、五臺山，均夢見蒙山付其衣法，乃決意南遊。甲辰（西元1364年）秋，航海抵達杭州，有門徒隨從，奉侍跬步不離。後至休休庵蒙山真堂，按牆壁所寫的三轉語打開兩重密櫃，發現蒙山衣物、文書及將棒拂傳授給千熙的遺囑。浙江省丞相張大尉聞之，入庵收蒙山衣物，千熙便離開了休休庵。丙午（西元1366年）春，到聖安寺參萬峰時蔚，三日不出戶。萬峰問：「高麗老和尚作麼不出？」千熙答：「本無入時，豈有出耶？」萬峰曰：「我病矣，誰有好眼看我病？」千熙以拳安其背。當夜，萬峰以袈裟禪棒授之，千熙遵師囑離開聖安寺，有萬峰堂下僧追至吳江，欲奪其師衣棒，不及而還。千熙回國之後，恭湣王勞慰良渥，國人爭相瞻禮。千熙隱於雉嶽，遊於東海，至洛山，見觀音放光之瑞。丁未（西元1367年）正月還雉嶽，由於恭

---

[275]《續指月錄》卷九，〈蘇州鄧尉萬峰時蔚禪師〉。

湣王再三遣使邀請，遂於五月入京，被封為「國師大華嚴宗師禪教都總攝傳佛心印大智無礙性相圓通福（此處缺十個字，注）圓應尊者」，置府設寮屬，賜印章法服。庚戌（西元 1370 年）九月恭湣王請王師懶翁主盟選境內禪教諸僧「功夫節目」時，千熙為證明。選會結束後，住居敬天寺。辛亥年（西元 1371 年）遊金剛山，五月，王請還。當年秋，懇乞歸雉嶽。壬子歲（西元 1372 年），住居浮石寺。洪武十五年（西元 1382 年）夏六月十六日，示寂於彰聖社。享年七十六，法臘六十三。賜諡曰真覺國師，塔曰大覺圓照。著有《三寶一鏡觀》若干卷行於世。[276]

第八節　元朝喇嘛教之入高麗

元代密教以藏傳佛教為主，傳播於藏族、蒙古族等地區，及不丹、錫金，尼泊爾等地，與漢傳佛教、南傳佛教並稱佛教三大體系。藏傳佛教分前弘期和後弘期兩個時期，前弘期始自西元七世紀中葉的松贊干布之世，至九世紀後半葉朗達瑪滅佛。後弘期始自十世紀後半葉藏傳佛教的復興。從十一世紀開始陸續形成各種支派，主要有寧瑪派、噶當派、薩迦派、噶舉派等前期四大派和後期的格魯派等。派別的形成主要不是基於教義或戒律的不同，而是由於師承、修持教授、所依經典等方面的不同，以及地域、施主等因素的差異而形成的。藏傳佛教又稱喇嘛教，意為「無上教」。隨著喇嘛教在西藏的發展，上層喇嘛逐步掌握地方政權，形成了獨特的、政教合一的藏傳佛教。成吉思汗建立蒙古帝國，西藏即成為其領土的一部分。元代中統元年（西元 1260 年），世祖尊八思巴為國師，敕封「大元帝師大寶法王」尊號，喇嘛教遂為元代宮廷佛教。其教義特徵為：大小乘兼學，顯密雙修，見行並重，並吸收了苯教的某些特色。在修持方

---

[276] 其事蹟見〈水原彰聖寺真覺國師大覺圓照塔銘〉，《朝鮮金石總覽》上，529－532 頁。

第十一章　元代臨濟禪的傳入與高麗求法僧

面,一般分為事部、行部、瑜伽部、無上瑜伽部等四部,而多以無上瑜伽部為主要修行法門。

元朝與高麗有所謂「舅甥之好」的關係,因此喇嘛教也傳入了高麗。據《高麗史》記載,在高麗元宗十二年(西元1271年),有「蒙古吐蕃僧四人」到高麗,「王出迎於宣義門外」[277]。忠烈王元年(西元1275年)五月,有五位僧人以「詔使」的身分到高麗王廷,忠烈王「率侍臣時服迎於西門外」[278]。忠烈王二十年(西元1294年)元世祖派遣吃折思八八哈思到高麗宣齋護沙門詔,高麗王廷「百官具袍笏率僧徒出迎於門外,館於肅陵寺,非肉不食。吃折思八者,蕃僧之名;八哈思者,蕃師之稱。師本珍島郡人,歲辛未討南賊時被虜而西,遂投帝師剃髮。離鄉久,不知父母存歿。至是,得於西林縣,貧不能自存,為人家傭。王賜米與田,令家於喬桐縣,聚其族而復其役」[279]。忠宣王元年(西元1309年)五月,有「西蕃八哈思等十九人」受忠宣王召請到高麗,「王與公主受戒於蕃僧」。六月,「太上王(忠烈王)及國王、公主受戒於蕃僧」,「王申幸壽寧宮飯蕃僧,呪咀。」[280]

《高麗史》載:「忠烈王齊國大長公主,名忽都魯揭里迷失,元世祖皇帝之女,母曰阿速真可敦。元宗十五年,忠烈以世子在元,尚公主。元宗薨,王嗣位東還,遣樞密院副使奇蘊逆公主於元,王幸西北面迎之,又令妃嬪諸宮主及宰樞夫人出迎,宰樞百官迎於國清寺門前,王與公主同輦入京,父老相慶曰:『不圖百年鋒鏑之餘,復見大平之期。』──(忠烈王二年)有吐蕃僧自元來,自言:『帝師遣我為公主國王祈福。』宰樞備旗蓋出迎,閭巷皆焚香。其僧食肉飲酒,常言:『我法不忌酒肉,唯不邇

---

[277]《高麗史》卷27,世家27,元宗3-12。
[278]《高麗史》卷28,世家28,忠烈王1-01。
[279]《高麗史》卷31,世家31,忠烈王4-20。
[280]《高麗史》卷33,世家33,忠宣王1。

第八節　元朝喇嘛教之入高麗

女色。』無何，潛宿倡家，又請設曼陀羅道場，令備金帛鞍馬雞羊，以為人，長三尺，置壇中。又以面作小兒及燈塔，各百八，列置其傍。吹螺擊鼓，凡四日。僧戴花冠，手執一箭，繫皂布其端，周回踴躍。車載面人，令旗者二，甲者四，弓矢者三十，曳棄城門外。公主施錢甚厚。其徒爭之，訴曰：『僧非帝師所遣，其佛事亦偽也。』公主詰之，皆伏，遂黜出郊外。」[281]

高麗時期的佛教，雖然得到王廷貴族的支持，但到後期實際上已步上了解體之路，它已不能像新羅時期那樣成為統合國民精神的意識形態，面對外敵侵略，只以編大藏經來祈願國家安定，而在民眾間，則以佛事求個人及家庭的平安幸福。越到後來，佛教就越失去了信仰性的力量，佛事變為例行的節儀，佛教的祭典則成了歌舞宴樂的場合。

---

[281]《高麗史》卷89，〈列傳二·后妃二·齊國大長公主〉傳。

第十一章　元代臨濟禪的傳入與高麗求法僧

第十二章
臨濟宗在朝鮮王朝的發展與傳承

第十二章　臨濟宗在朝鮮王朝的發展與傳承

到朝鮮王朝時期，佛教往往處於受排斥的狀態，儒教代替佛教而成為官方的意識形態。朝鮮歷代君王大都推行崇儒斥佛的政策，佛教走向頹敗和衰落，一般只是在傳法度中勉強維持其不絕如縷的命脈，思想理論方面的創意不多見。寺院、僧侶及占用土地，均被限定在很小的數量，許多寺院自然成為廢寺。

朝鮮王朝建國之初，太祖仍承繼高麗時代的遺習，在尊儒的同時也尊信佛教，修行佛事。但自高麗後期，由於佛教的大發展，寺院遍布全國各地，寺院不僅有寵大的莊園，占有大量的土地，而且占有眾多奴婢，還經營商業和高利貸等業，腐敗之風日趨嚴重，直接影響國家經濟、財政等多個層面。所以到朝鮮王朝自第三代王太宗王時，即採取排佛政策，同時大力支持前朝末期勃興的儒教。太宗除了從經濟角度限制寺院的發展之外，又把當時的佛教十一宗（曹溪宗，總持宗、天台疏字宗、天台法事宗、華嚴宗、道門宗、慈恩宗、中道宗、神印宗，南山宗、始興宗）合併為七宗（曹溪宗、天台宗、華嚴宗、慈恩宗、中神宗、總南宗、始興宗）。太宗之子世宗進而把七宗統合為禪、教二宗，曹溪、天台、總南歸為禪宗，華嚴、慈恩、中神、始興歸為教宗。世宗還進一步限定寺院數量（禪、教二宗各十八寺）以及寺院的土地和僧侶人數。後來歷代君王多採取削弱佛教勢力的政策，甚至規定不准僧侶出入城內。他們被放逐到山中，受到各種壓迫，還要築山城以守衛都城，並為官家服各種雜役。

朝鮮王朝初期，與王室維持著親密關係的無學和已和（西元1376～1433年）等高僧，曾著文論駁排佛的理論，認為佛教與儒教的教理並不相悖，應當儒佛協同一致，共建理想國土。但這仍無法改變李氏朝鮮排佛政策的大趨勢。

李氏朝鮮的君王中，只有世祖（西元1455～1469年）不取排佛政策，他被稱為大護佛王，在他治世期間，是佛教在朝鮮王朝最盛的時代。他設

定了刊經都監，召集人力，運用創制不久的國語文字「訓民正音」翻譯了《楞嚴經》、《法華經》、《金剛經》、《心經》、《圓覺經》、《永嘉集》等佛教經典。世祖還命人創作了佛教樂曲〈靈山會上曲〉，這是朝鮮王朝雅樂的重要遺產。他又重建漢城的一廢寺，定名為圓覺寺，並在那裡建起了十層石塔。此外，他還重建或修復了許多寺院，並常去那些寺院巡禮，供養。世祖又規定，僧侶如有犯罪嫌疑，要事先得到國王准許後方可訊問，嚴禁官吏侵入寺院，僧侶可以自由出入城內。由於他採取了諸多保護佛教的措施，使佛教得到了一定的發展。但是在世祖之後，成宗（西元1469～1494年）又著力重建儒教的王道政治，廢止刊經都監，禁止出家為僧，獎勵僧侶還俗。這種政策一直繼續到王朝末期。

儘管如此，朝鮮王朝仍有一些名僧大德出現，他們為佛法永續而盡心竭力，同時為保衛國家做出了貢獻。其中最著名的是休靜。

第一節　臨濟法裔休靜的事蹟

休靜（西元1520～1604年）俗姓崔，名汝信，小字稱雲鶴。法名休靜，字玄應，自號清虛子，因其常居妙香山，故又號西山，安州人，生於庚辰年（西元1520年）三月。其父世昌，鄉舉為箕子殿參奉，不就，詩酒自娛。休靜幼時與群兒遊戲，或立石為佛，或聚沙成塔。稍長，風神英秀，力學不懈，事親至孝，甚德州牧喜愛。他不幸九歲亡母，十歲喪父，伶仃無所依，州牧攜其至京師，就學於泮齋，然而鬱鬱不適意，便與同學數人南遊智異山，窮覽形勝，探賾諸經。明嘉靖庚子（西元1540年），休靜二十一歲時，投崇仁長老剃髮，從曹溪宗的一禪和尚受戒，又參靈觀大師，得印可後，七八年間，遍踏名山勝地。三十歲時偶入京師，赴禪科中選，任至禪教兩宗判事。不久，拂衣入楓嶽，作〈三夢吟〉曰：「主人夢

第十二章　臨濟宗在朝鮮王朝的發展與傳承

說客，客夢說主人，今說二夢客，亦是夢中人。」自此韜光鏟彩，不出山門，「問道者日益眾」。後因訟事而得宣祖信任，宣祖見之，賜御製一絕，及御畫竹墨障子，休靜立進詩謝恩，宣祖更加稱賞，厚賚還山。

壬辰（西元 1592 年），日本豐臣秀吉入侵朝鮮，宣祖西避龍灣。休靜仗劍出山，晉謁宣祖，宣祖曰：「世亂如此，爾可弘濟耶？」休靜泣而拜命，請曰：「國內緇徒之老病不任行伍者，臣令在地焚修，以祈神助。其餘臣皆統帥，悉赴軍前，以效忠赤。」宣祖嘉其大義，遂命為八道十六宗都總攝。休靜乃分命諸上足糾集義徒，於是，松雲（惟政）率七百餘僧起關東，處英率一千餘僧起湖南，靜師親率門徒及自募僧一千五百合五千餘名會於順安法興寺，配合「天兵」（赴朝支援抗日的明軍），英勇作戰，克復平壤，迎接宣祖還都。明朝提督李如松給休靜送帖嘉獎，有「為國討賊，忠誠貫日，不勝敬仰」之語，並題詩曰：「無意圖功利，專心學道禪，公聞王事急，總攝下山巔。」諸將官也爭先送帖贈遺。退敵之後，休靜向宣祖啟請曰：「臣年垂八十，筋力盡矣。請以軍事屬於弟子惟政及處英，臣願納總攝印，還香山舊棲。」宣祖嘉其志，憫其老，答應了他的請求，並賜號「國一都大禪師禪教都總攝扶宗樹教普濟登階尊者。」自此之後，他「義益高，名益重，道益尊。」往來於頭流、楓嶽、妙香諸山，常隨弟子千餘人，出世者七十餘人。」甲辰（西元 1604 年）正月二十三日，會弟子於妙香圓寂庵，焚香說法，取自家影幀，書於其背曰：「八十年前渠是我，八十年後我是渠。」又付書謝松云訖，趺坐而逝。享年八十五，法臘六十七。其著有《禪教釋》、《禪教訣》、《雲水壇》、《三家龜鑑》、《禪家龜鑑》各一卷，有《清虛堂集》八卷行於世。[282]

李廷龜〈休靜大師碑〉有謂：「吾東方太古和尚，入中國霞霧山嗣石

---

[282] 見世子傅李廷龜撰〈淮陽清虛堂休靜大師碑〉，《朝鮮金石總覽》下，852－855 頁；弘文館大提學溪谷張維撰〈海南縣大興寺清虛大師碑銘並序〉，《朝鮮佛教通史》上 469－472 頁，《大藏經補編》第 31 冊 402－403 頁。

第一節　臨濟法裔休靜的事蹟

屋，而傳之幻庵，幻庵傳之龜谷，龜谷傳之正心，正心傳之智嚴，智嚴傳之靈觀，靈觀傳之西山。此實臨濟之正派，而唯西山獨得其宗。」李維〈清虛大師碑銘並序〉亦謂，休靜法嗣葆真、彥機、雙仡、海眼等請他撰寫碑文時具狀說：「臨濟十八傳而為石屋清珙，麗朝國師太古普愚，得石屋之傳。自是，又六傳而至吾師。其源流之遠如此，請以是銘焉。」由此可見，休靜是臨濟宗的法脈。

朝鮮王朝後期的正祖（西元 1777～1800 年在位），曾親撰〈御製西山大師畫像堂銘並序〉，評述佛教的真精神，表彰休靜的卓越貢獻。碑文謂：「釋家之通稱曰沙彌，沙彌者，息慈也，謂安息於慈悲之地也。故佛有三藏而修多羅為首，佛有十迴向而救眾生為首。概戒律也，禪定也，智慧也，無一不慈悲乎究乘，而法界之功德在此，恆沙之福田在此。無上哉，慈悲之為教也。後世之沙彌則不然，雲天水瓶，遊心於實相之外，翠竹黃花，比身於無情之物。吾儒遂以枯木死灰譏之，非吾儒譏之，沙彌自詒其譏也。

若西山大師休靜之為沙彌也，其亦不愧天息慈之義乎。始焉腰包杖錫，遍參諸方，樹法幢為人天眼目，則雲章寶墨，寵賚優異，至今與貞觀、永樂之序爭耀於兜率藍若間；中焉顯發宗風，弘濟國難，倡義旅為勤王元勳，則腥羶妖氣應手廓清，至今使方便度世之功永賴於閻浮提無量劫；終焉隨緣現身，像過攝身，尋因果為上乘教主，則梅熟蓮香倏到彼岸，至今有望儼即溫之像，受頂禮於西南香火之所，如此然後方庶幾乎濟大千惠塵境。曾面壁數珠、磨磚作鏡之謂慈悲乎？曾廣建塔廟、多寫經律之謂慈悲乎？」[283]

---

[283]《大藏經補編》31 冊，223 頁。

第二節　休靜的思想和宗風

休靜的宗風和思想,繼承了中國臨濟宗和高麗末期太古普愚等臨濟傳人的理論和禪風,他所著《三家龜鑑》「佛教」卷劈頭便說:「有一物於此,從本以來,昭昭靈靈,不曾生不曾滅,名不得狀不得。佛祖出世,無風起浪。然法有多義,人有多機,不妨施設,強立種種名字,或心或佛或眾生,不可守名而生解。當體便是,動念即乖。」「大道本乎其心,心法本乎無住。無住心體,靈知不昧,性相寂然,包含德用。」「心清淨是佛,心光明是法,心不二是僧。又性本知覺為佛,性本寂滅為法,性上妙用為僧。忽得自家底今日,方知本來無事。」這都是強調心的根本性。

他又論禪家的「教外別傳」說:「自迦葉阿難二尊者至六祖慧能大師,所謂三十三也,此教外別傳之旨迥出青霄之外,非徒五教學者難信,亦乃當宗下根茫然不識;」[284]「今錯承禪旨者,或以頓漸之門為正脈,或以圓頓之教作宗乘……或認光影為自己者,至於恣行盲聾棒喝,無慚無愧者,是誠何心哉!……吾所謂教外別傳者,非學而知、思而得者也,須窮心路絕然後始可知也,須自首肯點頭後始可得也。」[285]

休靜在《三家龜鑑》「佛教」卷中論禪與教的關係說:「世尊三處傳心者,為禪旨;一代所說者,為教門。故曰禪是佛心,教是佛語。若人失之於口,則拈花面壁,皆是教跡;得之於心,則世間粗言細語,皆是教外別傳禪旨。」這是說,禪與教是佛心、佛語,本來無二,關鍵是要領悟其宗旨。他又說:「教門唯傳一心法,禪門唯傳見性法。心即是性,性即是心。心則從妙起明,如鏡之光;性則即明而妙,如鏡之體。教門唯執悉達一生成佛者,為小乘機也;多劫修行,相儘性顯,方得成佛者,為大乘機也;

---

[284]《禪教釋》,《韓國佛教全書》第七冊。以下所引休靜著述,皆見於《韓國佛教全書》第七冊。
[285]《禪教訣》。

第二節　休靜的思想和宗風

一念悟時，名為佛者，為頓機也；本來成佛者，為圓機也。猶禪，煩惱菩提異執者，為皮也；斷煩惱得菩提者，為肉也；迷則煩惱悟則菩提者，為骨也；本無煩惱，元是菩提者，為髓也。」在這裡，他對禪宗與教宗的觀點進行了具體的比較，說明教禪兩者是一致的。

他在《心法要抄》中又說：「祖師所示，皆是一句中，八萬四千法門，元自具足，故隨緣不變，性相體用，頓悟漸修，全收全揀，圓融行布，自在無礙，元是一時，無前後者，禪也。諸佛開示，頓悟漸修，隨緣不變，性相體用，全收全揀，圓融行布，事事無礙法門，雖有具足，有修有證，階級次第先後者，教也。」他在繼承知訥教禪調和思想的基礎上，又有多方面的發揮。

在《心法要抄》中，基於教禪調和的立場，他分別指出教學者、禪學者以及三乘學人之病。「教學者病：教學者，不參活句，徒將聰慧口耳之學，衒糶於世，腳不踏實地，言行相違，這邊那邊，討山討水，徒費粥飯，自被經論賺過一生，終作地獄滓，非濟世舟航也。」「禪學者病：禪學者，習聞成性，不求師範，野狐窟中徒勞坐睡，被目前緣起事法，未能透脫，觜都嚧博謎子者，只作依草附木精靈，亦非濟世舟航也。」「三乘學人病：夜繩不動，汝疑之為蛇；暗室本空，汝怖之為鬼。心上起真妄之情，性中立凡聖之量，如蠶吐絲，自纏其身，是誰過歟？若一念回光，則直是菩提正路。千思萬慮，失我心王。此心王者，言語道斷，心行處滅。」

休靜論參禪門說：「若欲脫生死，須參祖師禪。祖師禪者，『狗子無佛性』話也。一千七百則公案中，第一公案也。天下衲僧盡參無字話。」「大抵學者，須參活句，莫參死句。活句下薦得，堪與佛祖為師；死句下薦得，自救不了。活句者，徑截門也，沒心路，沒語路，無摸索故也。死句者，圓頓門也，有理路，有心路，有聞解思想故也。」[286] 他又說：「學者

---

[286]《心法要抄》。

第十二章 臨濟宗在朝鮮王朝的發展與傳承

先以如實言教,委辨不變隨緣二義,是自心之性相;頓悟漸修兩門,是自行之始終。然後放下教義,但將自心現前一念,參詳禪旨,則必有所得,所謂出身活路。大抵學者,須參活句,莫參死句。凡本參公案上,切心做功夫,如雞抱卵,如貓撲鼠,如飢思食,如渴思水,如兒憶母,心有透澈之期。」這也顯然繼承了知訥的參禪思想。

休靜承襲中國明代念佛與參禪並行的風習,提出結合參禪的四種念佛,即口誦、思像、觀相、實相。他又論念佛的功德說:「心則緣佛境界,憶持不忘,口則稱佛名號,分明不亂。如是心口相應,念一聲,則能滅八十億劫生死之罪,成就八十億劫生死功德。一聲尚爾;何況千萬聲;一念尚爾,何況千萬念耶!」[287] 又說:「念佛者,在口曰誦,在心曰念。徒誦失念,於道無益。阿彌陀佛六字,定出輪迴之捷徑也。心則緣佛境界,憶持不忘;口則稱佛名號,分明不亂。如是心口相應,名曰念佛。」[288]

休靜在《三家龜鑑》〈儒教〉卷中,闡發儒家的思想說:「孔子曰:天何言哉。董仲舒曰:道之大原出於天。蔡沉曰:天者言其心之所自出,此即周茂叔所謂無極而太極也。《書傳》序曰:精一執中,堯舜禹相傳之心法也;建中建極,商湯周武相傳之心法也。曰德,曰仁,曰敬,曰誠,言雖殊而理則一,無非所以明此心之妙也。」他讚揚儒教之德,「其盛矣乎」。他又說:「有客來相訪,如何是治生,恆存方寸地,留於子孫耕。為子死孝,為臣死忠,人無忠孝之心,其餘不足觀也。心統性情,君子存心,恆若鑑空衡平,與天地合其德。於戲,三月忘味,終日如愚,此聖賢忘內之樂也。不貴黃屋,不賤陋巷,此聖賢忘外之樂也。然則聖賢之樂,不在內外,當在何處?古之詩人,觀鳶魚而知道之費隱,聖人觀川流而知道之不息。今之學者,豈可不盡心乎?文王之《詩》,無聲無臭之天,子

---

[287]《清虛堂集》卷四。
[288]《心法要抄》。

思子亦引之，以結《中庸》之義。籲，即吾渾然未發之中也，此周茂叔所謂太極本無極也。」他極力稱頌儒家之德、儒家之心，在他看來，儒家的「心」與佛家的「心」是相通的。

在《三家龜鑑》〈道教〉卷中，他闡述了道家與道教的思想，並表示出認同的態度。他說：「有物渾成，先天地生，至大至妙，至虛至靈，浩浩蕩蕩，歷歷明明，方隅不可定其居，劫數不能窮其壽。吾不知其名，強名曰心，亦曰穀神，遂為三才之本，萬物之母。」在他看來，道家道教思想與佛、儒相通，都是以「心」為根本的。

在《三家龜鑑》的結尾處，他說：「古云：儒植根，老培根，釋拔根。其次序概可見矣。今為初學，略開三門戶而通之爾，他日若開心眼，則必大笑而罵之。」

休靜的出現，為朝鮮王朝的佛教帶來了一些轉機。他主張禪、教兼修，儒、佛會通，並主張王法、佛法不二，親率僧兵抗敵衛國，為國家民族建立了奇功，可以說是名垂青史。

第三節　休靜的門人

休靜門下，麟鳳甚多。其著名者有松雲惟政、鞭羊彥機、逍遙太能、中觀海眼、靜觀一禪、泳月清學等。惟政是休靜上首弟子，以忠烈報國而聞名。而鞭羊彥機弘傳休靜之禪最為得力。

惟政字離幻，自號四（泗）溟，俗姓任，豐川望族，後遷密陽。生於甲辰（西元1544年）十月十七日。生而聰穎，嶷然不類常兒。稍大，偕群童嬉遊，或團沙為塔，或豎石為佛，或採花拾槤為蒲供。七歲時其父「誨以史」，他力學不懈。十三歲從黃柳村汝獻學《孟子》，後感嘆「俗學

第十二章　臨濟宗在朝鮮王朝的發展與傳承

賤陋,世緣膠擾,豈若學無漏之學乎!」遂投黃嶽山直指寺,禮信默和尚被剃。「初閱《傳燈錄》,未熟已悟奧旨,諸老宿皆就質焉。」辛酉(西元1561年)中禪科,「華聞漸彰,一時學士大夫詩人如朴思庵、李鵝溪、高霽峰、崔嘉運、許美叔、林子順、李益之之輩,咸與之驩,唱和詩翰,傳播詞林,人以為美談。」後得奇高峰指點,「竦神受教,勤苦不少懈。因受『四子』於蘇齋相,又學李杜詩,自是,文章日益進,而內典千函亦盡涉獵。」

乙亥歲(西元1575年),以空門眾望,請住持禪宗,惟政苦辭,拂錫而去,入妙香山受益於清虛休靜座下,「老師提醒心地,直授性宗。師(惟政)言下大悟,即掃薙群言,斷除閒習,從前遊戲詞家,懺為綺語,一志於安心定性。苦行三載,盡得其法。」戊寅(西元1578年),辭別老師,到楓嶽山報德寺結三夏,又南遊八公、清涼、太白諸山。丙戌(西元1586年)春,到沃川山東庵,一夜驟雨,庭花盡落,惟政忽悟無常之理,便招門人,語之曰:「昨日開花,今日空枝,人世變滅,亦復如是。浮生若蜉蝣而虛度光陰,實可矜悶。汝等各具靈性,盍反求之,以了一大事乎?如來在我肚裡,何必走外求而蹉過日時耶?」隨即遣散門徒,獨入禪室,杜口結跏,或旬日不出。己丑(西元1589年),住五臺山靈鑑藍若,因誤掛逆獄,被拘江陵府,由於儒士輩訟其冤情,而獲釋。庚寅(西元1590年)遊楓嶽山,又結三夏。

壬辰(西元1592年)夏,日本兵闖入嶺東榆岾寺,惟政率十餘名門徒直入山門,「賊悉縛之,獨師至中堂。則倭頭知其非常,待以賓主,解其徒。師書以往復,諸倭敬服。」隨後惟政等又「飛錫入高城,則賊將三人俱加禮遇。師以書勸其毋嗜殺,則三將皆拱手受戒,挽三日,設供出城,九郡之得免虔劉者,蓋師功也。」及至宣祖西幸,惟政募集義僧數百名亟赴順安,與其他來順安的僧兵相會合,組成了數千人的隊伍。當時清虛休

第三節　休靜的門人

靜以朝命總攝諸道僧兵，因其年事已高，便薦惟政代行兵權。惟政代師統率大眾，跟隨體察使柳成龍，協同明將作戰，收復平壤。隨後隨都元帥權公慄下嶺南駐紮在宜寧，「頗多殺獲」，受到宣祖的嘉獎，「授堂上階」。甲午（西元1594年）春，劉綎總兵命惟政入釜營曉諭日將清正，「凡三返，盡得其要領」。宣祖招惟政入宮，備問平生，然後說：「昔劉秉忠、姚廣孝俱以山人建立殊勳，名流後世。今國勢如此，爾若長髮，則當任之百里之寄，授以三軍之命矣。」惟政謝絕而退。返回嶺南後築龍起、八公、金烏諸山城以為屏障，各方面安排處理停當，即「還上印綬」，「抗章乞閒」，朝廷不許。丁酉（西元1597年）冬，從麻貴提都入島山，第二年又從劉提都入曳橋，「皆有首功。前後備餉四千餘石，器甲萬計。」宣祖特階嘉善，授同知中樞府事。辛丑（西元1601年）築釜山城後還內隱山。癸卯（西元1603年）承命入京，第二年秋奉國書出使日本，見德川家康，「備言兩國生靈久陷塗炭，吾因普濟而來。康亦歸心釋教者，聞而發信心，敬之如佛，克成和好而歸。」並帶回被擄男女一千五百人。乙巳（西元1605年）覆命，受到朝廷的嘉獎。其時清虛已示寂，惟政入妙香山禮其影塔，守制普賢寺，後又結茅三清洞。丁未（西元1607年）秋，乞骸還雉嶽山，第二年聞宣祖去世，赴京哭拜，因得病，庚戌（西元1610年）秋八月二十六日趺坐入滅世壽六十七，法臘五十五。謚慈通弘濟尊者。

〈四溟大師石藏碑〉有云：「自象教之東被三韓也，教律並倡，圓漸分門，數千年來，蒙伽黎者，人人各自誇握牟尼之寶矣。唯牧牛江月獨得黃梅宗旨，蔚為禪門之冠，鉗槌一震，萬人皆廢。俾涅槃妙心、正法眼藏傳於青丘之域，豈不異哉。普濟五傳為芙蓉靈觀，而清虛老師稱入室弟子，其慧觀妙悟，有出於前輩，實近代之臨濟、曹洞也。厥後嗣法者不無其人，而淄門盛推四溟大師謂可繼西山之傳，或庶幾乎哉！」又謂：「知師者或病其乏津筏，而徒區區救世為。夫豈知誅魔濟難是渠家無量功德，而摩

第十二章　臨濟宗在朝鮮王朝的發展與傳承

詰無言,直入不二法門,又奚用曉曉立訓乎?」[289]

惟政的佛學著述不多,他的佛學思想,在其所作為宮廷祈福《華嚴經跋》中有所涉及,其中說到:「大哉,華嚴之為頓教也,體本不生,而無始無終,用實非滅,而無成無壞。是為眾教之本,而萬法之宗也,天以之而清,地以之而寧,山川以之而流峙,禽獸以之而飛走,以至草木昆蟲,亦以之而動息,此所謂體萬物而不遺,性一切而無忒者也。我佛之所宣說,蓋說此也;五十三善知識所示人,蓋示此也。乃至君仁臣忠,父慈子孝,兄愛弟恭,夫和婦順,亦無非得此而然也。」[290] 形式上是論述華嚴之體用,實際是闡發萬物一體、體用不二的佛教觀,期間還透露出佛儒融合的思想。

另外,圓俊長老作法華懺文,惟政應請作〈圓俊長老法華後跋〉,其中有:「夫清鏡濁金,元非異物;渾波湛水,同出一源。其本同而末異者,在乎磨與不磨、動與不動耳。凡聖愚不肖,性亦如是,但以迷悟為別,孰云愚智有種?以至愚望大覺,勢絕天壤,及乎一念回機,便同本覺。然而回機有二種:一自力,二他力。自力謂一念回機,便同本覺者也。他力乃歸依慈父,十念功成者也。西方有國曰極樂,有大聖曰無量光,河沙菩薩,塵數聲聞圍繞,而四十八願八萬四千隨身相好光明,攝取眾生一念至於七念,皆蒙玉毫接引。然則所謂佛之一字覺海中,一鉤者非的言也,非釋師子獨稱,乃諸聖同願往生,豈欺我哉。」[291] 這裡明確論說本覺思想,可與上文之論《華嚴》體用相互參照,以見其禪機,亦見其禪教一致和禪淨結合的主張。因此,恆陽居士呂圭亨所撰〈重刊逍遙集序〉有謂:「逍遙禪師,西山清虛祖師之高足弟子也。祖師門中,禪師與鞭羊師為禪宗,松

---

[289] 其事蹟見〈陝川海印寺四溟大師石藏碑〉,《朝鮮金石總覽》下 823－827 頁。
[290] 《四溟堂大師集》,《韓國佛教全書》第八冊。
[291] 同上。

第三節　休靜的門人

雲師為教宗，一時並峙。」[292]

彥機（西元 1581～1644 年）俗姓張，堂號鞭羊，萬曆辛巳（西元 1581）七月生，竹州人。幼年出家，從玄賓大師受具戒。長而掛錫妙香山的西山，得傳休靜衣缽。爾後南遊，「遍參諸禪長老，以充其學」。在楓嶽山天德寺和妙香山天授庵「開堂講法，廣演禪教，從而悟解修結者不可勝紀」。甲申（西元 1644）五月初十日感微疾而示化，法臘五十三。[293]

他著有《鞭羊堂集》三卷[294]，其中卷一有〈答尹巡使偈〉曰：「不學宣王教，寧聞柱史玄，早入西山室，唯傳六祖禪。」表明他對孔孟之教興趣不大，比較喜歡老莊之學，後來則很快轉向禪佛教。《鞭羊堂集》卷一又有詩吟其逍遙世外的精神境界：「雲走天無動，舟行岸不移，本是無一物，何處起歡悲。」

彥機論禪說：「六祖曰有一物於此，上柱天下挂地，如日黑似漆，常在動用中收不得，儒謂之太極，老謂之天下母者，皆不離於此也。此物之為體也，虛靈不昧，具眾理應萬事，天下陰陽，日月星辰，山川草木，人及禽獸之屬，無一不承渠之恩力而得成立焉。有生皆具，誰獨且無，但昧者不知所謂，而民日用而不知者也。唯我釋迦如來，自以淨飯王太子唾金輪萬乘之位，入雪山六年修道，臘月八夜見明星，豁悟向所謂一物者而成正覺，嘆曰奇哉，一切眾生皆具如來智慧，但以妄想執著而不證得。」（卷三）

他在《禪教源流尋創說》中提到：「昔馬祖一喝也，百丈耳聾，黃檗吐舌，此一喝便是拈華消息，亦是達摩初來底面目，即空劫以前父母未生的消息。諸佛諸祖奇言妙句，良久棒喝，百千公案，種種方便，皆從斯出。

---

[292] 見《逍遙集》，《韓國佛教全書》第八冊。
[293] 見〈甯邊普賢寺鞭羊堂大師碑〉，《朝鮮金石總覽》下 883－884 頁；〈淮陽白華庵鞭羊堂大師碑〉，《朝鮮金石總覽》下 884－885 頁。
[294] 見《韓國佛教全書》第八冊。

銀山鐵壁措足無門,石光電光難容思議者也。此教外別傳禪旨,所謂徑截門也。」(卷二)

他又論教說:「教有四等差別,初成道為緣熟等菩薩上根凡夫說二頓華嚴也;為聲聞說四諦,為緣覺說十二因緣阿含也;為菩薩說六度方等也;為前三乘究竟說阿耨多羅三藐三菩提法華也,是為四教也。然當機自有差別,法無差別。不起樹王而遊鹿苑,而於頓說即說四諦,然則仙苑覺場一座也,華嚴四諦一說也。華嚴不必玄於四諦,四諦不必淺於華嚴也。但隨機而有大小差別,如天降雨,草木受潤,草木自有長短,其雨一味也。佛說亦爾,教隨機異,其實皆一法也。——四教所示法體皆妙,萬法明一心,即幻化示實相。其所示也,根境諸法也;其能悟也,亦根境諸法也。空本無花,見花者病也;法無差別,見差別者妄也。一念不生,火宅即寂光也;毫釐有差,寂光即火宅也。禪門為最下根者借教明性,所謂性、相、空三宗也。有理路、語路聞解思想,故圓頓門死句,此義理禪也,非前格外禪也。雖然,之二者亦無定意,只作當人機變。若人失之於口,則拈華微笑盡落陳言;若得文於心,則粗言細語皆談實相也。」(卷二)他明確主張,教禪雖有區別,但從根本上來說是一致的。

彥機和休靜一樣,也主張參禪與念佛相互結合,與明末的中國禪相通。他說:「參禪則念佛,念佛則參禪,初何嘗有間哉。」(卷三)又有詩論念佛云:「雨後秋天萬里開,川流白石淨無苔,念佛人心正若此,娑婆國界即蓮臺。」(卷一)他認為:「念佛門工夫,行住坐臥常向西方,瞻想尊顏,憶持不忘,則命終時,佛陀來迎接上蓮臺也。此心即六道萬法,故離心別無佛也,離心別無六道、善惡諸境也。命終時若見佛境界現前,無驚動心;若見地獄境界現前,無怖畏心。心境一體,是為不二。於此不二法門中,何有凡聖、善惡差別乎?如此觀察不惑,則生死魔何處摸索?此亦是道人制魔之要節也,學者須著眼看。」(卷二,《禪教源流尋創說》)這

是用禪家思想來詮釋淨土念佛。

彥機門下最有名的是義諶[295]。義諶（西元 1592～1665 年）是「清虛之嫡孫，鞭羊之法嗣」。俗姓柳，號楓潭堂，京畿通津人，生於萬曆王辰（西元 1592 年）。十六歲入妙香山從性淳老師落髮受戒。初參天冠山圓徹大師，後「入鞭羊之堂，盡得清虛之傳」。遂南遊，遍參奇巖、逍遙諸長老，住錫於金剛、寶蓋兩山。「日把《華嚴》等經百數十卷，正其差謬，著其音釋，然後三乘奧義，煥然復明。前後開度悟解者，指不勝屈。」乙巳（西元 1665 年）春，示寂於金剛之正陽寺，病劇吟一偈曰：「奇怪這靈物，臨終尤快活，死生無變容，皎皎秋天月。」俄而坐化，法臘五十八。其門下弟子數百人，有霜峰淨源、月潭雪霽、月渚道安、楓溪明察、雪峰自澄、青松道正、碧波法澄、幻宴莊六等各成一派，因而被稱為海東中興之祖。

第四節　臨濟法裔浮休善修、碧巖覺性

浮休與休靜是同一代的臨濟宗法裔。白穀山人處能所撰〈追加弘覺登階碑銘並序〉開首即說：「臨濟後二十四世，有嫡孫曰浮休。」據該〈碑銘〉所記，浮休俗姓金，法名善修，古帶方獒樹人，癸卯（西元 1543 年）二月生。自幼辭家，入頭流山（智異山）從信明長老剃髮，謁芙蓉（靈觀）大師，「盡得籬笆邊物」。得法之後，借盧相國守慎家藏書，「七閱寒暑，書無所不讀」。其書法「效鐘王法，與松雲政公齊名」。

王辰國難中，浮休在德裕山隱身避鋒。敵退之後，入住伽倻山海印寺。適逢明將李宗城奉神宗皇帝之命到朝鮮封關白，間道入海印寺，「一

---

[295] 其事蹟見〈金剛山楓潭堂大禪師碑銘並序〉，《朝鮮佛教通史》上編 510－511 頁，《大藏經補編》第 31 冊 412 頁。

第十二章　臨濟宗在朝鮮王朝的發展與傳承

見師（浮休），輒忘歸，留語數日，侃侃如也。臨別贈詩一章，期為千里面目。」不久，移住九千洞，又住頭流山。光海君在位時（西元1608～1622年），曾召其入宮，「詢問道要」。光海君大悅，「賜紫襴方袍一領，碧綾長衫一袗，綠綺重襦一襲，金剛數珠一串，其餘珍玩厚賚，迨不可記。」又設齋於奉印寺，「遣師為證」，「都人望風趣拜，恥居後。齋畢，師辭還，道俗爭先，遞夫輿歸」。還山之後，四遠問道者「憧憧坌集，眾盈七百」。萬曆甲寅（西元1614年），浮休七十二歲時，「自曹溪之松廣，之方丈，之七佛」。第二年秋七月，有疾，乃付法於上足碧巖大師。十一月初一日，沐浴之後，索紙筆書一偈曰：「七十三年遊幻海，今朝脫殼返初源。廓然空寂元無物，何有菩提生死根。」偈畢泊然而逝，報年七十三，坐夏五十七。光海追加弘覺登階。[296]

〈順天松廣寺嗣院事蹟碑〉中記載：「近世有浮休喜（善）修者居是寺，傳碧巖覺性、翠微守初，三師皆闡揚道法，增飾院宇，比諸國師時為尤勝，而宗派則有殊焉。自臨濟十八傳而為石屋清珙，麗朝太古普愚得珙之傳，又六傳而為浮休，則此為如來正眼，而非得於牧牛（知訥）之傳者也。」[297]〈全州松廣寺開創碑〉中記載：「麗僧普愚入中國霞霧山，參石屋清珙禪師，清珙即臨濟十八代嫡孫也。普愚盡得其法，傳之幻庵混修，混修傳之龜谷覺雲，覺雲傳之登階淨心，淨心傳之碧松智嚴，智嚴傳之芙蓉靈觀。靈觀之上足弟子，其名曰善修，自號浮休，淹貫內典，為一代宗師。碧巖處浮休之門，已有出藍之譽，法名覺性，學者尊師之，朝廷亦重之，賜報恩闡教圓照國一都大禪師號，授都總攝。」[298]這裡詳細說明了浮休在臨濟法脈傳承中所處的地位。

浮休的禪學思想，體現在他所作的詩偈中。其〈贈巖禪伯〉云：「默

---

[296]　見《朝鮮佛教通史》上編484－486頁；《大藏經補編》第31冊406頁。
[297]　《朝鮮金石總覽》下，954－955頁。
[298]　《朝鮮金石總覽》下868－870頁。

第四節　臨濟法裔浮休善修、碧巖覺性

坐虛懷獨掩門，一聲春鳥碧山雲，煙霞剩得閒中趣，只自熙怡不贈君（一）。」「獨坐深山萬事輕，掩關終日學無生，生涯點檢無餘物，一椀新茶一卷經（二）。」「尋師踏盡萬峰巒，問道求禪碧眼寒，祖意如今幾掃地，一生無事切參看（三）。」〈次柳相韻贈全禪伯〉云：「隨緣眼盡江湖景，歸臥蓬萊第一峰，煙鎖洞門紅塵隔，水雲窮處擲孤筇。」〈山中閒詠〉云：「掃地焚香書掩關，此身孤寂此心閒，秋風葉落山窗下，無事常將古教看。」[299]

如上所述，浮休的法嗣是碧巖覺性。覺性字澄圓，號碧巖，法名覺性，湖西報恩人，俗姓金，萬曆乙亥（西元1575年）十二月生。九歲失怙，「忽遇過僧，傾心學禪」。後「之華山禮雪默而師之。」十四歲落髮受具於寶晶老師。浮休到華山時見到覺性，「大異之，勉以真筌。乃從休師入俗離山，轉歷德裕、伽倻、金剛等山，日閱貝葉，自是相隨不暫離。」壬辰之難，覺性代師從軍，「仗劍從天將破賊於海中，漢人見師，盛讚之」。

庚子（西元1600年），於七佛藍若結夏時，浮休因病輟講，他受師命，「登座討論，玄風丕振」。覺性「業於休門二十餘年，入室傳法，戒行絕高，隨緣泊如，絕粒而不飢，通宵而不睡，常衣銷瘦，結跏丈室，負笈者雲集，甘露遍灑。自撰〈三箴〉以戒徒弟，蓋『思不妄，面不愧，腰不屈』也。」光海君時，浮休因訟事入京，覺性偕師同往，後浮休還山，光海君留覺性於奉恩寺，並任命為判禪教都總攝，「卿士大夫多與之，東陽尉（申公翊）特相善」。未幾，南歸。仁祖時築南漢山城，徵覺性為八道都總攝，統領緇徒監築三年而告訖，因之受賜報恩闡教圓照國一都大禪師號，並錫衣缽。

丙子（西元1636年）冬，清兵猝至，仁祖避難於南漢山城，覺性出智異山，「募義僧三千，號降魔軍，與官軍為犄角，上聞益嘉之。」敵退之後

---

[299]《浮休堂大師集》，《韓國佛教全書》第八冊。

第十二章 臨濟宗在朝鮮王朝的發展與傳承

還智異山。孝宗王龍潛時,覺性曾謁於安州,「論核華嚴宗旨,孝宗大稱讚,嚫以龍眉畫管碑琛數珠琉璃圖書鎏金獅子」。及其即位,「用朝議授以總攝之印」。庚子(西元1660年)正月十二日,臨終應弟子之請,拈管書偈曰:「大經八萬偈,拈頌三十卷,足以兼二利,何須別為頌。」(或謂:「拈頌三十篇,契經八萬偈,何須打葛藤,可笑多事在。」)書罷悠然而化,寄世八十六歲,禪臘七十二。其著有《禪源集圖中決疑》一卷,《看話決疑》一篇,《釋門喪儀抄》一卷。[300] 李景奭所撰〈碑〉有:「大師之承竺教,厥有所自,芙蓉靈觀接臨濟之遺緒,浮休與清虛休靜俱事觀。靜傳之松雲,休傳之碧巖。」

綜上所述,朝鮮王朝時期的佛教傳承,是以中國禪門臨濟一係為主線的。而休靜及其門下傳人,與浮休及其門下傳人,又是臨濟法脈之最有影響的兩大派系。

---

[300] 見世子師李景奭撰〈求禮華嚴寺碧岩大師碑〉,《朝鮮金石總覽》下,916－919頁;春秋館修撰官鄭斗卿撰〈報恩法住寺碧岩大師碑〉,《朝鮮金石總覽》下,922－923頁。

第四節　臨濟法裔浮休善修、碧巖覺性

中韓佛教交流史卷：
以僧人行跡為中心的中韓佛教文化傳播史論

作　　　者：魏常海	
發 行 人：黃振庭	
出 版 者：崧燁文化事業有限公司	
發 行 者：崧燁文化事業有限公司	
E-mail：sonbookservice@gmail.com	
粉 絲 頁：https://www.facebook.com/sonbookss/	
網　　　址：https://sonbook.net/	
地　　　址：台北市中正區重慶南路一段61號8樓	
8F., No.61, Sec. 1, Chongqing S. Rd., Zhongzheng Dist., Taipei City 100, Taiwan	

電　　話：(02)2370-3310
傳　　真：(02)2388-1990
印　　刷：京峯數位服務有限公司
律師顧問：廣華律師事務所 張珮琦律師

―版權聲明―

本書版權為山西教育出版社所有授權崧燁文化事業有限公司獨家發行電子書及繁體書繁體字版。若有其他相關權利及授權需求請與本公司聯繫。
未經書面許可，不得複製、發行。

定　　價：550元
發行日期：2025年06月第一版
◎本書以POD印製

國家圖書館出版品預行編目資料

中韓佛教交流史卷：以僧人行跡為中心的中韓佛教文化傳播史論 / 魏常海著 . -- 第一版 . -- 臺北市：崧燁文化事業有限公司, 2025.06
面；　公分
POD版
ISBN 978-626-416-640-9(平裝)
1.CST: 佛教史 2.CST: 文化交流 3.CST: 中國 4.CST: 韓國
228.2　　　　　　114007778

電子書購買

爽讀APP

臉書